高等院校应用型、立体化规划教材
经管类核心课

市场营销学原理与实践

PRINCIPLES OF MARKETING

于 洁 主编

仪根红 王思慧 副主编

复旦大学出版社

内容提要

本书是将新媒体、新技术的运用与传统教材出版相结合的一次大胆尝试。本书通过多维的实践场景，利用二维码技术及微信平台，实现与学生的交流互动。全书紧扣市场营销学应用性和实践性很强的特点，在讲述正式内容前，通过"营销视频扫一扫""课前预习"环节，引起学生对本章节的学习兴趣和关注，各章内容中穿插"案例小链接"增加教材的可读性，同时每章安排了"营销实战案例""思考题与应用"等练习和实践，突出了知识应用的能力培养。

本书的内容主要包括：市场营销概述、市场营销环境、消费者市场与购买行为、组织市场与购买行为、市场营销调研与预测、企业战略计划与营销管理、目标营销战略与定制营销、创造产品与产品管理、产品定价、分销渠道、促销策略、开发全球市场以及新媒体营销。

本书适合大专院校经管类师生选作教材，也可作为实践工作者的参考读物。

本书的教学大纲、中英文课程简介、教学课件
及相关试题，请扫描以上二维码获得：

第Ⅰ篇　认识营销：创造和传递价值

第一章　市场营销概述 ·· 003
本章知识结构图 ·· 003
课前预习 ·· 003
　　营销视频扫一扫　营销新趋势：数字化营销 ············· 004

1.1　市场营销学的形成与发展 ································· 005
　1.1.1　市场营销学的形成 ·· 006
　1.1.2　互联网时代的市场营销 ···································· 007
　1.1.3　对营销的误解 ·· 008

1.2　市场与市场营销 ··· 010
　1.2.1　市场营销的定义 ··· 011
　1.2.2　企业与市场 ··· 011
　1.2.3　市场营销的对象 ··· 013
　1.2.4　市场营销的核心概念 ······································· 015

1.3　市场营销管理哲学及其演进 ······························ 018
　1.3.1　五种市场营销管理哲学 ···································· 018
　1.3.2　比较与分析 ··· 020

1.4　营销的价值 ·· 021
　1.4.1　顾客眼中的价值 ··· 021
　1.4.2　卖方眼中的价值 ··· 021
　1.4.3　社会眼中的价值 ··· 022
　1.4.4　本书架构 ·· 022

本章小结 ·· 023
关键术语(中英对照) ·· 023
思考题与应用 ·· 024
营销实战案例 ·· 024

第Ⅱ篇 洞察市场：理解消费者的价值需求

第二章　市场营销环境 ········ 031
本章知识结构图 ········ 031
课前预习 ········ 031
营销视频扫一扫　十年磨一剑：《阿凡达》的营销启示 ······ 032

2.1 市场营销环境概述 ········ 033
2.1.1 市场营销环境的内涵 ········ 033
2.1.2 市场营销环境的特征 ········ 034
2.1.3 企业与营销环境的关系 ········ 034

2.2 微观营销环境 ········ 035
2.2.1 企业内部环境 ········ 036
2.2.2 供应商 ········ 036
2.2.3 营销中介 ········ 036
2.2.4 顾客 ········ 037
2.2.5 竞争者 ········ 037
2.2.6 公众 ········ 037

2.3 宏观营销环境 ········ 038
2.3.1 人口环境 ········ 039
2.3.2 经济环境 ········ 041
2.3.3 自然环境 ········ 042
2.3.4 科学技术环境 ········ 043
2.3.5 政治与法律环境 ········ 044
2.3.6 社会文化环境 ········ 044

2.4 营销环境分析及对策 ········ 045
2.4.1 环境分析法——SWOT分析法 ········ 046
2.4.2 企业应对环境影响的对策 ········ 046

本章小结 ········ 047
关键术语（中英对照） ········ 048
思考题与应用 ········ 048
营销实战案例 ········ 048

第三章　消费者市场与购买行为 …… 054

本章知识结构图 …… 054

课前预习 …… 054

营销视频扫一扫　商业精英：宝洁集团的商业帝国 …… 055

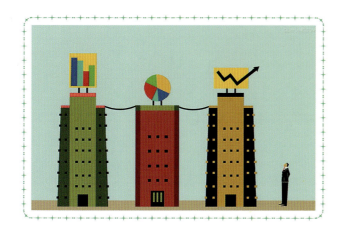

3.1　市场分类 …… 056
 3.1.1　消费者市场 …… 056
 3.1.2　消费者市场的购买对象 …… 057

3.2　消费者购买行为模式 …… 058
 3.2.1　消费者购买行为 …… 059
 3.2.2　消费者购买行为模式 …… 059

3.3　影响消费者购买的主要因素 …… 060
 3.3.1　文化因素 …… 061
 3.3.2　社会因素 …… 063
 3.3.3　个人因素 …… 065
 3.3.4　心理因素 …… 067

3.4　消费者购买决策过程 …… 069
 3.4.1　消费者购买决策过程的参与者 …… 069
 3.4.2　消费者购买行为类型 …… 069
 3.4.3　消费者购买决策过程 …… 071

本章小结 …… 073

关键术语(中英对照) …… 073

思考题与应用 …… 074

营销实战案例 …… 074

第四章　组织市场与购买行为 077
本章知识结构图 077
课前预习 077
　　营销视频扫一扫　有备而来：重庆国际采购洽谈 078

4.1　组织市场概述 078
　　4.1.1　组织市场的概念 079
　　4.1.2　组织市场的特征 079
　　4.1.3　组织购买者的分类 081
4.2　影响组织购买行为的因素 082
　　4.2.1　环境因素 083
　　4.2.2　组织因素 084
　　4.2.3　采购团队因素 084
　　4.2.4　个人因素 085
4.3　组织购买类型、购买流程与营销对策 087
　　4.3.1　组织购买类型 087
　　4.3.2　组织购买决策过程及营销对策 088
4.4　非营利组织和政府购买行为 091
　　4.4.1　政府市场与购买行为 092
　　4.4.2　非营利组织与采购行为 094
本章小结 095
关键术语(中英对照) 095
思考题与应用 096
营销实战案例 096

第五章　市场营销调研与预测　099
本章知识结构图 099
课前预习 099
　　营销视频扫一扫　AC 尼尔森：关注中国消费者调查 …… 100

　5.1　市场营销信息系统 101
　　　5.1.1　市场营销信息系统的概念 101
　　　5.1.2　市场营销信息系统的构成 102
　5.2　市场营销调研 106
　　　5.2.1　营销调研的含义和作用 106
　　　5.2.2　营销调研的类型 107
　　　5.2.3　营销调研的内容 107
　　　5.2.4　营销调研的过程 108
　5.3　市场需求的测量与预测 113
　　　5.3.1　市场需求及其相关概念 113
　　　5.3.2　估计目前市场需求 116
　　　5.3.3　市场需求预测方法 117
本章小结 122
关键术语（中英对照） 122
思考题与应用 122
营销实战案例 123

第Ⅲ篇 战略选择：制定营销价值决策

第六章 企业战略计划与营销管理 …………………………………… 129
本章知识结构图 ………………………………………………………… 129
课前预习 ………………………………………………………………… 129
　　营销视频扫一扫 "世界级马拉松"创业者：Uber(优步) …… 130

6.1 企业战略的含义与作用 …………………………………………… 131
　　6.1.1 企业战略的基本含义 …………………………………… 131
　　6.1.2 企业战略的特征 ………………………………………… 132
　　6.1.3 企业战略的层次结构 …………………………………… 133
6.2 规划总体战略 ……………………………………………………… 134
　　6.2.1 界定企业使命 …………………………………………… 134
　　6.2.2 建立战略业务单位与规划投资组合 …………………… 136
　　6.2.3 规划成长战略 …………………………………………… 140
6.3 经营业务单位的竞争战略 ………………………………………… 142
　　6.3.1 确定业务单位任务 ……………………………………… 142
　　6.3.2 分析战略环境 …………………………………………… 143
　　6.3.3 目标制定 ………………………………………………… 143
　　6.3.4 战略的形成与制定 ……………………………………… 144
　　6.3.5 战略计划的执行与控制 ………………………………… 145
6.4 市场营销管理过程 ………………………………………………… 145
　　6.4.1 分析营销机会 …………………………………………… 145
　　6.4.2 选择目标市场 …………………………………………… 146
　　6.4.3 设计营销组合 …………………………………………… 146
　　6.4.4 营销执行 ………………………………………………… 148
本章小结 ………………………………………………………………… 149
关键术语(中英对照) …………………………………………………… 149
思考题与应用 …………………………………………………………… 150
营销实战案例 …………………………………………………………… 150

第七章 目标营销战略与定制营销 ………………………… 153

本章知识结构图 ……………………………………………… 153

课前预习 ……………………………………………………… 153

营销视频扫一扫 高端电动跑车：特斯拉试驾体验 …… 154

7.1 市场细分 ………………………………………………… 155
7.1.1 市场细分的概念及依据 …………………………… 155
7.1.2 市场细分的流程以及有效细分的条件 …………… 161

7.2 选择目标市场 …………………………………………… 163
7.2.1 企业涵盖市场的方式 ……………………………… 163
7.2.2 目标市场选择策略 ………………………………… 164

7.3 差异化与市场定位 ……………………………………… 168
7.3.1 差异化和市场定位的含义 ………………………… 168
7.3.2 市场定位的方式 …………………………………… 170
7.3.3 市场定位的具体方法 ……………………………… 171

本章小结 ……………………………………………………… 172

关键术语(中英对照) ………………………………………… 172

思考题与应用 ………………………………………………… 173

营销实战案例 ………………………………………………… 173

第Ⅳ篇　营销策略：创立、交付与传播价值主张

第八章　创造产品与产品管理 …… 179
本章知识结构图 …… 179
课前预习 …… 179
　　营销视频扫一扫　品牌之争：王老吉与加多宝 …… 180

8.1　创造产品 …… 181
　　8.1.1　产品、服务和体验 …… 181
　　8.1.2　产品概念的层次 …… 182
　　8.1.3　产品的分类 …… 183
　　8.1.4　产品组合及其相关概念 …… 186

8.2　产品生命周期 …… 187
　　8.2.1　产品生命周期的含义 …… 187
　　8.2.2　产品生命周期各阶段的特点及营销目标 …… 188

8.3　新产品开发 …… 191
　　8.3.1　新产品的概念 …… 192
　　8.3.2　新产品开发管理的程序 …… 192

8.4　品牌与包装策略 …… 197
　　8.4.1　品牌决策 …… 197
　　8.4.2　包装决策 …… 201

本章小结 …… 203
关键术语(中英对照) …… 203
思考题与应用 …… 203
营销实战案例 …… 204

第九章 产品定价 ·········· 207

本章知识结构图 ·········· 207

课前预习 ·········· 207

营销视频扫一扫 低成本、低价格：春秋航空 ·········· 208

9.1 企业定价依据 ·········· 209
  9.1.1 定价目标 ·········· 209
  9.2.2 影响定价的主要因素 ·········· 212

9.2 企业定价的基本方法 ·········· 219
  9.2.1 成本导向定价 ·········· 219
  9.2.2 竞争导向定价 ·········· 222
  9.2.3 需求导向定价 ·········· 223

9.3 定价技巧与策略 ·········· 224
  9.3.1 心理定价策略 ·········· 225
  9.3.2 产品组合定价策略 ·········· 225
  9.3.3 折扣定价策略 ·········· 226

9.4 定价调整及价格变动反应 ·········· 227
  9.4.1 根据产品生命周期调整的价格策略 ·········· 227
  9.4.2 主动调整的价格策略 ·········· 228
  9.4.3 被动调整的价格策略 ·········· 229

本章小结 ·········· 229

关键术语（中英对照）·········· 230

思考题与应用 ·········· 230

营销实战案例 ·········· 231

第十章　分销渠道 ········· 233

本章知识结构图 ········· 233
课前预习 ········· 233

　　营销视频扫一扫
　　　　开拓葡萄酒销售渠道：醍恩酒业 ········· 234

10.1 分销渠道的功能与结构 ········· 235
　　10.1.1 分销渠道的概念 ········· 235
　　10.1.2 分销渠道的结构 ········· 236
　　10.1.3 分销渠道的功能 ········· 238

10.2 分销渠道设计决策 ········· 240
　　10.2.1 分销渠道设计框架 ········· 240
　　10.2.2 需求分析与目标确定 ········· 242
　　10.2.3 设计方案评估与决策 ········· 243

10.3 分销渠道管理决策 ········· 246
　　10.3.1 分销渠道管理目标 ········· 247
　　10.3.2 分销渠道冲突与协调 ········· 247
　　10.3.3 激励渠道成员 ········· 249

10.4 零售、批发与市场物流 ········· 251
　　10.4.1 零售商 ········· 251
　　10.4.2 批发商 ········· 254
　　10.4.3 市场物流 ········· 254

本章小结 ········· 255
关键术语(中英对照) ········· 255
思考题与应用 ········· 256
营销实战案例 ········· 256

第十一章　促销策略 ………………………………… 260
本章知识结构图 ……………………………………… 260
课前预习 …………………………………………… 260
　　营销视频扫一扫
　　"双十二"电商频繁促销：如何另辟蹊径 ……………… 261

11.1　促销与促销组合 ………………………………… 262
　　11.1.1　促销及其作用 ……………………………… 262
　　11.1.2　促销组合 …………………………………… 263
11.2　人员推销策略 …………………………………… 264
　　11.2.1　人员推销的特点 …………………………… 264
　　11.2.2　人员推销的程序 …………………………… 265
　　11.2.3　销售队伍的管理 …………………………… 267
11.3　广告策略 ……………………………………… 269
　　11.3.1　广告目标的制定 …………………………… 269
　　11.3.2　广告主题的确定 …………………………… 270
　　11.3.3　广告媒体的选择 …………………………… 270
　　11.3.4　广告效果的测定 …………………………… 271
11.4　公共关系策略 …………………………………… 273
　　11.4.1　公共关系的对象 …………………………… 274
　　11.4.2　公关营销的实施步骤 ……………………… 275
　　11.4.3　危机公关管理 ……………………………… 276
11.5　销售促进策略 …………………………………… 278
　　11.5.1　销售促进的特点 …………………………… 279
　　11.5.2　销售促进的类型 …………………………… 279
　　11.5.3　销售促进的方法 …………………………… 279
本章小结 …………………………………………… 281
关键术语(中英对照) ……………………………… 282
思考题与应用 ……………………………………… 282
营销实战案例 ……………………………………… 283

第 V 篇　营销扩展：新市场与新领域

第十二章　开发全球市场 ········· 287
本章知识结构图 ········· 287
课前预习 ········· 287
　营销视频扫一扫　董明珠：中国企业的全球化征程 ······ 288

12.1　全球营销概述 ········· 289
　12.1.1　全球营销的概念 ········· 290
　12.1.2　全球营销与国内营销 ········· 290
　12.1.3　全球营销的动因分析 ········· 293

12.2　考察全球营销环境 ········· 293
　12.2.1　政治法律环境 ········· 294
　12.2.2　经济环境 ········· 294
　12.2.3　社会文化环境 ········· 295
　12.2.4　技术环境 ········· 296

12.3　全球目标市场的选择与进入 ········· 298
　12.3.1　决定是否进入国际市场 ········· 298
　12.3.2　决定进入哪些国际市场 ········· 299
　12.3.3　评估准备进入的国际市场 ········· 300

12.4　进入全球市场 ········· 301
　12.4.1　确定进入全球市场的方式 ········· 301
　12.4.2　确定全球营销组合 ········· 303
　12.4.3　国际营销的组织决策 ········· 304

本章小结 ········· 304
关键术语（中英对照） ········· 305
思考题与应用 ········· 305
营销实战案例 ········· 305

第十三章　新媒体营销 ································ 309
本章知识结构图 ································ 309
课前预习 ································ 309
营销视频扫一扫　营销创新：微信营销赚钱的秘密 ······ 310

13.1 新媒体与营销新规则 ································ 311
- 13.1.1 认识新媒体 ································ 311
- 13.1.2 新媒体营销 ································ 311
- 13.1.3 营销新规则 ································ 313

13.2 新媒体营销平台Ⅰ：网络新媒体 ································ 315
- 13.2.1 门户网站营销 ································ 315
- 13.2.2 SEM 营销 ································ 316
- 13.2.3 E-mail 营销 ································ 317
- 13.2.4 微博营销 ································ 318

13.3 新媒体营销平台Ⅱ：手机新媒体 ································ 319
- 13.3.1 手机短信营销 ································ 320
- 13.3.2 APP 营销 ································ 320
- 13.3.3 二维码营销 ································ 321
- 13.3.4 微信营销 ································ 322

13.4 新媒体营销效果的衡量 ································ 324
- 13.4.1 新媒体营销内容衡量指标 ································ 324
- 13.4.2 新媒体营销服务衡量指标 ································ 325

本章小结 ································ 325
关键术语(中英对照) ································ 326
思考题与应用 ································ 326
营销实战案例 ································ 326

参考文献 ································ 329

前　言

"无处不营销",这或许已经成为当今商业社会的公理。越来越多的企业、政府、非营利机构甚至个人发现,营销已经成为自己迈向或保持永续经营的必要条件。通过本书,我们努力为你呈现对迷人的营销世界的独到见解。

市场营销在我国的传播和实践已经有数十年的历程,随着我国社会主义市场经济的不断深化,加之经济国际化的不断延伸,其运用的领域和作用的空间也随之扩大。但从总体来看,仍有为数不少的企业还没有真正掌握市场营销的精髓,将推销和广告理解为营销,未能对市场营销组合策略加以有效应用,例如,在很多行业频发的价格大战,甚至是迅速成长的电子商务网站也难以幸免,网站数量众多,面临恶性价格竞争,这些都显示了企业营销手段的单一性和不成熟性。作为从事市场营销的教学工作者,我们有责任推动市场营销学的传播和推广。

市场营销学是一门艺术和科学相结合的学科,它既有惯例的模式,又需要创造性的灵感。在教学中,我们既要将现有的惯例模式用学生感兴趣的方式,使他们在不经意间接受;我们也需要引入新的理论,激发学生的灵感,使他们能迸发出创造力的思想火花,这正是本书编写努力所追求的目标。

市场营销学是一门应用性和实践性很强的学科,在互联网时代需要突破传统教学方式,将理论与实践建立起充分和密切的联系。本书在编写上通过多维的实践场景,让学生加深对相关理论的理解,最终学会运用理论解释实践。我们利用二维码技术及微信平台,实现与学生的交流互动,每章开篇的引导案例和每章最后的营销实战案例的案例点评等都力求解释现实,贴近实践,加深理论理解,提高学生的悟性,培养学生的能力。

本书在体系结构上保持了市场营销学体系的基本构架,在内容上进行了整合和提炼,既突出市场营销学的广泛实用性,又体现它的持续发展性,还在最后一章专门介绍了当代营销的新领域——新媒体营销等理论。

本书的特色主要体现在:首先,在理论上,兼顾营销知识的系统性、前瞻性和实用性。在突出经典的市场营销理论之外,吸收最新成果,让学生感受到市场营销学理论的经典价值与创新魅力。其次,在实务上,突出实践性、可操作性和启发性。注重案例及相关材料的新颖性、国际性和本土化,更多地反映国内外市场营销的最新实践。最后,在教学上,注重体现知识的拓展性、案例的生动性和学生的自主性,以培养学生的创造激情和创造能力。在讲述正式内容前,通过

"营销视频扫一扫",引起学生对本章节的学习兴趣和关注,各章内容中穿插的"案例小链接"增加了教材内容的可读性,同时,每章均安排了"营销实战案例""思考题与应用"等练习和实践,突出了知识应用的能力培养。

  本书反映了编者对于市场营销学的理解和教学体会,从计划编写到最后交稿,汇聚了整个团队的智慧和心血。全书由于洁老师担任主编,由仪根红老师和王思慧老师担任副主编,参加编写的人员及分工为于洁老师(第1、6、7、8、9章以及第12章部分)、仪根红老师(第3、5章)、王思慧老师(第4、11章)、马海芳老师(第12章部分及第13章)、张峰老师(第10章)、孙俊成老师(第2章)。在编写和成稿过程中,得到了杨谊青教授和邹仲海博士的鼎力相助,全书由于洁老师总定稿。同时,限于编者水平,书中错误、缺点在所难免,敬请专家和广大读者批评指正。

编 者

2016 年 4 月

认识营销：
创造和传递价值

第 Ⅰ 篇

第一章

市场营销概述

本章知识结构图

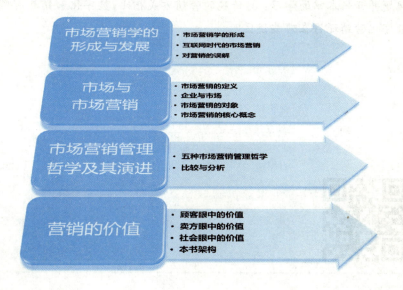

- 市场营销学的形成与发展
  - 市场营销学的形成
  - 互联网时代的市场营销
  - 对营销的误解

- 市场与市场营销
  - 市场营销的定义
  - 企业与市场
  - 市场营销的对象
  - 市场营销的核心概念

- 市场营销管理哲学及其演进
  - 五种市场营销管理哲学
  - 比较与分析

- 营销的价值
  - 顾客眼中的价值
  - 卖方眼中的价值
  - 社会眼中的价值
  - 本书架构

课前预习

本章学习要点：
1. 识别常见的营销误解，掌握市场营销的含义以及相关概念；
2. 了解营销所涉及的产品和服务的范围，理解营销如何向顾客传递价值；
3. 深刻理解市场营销管理哲学的内涵及演变历程。

营销视频扫一扫

营销新趋势：数字化营销[①]

营销无处不在，任何组织与个人都在有意或无意中从事着各类营销活动。企业能否高效地开展营销活动，直接关系到它的生存与发展。然而，营销活动又往往处在不断发展变化的环境之中，既要"顺势而为"，又要"抢占先机"，它们看似矛盾，实则统一。

数字化已深入我们日常生活的每一个角落，如数字化电视、数字化相机、数字化空调、数字化健身等，数字化技术所开创的数字化空间、交往、娱乐等种种"神话"，改变了人类原有的生存和发展模式。

在这一趋势之下，企业不再仅仅依靠传统的营销手法，数字化营销就是利用网络等其他数字媒体和手段来实现的营销方式。企业为了促进产品销售而利用计算机、通信、网络、人工智能等技术，对营销对象和营销行为展开的一系列如调查、宣传、策划、包装、企业经营理念传播、公众消费趋势的引导、推销和促销等活动。

扫一扫如下二维码，观看视频"营销新趋势：数字化营销"，与老师及小伙伴们讨论如下问题并开始本章的学习：与传统的营销方式相比，数字化营销具有哪些优势？企业对数字化营销还存在哪些误区？

欢迎来到营销的精彩世界，不管你的兴趣和专业是工程、会计、金融、信息科技还是其他领域，营销都与你本人息息相关。在本章，我们会介绍市场营销的相关概念，将从"什么是市场营销"这一基本问题开始学习，了解营销因各种各样的原因而遭人误解，并围绕"市场营销如何创造顾客价值"展开讨论，为以后各章的学习奠定基础。

---

① 资料来源：若想观看完整视频，请登录 http://www.iqiyi.com/v_19rrh88ylc.html? pltfm=11&pos=title&flashvars=videoIsFromQidan%3Ditemviewclk_a#vfrm=5-6-0-1。

21世纪的营销环境发生了重大变化,企业面临着严峻挑战,如何在残酷的经济环境中求得生存并实现较好的财务业绩,是企业必须面对的重要问题。市场营销在现今的商业环境中扮演着十分重要的角色,特别是在中国这样成长迅速和竞争越来越激烈的市场,成功传递顾客价值,将带来足够的市场需求并产生利润,最终促进企业的长期繁荣。

从广义来说,营销的重要性还可以拓展到整个社会。企业通过营销活动,向市场投放新产品或改进现有产品,创造了顾客原本没有的需求,或者提升了顾客对现有产品的满意度,将使人们的生活日益丰富和舒适,同时也创造了新的就业机会。

现实中,当我们谈论自己或他人时,经常会使用营销术语:为了准备工作面试,我们经常会"定位"自己;我们会告诫朋友要"扬长避短";一些人在挑选生活伴侣时,甚至会说自己"很有市场";很多消费者会雇用形象顾问来为自己设计"个人形象";也有人借助外科手术或化妆来提升自己的"产品形象"。正因为人们有包装和促销自己的想法,才有了从化妆品、健身器材到简历专家以及约会代理公司这样如此广泛的个人产品和服务市场。因此,市场营销原理不仅仅可以应用于各类产品,它同样也适用于人,虽然营销的过程有所不同,但基本理念都是一样的:不管是作为消费者还是作为商界的参与者,营销是我们生活中的基本组成部分。

1.1 市场营销学的形成与发展

 互联网时代的市场营销有何特点?

经营有方,生财有道之说,在我国古已有之。当"Marketing"作为一门课程传入中国时,当时流行的译名是"市场学",但这个译法并不准确,并不符合动态"Marketing"一词的原意,也很容易使人误以为这门学科是研究整个市场问题的。实际上,这门学科并非包含所有市场问题(诸如市场体系、市场供求、市场机制、市场调控等问题),只是研究与市场相关的企业经营活动过程;它的立足点和着眼点是企业,是从卖方的角度研究市场经营问题。所以,将这门课程称为"市场营销学"要比"市场学"确切得多。

市场营销学的核心思想是:企业必须面向市场、面向消费者,必须适应不断变化的环境并及时作出正确的反应。企业要为消费者或用户提供令人满意的各种商品或服务,并且要用最少的费用、最快的速度将产品送达消费者或用户手中,企业只有在满足消费者需求的过程中才能实现自己的各项目标。

随着互联网络时代的到来,引发了信息传播的革命,促使买卖双方改变原有的交易方式。在任何一个地方,人们都能方便地进入因特网审视报价单和订购商品。由于网络的数据库服务优势,公司能更多地直接营销,并减少对批发和零售中间机构的依赖,减少中间环节,除此之外,越来越多的公司通过与关联公司的信息交换自动地完成交易。这些趋势预示着购买与销售的过程正面临着实质的改变,营销的方式与范围都发生了很大变化,由此产生了互联网时代的市场营销。

1.1.1 市场营销学的形成

市场营销学作为一门学科诞生于20世纪初的美国,后来流传到欧洲、日本和其他国家,并在实践中不断完善和发展。19世纪末20世纪初,资本主义开始由自由竞争向垄断过渡,美国社会也发生了前所未有的变化。随着工业革命的发生和发展,经济总量急剧扩张,到20世纪初叶,美国国内市场扩大到历史上前所未有的程度。另外,科学技术的发展大大促进了社会生产力的发展,生产过程的机械化和生产规模的扩大化成为工业生产的两大特点,从而为市场提供了日益增多的廉价商品,在生产发展的同时,社会需求也出现了较快的增长。伴随着商品经济的高度发展,生产和资本日益集中于各种大企业和垄断组织,使生产的社会化和生产资料的私人占有之间的矛盾(即资本主义的基本矛盾)日益尖锐,强大起来的资本主义经济力量遇到了不稳定的、需求增长缓慢的国内市场和国际市场的挑战。

面对这种情况,企业不得不更加关心自己商品的销路,日益重视企业的市场销售问题。一方面,各企业(尤其是大企业)迫切要求认识、了解和分析市场,以利于占领和争夺市场,使自己在竞争中处于有利的位置;另一方面,各种有关的社会和应用科学的发展以及大企业内部组织计划性的加强,使人们有可能运用各种现代科学理论和方法(如市场调研、信息分析、统计分析等)了解和分析市场情况,预测市场发展趋势,规划资源分配,掌握市场的发展和变化规律,从而进行各种经营决策,并制订有效的策略和经营计划。

1905年,美国宾夕法尼亚大学开设了名为"产品市场营销"的课程;1912年,第一本以"Marketing"(市场营销学)命名的教科书问世于美国哈佛大学。随着市场经济的发展和营销实践的变化,其内容不断充实,概念时有更新,体系渐趋成熟。现代市场营销学不只是企业经营实践一般经验的概括和总结,已发展成为建立在经济科学、管理科学、行为科学和现代科学技术基础之上的应用学科。

案例小链接 1-1

达美乐(Domino's)比萨

2009年,达美乐出现了历史性的公关事件,两名员工恶搞比萨,他们在准备三明治的时候,把奶酪弄到鼻子上,并上传到YouTube网站。仅仅两天的时间,在YouTube突破100万人次观看次数;Domino's成了Google讨论搜索排行榜的第一名,并且都是负面的评论,最后导致达美乐CEO不得不出来道歉。但这仅仅是一个导火索而已,通过调查显示,达美乐在用户心中的地位在直线下降,各种各样的理由都有,如"吃起来像塑胶食品"等。

于是,达美乐作出了一个重要的决定,改变50年以来的口味,并从达美乐的管理层开始倾听消费者的声音。他们首先通过社交媒体,建立官方关键字来搜集用户心声;

接着,他们把做好的比萨送到用户的家中,请用户品尝后提出修改意见,并把活动的视频放到网上,以吸引更多的人参与达美乐新口味的改变。

达美乐所面临的困境源于恶搞视频在社交网络的迅速传播,同样,公司也通过社交媒体寻求解决问题的有效方法。

资料来源:达美乐公关案例《倾听消费者心声》,http://iwebad.com/interactive-marketing/food-beverage-advertising/2011-12-22/1118.html。

 在互联网高度发达的今天,顾客、竞争、技术和经济因素都在快速发生变化,与此同时,营销者的行动与决策影响也会在网络环境中得到放大。企业如何在实现产品创新的同时增进品牌与顾客之间的互动体验?

1.1.2 互联网时代的市场营销

互联网时代是企业发展最好的时代,互联网的到来为企业带来了前所未有的机会,它不仅塑造了新的行为,而且也提供了不少新的机会和挑战。具体而言,主要包括以下四种发展趋势。

1. 新的数字时代

新技术突飞猛进的发展为了解、追踪客户和为客户量身定做产品与服务提供了新的途径,使公司分销产品以及与客户沟通更有效率。新技术也带来了交通工具和宣传工具的变化,更加强调公司与消费者之间的互动、分享与关系,从移动电话、iPad、互动电视以及机场和百货公司的视频亭,营销人员可以利用这些工具向被选定的客户提供仔细定位的信息。许多传统实体公司现在已经变成"鼠标+水泥"公司,他们利用网络吸引新的客户并且与之建立紧密的联系。

互联网在两个方面对市场营销产生了重大影响:其一是促成了社会化媒体的发展,其二是创造性顾客的兴起。互联网应用产生了众多的社会化媒体,国内典型的案例如QQ、新浪微博、微信等。而手机尤其是智能手机的发展,正在迅速地改变人们的生活方式,其中的一个典型趋势就是人们碎片化时间的利用与智能手机的结合促进了社会化媒体的蓬勃发展。

创造性顾客的出现给企业营销带来了新的生产力。创造性顾客可以参与到企业产品服务的创意制造过程,通过评论表达自己的喜好。以星巴克为例,星巴克的 My Starbucks Idea 社区调动起大多数消费者的兴趣来为其产品提供创意和思路,因为没有人比消费者自己更了解自己的需求。星巴克不仅获得了它所需要的用户反馈,更把最了解它的用户变成了它的产品设计师。用户不仅可以提交点子、认识有同样兴趣的人,还可以看着自己的想法得到实现。这种新的消费互动既让企业了解市场和消费者,又解决了产品销路的问题。

2. 快速的全球化

随着交通、运输、通信技术的飞速发展，使企业在其他国家经销自己的产品变得更容易，也使消费者在其他国家采购所需要的产品和服务变得更便利。由于越来越多的人到国外工作或旅游，国际旅游业实现了快速成长。几乎每一家企业都在一定程度上受到国际竞争的影响，他们不仅试图在国际市场上出售更多的本土产品，也更广泛地购买国外的产品和部件。亚洲市场在外包大潮中收益颇多，中国是著名的世界工厂，印度则因提供IT服务而闻名。

3. 关注企业的社会责任

今天的消费者愿意花钱购买有社会责任感的企业所生产的产品，营销者也开始重新审视其与社会价值和责任以及维持我们生存的地球的关系。社会责任和环保运动正在对公司提出更高的要求，一些公司抵制这类运动，只有在法律或是消费者组织抗议时才会让步。然而，目标长远的公司乐于接受这份责任，通过为客户和社会提供长期的利益来获取利润。

联合利华已作出承诺，到2020年时，其生产的全部棕榈油都有能够得到证实的可持续来源。这家英国和荷兰消费品集团正在与印度尼西亚政府进行谈判，打算投资逾1亿欧元在苏门答腊建立一个加工厂，以便更准确地追踪棕榈油的采购情况。联合利华之所以这么做，主要是为了回应绿色和平组织（Greenpeace）针对它和其他企业从印度尼西亚一家公司采购棕榈油这一事发起的抗议活动，那家印度尼西亚公司的生产行为导致一些栖息有猩猩的森林遭到破坏。

4. 非营利组织营销的成长

过去，营销大多数应用于营利性企业，近年来，营销也成为许多非营利组织战略的重要组成部分。非营利组织是指不以营利为目的的组织，一般是处理个人关心或者公众关注的某个事件，所涉及的领域非常广，包括艺术、慈善、教育和环保等方面。它是当今社会重要的经济力量，与美国等发达国家相比，我国的非营利组织力量还比较薄弱，在组织活动的形式和规模化方面还存在很多不足。

如何塑造形象和激发"顾客"的兴趣同样成为非营利组织所要关注的焦点。一个组织机构的形象是人们所具有的信念、观点及印象的一组集合，它是一个无形因素，反映了组织外部对该组织的服务质量及其他方面的一个看法和总体评价。为此，非营利组织有必要考虑人们接收信息的方式，并概括人们所接受的信息。因为公众是以各种方式获得信息的，如果非营利组织要树立一个有效的形象，管理者就要合理地利用当地的资源，开展有效的营销策略，以便树立正面的形象。

1.1.3 对营销的误解

当提到营销时，最初映入你脑海的是什么？闭上眼睛想想这个词，你会想到什么？你所能想到的将取决于你的年龄、专业背景以及你是否有某些方面的营销经历。以下是一些常见的关于营销的看法：
- 引人注目、令人愉悦的广告——或刚好相反，无聊的或令人讨厌的广告；
- 咄咄逼人的销售人员想方设法地劝人立刻购买产品；
- 驰名品牌和它们的明星代言人，如耐克的运动员代言人等；
- 引起对公司可信度产生怀疑的过分夸张或错误的产品陈述；
- 营销部门发起的公司营销活动；
- 营销是另外一种"业务"成本。

表1-1 营销误解：什么不是营销

误解一：营销就是做广告
事实：广告只是将营销与潜在顾客联系起来的一种方法。普通大众很容易看到广告，所以，许多人提到营销自然而然就想到广告。
误解二：营销就是推销
事实：大众也经常体验到日常发生在零售商店的推销。推销是一种营销沟通方式，除了广告和人员推销外，营销人员必须选定一系列营销沟通手段，如包括公共关系、直复营销等。
误解三：营销就是炒作
事实：是的，营销在某些方面天生具有娱乐性且光彩炫目。聘请老虎伍兹作为名人代言，让耐克公司的所有人都感到激动，更不用提这给耐克粉丝带来的愉悦和乐趣。其实，营销也涉及复杂的研究、仔细的分析、谨慎的决策以及经深思熟虑的战略与计划制订。
误解四：营销天生不道德，有害社会
事实：营销不比商业的其他领域更天生地不道德，安然、世通及其他公司在2000年的会计丑闻就证明了这一点。然而，当一些营销内容被证明为不道德(甚至违法)时，它们更容易被公众看见。虚假广告、高压推销、不环保的包装都是不道德营销的典型例子。
误解五：只有营销人员才做营销
事实：每个人都做营销，无论你在公司的职位如何，学习如何做好营销都非常关键，拥有很强营销技能的人，在工作内外都更有可能获得成功。如果你从没有想过如何通过建立"个人品牌"进行有效沟通，那么现在请思考一下：在求职或"升迁"过程中，这种方法将非常关键。
误解六：营销只是公司的另外一种"开销"
事实：认为营销是成本而不是投资这一心态对公司而言是致命的，因为成本天生是需要被削减或避免。当管理层无视"营销"为生存之道，不从长期来看营销的作用，公司就很容易从削减成本角度思考问题。避免品牌投资和产品发展，将导致"短期成功、长期受困"。成功的企业必须控制成本保证短期财务业绩，同时进行长期营销投资以保证长期竞争力。

资料来源：格雷格·W.马歇尔、马克·W.约翰斯顿著，《营销管理精要》，北京大学出版社，2014年。

不像商业其他重要领域，营销并非关起门来做活动，它是高度公开和可视的。设想一下：财务管理、会计、信息技术、生产、运营管理和人力资源管理常发生在"后台"，公众一般无法看到，但营销则不同，营销很多方面是公开的，在网页上可以看到营销，它促使人们产生更多兴趣并搜集产品信息；从销售人员提供的代表公司产品的优质服务中可以看见营销,从大型比赛现场也可以看见营销,甚至从小区便利店里的货架陈列中也能感受到营销。

对公司之外的人而言,营销几乎是所有商业领域中最具可视性的,尽管人们对其他领域也有负面、僵化的印象(如会计师的精明计算、IT宅男等),但要想找到一个像营销这样的商业领域,还是十分困难的。回想一下,有多少次日常对话最终都转向了和营销相关的话题,可你在日常交流与对话中又有多少次讨论财务管理上的流入、流出,或是电脑化生产系统的复杂性呢?显然没有,大家似乎对讨论营销话题没有什么障碍,也没有什么不适感——从超市本周特价商品广告到当季流行服饰品牌等,营销是所有人都能讨论的话题。

正是因为人们更容易观察到营销的很多方面,它的"过度曝光"使营销作为一个值得认真研究的专业领域并未得到应有的理解和尊重。很多MBA学生和本科生(甚至是公司经理)认为财务管理、运营、IT等业务职能是企业更严肃的领域,他们觉得这些领域比营销更实在、更科学、更具有分析性。加之过去"营销学"很少用有效的测量方法来衡量企业营销投入的效果,而公司其他领域一直以来是受测量结果所驱动的,直到近年来这种情况才有所改观,营销效果的测量已经成为企业关注的焦点。

在了解了营销与生俱来的透明性以及之前缺乏有效方法衡量营销对公司所作的贡献之后,理解一些经理认为营销只是一项他们不怎么愿意支付的"开销"也就不足为奇了。他们不清楚营销如何起作用,甚至也不肯定营销是否真的有用,也许只是由于竞争,公司才日复一日在做营销,他们也就继续在市场研究、品牌发展、广告、人员推销、公共关系等方面投入大笔资金。在营销的管理和控制非常模糊的情况下,"点子"心态就在营销领域发展起来。为了迅速走红,咨询顾问和"营销热门书"作者不吝使用令人炫目的文字,为企业开出各种"一锤定音"的营销妙方,由此进一步强化了营销与"点子""炒作"的联系,降低了营销作为值得尊敬的业务职能的地位。

有效的营销管理并不是之前提到的各种成见、误解和刻板印象,营销是企业的一项核心职能,是一系列的重要流程,将提高个人、单位和组织的绩效,值得所有学生学习并掌握。接下来的章节将为拓展营销技能和知识打下基础,这些技能和知识将有助于你作为管理者和领导者走向更成功的职业生涯。

1.2 市场与市场营销

 什么是市场营销?

为了成为合格的营销人员,就必须理解以下问题:什么是市场营销?企业与市场之间的关系是怎样的?市场营销所涉及的领域有哪些?由谁从事市场营销工作?如何理解与市场营销相关的核心概念?

1.2.1 市场营销的定义

所谓市场营销(marketing)，就是识别并满足人类和社会的需要。对市场营销最简洁的定义，就是"满足别人并获得利润"。当宜家(IKEA)意识到人们想购买质优价廉的家具时，就创造了可拆卸与组装的家具业务。阿里巴巴(Alibaba)创始人马云在经历了两次创业失败之后意识到，互联网所能带来的最大益处是能把资源最大可能以及最高效率地聚拢在一起，从而大幅降低沟通和交易成本，提出"让数以万计的中小公司联合起来，与世界对接"的理念，为中小公司提供服务，让天下没有难做的生意，市场营销可以把社会需要和个人需要转变成商机。

美国市场营销协会为市场营销下了一个定义，认为市场营销是创造、传播、交付和交换那些对顾客、客户、合作伙伴和社会有价值的市场供应物的活动、制度和过程。从事以上所述的交换活动往往需要完成很多工作和具有相应的技能。当一方考虑通过各种方式促使另一方作出预期的反应(如购买)时，就产生了营销管理。因此，我们可以把营销管理(marketing management)看成是艺术和科学的结合——选择目标市场，并通过创造、交付和传播优质的顾客价值来获得顾客、挽留顾客和提升顾客的科学与艺术。

我们也可以从社会的角度来界定市场营销。从社会的角度来看，强调的是市场营销在社会中所扮演的营销角色。例如，有营销人员曾说过，市场营销的作用就是为别人创造出高水准的生活。从这个意义上讲，以下定义更能表示市场营销的社会含义：市场营销是这样一种社会过程，就是个人和集体同他人通过创造、提供、自由交换有价值产品和服务的方式以获得自己所需或所求。

有时，管理者认为市场营销就是推销产品的艺术。然而，当人们了解到推销并非市场营销中最重要的部分时，他们可能会大吃一惊。实际上，推销只是市场营销冰山上的一角而已。彼得·德鲁克(Peter Drucker)曾经指出：

> 可以这样说，推销往往是需要的。然而，市场营销的目的却是使推销成为多余。市场营销的目的就在于深刻地认识和了解顾客，使产品和服务完全适合特定顾客的需要，从而实现产品的自我销售。因此，理想的市场营销应该可以自动生成想要购买特定产品或服务的顾客，而剩下的工作就是如何使顾客可以购买到这些产品或者服务。

当苹果公司(Apple Inc.)推出 iPhone、iPad 等高科技产品，引发了抢购热潮席卷全球；当特斯拉汽车公司(Tesla Motors)为减少全球交通对石油类能源的依赖，大力推动了纯电动汽车在全球的发展；当 Skype 公司提供了免费网络语音聊天服务，让世界通话变得简单，这些公司都是在从事了大量的市场营销研究基础上成功地设计出适销对路的产品。

1.2.2 企业与市场

任何企业都与市场存在千丝万缕的联系，企业作为市场系统中的一个单位，只有同市场保持输入和输出关系,进行物质的、劳务的、信息的交换或置换,才能求得生存与发展。市场不仅是企业生产经营活动的起点和终点,是企业与外界建立协作关系、竞争关系的传导和媒介,也是企业生产经营活动成败的评判者。认识市场、适应市场,使企业活动与社会需要协调起来,是企业市场营销活动的核心与关键。

市场的基本关系是商品供求关系,市场的基本活动则是商品交换(商品买卖)活动。由于市场的基本经济内容是商品供求和商品买卖,市场的形成就必须具备下列基本条件:存在可供交换的商品(包括有形的货物和无形的服务);存在提供商品的卖方和具有购买欲望与购买能力的买方;商品的价格符合买卖双方的利益要求(表现为双方都能接受)。市场是一个具有多重含义的概念,具体包括以下四个方面:

(1)市场是商品交换的场所,是买主和卖主发生交易的地点或地区。任何企业都要考虑本企业的产品销往哪些地区以及在何种场所销售。

图1-1 简单的市场营销系统

(2)市场是某一产品的所有现实和潜在买主的总和。明确本企业产品的市场有多大、由哪些消费者或用户构成,是企业营销战略和各项具体决策的基本出发点,对正确组织企业营销活动具有极其重要的意义。站在营销者的角度,常常把卖方称为行业,而将买方称为市场,它们之间的关系如图1-1所示,内环表示钱物交换,外环表示信息交换。

(3)市场是买主、卖主力量的结合,是商品供求双方的力量相互作用的总和。买方市场和卖方市场这些名词反映了供求力量的相对强度,反映了交易力量的不同状况。在买方市场中,商品供给量大于需求量,需求量占据有利地位,商品价格趋于下降,顾客支配着销售关系。在卖方市场中,商品的需求量大于供给量,卖方也就成了支配交易关系的主导方面,商品价格往往高于正常水平。显然,判断市场供求力的相对强度和变化趋势,对企业进行营销决策也是十分重要的。

(4)市场是指商品流通领域,反映的是商品流通的全局,是交换关系的总和。在现实经济中,由于有多种劳动分工,再加上特定商品生产者之间的各类交换活动,使市场形成了相互联结的复杂体系。图1-2表示了现实经济中的基本市场种类及其交换关系,其中,制造商从资源市场(由原材料、劳动力、资金等市场组成)购买资源,转变为商品和服务后卖给中间商,中间商再出售给消费者。消费者出卖劳动力赚取金钱,再换取所需的产品或服务。政府是另一种市场,它为公众需要提供服务,对各市场征税,也从资源市场、制造商市场和中间商市场采购商品。

市场的前三种含义对于企业营销具有微观的意义,第四种含义对于企业营销则具有宏观意义。企业除了要研究本企业每一种产品的销售地域、目标顾客、供求态势,还必须面对整体市场,厘清本企业的营销活动与整体市场的内在联系,这样才能通观流通全局,审时度势地开展好本企业的市场营销活动。

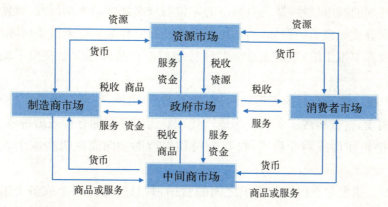

图 1-2　现代交换经济中的基本市场流程

如果从企业营销的角度来研究市场,其中心问题是要研究买主的需要、欲望及购买行为,有针对性地开展市场营销活动。因此,市场营销学所研究的"市场"是上述第二种含义,即由企业一切现实和潜在的顾客组成的群体。

1.2.3　市场营销的对象

一般而言,营销人员主要经营以下十大类产品:有形的商品、服务、事件、体验、人员、地点、财产权、组织、信息和观念(创意)。

(1) 商品。在许多国家,有形的商品都是生产和营销的主要对象,如衣食住行等生活必需品。

(2) 服务。随着经济的增长,服务逐渐成了经济活动中的主导力量,人们也越来越关注服务的生产。服务业与其他产业部门的基本区别是,服务业生产的是服务产品,服务产品具有非实物性、不可储存性和生产与消费同时性等特征。

(3) 事件。营销人员可以就一些事件进行宣传,如大型商业展览、艺术表演和企业庆典等。很多知名企业利用一些全球性活动,如奥运会和世界杯等,不仅会吸引相关爱好者(包括球迷等)的广泛关注,也能够更为广泛地宣传自己。

(4) 体验。由于消费者的情感需求比重在增加以及消费需求的日趋差异性、个性化、多样化,消费者的关注点向情感利益转变,营销者应更加注重与顾客之间的沟通,发掘他们内心的渴望,站在顾客体验的角度去审视自己的产品和服务,以顾客的真实感受为准,去建立体验式服务。

(5) 人物。名人营销已经成为营销的重要手段,艺术家、音乐家、首席执行官、医生、著名律师、金融家和其他专业人士都从名人营销中获益。名人营销并非是指利用名人做广告宣传,而是要像运营一个企业一样运营一个人。大卫·贝克汉姆(David Beckham)、奥普拉·温弗里(Oprah Winfrey)、滚石乐队(Rolling Stones)都非常成功地推销了自己。

(6) 地点。任何一个国家、都市甚至城镇都致力于吸引投资、移民、旅游以及发展地方品牌,但在实际操作中,许多地区与城市往往片面地强调宣传推广,它们耗费巨资去传播缺乏精心规划的城市口号,缺乏对城市的定位与战略部署的先期研究,致使许多具有独特吸引力的成分被掩藏了。例如,马尼拉因未能凸显它作为一系列重要国际组织(如亚洲发展银行和世界卫生组织)东南亚总部的独特地位而在某种程度上丧失了地点营销的诸多机遇。

(7) 财产权。即所有者的无形权利,包括不动产(房地产)和金融资产(股票或债券)。财产权可以买卖,这就构成了营销。房地产代理商为财产权拥有者或出售者工作,或者是自己购买并销售住房或商业房产,投资公司和银行则面向商业机构或个人投资者营销证券。

(8) 组织。指发生在组织与组织之间的营销,其目的是在两个或多个组织之间交换产品与服务,是发生在"一群人与一群人之间"的营销,而不是像消费者营销那样是对一个人的营销。

(9) 信息。信息是一种特殊的商品,它是人们通过搜集、加工、传递和存储所形成的,并且可以用来交换的。现代营销中,谁掌握了信息就掌握了制胜的法宝。

(10) 观念(创意)。广义来讲,每种产品和服务都是传递某种观念和利益的载体。美体小铺(The Body Shop)向消费者传递的理念是:不使用动物测试,并透过公平贸易购买天然原材料。公益营销人员则专注于推广如下观念:"别让朋友酒后驾车""告别中国式过马路,遵守交通规则"等。

案例小链接 1-2

市场营销——是善还是恶

人们可以从不同的视角看待市场营销问题。一个正面的观点认为,市场营销给社会带来了明显的好处。例如,企业努力创新,从而为消费者创造了一个选择多样化的世界。用百度搜索一下,我们便可以找到想要得到的所有信息;通过Skype,我们可以与世界另一端的亲朋好友免费通话;通过淘宝网站,我们可以舒服地坐在我们的书桌旁"逛商店"。随着营销活动的升级,我们一些特殊的需求也将不断地得到满足,如果我们仅吃含谷蛋白的食物、钟爱跳伞、对日本的折纸手工艺有热情,那么,将会有一些企业来满足我们的需求。随着公司搜集顾客资料的增加,它们可以将解决方案细分,以用来满足各种各样的用户需求。另外,随着公司之间的竞争,迫使它们提高自身产品及服务的质量,并且向顾客传递额外的价值。例如,出售低价票的航空公司推动了航空旅行的革命,并且使以前不经常坐飞机去旅游的人增加了坐飞机去旅游的次数。

但是,市场营销也遭到严厉的批判。人们认为它在满足需要的同时,也创造了一些非必需品。批判者认为,公司运用高端的市场营销技术激起人们的欲望,并使消费者购买他们原本不需要的商品,消费者则因此负债累累,美国和英国等发达国家的消费信贷一直很高。社会中的物质主义观念也应运而生。周末购物已经取代了宗教参与、其他形式的休闲活动以及社交活动。但是,心理学家认为,购买的增加并没有增加人们的幸福感与满足感。相反,随着物质主义的发展,世界资源将逐渐耗竭,现在的消费水平将是不可持续的。

此外,以孩子等弱势群体为目标客户的营销策略也饱受诟病,因为这些营销活动甚至会通过儿童心理学家找到更多并且更新颖的方法来将其品牌灌输到孩子们的脑子中。最后,有人认为市场营销活动正在侵入社会的方方面面,公共休闲活动,如运动会、演唱会以及公演都会与企业合作。如此一来,一些为青少年举办的大型活动可能会由酒品公司赞助。学校、医院等机构面临着较大的公共基金缺口,使这些赞助公司有机会将其与这些实体"绑"在一起。

解决这些争论非常困难,这些问题的核心在于市场营销决策中包含的关键因素——价值和利润。如果企业提供真正的价值给顾客,使公司与社会实现双赢,市场营销就做了它应该做的事。如果公司仅创造虚构的价值或者努力寻求榨取顾客而取得高额利润的方法,市场营销就损害了顾客及社会的利益。与其他职业一样,市场营销行业也有肆无忌惮的从业者。而且,有许多个人或者组织正在努力寻找利用弱势群体的策略。但是,在信息如此丰富的社会中,这些人都会被查出来并受到谴责。

资料来源:[英]戴维·乔布尔、[爱]约翰·费伊著,《市场营销学》(第3版),东北财经大学出版社,2013年。

你认为上述的目标营销是不道德的吗?对什么样的产品和市场进行目标营销是不适当的或者是不道德的?以中国市场为例,是否存在类似情况?

1.2.4 市场营销的核心概念

要了解营销职能,就有必要先来学习一下市场营销的核心概念。

1. 需要、欲望和需求

需要、欲望和需求之间既有着严格的区别,也存在着密切的关系,市场营销不能脱离需要和欲望而孤立地研究需求。因此,有必要对它们作进一步的认识。

需要(needs)是指人们想得到而没有得到某种东西的一种感受状态。在现实生活中,人们的需要是五光十色的,既有物质的,也有精神的。例如,为了生存与发展,人们有吃、穿、住、安全、归属、受人尊重、对知识和自我实现的需要等。人们的需要存在于人自身的生理结构和情感之中,在很大程度上是由人的心理状态决定的。

欲望(wants)是想得到上述需要的具体满足品的愿望,是个人受不同文化及社会环境影响表现出来的对需要的特定追求。例如,为满足"解渴"的生理需要,人们可能选择喝开水、茶、汽水、果汁或者矿泉水。值得说明的是,营销者并不创造需要,需要早就存在于营销活动之前,营销者(包括社会上的其他因素)只是影响了人们的欲望。

需求(demands)这一概念包含了两层含义:其一是指人们的偏好和爱好,是一种主观愿望;其二要求人们必须要有支付能力,需求是主观偏好和客观购买力的统一。也许你需要一部精美的手机,但苦于手头拮据无钱购买,显然,你的欲望无法得到满足,你的需要现在是不现实的。因此,我们在从事营销活动时,不仅要估量有多少人想要本公司的产品,更重要的是,应该了解有多少人真正愿意并且有能力购买。豪华住宅对每个人来说都具有诱惑力,但能真正拥有它的毕竟是少数。

2. 产品与服务

在社会生活中,人们的需要和欲望是靠一定的物质产品和精神产品作为载体来满足的,因此,在市场营销中,产品是指任何能用以满足人类某种需要或欲望的东西。在人们的心目中,产品首先表现为一个物质实体,如电视机、手机和汽车,在营销中,我们一般用商品和服务来区分实体商品和无形商品。但我们在考虑实体产品时,其意义不仅在于拥有它们,而且在于它能满足我们的欲望和提供给我们的服务。手机的款式固然是年轻人追逐的焦点,但它的本质属性在于提供通话服务。因此,在营销过程中,适度的创造概念是必要的,但不能脱离物质实体的客观属性及服务的内容。

相比之下,服务是一种无形产品,它是将人力和机械的使用应用于人与物的结果。如我们到医院去体检、去学校上学等。在日常生活中,服务的传送除实体产品外,还可以通过其他途径,如人、地方、活动、组织和创意等。如果我们觉得烦闷,可以选择去剧院观看演员的演出(人)、到旅游胜地去(地方)、从事一些体育运动(活动)、参加一些社区活动(组织),或者接受另一种生活哲学(创意)。因此,产品的概念在营销中是十分宽泛的,产品实体是服务的外壳,营销者的任务是推销产品实体中所包含的利益或服务,而不能仅限于描述产品的形貌。

3. 价值、成本和满意

消费者通常会面对能满足需要的一系列宽泛的产品和服务,那他们如何作出选择呢?消费者将根据这些营销供给所传递的价值、需要支付的费用以及满意度综合进行评价,最终作出购买决定。

假定某消费者每天上班需要行走5千米,他可以采用自行车、摩托车、出租车和公共汽车,这些交通工具就构成了可供选择的产品组合,同时我们假定这位消费者在上班的路上要满足不同的目标,即速度、安全、便利和经济。显然,上述每一种交通工具都具有不同的属性,可以满足他不同的目标,消费者必须根据自身的价值判断标准选择其认为最满意的交通工具。

这里涉及了两个有意义的概念——价值(value)和满意(satisfaction),价值是指消费者从购买的商品或服务中获得的利益,是对产品满足各种需要的能力的评价。如果他主要对速度和舒适感兴趣,也许会考虑购买汽车。但是,汽车购买与使用的费用要比自行车高许多。若购买汽车,他必须放弃用其有限收入可购置的许多其他产品(服务)。因此,他将全面衡量产品的费用和价值,选择购买能使每一元花费带来最大价值的产品。满意的顾客会再次购买并告诉他人自己愉快的体验,不满意的顾客则转向其他顾客抱怨该产品。

4. 交换和交易

交换和交易是两个既有联系又有区别的概念。交换(exchange)是指从他人处取得所需之物,而以自己的某种东西作为回报的行为。人们对满足需求或欲望之物的取得,可以有多种方式,如自产自用、强取豪夺、乞讨和交换,其中,只有交换方式才存在市场营销。因此,交换成了市场营销的核心,研究需求和开发产品都是为了促使市场潜在交换的实现。交换的发生必须满足以下五个条件:

(1) 交易至少存在两方;
(2) 每一方都拥有对另一方有价值的东西;
(3) 每一方都有能力进行沟通和传递;
(4) 每一方都能自由地接受或拒绝另一方的交换意图;
(5) 每一方都认为与另一方进行交易是合适、合意的。

广义上看,营销人员试图为营销供给创造一种响应。这种响应也不仅仅是购买或者交换产品和服务。例如,一位政治候选人需要选票,一座教堂需要会员,一支交响乐队需要观众,一个社会组织需要其观念被人接受。交易是交换的基本组成单位,是交换双方之间的价值交换。交换是一种过程,如果双方在这个过程中达成一项协议,我们就称之为发生了交易。

5. 关系和网络

在现代市场经济体系中,交换活动是十分复杂的,往往涉及制造商、供应商、中间商、顾客以及社区、广告商、政府等。市场营销活动实际上就是在这个大的网络系统中进行的,营销能否成功,在很大程度上取决于是否拥有庞大的关系网络。因此,从一定意义上来讲,市场营销活动就是建立稳定和谐的关系和网络。

对营销者来说,与顾客保持积极的关系是一项很重要的目标。关系营销(relationship marketing)是指通过长期互惠的协作,双方通过创造令人满意的交易把精力集中在价值的提高上。关系营销通常会加深顾客对企业的依赖,顾客的信心也在增长,反过来又提高了企业对顾客需求的理解。成功的营销者对顾客的需要作出反应,并随着时间的推移,尽量增加顾客需要的价值。这种相互关系最终会成为一种坚固的合作和相互依靠的关系。

6. 营销者和潜在顾客

市场营销是一种积极的市场交易活动,在交易的过程中一方是营销者,另一方则是营销者的目标市场(预期顾客)。在这一交换过程中,交易的双方扮演着不同的角色,营销者比对方更主动、更积极地寻找交换,是交换的推动者。因此,营销者(marketer)是指希望从潜在顾客(prospect)那儿得到资源并愿意以某种有用之物作为交换的人。

营销者往往很善于激发消费者对其公司产品的需求,但认为营销人员只做这一件事就显得狭隘了。实际上,同生产和物流等专业部门的专业人士要对供应管理承担责任一样,营销人员也需要对需求管理承担责任。营销人员需要努力地去影响需求的水平、时机和构成,以便使其符合组织的目标。一般而言,可能存在以下八种需求:

(1) 负需求。消费者对某个产品感到厌恶,甚至花钱去回避它。

(2) 无需求。消费者对某个产品不了解或不感兴趣。

(3) 潜在需求。消费者可能对某个产品产生了强烈的需求,而现有产品又不能满足其需求。

(4) 下降需求。消费者逐渐减少或停止购买某种产品。

(5) 不规则需求。消费者的购买可能每季度、每月、每周甚至每小时都在发生变化。

(6) 充分需求。消费者充分地购买所投放到市场中的产品。

(7) 过度需求。消费者想要购买的数量超过了市场供应量。

(8) 不健康需求。产品可能吸引消费者,却会对社会产生不良后果。

对于上述八种需求,营销人员都必须确定每种需求状态的根本原因,然后制定出促使该种需求朝着自己所期望的需求类型转化的行动方案。

1.3 市场营销管理哲学及其演进

 市场营销管理哲学的核心是什么?

市场营销管理哲学是指企业对其营销活动及管理的基本指导思想,它是一种观念、一种态度或一种企业思维方式。任何企业的营销管理都是在特定的指导思想或观念指导下进行的,确立正确的营销管理哲学,对企业经营成败具有决定性意义。其核心是正确处理企业、顾客、社会三者之间的利益关系。在许多情况下,这些利益既是相互矛盾的,也是相辅相成的。企业必须在全面分析市场环境的基础上,正确处理三者关系,确定自己的原则和基本取向,并用于指导营销实践,才能有效地实现企业目标,保证企业的成功。一般认为,生产观念、产品观念、推销观念、市场营销观念、社会营销观念是五种代表性的企业经营观念。

1.3.1 五种市场营销管理哲学

1. 生产观念

生产观念(production concept)认为,消费者总是接受任何他能买到并且买得起的产品,因此,企业应当集中精力提高生产效率和扩大分销范围,以便增加产量,降低成本,其典型口号是"我们生产什么,就卖什么"。

生产观念盛行于19世纪末20世纪初的西方国家,当时,工业革命的出现以及社会生产力的极大发展,特别是随着电力、火车、流水线的出现,使社会的物质财富源源不断地被生产出来,这既刺激了人们的需求增长,又刺激企业不断扩大生产。由于生产力总体上不甚发达,社会产品表现为供不应求,消费者所希望的仅是能够方便地买到需要的产品,特别是价格低廉的产品;另一方面,只要生产的产品被消费者所接受,企业就不存在销售问题。因此,企业的经营活动是以生产为导向,通过多种方式提高劳动生产力,降低生产成本,以求在产品批量销售中获得更多的利润。

2. 产品观念

产品观念(product concept)认为,消费者最喜欢高质量、多功能和具有某些特色的产品,因此,企业管理的中心是致力于生产优质产品,并不断精益求精。产品观念和生产观念几乎在同一时期流行,这些公司的经理们常迷恋自己的产品,他们假设消费者购买产品将以产品的品质为中心,也就是我们常说的"好酒不怕巷子深"。

在这种经营理念的支配下,企业力求生产出市场上的最优产品。客观地讲,重视产品的质量和品质本身无可非议,但任何事物切不可绝对化,如果过分关注和追求产品的高品质,则会容易忽视市场的实际需求,会因为生产成本与产品价格过高而难以被消费者所接受,从而在市场营销中导致失败,我们称这种做法为"营销近视症"。

3. 推销观念

推销观念(selling concept)认为大多数消费者都不会购买不需要的东西,但是,如果企业采取适当的措施,通过宣传产品的性能和特点,可以改变人们的消费倾向,从而消费者有可能选择该产品。因此,企业必须重视和加强促销工作,诱使消费者对企业的产品发生兴趣,以扩大销售,提高市场占有率。其口号是:"我们卖什么,就让人们买什么。"

推销观念盛行于20世纪三四十年代,由于当时社会生产力的极大发展,产品的销售问题显得特别突出,特别是世界性经济危机的爆发,宣告了自由资本主义美梦的破灭,企业不得不反思自己的经营理念和策略,将推销产品、争取广阔的市场作为企业发展的重要任务,因此产生了推销观念。

同生产观念相比,推销观念有了明显的进步,其主要表现为企业经营者已将目光由生产领域转向了流通领域,不仅在产品的设计和开发,而且在产品的销售促进上投入精力和资本。从生产观念转变到推销观念是经营理念的一大进步,但是它并没有脱离"以产定销"的思路。因为推销观念只是重视现有产品的推销,只顾如何把产品推销出去,而对于顾客的需要缺乏必要的关注,没有把消费者放在企业经营的中心位置。

4. 市场营销观念

市场营销观念(marketing concept)以消费者的需求为中心,其核心是从以企业的需要为中心转变为以消费者的需要为中心,这种观念的准则是:市场(消费者)需要什么,企业就生产和推销什么,或者说,市场上能卖什么,企业就生产什么。

市场营销观念形成于20世纪50年代,第二次世界大战结束后,随着技术革命的兴起,西方各国企业更加重视研究和开发,大量的军工企业转向民用生产,使新产品竞相上市,社会产品供应量迅速增加,市场竞争进一步激化。同时,西方各国政府相继推行高福利、高工资、高消费政策,社会经济环境也出现快速变化。消费者有较多的可支配收入和闲暇时间,对生活质量的要求提高,消费者需要变得更加多样化,购买选择更为精明,要求也更为苛刻。这种形势迫使企业改变了以卖方为中心的思维方式,将重心转向认真研究消费需求,正确选择为之服务的目标市场,以满足目标顾客的需要。

5. 社会营销观念

从20世纪70年代起,随着全球环境恶化、资源短缺、人口爆炸、通货膨胀和忽视社会服务等问题日益严重,要求企业顾及消费者整体与长远利益的呼声越来越高。社会营销观念(societal marketing concept)是指营销企业不仅要满足顾客的需要和欲望,并由此获得利润,而且必须符合消费者自身和整个社会的长远利益,要正确处理消费者欲望、消费者利益和社会长远利益之间的矛盾。

同市场营销观念相比较,社会营销观念考虑了消费者两个方面的因素:一是消费者的消费是否是理性选择。因为消费者需要和消费者的利益有时存在矛盾,消费者的需求有时会呈现非理性,如吸毒、青少年沉溺网吧等。二是消费者整体的长远利益。在很多情况下,消费者个体的眼前利益和消费者整体的长远利益是有矛盾的,如资源的浪费、环境的污染等。作为社会营销观念,在营销活动中要综合考虑消费者需要与利益、企业利益与社会利益、眼前利益与长远利益、个人利益与整体利益,并在此基础上制定最佳营销方案。

企业营销管理观念的变化趋势如图1-3所示。

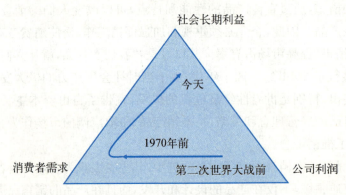

图1-3 企业营销管理观念的变化趋势

1.3.2 比较与分析

实际上,上述这些不同的营销观念可以分成两大类,即以企业为中心的传统经营观念和以顾客需求为中心的新型经营观念。从生产观念、产品观念到推销观念,其本质都是围绕着企业进行的;从市场营销观念开始,营销观念则转化为以顾客为中心。所以,现代市场营销观念实际上是以顾客为中心的营销理念。

两者存在质的区别:前一类观念的出发点是产品,是以卖方(企业)的要求为中心,其目的是将产品销售出去以获取利润;后一类观念的出发点是消费需求,是以买方(顾客群)的要求为中心,其目的是从顾客的满足之中获取利润(见表1-2)。

表 1-2　两种观念的比较

	出发点	方法	终点（目的）
传统观念	产品	增加生产或加强推销	通过扩大销售获利
新型观念	顾客需求	整合营销	通过满足需求获利

在新型观念之下，营销人员需要设计营销活动和全面整合营销计划，以便为消费者创造、传播和交付价值，从而使一加一大于二。整合营销一般包括两大主题：（1）许多不同的营销活动都能够传播和交付价值；（2）在有效协调的情况下，实现各项营销活动的综合效果最大化。也就是说，营销人员在设计和执行任何一项营销活动时都必须全盘考虑。

1.4　营销的价值

消费者、卖方、社会眼中的价值是怎样的？

我们之前已探讨了很多关于营销向消费者传递价值的问题，价值就是指顾客从购买的有形产品或无形服务中所得到的利益。营销者通过价值主张的方式把这些利益传递给消费者，价值主张（value proposition）是营销者提供的、能够公平而精确地概括出消费者购买某种产品所能实现的价值。营销者的挑战就是创造出一个有吸引力的价值主张，并说服顾客认同自己的价值主张而不是竞争对手的。让我们站在交易过程参与者（顾客、卖方和社会）的不同角度，来分析一下他们眼中的价值是怎样的。

1.4.1　顾客眼中的价值

想象某品牌你想要购买的手机。你已经有了选择范围，你的购买决策无疑会受到每款手机的成本与利益之比的影响。营销者提供的价值主张包括公司承诺传递的全部价值，而不单单是产品本身。

例如，对很多人来说，使用苹果手机并不比使用华为手机速度更快或更省电，但是很多忠实粉丝只对喜爱的品牌情有独钟。这种重要性在很大程度上是依靠公司形象营销。当你购买苹果手机时，你做的不仅仅是去苹果专卖店买手机，你可能也是在表达你是哪类人或者期望成为什么人。除了手机速度以及电池续航能力之外，这一表达也是产品传递给你的部分价值。从长远看，营销者如果能在产品和购买者之间建立联系，他们的价值主张就能获得成功。

1.4.2　卖方眼中的价值

我们已经看到了市场营销交易能够为买方带来价值，那么，对于卖方有何价值呢？卖方又怎样决定交易是否有价值呢？有一种回答显而易见：看一个交易是否有利可图,是否能为公司的管理层、员工和股东赚钱。

这是一个非常重要的因素,却不是唯一因素。就像消费者眼中的价值不能仅用功能、效用来衡量,卖方眼中的价值也有很多形式。除了赚钱,很多公司还使用其他维度来衡量价值,如在竞争对手中的威望或者出色地完成市场拓展而产生的自豪感。一些公司甚至就不关心赚钱问题,或者他们不允许赚钱,像绿色和平组织、英国救助儿童会等,都是政府以外的为实现社会公益或互益的组织,他们把环境保护、扶贫发展以及防灾救灾看作自己的价值体现。

聪明的公司已经意识到,一次交易中赚钱并不能为他们提供需要的价值类型,相反,他们的目标是要多次满足顾客需求,与顾客建立长期关系而不仅仅是"一锤子买卖"。他们把顾客看作合作伙伴而不是被动的"接受者"。

营销者还会问："顾客对我们究竟有多少价值?"公司意识到要维持顾客对公司的忠诚需要耗费大量金钱和人力,通常这些行为能得到回报,但有时维持顾客是无利可图的。这种思维方式和我们考虑一个朋友是否值得交往是类似的,你帮了两个朋友很多忙,但当你需要帮忙的时候,你发现其中的一个总是在你的左右,另外一个却总是找不到。一段时间后,你就会感觉与第二个人维持朋友关系没有什么意义。同样,一家公司可能使用很多资源来吸引两个消费者,发现一个消费者通过买很多产品回报了公司的努力,另外一个却几乎没买什么东西。从长期看,公司可能决定"解雇"第二位消费者。

顾客终身价值(lifetime value of a customer)是指企业有望从一个特定顾客身上得到的利润总和,包括从现在到将来他进行的每一次和全部的买卖。要计算终身价值,企业需要估计一个人可能的花费,同时减去企业要维持这种关系需要付出的代价。

1.4.3 社会眼中的价值

公司的所有活动都或好或坏地影响着周围世界,因此,我们必须考虑营销交易是怎样从社会方面增加或消减价值的。很多时候,我们对营销者是仁慈的,因为我们相信他们的产品是安全的,就像他们许诺的那样。我们也相信他们会公平地为产品定价和分销。但是,当市场成功的压力引发不道德的商业行为时,冲突就出现了。"三鹿奶粉"的失败就是惨痛的教训。

公司通常会强调道德和**社会责任**(social responsibility)的重要性,但有些公司是在经历过惨痛的教训后才意识到这一点。例如,在由于油门问题被强制召回之前,丰田汽车掩盖消费者和管理者反馈的安全隐患证据,从而失去了大量的忠实用户。同样,英国石油公司对墨西哥湾漏油事件的处理失当以及后来的清理工作,让公司的市场形象大受损害,消费者为了抗议其对环境的破坏,对公司的加油站进行抵制。

1.4.4 本书架构

本书共五篇,围绕着创造和传递价值过程的先后顺序来组织。图1-4展示了这些步骤,第Ⅰ篇首先从认识营销谈起,界定了营销是创造和传递价值的过程;第Ⅱ篇从营销环境、消费者与组织市场的购买行为、营销调研几个方面,学习公司如何正确理解消费者的价值需求;第Ⅲ篇从战略选择角度,分析公司如何制定营销价值决策,怎样在市场上区别于竞争对手,"定位"独特的自己;第Ⅳ篇讨论公司如何创立、交付与传播自己的价值主张,以及如何真实、细致地让目标顾客了解这一价值主张;第Ⅴ篇介绍营销领域的新市场与新领域,做到与时俱进。

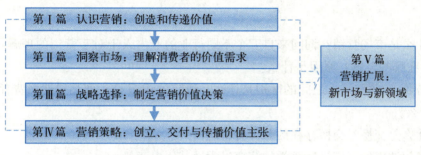

图1-4 本书逻辑架构图

本章小结

营销无处不在。在当今世界,市场营销学所阐述的关于企业营销活动的理论、思路与方法,早已成为工商业界人士必备的专业知识。特别是在中国这样成长迅速和竞争越来越激烈的市场,成功传递顾客价值将带来足够的市场需求并产生利润,最终促进企业的长期繁荣。从广义来说,营销的重要性还可以拓展到整个社会。不管是作为消费者还是作为商界的参与者,营销是我们生活中的基本组成部分。

市场营销的产生与发展是社会经济发展的产物。市场营销的概念和实践产生于20世纪初,在市场环境与企业经营时间的发展与变化推动下不断地向前发展,企业经营观念也经历了生产观念、产品观念、推销观念、市场营销观念、社会营销观念的变化。互联网的到来为企业带来了前所未有的机会,它不仅塑造了新的行为,也提供了不少新的机会和挑战。

关键术语(中英对照)

市场营销(marketing)　　　　　　　价值(value)

营销管理(marketing management)　　交换(exchange)

需要(needs)　　　　　　　　　　　顾客满意(customer satisfaction)

欲望(wants)　　　　　　　　　　　营销者(marketer)

需求(demands)　　　　　　　　　　潜在顾客(prospect)

生产观念(production concept)　　社会营销观念(societal marketing concept)
产品观念(product concept)　　　价值主张(value proposition)
销售观念(selling concept)　　　　关系营销(relationship marketing)
营销观念(marketing concept)　　社会责任(social responsibility)
顾客终身价值(lifetime value of a customer)

思考题与应用

1. 什么是市场营销？询问来自五个不同行业的业内人士对于营销的理解，归纳人们对营销存在哪些误解？原因是什么？

2. 需要、欲望和需求之间的区别是什么？请针对iPad这一商品描述消费者的需要和欲望是什么。

3. 什么是交换？交换存在的条件有哪些？

4. 请简述市场营销管理哲学的演变过程及其历史背景。

5. 请为你所在的学校或商学院制订一个营销计划，包括：谁是你的目标市场？如何为你的客户提供更高的价值？

6. 请列举一次你最近的购买实例，它不仅仅是一次交换，而是你和卖者建立关系的一部分。讨论卖者所做的（或能做得更好的）可以加强你们之间关系并且让你在未来长期忠诚的事情。

营销实战案例

个性化定制鞋的爱定客

2012年6月，爱定客宣布成立，主要定位为个性化定制的C2B电商。爱定客前期获得了匹克CEO许志华的天使投资，2013年获得1 000万美元A轮融资，目前正处于进行第三轮融资过程中。在业务模式方面，爱定客希望能建立一个定制化的闭环——前端建立定制化的网站，后端建立生产和运营平台，只需邀请设计师进行设计，或者根据客户提出的个性化要求设计作品，爱定客将根据设计的方案组织生产，并快速交给客户，完成交易闭环。

在爱定客的网站，你只需轻轻点击鼠标，根据不同颜色、材质、涂鸦的备选方案，选择鞋头、鞋跟、鞋带等六个部件，最后再附以个性签名，即可DIY一件球鞋设计作品。这个过程相当于把鞋子模块分解化，各个模块均由消费者自己随意组合创作，其组合设计超过8 800万款。工厂则按照消费者的设计方案进行个性化生产，然后再把产品派送到消费者手中。过去，消费者都是整个庞大制造业的末端，互联网的力量正将整个模式颠倒过来。

作为一家定制潮鞋的电子商务公司,爱定客的广告语是"每个人都生来独特,你值得与众不同"。鞋款目前涵盖滑板、舞蹈、跑步、休闲、篮球等,用户可根据鞋款、材质、颜色、图案个性搭配出丰富的变化,其目标客户为20—30岁的年轻人。

"传统的B2C电子商务环境在中国已经比较畸形,而C2B是一种趋势,这正是爱定客要做的事情。"爱定客网络科技有限公司CEO党启元对《环球企业家》说。党启元试图摆脱这一切——传统的电子商务常被视作公司的低价清货平台,增值溢价手段乏力,长期置身于价格战,最终不得不走向恶性循环。新做法则是改变创新设计能力,以消费者为导向,摈弃大生产模式,实现柔性化定制生产。这与阿里巴巴集团董事局主席马云的观点不谋而合。"以前的商业都是C2C以及传统的B2C,但未来C2B一定会成为中国产业升级的方向。"阿里巴巴集团参谋长曾鸣也表示:"也许过了5年甚至8年,真正做到C2B模式的还不到5%或者是10%,但一定是整个市场中最肥的一块"。

党启元并非泛泛之辈,他来自中国台湾,1997年参与创办了华人世界第一家网络书店——博客来网络书店,该书店已成为台湾地区第三大电子商务网站,2011年营收超过50亿元新台币。爱定客的创意最终打动了匹克CEO许志华,他也因此成为爱定客的天使投资人,并参与创意和团队的创建。许志华认为定制鞋模式将改变传统制鞋工业。规模化、大批量的生产已成为制鞋产业的固定运作模式,这无形中压抑了消费者的个性需求,以自我为中心的消费应是未来的趋势,类似的需求会创造出崭新的产业模式。

定制并非什么新鲜的想法,但以往的定制大多集中在权贵富豪阶层,主要定制的产品也仅仅局限于奢侈品牌。爱定客要做的是大众定制,目标客户为普通消费者,定价也颇为平易近人。在爱定客上定制一款鞋的价格区间为200—500元,较之于Nike、Adidas、Converse动辄数千元的定制鞋,爱定客主打亲民牌。另一个神奇之处则在于Nike等所推出的个性化设计定制系列仅限于从主打产品中所挑的数款,这与爱定客的全线定制模式截然不同。一双传统定制鞋的供货周期通常高达30天,爱定客却承诺7天快速交货。

这归功于爱定客全产业链的运作模式,它整合设计、原料采购、生产、定制、销售、物流、售后等诸多环节,而非如服装类厂商那样采取OEM的形式寻找代工厂生产,这一模式因无法掌控生产过程中的材料及款式细节而损耗时间。爱定客决心改变这一切。其在上海拥有独立工厂,一栋五层的大楼集材料仓库、车间为一体,内设流水线两条。在接到网站订单后随即进行流水生产作业。爱定客的网络后端直接与工厂对接,生产流水线的工人能够直接通过IT系统看到个性化订单的设计数据及要求,如尺码、面料和颜色等。从消费者的订单完成到工厂的启动生产,整个过程仅需3分钟。

爱定客想改变的还不仅限于此。传统电商的现状是低毛利、高库存,而爱定客要做的是高毛利、低库存。因此,前期投入花费不菲,仅一条生产线的投入即高达数百万元。爱定客拥有独立的设计团队,每季需推出10—20个最新基本鞋款,这与传统服装行业极度依赖个人设计师的行业经验去判断流行趋势并无区别。"这一模式的市场潜力在后期,因为我们完全是自己的工厂,所有环节都由自己把控,而定制是没有库存的,也就没有传统制造业的高库存风险。"党启元说。此外,由于凝结自己的设计心血,用户不会轻易退换产品,因此,在退货率方面,爱定客有相当的优势。

爱定客的英文被译为 IDX,ID 象征身份,而 X 则为跨界之意,它可以与任意个体或品牌建立合作关系。目前,其合作方式有五种:平台合作(与媒体、网站、爱好者和忠实用户共同开发产品)、影视授权、品牌授权、自创品牌、团体批量定制。例如,动漫人物阿狸的图案就可通过品牌授权而被印在爱定客的鞋子上。除此以外,爱定客接受影视授权、自创品牌等多种合作模式。

另一个不容忽视的渠道则来自设计师作品。爱定客会为上述特殊群体提供设计和生产平台,并建立分成机制,即设计师提交设计作品之后,利用爱定客的软件可以迅速看到产品的样子,消费者下单后,爱定客将负责生产、寄送等。如果通过某设计师的品牌店销售出一双鞋,该设计师将根据不同等级拿到 10%—15% 的收入分成。如果设计师通过社交软件引来客户,将可以再获得 10% 的分成。与此同时,爱定客还专门将设计师设计的稿件放在网站中,如果有消费者选择某个设计作为产品,该设计师还将得到 5% 的分成。

"对于设计师而言,你不需要了解怎么开店、怎样将灵感变为产品,这一切都由爱定客来搞定。设计师只需要根据才能呈现作品,而爱定客将把作品变为产品。现在,我们有的设计师是在校大学生,每个月的分成都可以达到几千元之多。"党启元介绍,截至目前,爱定客已经有超过 3 000 家店面。

在传播方面,除了与品牌授权方的合作之外,爱定客还将利用新浪微博及社会化网络社区进行传播。例如,进入 IDX 爱定客官方微博即可定制潮鞋,完成设计后可直接购买并一键分享至微博,其定制页面设置多种分享按钮,可随时与好友分享定制心得及设计灵感,你可向好友索要 IDX 定制鞋作为礼物,也可向好友赠送设计鞋款。这种便利性使得微博订单的转化率特别高,其转化率相当于官网的 5 倍。

爱定客堪称 C2B 模式的一次尝鲜。虽然"大规模定制"的概念早在 1987 年即由未来学家斯坦·戴维斯提出,但直到当下才成为现实。这完全得益于更智能、更人性化的电子商务需求,互联网不仅能让商家轻易触摸到消费者的实际需求,其积累的后台数据通过记录消费喜好,建立庞大的 CRM 系统,由此大大降低推广成本及库存风险。未来,爱定客或将会从鞋子延伸到服装、箱包等定制领域。"消费者需要什么,我们就生产什么,现在要做的只是降低试错的风险。"党启元说。

资料来源:1."爱定客:潮人定制经济学",http://business.sohu.com/20121226/n361654860.shtml;2."爱定客试水 C2B 电商平台产品设计师最高分成 15%",http://www.techweb.com.cn/internet/2013-12-20/1372502.shtml。

讨论题:
1. 在爱定客案例中,买卖双方交换的是什么?
2. 在五种市场营销管理哲学中,哪一种能最好地描述该企业的理念?

3. 在未来的竞争中,爱定客公司应如何继续保持自己的竞争优势?

案例点评:

扫一扫如下二维码,获得老师对此案例的点评。

洞察市场：
理解消费者的
价值需求

第 Ⅱ 篇

第二章
市场营销环境

 本章知识结构图

- **市场营销环境概述**
  - 市场营销环境的内涵
  - 市场营销环境的特征
  - 企业与营销环境的关系

- **微观营销环境**
  - 企业内部环境
  - 供应商　营销中介
  - 顾客　竞争者
  - 公众

- **宏观营销环境**
  - 人口环境　经济环境
  - 自然环境　科学技术环境
  - 政治与法律环境　社会文化环境

- **营销环境分析及对策**
  - 环境分析法——SWOT分析法
  - 企业应对环境影响的对策

 课前预习

本章学习要点：
1. 理解企业营销与营销环境的关系；
2. 了解微观营销环境中的相关因素，掌握如何识别竞争者；
3. 掌握宏观营销环境中的各类因素对企业营销的影响；
4. 理解营销环境变化及其对策。

> **营销视频扫一扫**
>
> **十年磨一剑：《阿凡达》的营销启示**[①]
>
> 　　3.5亿美元的影片成本，1.5亿美元的宣传费用，让《阿凡达》成为史上最昂贵的电影制作。最终实现全球票房27亿美元，也是中国内地票房最高的影片（约14亿元人民币）。
>
> 　　电影产品（尤其是商业电影）制作周期长、前期投资巨大且成本高（明星片酬、搭景投入等），而其销售渠道狭窄、销售周期短、销售竞争激烈（争夺档期和院线平台）。这使得电影产品的营销环境远比标准化生产的普通产品险恶，天堂与地狱如影随形。
>
> 　　扫一扫如下二维码，观看视频"十年磨一剑：《阿凡达》的营销启示"，与老师及小伙伴们讨论如下问题并开始本章的学习：《阿凡达》在制作、发行过程中面临怎样的营销环境？它是如何变营销环境中的不利因素为有利因素？具体做了哪些营销努力？
>
>
>
>

　　我们在第一章学习了市场营销的基本概念和市场营销管理哲学的内涵及演变历程，现在开始深入讨论市场营销过程的第一步——洞察市场，理解消费者的价值需求。

　　任何企业都是在不断变化着的社会经济环境中运行的，都是在与其他企业、目标顾客和社会公众的相互联结（协作、竞争、服务、监督等）中开展市场营销活动的。以企业的各种外部力量为主，构成了深刻影响着企业营销活动的市场营销环境。环境力量的变化既可以给企业营销带来市场机会，也可以形成某种环境威胁。全面、正确地认识市场营销环境，监测、把握各种环境力量的变化，对于企业审时度势、趋利避害地开展营销活动具有重要意义。

[①] 资料来源：若想观看完整视频，请登录 http://www.56.com/u89/v_NDg0NzY5OTA.html。

2.1 市场营销环境概述

 市场营销环境的含义、内容与特点是什么？

2.1.1 市场营销环境的内涵

只有与环境的变化相适应、相协调,企业才能顺利地开展营销活动,并实现其预期的各项目标。营销者必须明白,不管是国内市场还是国际市场,清楚了解周围环境是做好决策的关键。否则,随着营销环境的变化和行业竞争的不断出现,他们就成了"盲从者",这就是营销计划中包含外部环境信息的原因。例如,当沃尔玛的营销经理考虑本国或国外市场上的未来营销计划时,他们必须了解经济大环境、竞争对手、法律和政治环境以及其他一切促进或破坏未来营销计划的因素。

市场营销环境(marketing environment)是指影响企业市场营销活动及其目标实现的各种因素和力量。简而言之,市场营销环境是企业的生存空间,是营销活动的基础和条件。市场营销环境分为微观环境(microenvironment)和宏观环境(macroenvironment)两大类。微观环境是指与企业紧密相连,直接影响企业营销能力的各种参与者,包括企业本身、供应商、营销中介、顾客、竞争者以及社会公众(见图2-1)。宏观环境是指营销环境的一系列巨大的社会力量,主要是人口、经济、政治法律、科学技术、社会文化及自然等因素(见图2-2)。

图2-1 企业微观环境中的主要影响因素

微观环境直接影响与制约企业的营销活动,大多与企业具有或多或少的经济联系,也称直接营销环境,又称作业环境。宏观环境一般以微观环境为媒介去影响和制约企业的营销活动,在特定场合,也可直接影响企业的营销活动,宏观环境被称作间接营销环境。微观环境与宏观环境并不是并列的,而是主从关系,微观环境受制于宏观环境,微观环境中的所有因素都要受到宏观环境各种力量的影响。

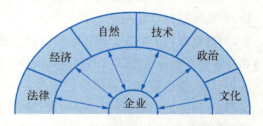

图2-2 企业宏观环境中的主要影响因素

2.1.2 市场营销环境的特征

如何适应外部环境,对企业开展营销活动至关重要,企业要想在复杂多变的环境下驾驭市场,就必须认真研究市场营销环境的特征。

1. 客观性

环境作为营销部门外在的不以营销者意志为转移的因素,有着自己的运行规律和发展趋势,对企业营销活动的影响具有强制性和不可控性的特点。一般而言,营销部门无法摆脱和控制营销环境,特别是宏观环境,企业难以按照自身的要求和意愿随意改变它。

2. 差异性

不同的国家和地区之间,宏观环境存在着广泛的差异;不同的企业之间,微观环境也千差万别。正因为营销环境的差异,企业为适应不同的环境及其变化,必须采用各有特点且有针对性的营销策略,环境的差异性还体现在同一营销环境对不同企业的影响是不同的。

3. 动态多变性

市场营销环境是一个动态系统,构成营销环境的诸因素都受众多因素的影响,每一环境因素都随着社会经济的发展而不断变化。例如,产品的供需状况会随着这种产品生产情况的不断变化而变化。有时会表现出供不应求的卖方市场状态,有时又会表现出供过于求的买方市场状态。静止是相对的,变化是绝对的,企业置身于市场生态环境的中心,不论这种环境的变化程度如何,应竭力与周围环境保持动态平衡。一旦平衡被打破,企业应采取积极的措施来适应这种变化,在新的环境条件下达到新的平衡,否则,遭到淘汰也只是时间问题。

4. 相关性

营销环境的各种要素是相互影响、相互制约的,某一因素的变化会引起其他因素的相应变化,由此形成新的营销环境。例如,竞争者是企业重要的微观环境因素之一,而宏观环境中的政治法律因素或经济政策的变动,均能影响一个行业竞争者加入的多少,从而形成不同的竞争格局。

2.1.3 企业与营销环境的关系

企业面对的诸多环境力量并不是固定不变的,而是经常处于变动之中,许多变动往往又由于其所具有的突然性而形成巨大的冲击波。企业的营销活动就是企业适应环境变化,并对变化着的环境作出积极反应的动态过程,能否发现、认识进而适应环境的变化,关系到企业的生存与发展。

就宏观环境而言,企业可以用不同的方式增强适应环境的能力,避免来自环境的威胁,有效地把握市场机会。在一定条件下,也可运用自身的资源,积极影响和改变环境因素,创造更有利于企业营销活动的空间。就微观环境而言,直接影响企业营销能力的各种参与者都是企业营销部门的利益共同体。按市场营销的双赢原则,企业营销活动的成功,应为顾客、供应商和营销中介带来利益,并造福于社会公众。即使是竞争者,也存在互相学习、互相促进的因素,在竞争中,有时也会采取联合行动,甚至成为合作者,"店多拢市"就是把竞争者变为合作者的一种有效机制。

案例小链接 2-1

在金字塔底部找到机会

财经作家C.K.巴拉哈拉德(C. K. Prahalad)认为,很多创新来自中国和印度等新兴市场的发展,他估计在"金字塔底部"有50亿人得不到服务或服务水平低下。一项研究表明,每天的生活费在2美元或更低的人口有40亿。在生活水平如此低下的市场中经营的企业需要少花钱多做事。

在印度的班加罗尔,Narayana Hudayalaya医院收取心脏搭桥手术的劳务费为1500美元,是美国的1/50。医院劳动力低廉,经营费用不高,护理区域由专业人员负责。这种方法非常奏效,医院死亡率是美国医院的一半。Narayana Hudayalaya医院还免费照顾百名婴幼儿,用其盈利为250万患有重症的贫穷印度人提供治疗,而每月收费仅为11美分。

一些公司通过在中国、印度这样的国家开发产品,然后分销全球,称这种战略为"反向创新"优势。通用公司在印度农村成功推出了1000美元手持心电图设备,在中国农村推出了基于PC的便携超声机,现在这些产品已经开始在美国销售。雀巢公司将其在巴基斯坦和印度农村流行的低脂肪且便宜的Maggi品牌的干面条进行重新定位,在澳大利亚和新西兰作为物美价廉的健康食品销售。

资料来源:菲利普·科特勒、凯文·莱恩·凯勒,《营销管理》(第14版),上海人民出版社,2012年。

2.2 微观营销环境

 市场营销微观环境由哪些要素构成?

微观环境涉及的主体如图2-3所示,除企业自身外,还包括供应商、营销中介、竞争者、顾客及社会公众,它们一起构成了企业市场营销微观环境链条,与企业形成了协作、竞争、服务、监督的关系。一个企业能否成功地开展营销活动,不仅取决于能否适应客观环境的变化,适应和影响微观环境的变化也至关重要。

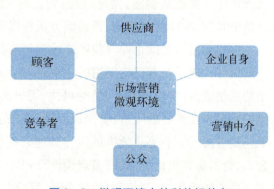

图2-3 微观环境中的利益相关者

2.2.1 企业内部环境

企业的市场营销活动不是一个孤立的职能,它必须与企业内部的其他职能部门相互配合,包括与企业内部高层管理者、财务部门、研究与发展部门、人力资源部门、原材料供应部门、生产部门、销售部门的配合,各职能部门的合理分工、密切配合和相互协作是开展成功的市场营销活动的关键。

企业营销部门和企业其他部门之间既有多方面的合作,也经常会与生产、技术、财务等部门发生矛盾。由于各部门各自的工作重点不同,有些矛盾往往难以协调。例如,生产部门关注的是长期生产的定型产品,要求品种规格少、批量大、标准订单、较稳定的质量管理,而营销部门注重的是能适应市场变化、满足目标消费者需求的"短、平、快"产品,要求多品种规格、少批量、个性化订单、特殊的质量管理。所以,企业在制订营销计划、开展营销活动时,必须协调和处理好各部门之间的矛盾和关系。这就要求进行有效沟通,协调、处理好各部门的关系,营造良好的企业环境,更好地实现营销目标。

2.2.2 供应商

供应商是向企业及其竞争者提供生产经营所需资源的企业或个人,它所提供的资源包括原材料、设备、零配件、能源、资金、劳务及其他用品等。

供应商对企业营销活动有重大的影响。供应品的数量是否充足,影响着企业生产经营计划的完成;供应品的质量是否合格,影响企业产品质量;供应品的价格是否合理,决定着企业产品的成本与价格高低。企业应选择与那些信誉良好、货源充足、价格合理、交货及时的供应商建立和保持良好的合作关系。同时还应从多家供应商采购,避免对某一供应商的依赖。

2.2.3 营销中介

营销中介(marketing intermediary)是指通过促销、销售以及配送等活动,帮助企业把产品送到最终顾客手中的那些机构和个人。营销中介为企业融通资金、牵线搭桥、推销或代理产品并提供从运输、储存、信息到咨询、保险、广告等种种便利营销活动的服务,主要包括中间商、实体配运机构、营销服务机构以及财务中介机构。

中间商是指帮助企业寻找顾客或销售商品的公司,大致可分为批发商和零售商两种,它们最终构成了企业营销渠道的主要部分,帮助企业实现产品的流转。实体配运机构是指协助制造商储存与运送产品的机构,可分为仓储机构与运输机构。这些机构的效率直接影响到企业产品的质量、安全以及销售与成本,并进而影响企业的整体绩效。营销服务机构是指协助企业更有效率地执行其他营销活动的机构,典型的营销服务机构包括广告公司、营销研究机构、产品研发或设计公司等。财务中介机构是指为企业的营销活动提供资金融通的机构,包括银行、信托公司、保险公司等。

2.2.4 顾客

顾客是企业的衣食父母,是企业服务的对象,它是企业直接营销环境中最重要的因素。顾客是企业产品的直接购买者,顾客的变化意味着企业市场的获得或丧失。顾客是否喜欢企业的产品以及顾客是否对企业忠诚决定着企业市场营销活动的结果,乃至企业的生存。为便于深入研究各类市场的特点,我们按照顾客需求及其购买目的,把顾客分成消费者市场、政府采购市场、生产者市场、中间商市场和国际市场五种,如图2-4所示。

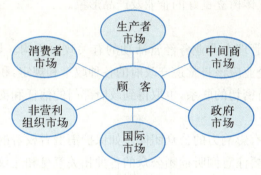

图2-4 顾客的构成

2.2.5 竞争者

企业不可能独占市场,因此,每个公司都面临各种各样的竞争对手。由于竞争者往往是和企业竞争同样的顾客,竞争者的一举一动无不影响着企业的命运。从消费需求的角度划分,企业的竞争者包括:(1) 欲望竞争者。即提供不同产品、满足不同消费欲望的竞争者。消费者在同一时刻的欲望是多方面的,但很难同时满足,例如,作为电视机的制造商,生产电冰箱、洗衣机、地毯等不同产品的厂商就是愿望竞争者,如何促使更多的消费者首先购买电视机而不是首先购买其他产品,这就是一种竞争关系。(2) 一般竞争者。指提供能够满足同一种需求的不同种类产品的竞争者。例如,自行车、摩托车、小轿车都可用作家庭交通工具,从而满足人们的出行需求,生产这三种产品的厂商之间必定存在着一种竞争关系。(3) 产品形式竞争者。指生产同种产品但提供不同规格、型号、款式满足相同需求的竞争者。(4) 品牌竞争者。指产品相同,规格、型号等也相同,但品牌不同的竞争者。

在这四个层次的竞争中,品牌竞争是最常见、最外在的。这些不同层次的竞争对手,与企业形成不同的竞争关系,而这些不同的且不断变化着的竞争关系,是企业开展营销活动必须考虑的十分重要的制约力量。

2.2.6 公众

公众(public)是指对企业实现营销目标的能力有实际或潜在利害关系和影响力的团体或个人。企业必须采取积极措施,树立良好的企业形象,力求建立和保持与公众之间的良好关系。公众主要包括以下七类。

1. 金融公众

金融公众是指影响企业取得资金能力的机构,如银行、投资公司、证券公司等。企业可以通过发布乐观的年度财务报告、回答关于财务问题的咨询、稳健地运用资金等,在金融公众中树立良好的信誉。

2. 媒介公众

媒介公众是指报纸、杂志、广播、电视等具有广泛影响的大众媒体。大众媒体对企业有着很大的影响,它既能传播企业的正面信息,也会传播负面信息。企业要与之保持沟通和联系,争取通过大众媒体树立良好的企业及产品形象。

3. 政府公众

政府公众是指负责管理企业业务经营活动的有关政府机构。如财政、工商、税务、物价、商品检验等部门。企业应该自觉遵守政府的各种政策和规定,积极参加政府倡导的各种公益活动,与政府保持密切的联系,争取得到政府部门的信任和支持。

4. 社团公众

社团公众是指各种有影响力的公众团体。如保护消费者权益的组织、环境保护组织、少数民族组织等。企业要注意倾听社团公众的各种相关意见和建议,妥善解决问题,树立良好的企业形象。

5. 社区公众

社区公众是指企业所在地附近的居民、社团组织等。企业要保护社区环境,防止"三废"污染,积极支持社区的各项公益活动与公益事业,争取社区公众的理解和支持,与社区建立起融洽的关系。

6. 一般公众

一般公众是指上述各种关系之外的社会公众。一般公众虽然不会有组织地对企业采取行动,但企业形象会影响他们的惠顾。

7. 内部公众

内部公众包括企业决策层、管理人员、工人等。只有处理好内部关系,才能使企业的各项营销计划得到全体员工的充分理解、支持和具体执行,才能发挥员工的积极性与创造力,保证各项活动有效地进行。

2.3 宏观营销环境

 宏观营销环境如何体现对企业的影响?

影响企业市场营销的宏观环境要素主要有人口环境、经济环境、自然环境、科学技术环境、政治与法律环境、社会文化环境,如图2-5所示。

2.3.1 人口环境

市场是由具有购买欲望与购买能力的人所构成的,人口统计学(demography)研究人口的数量、分布、构成、受教育程度以及在地区间的移动等人口统计因素,这就形成了企业营销活动的人口环境。

1. 人口规模及增长

人口规模是衡量一个国家或地区市场潜力的基本指标。一般来说,人口规模越大,市场潜力也就越大,但这并不表示

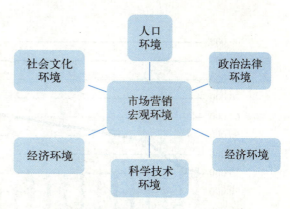

图 2-5 宏观环境的构成要素

现实市场也大,还需要了解人口环境中的购买力等其他要素。人口数量和变化趋势是决定市场规模的基本要素,尤其是生活必需品。如表 2-1 所示,根据国家统计局 2015 年 2 月发布的《2014 年国民经济和社会发展统计公报》中的数据显示,截止到 2014 年年末,我国人口总量约为 13.7 亿。

表 2-1 2014 年年末我国人口数及其构成

指 标	年末数(万人)	比重(%)
全国总人口	136 782	100.0
其中:城镇	74 916	54.77
乡村	61 866	45.23
其中:男性	70 079	51.2
女性	66 703	48.8
其中:0—15 岁(含不满 16 周岁)	23 957	17.5
16—59 岁(含不满 60 周岁)	91 583	67.0
60 周岁及以上	21 242	15.5
其中:65 周岁及以上	13 755	10.1

资料来源:国家统计局,《2014 年国民经济和社会发展统计公报》,http://www.stats.gov.cn/tjsj/zxfb/201502/t20150226_685799.html。

2. 人口结构

人口结构主要包括人口的年龄结构、性别结构、家庭结构、社会结构以及民族结构。研究人口结构有助于企业根据自身优势,选择目标市场。

(1)年龄结构。不同年龄的消费者对商品的需求不一样。老年人、中年人、青年人与儿童等的需要是大不相同的。目前,我国人口老龄化现象十分突出,如图 2-6 所示,1982 年以来,我国 65 岁以上老年人口的比例呈明显上升趋势。这样,诸如保健用品、营养品、老年人生活必需品等市场将会兴旺。

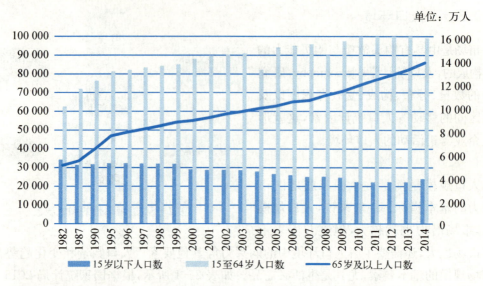

图 2-6　我国 1982—2014 年人口数据的统计分析

数据来源：http://www.js.xinhuanet.com/2015-01/28/c_1114163297.htm。

案例小链接 2-2

中国的千禧一代住哪儿

谁是 GEN Y？

GEN Y（千禧一代）是指 20 世纪 80 年代初至 90 年代初出生的人。"Y 代人"为"X 代人"的子女，按"X—Y"字母顺序，现在 20—35 岁的人便为"Y 代人（GEN Y）"了。

根据 Travelport 的报告，2020—2025 年，GEN Y 预计将占到全世界劳动力的 75%，并贡献 50% 的旅游收入。在中国，1980—1995 年（GEN Y）出生的人数已达到 3 亿，占中国总人口的 23.3%，他们成为继"70 后"的新生主力。

时代的更迭伴随着消费习惯的改变，尽管目前 GEN Y 大多数尚处于职场中低层位置或创业初期，但当今的市场潮流已经开始向他们转变。GEN Y 有极大的求知欲和求新欲，并很大程度地引领或影响社会潮流的前进方向。相比较其他时代的人们，GEN Y 更懂得用偶尔出游来缓解压力，旅游等休闲活动成了调节生活的必需品。所以，GEN Y 的消费行为习惯已经开始促成传统品牌的变革以及新兴品牌的形成，从航空、酒店、餐饮业的发展，到旅游、休闲目的地的打造，都将离不开千禧一代的支撑。如果现在还不能正确面对并把握他们的需求，或许将面临被时代淘汰的危机。

GEN Y 怎么样？GEN Y 是特殊的，他们具有独特的行为特征：

(1) 乐于改变。GEN Y 成长于科技、经济飞速发展的时代，变化成为他们成长时期的主旋律，这造就了 GEN Y 较强的适应能力。变化对于 GEN Y 不仅是挑战，也是一种自我的提升，他们会积极地从变化中寻找对自己有利的一面。

(2) 信息丰富。信息化时代给予了 GEN Y 庞大的信息获取渠道，GEN Y 在做决定前会搜索大量信息予以辅助，这代人更注重于信息与数据而非感觉。大部分"80 后"坚持读书和业务学习，他们通过持续的知识信息积累提高自己的职业技能。

(3) 自我意识。GEN Y 对商品的情感性、夸耀性及符号性价值的要求，早已超过了商品或服务的物质性价值及使用价值。而消费需求的日趋差异性、个性化、多样化，使现代社会进入了重视"情感满足"胜过"机能价值"的时代。这一切表明 GEN Y 正进入重视个性的满足和精神愉悦的感性消费时代。

资料来源：http://www.forbeschina.com/review/201503/0041471.shtml。

(2) 性别结构。性别差异会给人们的消费需求带来显著的差别，反映到市场上就会出现男性用品市场和女性用品市场。男性与女性在消费心理与行为、购买商品类别、购买决策等方面有很大的不同。一般来说，女性市场需求旺盛，女性服装、化妆品等成了女性市场的主要商品。女性还担负着抚育儿女的重任，儿童商品在某种程度上也可纳入女性市场，企业由此可针对不同性别的需求来生产适销对路的产品，制定有效的营销策略。

(3) 家庭结构。家庭是购买、消费的基本单位。一个国家或地区的家庭单位的多少以及家庭平均人数的多少，直接影响到某些消费品的需求数量。同时，不同类型的家庭往往有不同的消费需求。

家庭结构有以下几种类型：独身家庭（未婚，离异无子女，丧偶无子女）；同居家庭（未婚）；夫妻家庭（未生育，空巢）；核心家庭（夫妇，子女）；主干家庭（完整，残缺）；单亲家庭（离婚有子女，未婚有子女）。

传统家庭通常是三代同堂、人口众多的大家庭。今天，这类传统大家庭已经越来越少了，而核心家庭是由丈夫、妻子和孩子（或包括祖父母、外祖父母）组成的家庭。自 20 世纪 80 年代开始，中国家庭呈现出小型化趋势。企业应关注家庭户数的增长对房地产市场的需求量、家用电器需求量的增加以及对适合小家庭需求的产品研发等。

(4) 社会结构。近几年来，随着国家城乡一体化和农业现代化战略的推进，我国逐渐改变了城乡人口的比例，城镇人口已经超过农村人口，市场需求结构已发生重大变化。农村市场的需求也由原来追求量上升到追求质。

2.3.2 经济环境

经济环境（economic environment）是指影响企业营销活动的购买力因素，包括消费者的收入、消费支出倾向和消费结构及社会经济发展等内容。这些指标趋势的变化对消费者的购买能力和消费结构均有较大程度的影响。

1. 消费者收入水平

消费者收入水平对企业营销活动影响极大,不同收入水平的消费者,其消费的项目是不同的,消费的品质是不同的,对价格的承受能力也是不同的。在研究消费者收入时,要注意以下几点:

(1) 个人可支配收入。这是在个人收入中扣除税款等后所得的余额,它是个人收入中可以用于消费支出或储蓄的部分,它构成实际的购买力。

(2) 个人可任意支配收入。这是在个人可支配收入中减去用于维持个人与家庭生存不可缺少的费用(如房租、水电、食物、燃料、衣着等项开支)后剩余的部分。这部分收入是消费需求变化中最活跃的因素,也是企业开展营销活动时所要考虑的主要对象。因为这部分收入主要用于满足人们基本生活需要之外的开支,一般用于购买高档耐用消费品、旅游、储蓄等,它是影响非生活必需品和劳务销售的主要因素。

(3) 家庭收入。家庭收入的高低会影响很多产品的市场需求。一般来讲,家庭收入高,对消费品需求大,购买力也大;反之,需求小,购买力也小。

2. 消费者支出模式

这是指消费者各种消费支出的比例关系,也就是常说的支出结构。在收入一定的情况下,消费者会根据消费的急需程度,对自己的消费项目进行排序,一般先满足排序在前也即主要的消费。温饱和治病肯定是第一位的消费;其次是住、行和教育;再次是舒适型、提高型的消费,如保健、娱乐等。

当家庭收入增加时,用于购买食物的支出比例下降,而用于服装、交通、保健、娱乐、教育的支出比例上升。这一研究结论被称为恩格尔定律。恩格尔定律的具体运用主要是通过计算恩格尔系数来实现的,恩格尔系数的计算公式为:

$$恩格尔系数 = 食物支出/总支出 \times 100\%$$

食物支出占总消费量的比重越大,恩格尔系数越高,生活水平越低;反之,食物支出所占比重越小,恩格尔系数越小,生活水平越高。恩格尔系数反映了人们收入增加时支出变化的一般趋势,已成为衡量一个国家、地区、城市、家庭生活水平高低的重要参数。

在分析消费者支出模式时,还必须考虑我国消费者储蓄意识比较浓厚的特征。存的钱越多,用于消费的钱就越少。近年来,我国居民储蓄额和储蓄增长率均较大。这使得国内消费总规模始终不能显著增长,影响了很多商品的销售。

2.3.3 自然环境

自然环境(natural environment)是人类最基本的活动空间和物质来源,自然环境的变化与人类活动休戚相关。目前,各国的自然环境面临危机,主要表现在以下两个方面。

1. 自然资源逐渐枯竭

传统上,人们将地球上的自然资源分成三大类:① 取之不尽、用之不竭的资源,如空气、水等;② 有限但可再生的资源,如森林、粮食等;③ 有限又不能再生的资源,如石油、煤炭及各种矿物。由于现代工业文明对自然资源无限度地索取和利用,导致矿产、森林、能源、耕地等日益枯竭,甚至连以前认为永不枯竭的水、空气也在某些地区出现短缺。目前,自然资源的短缺已经成为各国经济进一步发展的制约力甚至反作用力。

2. 自然环境受到严重污染

截至目前,世界经济是物质经济,是一种肆意挥霍原料、能源等自然资源的经济,是一种严重依赖于矿物燃料作为发展动力的经济。这种粗放型高速增长的经济模式,不仅极大地消耗地球资源,而且使人类赖以生存的环境遭到空前污染,如土壤沙化、温室效应、物种灭绝、臭氧层破坏等,环境恶化正在使人类付出惨重的代价。

自然环境变化对营销的影响主要表现在以下两个方面:

(1) 企业的经营成本增加。一方面,经济发展对自然资源严重依赖是传统经济发展模式的主要特征之一。自然资源日趋枯竭和开采成本的提高,必然导致生产成本提高。另一方面,环境污染造成的人类生存危机,使人们对环境的观念发生改变,环保日益成为社会主流意识。昔日粗放模式下的生产方式必须进行彻底改变,企业不仅要担负治理污染的责任,还必须对现有可能产生污染的生产技术和所使用的原材料进行技术改造,这不可避免地加大了企业的生产成本。

(2) 新兴产业市场机会增加。一方面,为了应对环境变化,企业必须寻找替代的能源以及各种原材料,替代能源及材料生产企业面临大量的市场机会。例如,石油价格的居高不下和剧烈波动,激起企业对替代能源研究的大量投资。仅在太阳能领域,已有成百上千家企业推出了新一代具有实用价值的产品,用于家庭供暖和其他用途。另一方面,由于人们环保意识增加和治理污染的各种立法,也给污染控制技术及产品(如清洗器、回流装置等)创造了一个极大的市场,促使企业探索其他不破坏环境的方法去制造和包装产品。

2.3.4 科学技术环境

科学技术是社会生产力新的和最活跃的因素,作为营销环境的一部分,科学技术环境(technological environment)不仅直接影响企业内部的生产和经营,还同时与其他环境因素互相依赖、相互作用,特别与经济环境、文化环境的关系更紧密。

作为进步的代价,技术创新对现有的产业将产生致命的破坏。唱片专卖店 Tower Records 曾收到大量警告:该公司的音乐零售业务将受到互联网音乐下载以及越来越多折扣音乐零售商的影响,但该公司没有对这样的警告给予快速回应,从而导致 2006 年其在全美的所有门店遭到清盘。

创新的长期影响有时不可预见,例如,避孕药使家庭规模变小、更多的已婚妇女就业、家庭可支配收入增加,使得人们有足够的钱用于度假、购买耐用消费品和奢侈品。手机、电子游戏和互联网不仅降低了人们对传统媒体的关注,还由于人们使用手机听音乐、看电影、聊天,从而减少了面对面的社交活动。

2.3.5　政治与法律环境

政治与法律是影响企业营销的重要宏观环境因素。政治因素像一只有形之手,调节着企业营销活动的方向,法律则为企业规定商贸活动的行为准则。政治与法律相互联系,共同对企业的市场营销活动发挥影响和作用。

1. 政治环境

政治环境(political environment)是指企业市场营销活动的外部政治形势、国家方针政策及其变化。

在国内,安定团结的政治局面不仅有利于经济的发展和人们收入的增加,而且影响到人们的心理状况,导致市场需求发生变化。党和政府的方针、政策规定了国民经济的发展方向和速度,也直接关系到社会购买力的提高和市场消费需求的增长变化。

对国际政治环境的分析,应了解政治权力与政治冲突对企业市场营销活动的影响。政治权力对企业营销活动的影响主要表现在有关国家政府通过采取某种措施限制外来企业及产品的进入,如进口限制、外汇控制、劳工限制、绿色壁垒等。政治冲突指的是国际上的重大事件和突发性事件,这类冲突即使在以和平和发展为主流的时代也从未绝迹过。这类冲突对企业市场营销工作的影响或大或小,或意味着机会或产生巨大的威胁。

2. 法律环境

法律环境(legal environment)是指国家或地方政府颁布的各项法规、法令、条例等。法律环境不仅对企业的营销活动有较大的影响,而且对市场消费需求的形成和实现具有一定的调节作用。企业研究并熟悉法律环境,不仅可以保证自身严格依法经营和运用法律手段保障自身权益,还可通过法律条文的变化对市场需求及其走势进行预测。

各个国家的社会制度不同,经济发展阶段和国情不同,体现统治阶级意志的法律制度也不同。从事国际市场营销的企业,必须对相关国家的法律制度和有关的国际法规、国际惯例和准则进行深入的学习研究,并在实践中遵循。

2.3.6　社会文化环境

在企业面临的不同环境因素中,社会文化环境(cultural environment)是较为特殊的,它不像其他环境那样显而易见与易于理解,却又无时不在深刻地影响着企业的市场营销活动。作为一个社会历史范畴,文化的涵盖面很广,在这里是指在一种社会形态下形成的价值观念、宗教信仰、道德规范以及世代相传的风俗习惯等被社会所公认的各种行为规范。具体包括一个国家或地区的价值观念、生活方式、风俗习惯、民族特征、宗教信仰、伦理道德、教育水平、文学艺术等内容的总和。企业的市场营销人员需要分析、研究和了解社会文化环境,并针对不同的文化环境制定不同的营销策略。

1. 教育状况

教育是按照一定的目的和要求,对受教育者施以影响的一种有计划的活动,是传授生产经验和生活经验的必要手段,反映并影响着一定的社会生产力、生产关系和经济状况,是影响企业市场营销的重要因素。

2. 宗教信仰

纵观历史上各民族的消费习惯的产生和发展,可以发现宗教是影响人们消费行为的重要因素之一。一种新产品出现,宗教组织有时会提出限制,禁止使用,认为该商品与宗教信仰相冲突。所以,企业可以把影响大的宗教组织作为自己重要的公共关系对象,在营销活动中也要针对宗教组织设计适当方案,以避免由于矛盾和冲突给企业营销活动带来的损失。

3. 价值观念

价值观念就是人们对社会生活中各种事物的态度和看法,在不同的文化背景下,人们的价值观念相差很大,消费者对商品的需求和购买行为深受价值观念的影响。对于不同的价值观念,企业的市场营销人员应该采取不同的策略。一种新产品的消费,会引起社会观念的变革。对于那些注重传统、喜欢沿袭传统消费方式的消费者,企业在制定促销策略时应把产品与目标市场的文化传统联系起来。

4. 消费习俗

消费习俗是人类各种习俗中的重要习俗之一,是人们历代传递下来的一种消费方式,也可以说是人们在长期经济与社会活动中所形成的一种消费风俗习惯。不同的消费习俗,具有不同的商品需要。研究消费习俗,不但有利于组织好消费用品的生产与销售,而且有利于正确、主动地引导健康的消费。了解目标市场消费者的禁忌、习俗、避讳、信仰、伦理等是企业进行市场营销的重要前提。

5. 审美观念

人们在市场上挑选、购买商品的过程,实际上也是一次审美活动。企业营销人员应注意不同时期审美观的变化,把消费者对商品的评价作为重要的反馈信息,使商品的艺术功能与经营场所的美化效果融合为一体,以更好地满足消费者的审美要求。

在研究社会文化环境时,还要重视亚文化群对消费需求的影响。每一种社会文化的内部都包含若干亚文化群。因此,企业的市场营销人员在进行社会和文化环境分析时,可以把每一个亚文化群视为一个细分市场,生产经营适销对路的产品,满足顾客需求。

2.4 营销环境分析及对策

 在营销实践中如何运用营销环境分析工具?

企业的生存与发展既与其生存的市场环境密切相关,又取决于企业对市场环境要素及其影响所持的态度和相应对策。市场环境的客观性、多变性、复杂性决定了企业不可能去创造、改变营销环境,而只能主动地适应环境、利用环境。为此,企业应该运用科学的分析方法,加强对营销环境的监测与分析,随时掌握其发展趋势,从中发现市场机会和威胁,有针对性地制定和调整自己的战略和策略,不失时机地利用营销机会,尽可能减少威胁带来的损失。

2.4.1 环境分析法——SWOT分析法

在对环境的分析中,人们较多地运用一种简便易行的SWOT分析法。如图2-7所示,SWOT分析法通过对宏观环境、市场需求、竞争状况、企业营销条件进行综合分析,以得出与企业营销活动相关的优势、劣势、机会和威胁。

图2-7 SWOT分析模型图

一般来说,运用SWOT分析法研究企业营销决策时,强调寻找四个方面中与企业营销决策密切相关的主要因素,而不是把所有关于企业能力、薄弱点、外部机会与威胁逐项列出汇集。营销环境分析的重点是市场机会和威胁的分析,即可能涉足新的市场机会或对企业营销造成威胁。

2.4.2 企业应对环境影响的对策

在对市场机会和环境威胁进行评价的基础上,企业就可以有的放矢地制定相应的营销对策。

1. 应对市场机会的营销对策

市场机会是指企业营销中某些因素的变化及其发展趋势给企业带来的有利时机和条件。如政策支持、技术进步、消费者需求增加、主要竞争对手出现失误、与供应商关系良好、银行信贷支持等。面对客观的市场机会,企业应该给予足够的重视,制定适当的对策。企业常采用的策略有以下三种。

(1)及时利用策略。当市场机会与企业的营销目标一致,企业又具备利用市场机会的资源条件,并享有竞争中的差别利益时,企业应抓住时机,及时调整自己的营销策略,充分利用市场机会,求得更大的发展。

(2)待机利用策略。有些市场机会相对稳定,在短时间内不会发生变化,且企业暂时又不具备利用市场机会的必要条件,可以积极准备,创造条件,等待时机成熟时再加以利用。

(3)果断放弃策略。市场机会十分具有吸引力,但企业缺乏必要的条件,无法加以利用,此时,企业应果断放弃。因为任何犹豫和拖延都可能导致错过利用其他机会的时机,从而一事无成。

2. 应对环境威胁的营销对策

环境变化对企业的影响是客观存在的,那些不利于企业营销的因素及其发展趋势,会给企业带来压力与危害,如市场上新产品的出现、销售商拖延结款、原材料供应紧张、竞争对手结盟、市场成长放缓、目标市场购买力下降等。面对环境对企业可能造成的威胁,企业必须给予足够的重视和制定适当的对策。企业常用的对策有以下三种。

(1)转移策略。当企业面临环境威胁时,通过改变自己受到威胁的产品的现有市场,或转移投资方向以避免环境变化对企业的威胁。该策略包括三种转移:一是产品转移,即将受到威胁的产品转移到其他产品上去;二是市场转移,即将企业的营销活动转移到新的细分市场上去;三是行业转移,即将企业的资源转移到更有利的新行业中去。

(2)减轻策略。当企业面临环境威胁时,力图通过调整、改变自己的营销组合策略,尽量降低环境威胁对企业的负面影响。例如,环境的变化导致企业某些原材料价格大幅度上涨,致使本企业的产品成本增加,在企业无条件或不准备放弃目前主要产品的经营时,可以通过加强管理、提高效率、降低成本以消化原材料涨价带来的威胁。

(3)对抗策略。对抗策略通常被称为积极主动的策略。当企业面临环境威胁时,试图通过自己的努力限制或扭转环境中不利因素的发展。企业可以通过各种方式,利用政府通过的某种法律或有关权威组织达成某种协议,以抵消不利因素的影响。例如,四川五粮液酒厂发现市场上有许多厂家盗用和仿冒五粮液商标,致使该厂的经营受到威胁,他们拿起法律武器,捍卫自己的合法权益,消除了营销环境中对自己有不利影响的因素。

本章小结

一般来说,市场营销环境是指影响企业营销活动成效的所有因素和力量的集合。外部环境的变化不以营销者的意志为转移,它对企业营销活动的影响具有强制性和不可控性,可分为宏观环境因素和微观环境因素两大类,它们构成了企业的生存空间,是营销活动的基础和条件。

企业市场营销环境的宏观因素主要有政治法律因素、经济因素、科学技术因素、社会文化因素、人口因素等。微观环境因素是指介于宏观环境因素和企业内部可控因素(产品、价格、渠道、促销)之间的一些影响因素,主要包括企业营销渠道、竞争企业、顾客和各种社会公众等。企业在营销环境分析的基础上，可以运用 SWOT 分析法分析企业所面临的环境机会与环境威胁，并针对竞争者分析自身的优势和劣势，为制定企业营销战略提供科学依据。

关键术语（中英对照）

营销环境（marketing environment）　　科学技术环境（technology environment）
微观环境（microenvironment）　　　　政治环境（political environment）
宏观环境（macroenvironment）　　　　法律环境（legal environment）
营销中介（marketing intermediary）　　社会文化环境（cultural environment）
公众（public）　　　　　　　　　　　环境威胁（environment threatens）
人口统计（demography）　　　　　　　环境机会（environment opportunities）
经济环境（economic environment）　　优势（strengths）
自然环境（natural environment）　　　劣势（weaknesses）

思考题与应用

1. 企业营销与外部环境之间存在怎样的关系？
2. 企业如何对竞争对手进行分类？试举例说明。
3. 人口老龄化问题在大中城市日益突出，请列举这一变化所形成的三个方面的市场机会。
4. 尝试访问一家公司（企业），进行 SWOT 分析方法对其营销环境进行分析，撰写市场营销环境分析报告。
5. 人们越来越关心环境的趋势会如何影响销售快餐盒、塑料包装袋的公司？这类公司应该如何有效地对这一趋势作出反应？
6. 讨论影响营销的技术环境有什么最新变化，分析这些变化如何影响购买者行为以及如何改变市场营销。

营销实战案例

星巴克如何进行数字变革

星巴克的免费 WiFi 已像它的咖啡一样闻名了。这家在 2012 年销售额达到 133 亿美元的公司，创造了实体零售与数字渠道融合的模式。它在 Facebook 上得到了 3 400 万次赞，在 Twitter 上有 360 万粉丝，在运用社会化媒体与移动技术打造消费者关系方面也做得相当不错。作为一家零售公司，它还率先在公司内部任命了首席数据官（CDO）。2012

年3月9日,星巴克数字风险投资前高级副总裁 Adam Brotman 被任命为 CDO。Brotman 于2009年加入星巴克,他现在手下有一个110人的团队。他与43岁的首席信息官(CIO) Curt Garner 紧密作战,后者也是于2012年3月新任此职。

最近,麻省理工学院斯隆管理评论对星巴克这两位高管进行了一次访谈,谈他们上任一年来如何帮助星巴克再造为一家数字公司。

一、星巴克的数字变革重心

问:你们是在2012年3月被分别晋升为 CDO(首席数据官)与 CIO(首席信息官)的,之后你们的主要项目是什么?

Adam:我们在涉及顾客体验的支付环节上做了很多改进——移动支付,自有应用程序之外的支付方式——并且在全球范围内推广。我们对公司的用户忠诚体系和项目做了一些改变,在这些改变的后面是大量的技术支持。我们完成了会员卡和移动整合,你可能也听说了我们的一些并购消息。我们还不断推广星巴克的全球 Web 和移动平台,目前已经遍布了62个国际市场,并不是每一个都有全球移动平台的支持,但我们正在朝这个方向努力。

Curt:在 IT 方面,我们目前有100个正在进行中的项目,其中有35个是针对顾客或者是合作伙伴的,另外还有35—40个 IT 项目跟效率和生产力有关。我们战略的最后一个部分,也就是余下35个左右 IT 项目,我认为关注在韧性、安全和生产力方面。科技发展周期就是那样,我们总要不断抓住业务中出现的机会。2011年,我们完成了37个项目,2012年,完成了59个项目,2013年,我们的目标是100个。我们将自己重新定位,在更快的周期内完成更多的工作,而不是用几年时间做一些大的集成项目。

二、技术创新——从需求而非变革出发

问:你们现在的工作当中有多少是或者应该是有变革性的?

Adam:我们并不用这种角度考虑问题。我们倾向去关注顾客的需求是什么,我们的业务战略是什么,有哪些数字领域的问题是我们还没有考虑到的,然后,我们会基于此安排好时间和人力的优先。基于你所指的"变革性"的不同定义,我认为可能有三分之一是能够算得上的。另外三分之一大概是基于我们已有项目的一些好的改进、迭代和进化。剩下的三分之一——也就是真正重要的——是我们持续支持整个平台,以及所管理项目的可靠性、速度和安全性。

Curt:我要再强调一下 Adam 所讲的。去年我们做出的最大调整就是让技术和数字平台更加针对消费者——还有店铺伙伴——比之前任何时候都要更加专注这一点①。我给你讲一个例子,在之前这种事情都是没什么革新性的,但是如果站在伙伴和顾客的角度去考虑,就能做出非常关键性的改变。我们更换了店铺中的销售点系统,这是零售商定期要做的平常事情。经过和伙伴们沟通之后,我们对销售点系统做了一些改进,使其更容易完成交易,减少电子支付的时间。我们在每一张星巴克卡、移动支付系统、借记卡或贷记

---

① 星巴克称员工为"伙伴"。

卡的支付上节省了10秒钟时间。每年总共节省了90万小时的排队等候时间。

问：星巴克一向以使用新兴技术（如社交媒体和移动设备）采取变革性的举措著称。你们是否会在没事儿的时候就思考"能做一些什么有革新性的改进"这种问题？

Adam：是的，我们会这样。这种话题很难得，"好吧，我们坐下聊聊如何改变什么吧。"我们会选一个领域，比如支付、订购，或者是通过移动和社交平台与顾客互动的能力，我们会研究被认为是能够采用的最创新的事物，着手实践可能的计划。有点像是在可行计划的极限范围中进行头脑风暴，接着会回到我们的情况里考虑，什么是我们能够做的最有效果或者是最创新的事情。

Curt：在我们团队中间有一个Adam与我主持的数字小组，会探讨并且在白板上描绘我们下一个为顾客和伙伴创建绝妙体验的机会。一些好的想法来自我们的数字小组之外。最近，Adam和我有机会接触了几位店铺经理，探讨了他们和顾客、伙伴的交流情况，询问他们科技能在哪里派上用场。当然，我们也从霍华德·舒尔茨（星巴克董事会主席、CEO兼总裁）和公司的高层领导团队的创新思考中获得了许多帮助。在数字领域和技术如何改进公司的问题上，我们的整个领导团队都十分投入。持续引领创新和面向消费者的技术，这是星巴克领导团队所共享的一个目标。

问：你们大概多久会有一次此类的讨论？

Adam：正式的是每季度一次，非正式的则是每月一次——至少每个月我们都会被拉去参加一次，通常是霍华德·舒尔茨组织的，团队成员要讨论某一领域的未来趋势，我们要利用那些激动人心的东西。所以，我们必须要在此类讨论中或者是有关创新趋势的辩论中进行推演，这样，我们就能快速地对一些其他事情作出决策。

Curt：Adam和我每天都会交换意见。每几周我们就会把团队组织起来，评估整个路线图。期间，我们还要应对许多短期目标机会。

三、紧密合作——内部协作

问：Adam，有一份刊物宣称星巴克意义深刻的革新是源于你的职位头衔。文章指出，星巴克所有的数字项目——Web、移动、社交媒体、数字营销、忠诚度项目，还有电子商务、WiFi、星巴克数字网络和新兴店铺科技——都由你全权管理。成为CDO之后，和过去的职位相比，这之间的变化有多大？

Adam：在CDO这个职位设置之前，我的工作内容就是你刚刚描述的那些；成为CDO后，工作内容又增加了全球数字营销、会员卡项目（星巴克会员卡和移动支付）和忠诚度计划。有三个不同的小组独立在公司集团内部。我们之前意识到它们其实是一回事，在一起协作会更高效，如果你看一下我们在数字领域的愿景，会发现涉及所有方面。意义最重大且具有革新意义的事，是发生在思想上的转变。

问：你刚提到了，去年你和Curt重新协调了如何紧密合作的问题。跟我说说这其中的过程，你都做了哪些事？

Curt：其中有一些是流程上的改变，有一些则是组织架构上的，另外一些则涉及招募雇佣新型人才。从组织结构来说，我们曾经有不同的小组从事数字技术：一个小组领导项目管理,一个小组负责研发,还有另一个小组做 QA(质量控制)。我们会把工作导入不同的专业团队当中,最终产生成品。对于数字团队和技术团队也类似。我们将其调整为更富协作和创新的方式,有老虎团(tiger team)和突击队(SWAT)被分配到某一特定的项目或任务目标中去。通过数字和技术领域的思想领袖合作,我们节省了许多时间、缩短了周期。从项目启动到头脑风暴直至交付,全都是在共同负责、专注团队且非常协同的环境下——可能是你会在小型创业公司里发现的那种工作情况,而不像是一家数十亿美元的跨国公司。

Adam:在重组之前,IT 部门是非常重要的伙伴同事,但可能并没有那么强调协作,也没有像现在这样依据数字战略进行设置。在面向消费者的数字情景中,无论是设计体验、战略还是执行,都有两个人的身影——我和 Curt——和我们的团队探讨战略:我们要怎样创建又该如何设置优先级。决策权仅限于我们两个,我们达成一致,在战略上要让所有人保持步调一致。这样让我们作为一家组织机构更有效率。

问:Adam,你以数字战略副总裁的身份加入一个既有的管理团队中,感觉是怎样的?

Adam:首先,我们的 CEO 霍华德·舒尔茨对于星巴克在数字领域的计划有着真正开放的心态。他给了史蒂文·吉勒特(Stephen Gillett,前 CIO)许多空间来定义这一点,但基于的却是被验证为 100% 正确的直觉,即使是在 2009 年,数字领域对于星巴克来说也不仅仅只是一个网站或者销售端系统这么简单,而是一种和顾客沟通、转变体验并驱动公司发展的能力。

当我上任的时候,职务权限包括电子商务和 WiFi,但是我明白我要为星巴克创建一个更加宏大的数字愿景。整个公司——在跑步之前需要做的是步行。我们有一种"不要在组织调整方面走得太快"的态度。我们最先有的一个大想法是免费 WiFi,创建一个动态、有趣的 WiFi 登录界面,我们称之为星巴克数字网络(Starbucks Digital Network),配备各种数字媒体装置。我们并不仅仅是围绕 WiFi 来建立一些智能的东西,而是在如何与顾客沟通的问题上做一些创新。

我们当初也不知道这一切该如何实现,但是随着我们开始思考能够做到的事,我的小组下一项战略方面的任务就是移动端,接着是 Web。也导致我与 IT 部门和 Curt 的团队紧密合作,制定路线图……我认为只要不是走得太快、太远,就能行得通,但是要始终保持一个愿景,一路不断地积累成功经验。

四、挑战——让数字战略渗透到全球每家店

问:零售商通常很难在每一家店铺及其数字方案中保持连续一致性,你们是怎样应对这一问题的?

Curt:我们不是完美的。每天我们都要学习,成为一家全球公司意味着什么,成为一家对于当地环境影响极大的公司意味着什么。对支付环节来说就是如此。在目前的情况下,现金依旧是主要的支付形式。各个地区的移动支付情况肯定都不像美国市场的普及程度一样。

问:在全球 62 个国家一共有超过 17 000 家星巴克门店——马上就要达到 18 000 家,这还不算 Teavana(2012 年星巴克收购的茶饮品连锁店)。在这么大的运作规模下尝试进

行变革究竟是怎样的?

Adam:对我们来说,这是一次新的尝试。Curt和我一起引入的这个框架和经营哲学是过去15年里我们对全球扩张进行思考的结果。我们采取了最优的策略,引入的框架能够让我们的思路、愿景和团队工作在所有地区得到实现,对于新兴品牌和渠道我们要怎样实现呢?目前的情况还不够完美,但是我们有能力在地域上扩张,随着新品牌和渠道的加入,这种能力会帮助到我们。

问:你是否能够让咖啡师帮你传播一些数字信息?

Adam:可以,但是我们并不是很愿意这样做,不是将其视作应该做的工作来对待。咖啡师和店铺伙伴是在第一线工作的员工,对于支持和解释星巴克的数字战略来讲,他们是最重要的沟通桥梁。在向他们提供工具、介绍数字战略项目这一点上我们做得不够好。原因是在推广咖啡、食物或茶有关的产品方面,星巴克做得实在太积极,发展太快了。但是如果我们做得恰当,他们是最佳的传播媒介或渠道,去推广我们的数字业务,帮助我们在客户中推动新的数字特色功能。

问:纯属巧合,不久前我在机场时看到星巴克有一排长长的等候队伍。其中一位咖啡师走出来——不开玩笑——开始在餐巾纸上记录订单。你怎样在超过17 000家店铺中改变这一状况呢?

Adam:我对这个话题非常有兴趣。Curt和我正在着手做几件事情。他的团队已经开始一项移动销售端的试验项目。实际上,我们在几十家店铺都进行了类似试验,采用完备的手持POS机,和你在苹果店里看见的差不多。顾客下单,接受完成支付,处理订单,整个过程在排队中完成。我们采用了移动支付的方式,并将增加移动下单的服务,这样,你就能在未来收藏自己最钟爱的饮品类型——大概在一年左右就会实现。你将看到星巴克会出现许多不同的服务方式,使顾客的时间更有效率,不必过多和咖啡师沟通,过程更舒服自然,依旧可以选购自己喜欢的食物,不用担心柜台的情况。

问:星巴克在数字变革的道路上已经走了四年。对于那些没有霍华德·舒尔茨作CEO却在试图实现一些期望的人来说,就数字变革这个众说纷纭的话题,你能给他们一些什么建议吗?

Curt:我们都必须要意识到的是IT和数字……如今在不断渗透进入人们的生活中。我给那些想要现在采取行动的人们的建议就是,将你作为一家消费类科技公司来思考。一家消费科技公司需要快速的产品发布周期,向市场推出有竞争力的产品,或许无法提供未来两年将加入的所有功能,但是两年时间在消费科技领域可以说是产品的全部寿命。许多公司在互联网泡沫出现的时候就开始制造这种变革,为了公司业务考虑,建立自己的网站。如今人们更有可能会去Yelp上看一家公司的评论,而不是浏览它的网站——当然也取决于这是一家怎样的公司。这是在思维上需要发生的变化。对于科技公司来说,这是一次跨度很大的技能升级,从历史经验来看,一般都要专注于组织内部才行。

资料来源:http://www.nbd.com.cn/articles/2013-04-25/736337.html?all_page=true。

讨论题：
1. 请指出星巴克实施数字战略主要受到哪些宏观和微观环境因素的影响。
2. 是什么造就了星巴克的再次成功？
3. 根据星巴克推进实施数字战略的现状，针对公司未来的发展，你对霍华德·舒尔茨有什么建议？

案例点评：
扫一扫如下二维码，获得老师对此案例的点评。

第三章 消费者市场与购买行为

本章知识结构图

- 市场分类
  - 消费者市场
  - 消费者市场的购买对象
- 消费者购买行为
  - 消费者购买行为
  - 消费者购买行为模式
- 影响消费者购买的主要因素
  - 文化因素
  - 社会因素
  - 个人因素
  - 心理因素
- 消费者购买决策过程
  - 消费者购买决策过程的参与者
  - 消费者购买行为类型
  - 消费者购买决策过程

课前预习

本章学习要点：

1. 区分消费者市场和组织市场，理解消费者市场的特点；
2. 构建消费者购买行为模式；
3. 理解影响消费者购买的主要因素；
4. 掌握消费者购买决策过程的主要步骤。

第三章 消费者市场与购买行为

营销视频扫一扫

商业精英：宝洁集团的商业帝国[①]

宝洁公司(P&G)是全球最大的日用消费品公司之一，公司创立于1837年，公司旗下有300多个品牌产品，其中，每年能为公司带来约10亿美元收入的品牌就至少有23个。一个创立至今178年的企业，必然有其屹立至今的成功秘笈，宝洁的成功离不开它对消费者市场、对消费者行为的研究和分析。多克·斯迈尔泽早在1924年就开始雇佣大批女大学生作为"考察女孩"，实地观察家庭主妇的日常生活，来帮助宝洁搜集市场和消费信息，这种以消费者为导向工作让宝洁的产品获得了巨大成功。

在互联网的影响下，特别是伴随着电子商务的快递发展，消费者购买行为发生了很大的改变，也给传统的日化消费品公司带来了挑战。

扫一扫如下二维码，观看视频"商业精英：宝洁集团的商业帝国"，与老师及小伙伴们讨论如下问题并开始本章的学习：现在影响消费者购买的因素有何变化？宝洁如何结合"互联网＋"扭转近年来净利润率下滑的趋势？

通过前面两章的学习，你已经对营销是什么、研究什么以及营销环境对企业的影响有了基本认识，知道市场营销的最终目的是满足消费者需求，因此，消费者就成了营销人员必须关注的最重要因素。消费者为什么会购买我们的产品？什么时候购买产品？采用什么方式购买？在什么样的情境下更可能发生购买行为？这些问题都需要营销人员去研究和探索。在本章中，我们将关注消费者，了解影响消费者购买的因素以及消费者的购买决策过程。

[①] 资料来源：若想观看完整视频，请登录 http://www.iqiyi.com/jilupian/20120604/b152e98a2633ed4b.html。

3.1 市场分类

 消费者市场有哪些特征?

广义的消费者是指购买、使用各种产品与服务的个人和组织。狭义的消费者是指购买、使用各种消费资料和服务的个人和家庭。个人和家庭购买商品或服务的目的是为了消费,因而也被称为最终消费者。我们每个人自出生之日起,就会产生各种各样的需要,我们购买服装、食物、旅游等都是为了自身或家庭消费,因此都是最终消费者,而这些最终消费者就构成了消费者市场。但从广义上而言,有些组织进行产品或服务的购买是为了生产、销售或维持组织运行,例如,宝洁旗下的很多产品要先出售给批发商和零售商,再由后者出售到消费者市场,这些批发商和零售商就构成了组织市场。组织市场将会在下一章进行详细学习。

3.1.1 消费者市场

1. 消费者市场的概念

所谓消费者市场(consumer buyer market),就是人们为了满足个人或者家庭生活与发展的需要而购买产品、服务的市场。消费者市场是市场运行的出发点和最终点,是起决定作用的市场,也是现代市场营销理论研究的主要对象。据国家统计局数据显示,2014年,中国社会消费品零售总额达到 271 896.1 亿元,比 2013 年增长 11.96%,人均消费 19 878 元,成了世界上最有吸引力的消费者市场之一。

2. 消费者市场的特点

(1) 分散性。从消费主体来看,消费者市场购买者人数众多,每个个体都可能是消费者市场中的购买者,而且每天我们要购买多种产品,现代社会已经不再是自给自足的时代,衣食住行都离不开消费,但是受限于储藏地点小、家庭人口数量有限、产品不宜存放,而且现代市场商品供应丰富、购买方便,消费者完全可以随时需要随时购买等原因,导致消费者每次购买数量零星,购买次数频繁,易耗的非耐用品更是如此。

(2) 差异性。由于每个消费者的收入水平、文化程度、职业、性别、年龄、民族、生活经历、家庭环境等因素不同,消费者自然会有各种各样的爱好和兴趣,对商品和服务的需要更是千差万别。同样要满足肚子饿的需求,有的人想吃馒头,有的人想吃米饭,这就是最简单的消费差异。特别是随着收入水平的上升,人们更加注重个性选择、个性消费,新的细分市场不断涌现,需求差异有不断扩大的趋势。

(3) 多变性。消费者的需求不是一成不变的,去年的服装今年可能已经过时,求新求异的消费需求就要求商品的品种、款式不断翻新,有新奇感,不断进行更新换代。例如,三星手机从 2010 年 3 月首次进军智能手机市场推出 Galaxy S 开始,2011 年推出 S2,2012 年推出 S3,2013 年推出 S4,2014 年推出 S5,2015 年推出 S6,以每年一次的更新频率不断地推陈出新,正是因为消费者日益多变的需求。

(4) 替代性。消费者市场产品种类繁多,同种产品不同品牌之间往往可以互相替代,消费者在购买矿泉水时不一定非得要农夫山泉,百岁山、怡宝、康师傅也会是不错的选择。而且,不同产品之间有时也可以替代,例如,智能手机的使用已经大大降低了卡片相机的销售量。

(5) 非专业性。从购买行为来看,消费者的购买行为具有很大程度的非专业性。一方面是消费者大多缺乏相应的产品知识和市场知识,不一定可以作出最优决策;另一方面也因为专业知识的缺乏,消费者很容易被广告宣传或销售人员诱导,作出非理性的、冲动性消费。

(6) 网络性。随着互联网以及网络购物平台的普及,网络改变着消费者市场中的消费者购买行为。越来越多的消费者开始习惯于通过网络来搜索自己想要的商品,并且在网上进行比价、选择,最终完成交易过程。根据艾瑞咨询发布的 2014 年中国网络购物市场数据,2014 年,中国网络购物市场交易规模达到 2.8 万亿元,增长 48.7%,仍然维持在较高的增长水平,网络购物交易额大致相当于 2014 年社会消费品零售总额的 10%。

3.1.2 消费者市场的购买对象

消费者市场产品种类繁多,纷繁复杂,根据消费者的习惯不同,我们可以把消费者市场中消费者的购买对象划分为便利品、选购品和特殊品三类。

1. 便利品

便利品(convenience products)又称日用品,指消费者日常生活所需、需要经常重复购买的商品,如食品、饮料、肥皂、洗衣粉等。消费者在购买这类商品时,一般不愿花很多时间比较价格和质量,愿意接受其他替代品,多数选择就近购买。因而,企业所经营的产品如果是便利品,就要尽可能地提高铺货率,尽可能地让产品遍布大大小小的销售场所,让消费者随时随地可以购买到产品。

2. 选购品

选购品(shopping products)价格相对便利品而言要贵一些,消费者在选购过程中会对产品的适用性、质量、价格和式样等方面进行有针对性的比较,然后再决定购买。服装、家具、家电等这些产品就属于选购品。这些产品的相对价值比较高,消费者也不是经常购买,对产品了解不足,在购买时会比较谨慎,由于同类产品比较多,人们往往难以抉择,因此,需要花费较多的时间和精力反复挑选、比较。对于企业而言,就需要提供受过良好训练的销售人员,为消费者提供足够的信息和咨询,帮助消费者更好地进行判断比较。

3. 特殊品

特殊品(special products)指消费者对其有特殊偏好并愿意花较多时间和精力去购买的产品。消费者对于这类产品已经有了一定的认识,形成了特定的品牌偏好,不愿意接受替代品,宁愿花费较多的时间去寻找、等待。因此,对于这类产品,企业应该注意通过各种营销方式来提高品牌知名度。

案例小链接 3-1

提前 16 天排队购买 iPhone 6

在纽约第五大道的苹果旗舰零售店外,已经有苹果"粉丝"排队等待 iPhone 6 的发售。而此时,距离苹果发布 iPhone 6 还有 6 天时间,距离 iPhone 6 正式在零售店开售还有长达 16 天的时间。

为此,Business Insider 还特意与苹果零售店的员工进行了核实。该员工证实,确实已有消费者在门外排队。该员工称:"确实有人在外面排队,但他们也不知道自己在排什么。我们之前也并未宣布任何消息。"

苹果已经向媒体发出了邀请函,计划于 9 月 9 日举办发布会。据预计,苹果届时将发布两款大屏幕 iPhone 手机和一款智能手表。

9 月 9 日发布 iPhone 6,意味着零售店正式开售的日期应该是 10 天之后,即 9 月 19 日。如今,距离该日期还有半个月之久。

资料来源:网易科技,《这就是果粉:提前 16 天排队购买 iPhone 6》,2014 年 9 月 4 日,http://tech.163.com/14/0904/10/A59T0SO0000915BD.html。

为什么苹果粉丝会在离产品开售还有 16 天之久时就排队等候?对于这类消费者而言,iPhone 6 是便利品、选购品还是特殊品?如果中国企业也想让消费者对产品如此狂热,你觉得应该如何去做?

3.2 消费者购买行为模式

 消费者购买行为模式是怎么样的?

市场营销强调企业的经营活动必须以满足消费者的需求为导向,然而,真正重视对消费者购买行为的全面分析却是从 20 世纪 50 年代才真正开始。随着第二次世界大战的结束,美国和西欧的经济向全面的买方市场发展,消费者在市场交换活动中的主动地位越来越明显,主要从经济学的角度研究企业市场营销活动的早期营销理论已经很难解释当时市场中出现的许多现象。这时,从行为科学角度研究企业市场营销活动的消费者购买行为学派开始出现。社会学、心理学的研究方法开始用于市场营销的研究,从而使购买行为的研究最终成为市场营销理论体系中的一个重要组成部分。

3.2.1 消费者购买行为

消费者购买行为(consumer buyer behavior)是指消费者在寻求、评估、购买、使用预期能满足其需要的产品和服务时表现出来的行为。通过研究消费者的行为,可以有效地发现市场机会,开发新产品,获取更高的利润。如果一个企业不注重研究消费的行为,只是片面地依靠商品销售方面的统计数字,市场调研的结果就难以符合实际,而以此为依据所制定的市场营销计划也只能落空。作为企业营销人员,要研究消费者购买行为的规律,必须回答以下七个问题,通过回答这几个问题,营销人员能认清消费者行为的每个环节,更有针对性地开展营销活动。由于七个英文单词的首字母都是O,所以就构成了7O's框架,如图3-1所示。

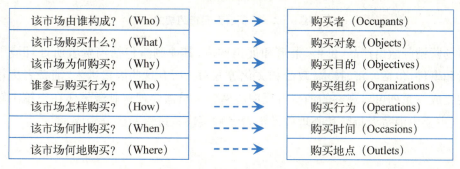

图3-1 7O's框架

以传真机这种产品为例,消费者购买什么类型的传真机作为家庭用?他们追求传真机的什么特点?他们买传真机追求什么利益?他们要传送何种类型的文件?为什么要传送这些文件?当具有新型特点的传真机上市时他们会不会更换旧型传真机?这些问题往往要通过广泛深入的市场调研来获得答案,企业必须在此基础上去发现消费者的购买行为规律,并有的放矢地开展营销活动。

3.2.2 消费者购买行为模式

消费者在购买行为中的搜集信息、比较方案、购买等活动不是凭空产生的,他们会受到诸多因素的影响,有来自消费者自身的,也有来自外部环境的。消费者这些行为的出现有一定的规律可循,营销人员如果掌握了这些规律,就可以通过适当的手段对消费者实施刺激,使外在刺激因素与消费者的内在心理发生整合作用,促使消费者作出购买决策,产生购买行为。这些规律正是消费者购买行为模式所要研究的问题。

对于市场营销人员而言,核心问题是要弄清楚消费者对公司可能采取的市场营销刺激会如何反应。行为心理学理论认为,人的行为都是由外界刺激引起的,根据这一理论,科特勒提出"刺激-反应"模型,认为消费者行为是一个刺激与反应的过程。

如图3-2显示,消费者行为来源于受到来自环境和营销的刺激,面对刺激,消费者会因为个人特性的不同而作出反应,表现出营销人员能观察到的一系列行为。但消费者的内心经历了一个怎样的决策过程?这一过程又受到哪些因素的影响?这是营销人员最感兴趣但又无法完全认识的领域,被称为"消费者黑箱",营销人员必须探明黑箱中有什么。

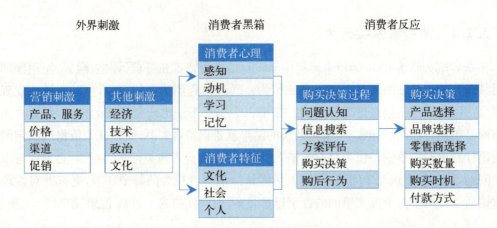

图 3-2　消费者购买行为模式

市场营销刺激由产品、价格、渠道和促销构成,其他刺激包括消费者所处环境中的重要力量和事件,包括经济、技术、政治和文化等方面。所有这些因素进入"消费者黑箱",在那里转化成一系列可以观察的消费者反应。营销人员需要理解刺激怎样在黑箱中转化成反应,这主要由消费者特征和心理以及消费者购买决策过程两部分构成。

3.3　影响消费者购买的主要因素

? 影响消费者购买的主要因素有哪些?

消费者不可能在真空中作出自己的购买决策,科特勒认为影响消费者行为的因素主要有文化因素、社会因素和个人因素。在个人因素中,心理因素具有重要作用,通常情况下会单独分出来,如图 3-3 所示。

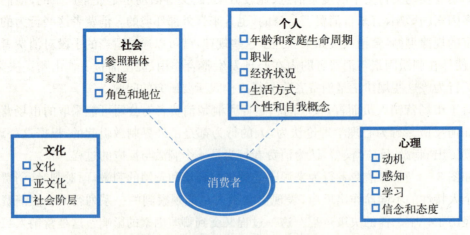

图 3-3　消费者购买行为的影响因素

3.3.1 文化因素

1. 文化

广义的文化(culture)是指人类所创造的一切物质文明和精神文明的总和。具体来说,文化是在一定的物质、社会、历史传统基础上形成的价值观念、道德、信仰、思维和行为方式的综合体。文化犹如空气一般,看不见,摸不着,但又无时无刻不在影响着人们的行为。每个人都在一定的文化环境中,通过潜移默化的方式形成了基本的文化观念。

文化通过规范影响人们的行为。文化会对个人行为设置"边界",也就是我们通常所说的规范。规范是关于特定情境下人们应当或不应当做出某些行为的规则,规范源于文化价值观。文化价值观导致了一定的社会规范以及不遵循这些规范时的惩罚,而规范与惩罚最终影响了人们的消费模式(见图3-4)。

图3-4 价值观、社会规范、惩罚和消费模式

从文化的层面来看,对中国消费者行为影响最大的文化价值观主要有:

(1) 以"根"为本的文化。重家、族、国;生命的延续;望子成龙、光宗耀祖。

(2) 中庸文化。阴阳平衡的行为导向;福祸相依。

(3) 关系文化。礼尚往来,来而不往非礼也。

(4) 和文化。和谐、和气、和睦、和平;天时、地利、人和。

(5) 面子与从众。有脸有面;群体舆论。

(6) 礼与地位。儒家强调举止行为与地位要一致。

这些文化价值观形成了中国消费者独特的消费行为,例如,在"根"文化的影响下,消费者基于延续目的,经常会超越经济能力进行购房消费、对下一代的教育投资、对上一代的祭祖消费等。面子消费也是中国消费行为一大特点,为了追求面子,消费行为互相攀比,或者是进行炫耀性消费。这都是由中国独特的文化造成的。

文化的差异引起消费行为的差异,不同文化下的消费者在衣食住行、建筑风格、节日和礼仪等物质和文化生活各个方面都会有不同表现。奥利奥近年来在中国销量下滑的最大原因就在于中国消费者"喜新厌旧",不喜欢一成不变的口味,很容易失去对商品的新鲜感。对于中国人而言,每天的饭菜应该是换着花样来的,天天吃一样的东西很难接受,而欧美国家的人却可以几十年如一日地吃着同样的早餐。

现代企业大多在进行跨文化营销，了解文化，尤其是了解不同文化之间的区别，是成功营销的关键。麦当劳曾经在印度跌了个大跟头，就是因为在跨文化营销方面做得不够。印度是一个宗教大国，全国有83％的人们信奉印度教，还有超过1亿人口的伊斯兰教徒，多数教徒严守教规，非但不吃牛肉或猪肉制品，也因为教义的关系，全印度有超过80％的人是全素食的支持者，因此，麦当劳主打的牛肉及猪肉产品在这里全然无用。

2. 亚文化

在每一种社会文化中，除了存在全体社会成员共有的基本文化（即主文化）之外，通常还存在着许多亚文化群体，即一群以共同的生活经历和状态为基础的价值系统的人。亚文化(subculture)主要包括民族亚文化、宗教亚文化、种族亚文化和地理亚文化。亚文化赋予成员一些可以辨别出来的身份和特征，使其相互产生认同，有时，亚文化对个体的影响比主文化还要大。许多亚文化都构成了重要的细分市场。

（1）民族亚文化。每个国家都存在不同的民族，每个民族在漫长的历史发展过程中形成了各自的语言、风俗、习惯和爱好，他们在饮食、服饰、节日等方面各有特点，这都会影响他们的购买欲望和行为。中国汉族过春节吃饺子、吃年糕、放鞭炮，中国其他民族如藏族的藏历年、傣族的泼水节、水族的端节都相当于汉族的春节，都需要有各自富有民族特色的节日商品。

（2）宗教亚文化。各国都可能存在不同的宗教群体，基督教、伊斯兰教和佛教都有数量众多的信徒。每个宗教都有自己的教规和戒律，这都会对信仰不同宗教的人群的购买行为和消费方式产生影响。就像我们前面提到的印度，在印度教中，牛是一种神圣的动物，他们坚决不允许任何跟牛相关的产品出售，也不会去购买和消费。

（3）种族亚文化。全世界有四大主要人种：白色、黑色、黄色和棕色，这些差异不仅表现在肤色上，更表现在人们的购买行为方面。

（4）地理亚文化。居于不同地理区域的国家以及同一国家的不同省份，由于地理环境、生活习惯和经济发展水平的差异，人们在生活习惯、偏好等方面也有很大不同。从中国不同地区的饮食习惯来看，湖南人爱吃辣椒，四川人喜食麻辣，浙江人爱吃甜食，山西人喜食醋等习惯，都会形成不同地区消费者的不同购买行为。

3. 社会阶层

社会阶层(social class)是指一个社会中相对稳定且有序的分层，每个层级的成员都具有相似的价值观、兴趣爱好和行为方式。同在一个社会阶层中的消费者倾向于呈现相似的购买行为。社会阶层不是由单一因素（如收入）造成的，而是由职位、收入、教育、财富和其他各种变量共同作用的结果。社会成员的阶层不是天生的，随着职位、收入等条件的变化，人们可以进入上一阶层或降为下一阶层。

陆学艺在2002年《当代中国社会阶层研究报告》中认为，现阶段中国主要存在10个社会阶层（见表3-1），当然，随着近十几年中国经济的发展，社会阶层的划分可能会有些不同，特别是不同阶层所占的比例发生了不小的变化，但这是近年来第一次系统性地对我国社会阶层进行的划分，对于营销人员来说具有很大的借鉴意义。

表 3-1 当代中国 10 个社会阶层

层级	名称	占比(%)
第一层	国家与社会管理者阶层	2.1
第二层	经理人员阶层	1.5
第三层	私营企业主阶层	0.6
第四层	专业技术人员阶层	5.1
第五层	办事人员阶层	4.8
第六层	个体工商户阶层	4.2
第七层	商业和服务业员工阶层	12.0
第八层	产业工人阶层	22.6
第九层	农业劳动者阶层	44.0
第十层	城乡无业、失业、半失业阶层	3.1

3.3.2 社会因素

人们在作出购买决策时,一般乐于听取所信赖之人的意见来降低风险,并从了解他们的想法和行为中获得慰藉。因此,消费者购买行为会受到参照群体、家庭、角色和地位等一系列社会因素的影响。

1. 参照群体

参照群体(reference group)是指个人在作出购买或消费决策时用来作为参照、比较的个人或群体。对群体成员有直接影响的群体称为成员群体,如身边的家庭成员、亲戚朋友、同事、邻居等。还有一些个体虽然不属于某个群体,但是会受到来自这个群体的影响,这种群体可能是个体渴望加入的(崇拜性群体),也可能是个体讨厌和反对的(厌恶群体)。

参照群体对消费者购买行为的影响主要表现在以下三个方面:

(1) 示范性。参照群体的消费行为和生活方式为成员提供了可供选择的模式。

(2) 效仿性。参照群体的消费行为会引起人们效仿的欲望,影响消费者的产品选择。

(3) 一致性。由于效仿,参照群体的消费行为会趋向于一致。

研究发现,对于日常生活中那些不易为他人所觉察的产品,如洗衣粉、食盐等,参照群体的影响较小。而购买使用时十分显眼的服饰、家电、汽车等,参照群体的影响会更加明显。在相关群体对购买行为影响较强烈的情况下,企业应设法影响相关群体中的意见领导者。意见领导者既可以是首要群体中在某方面有专长的人,也可以是次要群体的领导人,还可以是期望群体中人们效仿的对象。意见领导者的建议和行为,往往被追随者接受和模仿,因此,他们一旦使用了某种产品,就会起到有效的宣传和推广作用。企业应首先针对他们做广告,或干脆就请他们做广告,以对追随者起到示范或号召作用。

2. 家庭

家庭(family)是社会的基本单位,也是社会中重要的消费者购买组织,它强烈地影响着人们的价值观、人生态度和购买行为。营销人员比较关注的是家庭中丈夫、妻子和孩子在购买不同产品时所发挥的影响。

对不同产品类别而言,夫妻在不同购买阶段的参与程度差别很大。电子产品、汽车在设计时更多地关注男性的习惯、需求,但是,随着女性在相关产品的购买者中开始起到决定性影响,越来越多的产品更加"女性化",更"温柔",例如,LG电子发布的一些新手机就根据女性胳膊的长度校正了照相机的自动对焦功能。

目前,中国大多数家庭是独生子女家庭,在这些家庭中,孩子深受重视,对购买决策有很大影响,家长有时候甚至宁愿牺牲自己的舒适来换取孩子的福利。

3. 角色和地位

一个人在社会中会属于许多群体,如家庭、社会、各种组织等,每个人在群体中的位置可以用角色和地位(roles and status)来定义。角色由周围的人期望此人履行的所有职责构成。每个角色都传递一种地位,反映出社会给予此人的尊重程度。一个人在孩子面前是父亲,在妻子面前是丈夫,在公司可能是经理。他在作出购买选择时往往会考虑自己的角色和地位,不同的角色和地位可能导致不同的购买行为。

> **案例小链接 3-2**
>
> **中国女性社会角色之转变**
>
> 中国女性的社会角色及其变迁是理解和研究中国女性消费行为的重要视角。与西方社会相对稳定的国家相比较,中国女性的社会角色在近50年里发生了极大的变化。社会变革产生了中国女性社会角色转变和挤压力量,也孕育了一种与传统力量相对抗的现代力量。总体上,中国女性在不同时代表现出完全不同的人生价值观,扮演不同的社会角色。这种巨变对中国消费市场产生的重大趋势性影响值得研究和高度关注。
>
> 智威汤逊广告公司在2005年2月曾提出一个框架性概念:认为中国女性一直在"贤妻良母""红色娘子军"和"自我"三者之间寻找平衡。从时间和时代的角度来看,中国女性这三种典型的社会角色之间的变迁是非常明显的。
>
> "贤妻良母"型是中国传统文化中的女性社会角色,传统文化一方面使得女性存在的价值仅仅局限于男权社会的需要;另一方面要求女性要吃苦耐劳、识大体、懂忍让、顾家敬老、相夫教子等,其消费观和消费方式的最大特征是完全为了别人。1949年新中国成立后,毛泽东的"妇女能顶半边天"的思想起了绝对的主导作用,使中国女性在很短的时间内由"家庭人"成为"社会人""职业女性"。这种思想导致社会上出现

大量的女性专业人才、白领女性、女强人和女能人。中国女性角色开始转变成"红色娘子军"型，1963年，中国妇联主持"女人为什么活着"的全国大讨论，讨论结果是赞扬并主张将革命工作放在第一位，职业女性应该"舍小家顾大家"。这一阶段中国女性的消费观和消费方式的最大特征是兼顾家庭与自己。"自我"型角色是开放社会中兴起的中国女性新角色，其消费观和消费方式的最大特征是首先和主要为自己。女性作为具有独立人格的个体，敢于超越性别，重新界定自身的角色，发现自己的价值，自主选择价值观和生活方式，甚至开风气先河，特立独行，标新立异。

资料来源：卢泰宏、周懿瑾，《消费者行为学——中国消费者透视》，中国人民大学出版社，2015年。

就全球范围而言，近一个世纪以来，中国女性可能是角色、生活方式和消费方式变化最大的群体，从营销者的角度如何判断中国女性消费群？

3.3.3 个人因素

除了文化因素和社会因素这些外在因素会对消费者购买行为产生影响外，消费者自身的一些内在特性也会产生影响，特别是年龄和家庭生命周期、职业和经济状况、生活方式、个性和自我概念的影响。

1. 年龄和家庭生命周期

消费者的年龄(age)会对消费者购买行为产生明显的影响，是决定其需求的重要因素。当你还处在孩童阶段时，你较多专注的是玩具；到了青少年阶段，你关注的会是时装和娱乐；到了成年阶段，你会关注房产、家具和子女教育；到了老年了，你就会关注保健品。此外，家庭生命周期(life-cycle stage)也会影响购买行为。西方营销学家把家庭生命周期分为七个阶段：单身青年、已婚无子女家庭、满巢Ⅰ(有6岁以下子女的年轻夫妇)、满巢Ⅱ(有6岁以上子女的年轻夫妇)、满巢Ⅲ(子女长大却尚未独立的年轻夫妇)、空巢(子女长大且离开家庭的中年夫妇)、单身老人。不同的生命周期群体有着各不相同的购买习惯，凭借消费者生命周期的数据，营销人员可以根据人们如何消费、如何与品牌和周围世界互动，制定切实可行的、个性化的营销宣传活动。

2. 职业和经济状况

不同职业(occupation)的消费者扮演着不同的社会角色，有着不同的购买习惯。体力劳动者偏好购买结实耐穿的服装，管理人员则偏好商务套装。

经济状况(economic situation)的好坏、收入水平的高低对消费者的购买行为有着直接的影响。不同的收入水平，决定了不同的购买能力，决定了需求的不同层次和倾向。中国经济发展存在不平衡现象，相对于内陆地区而言，沿海地区经济发展比较好，该地区的消费者相对而言具有更强的品牌意识,也能接受更高的产品价格。

3. 生活方式

来自相同文化、社会阶层和职业的人可能有很不相同的生活方式。生活方式(lifestyle)是一个人的生活模式,根据对消费者生活方式的了解,可以预测消费者的行为。生活在一定文化和社会背景下,具有自我个性和人口特征的消费者总是会追求自己的生活方式。对生活方式的追求影响他们的需求、欲望,进而影响他们的购买决策和使用行为。例如,一个有环保意识、更热爱自然的生活方式的人,可能更喜欢去购买自行车而不是汽车,更可能成为一个素食餐厅的重要顾客。

目前,较为完善的细分生活方式的方法有AIO模式和VALS分类方法两种。AIO模式通过描述消费者的活动、兴趣和意见来度量生活方式的实际形式,而VALS方法是SRI公司于20世纪70年代开发的一种关于生活方式的细分方法,按照自我导向和资源两个维度,定义了八个类别的生活方式:现实者、满足者、信念者、成就者、奋斗者、经历者、工作者和挣扎者。这八个类别是基于美国消费者的数据得出的,对于中国消费者行为的分析有指导意义,但不够精确。中国学者根据中国消费者特点,提出了中国消费者生活方式模型China-VALS,将中国消费者分为三大生活方式类型和14个细分群体。中国人的三大生活方式类型是积极型、求进务实型和平稳现实型(见图3-5)。

积极型 (40.69%)	求进务实型 (40.26%)	平稳现实型 (19.05%)	
理智事业族			上层(7.34%)
经济头脑族	工作成就族		中上层(12.9%)
个性表现族	平稳求进族	工作坚实族	中层(48.18%)
经济时尚族	随社会流族	平稳小康族	
求实稳健族	传统生活族	现实生活族	中下层(18.27%)
消费节省族	勤俭生活族		下层(13.31%)

图3-5 中国生活方式模型China-VALS

每一个细分群体的成员都有其特点,例如,经济头脑族消费经济意识强,喜欢"货比三家",对金融活动具有冒险精神,家庭观念较弱。现实生活族生活态度倾向传统意识,经济收入水平较低,品牌意识更愿意认购国产品牌,购物比较注意包装说明。生活方式的细分,可以帮助企业更精准地选择目标顾客,进行营销沟通,明确产品定位策略。

4. 个性和自我概念

个性(personality)是指使一个人或一群人区别于其他人或群体的独特心理特征,这些特征能使一个人对他所处的环境产生相对稳定和持久的反应。从营销学的角度看,绝大多数个性研究都是为了预测消费者的行为。研究表明,在许多产品上,个性和产品选择存在相关性。例如,喜欢冒险的消费者容易受广告的影响,成为新产品的早期使用者;自信的或急躁的人购买决策过程较短;缺乏自信的人购买决策过程较长。当某个品牌的个性和消费者的个性保持一致时,这个品牌将会更受欢迎。同时,越来越多的消费者倾向于购买不同风格的产品来展示自己独特的个性。

直接与消费者个性相联系的六种购买风格是:几乎不变换产品的种类和品牌的习惯型;经冷静、慎重的思考后购买的理智型;特别重视价格的经济型;易受外来刺激而购买的冲动型;感情和联想丰富的想象型;缺乏主见或没有固定偏好的不定型。

自我概念是对自我的看法,或对"我是谁"的理解。它是理解消费者行为的一个很重要的概念,因为人们总是购买有助于强化自我意识的品牌和产品。例如,事实证明顺从型的人使用更多的漱口水和香皂,并且宁愿选择名牌产品。进攻型的人则使用更多的香水和剃须膏。贝尔克在他的研究中提出了延伸自我的概念,认为延伸自我由自我和拥有物两部分构成,人们倾向于根据拥有物来界定自我。例如,高档的品牌、汽车、房子这些物品成了我们自我的外在显示,将我们不那么容易被人窥见的内在通过外物呈现出来,就像青春期的男孩可能会使用汽车或香烟等有男性气概的产品以显示其正在形成的男性魅力。

3.3.4 心理因素

个人的购买决策还受到四种主要的心理因素影响,分别是动机、感知、学习以及信念和态度。

1. 动机

人类的行为是由动机(motive)支配的,动机则是由需要引发的。需要是人们由于缺乏而导致的一种不平衡状态。当需要强烈到一定程度时,就变成了一种动机。动机也称驱动力,是一种足够充足地促使人们去追寻满足他们需要的需求。

主要的动机理论有弗洛伊德的理论和马斯洛的需要层次理论。弗洛伊德的理论表明,一个人的购买决策受到潜意识动机的影响,消费者本身可能也不了解这些潜在动机。营销人员要研究消费者的购买行为,必须通过各种心理学探寻方法去测试消费者的潜意识动机。马斯洛的需要层次理论认为一个人的需要是有不同层次的,由低到高分别是生理需要、安全需要、社交需要、尊重需要和自我实现的需要。个体总是试图首先满足最重要的需求,只有那些没有被满足的需求才能成为行为动机。低级需要得到满足后,下一层级的需要就会随之出现。例如,一个食不果腹的人是不会考虑食物的卫生问题,更不会考虑别人的眼光。

2. 感知

每天,我们通过视觉、听觉、嗅觉、触觉和味觉获取大量外界信息,但是同样的信息,却经常"仁者见仁,智者见智",这是因为在思维、经验、记忆等的参与下,我们每个人都在用不同的方式来接受、整理和解释这些信息。感知(perception)就是指个体选择、组织外部信息并以一种有意义的、整体的方式对之加以解释的过程。

营销实践中往往有这种现象:在同样的营销刺激下,消费者的感知会有很大不同,因为感知具有选择性,主要表现为选择性注意、选择性曲解、选择性记忆。

(1) 选择性注意意味着消费者易于接受对自己有意义的信息以及与其他信息相比有

明显差别的信息。我们每天都处在广告的海洋中，可是有大量的广告甚至都没有被消费者注意到，更不会起到影响消费行为的作用。

（2）选择性曲解是指人们会将信息加以扭曲使之符合自己原有的认识，然后加以接受。例如，当你对一家公司印象不好时，你就会"理所当然"地认为这家企业的广告可能存在不实信息。

（3）选择性记忆是指人们易于记住与自己态度和信念一致的信息，而可能忘记所有与自己信念不一致的信息。例如，一个果粉一定会记得 iPhone 操作系统流畅而可以忘记它较差的续航能力。

由于存在选择性感知，营销人员就必须更加生动、重复性地传递营销刺激，这样才能让消费者最终感知到产品信息，从而影响其购买行为。

3. 学习

学习（learning）是由经验引起的相对持久的行为或行为潜能改变的过程。我们从对这个世界一无所知的婴儿，到逐渐地适应社会，在社会中生存，依靠的就是在我们成长过程中不断积累的经验。这些经验指导着我们的行为，从经验积累到行为改变就是一个学习的过程。

每一项高科技产品的问世，都是消费者学习的开始。在电风扇出现之前，夏天人们只能用蒲扇，随着电风扇的发明，人们开始认识这一事物，到最后天气一热人们想到的是开电风扇而不是找把蒲扇。再以后，空调的问世又再一次改变了人们的行为。因而学习的结果是人们需求行为的改变。通过学习，消费者获得了丰富的知识和经验，更好地适应其生活环境。

4. 信念和态度

通过实践和学习，人们会获得信念和态度，而这些反过来又会影响其购买行为。所谓信念（belief），是指一个人对某些事物所持有的具体看法。信念可能建立在现实的知识、观念或信仰之上，可能夹带着情感因素。消费者的信念决定了企业和产品在其心目中的形象，决定了顾客的购买行为。营销人员如果发现消费者的信念是错误的，并阻碍了其购买行为，就应运用有效的促销活动予以纠正，以促进产品销售。

态度（attitude）是个人对事物或观念相对稳定的评价、感觉和偏好。态度使人们喜欢或是讨厌、亲近或是疏远某一事物，态度是一种倾向而非行为，是一种持久状态而不是瞬时状态。消费者是否购买一个产品，在很大程度上依赖于消费者对它的态度，当消费者对产品持有肯定态度时，购买行为就很容易发生。

从逻辑上来说，态度似乎应该在行为之前。因此，营销人员希望通过广告投放来让消费者形成对产品的好态度，然后靠态度推动产生购买行为。但实际上，许多证据证明有时情况正好相反，即消费者似乎行动在先，然后才形成相应的态度，如使用体验在先，态度在后。没有体验就形成的态度可能是易变的。所以，营销人员常常采用品尝、试用、演示和赠品、赠券等手段，鼓励消费者先试用或先购买，然后形成态度。消费者态度一旦形成，就很难改变，这时，企业应该让它的产品适合既有的态度，而不是试图改变态度。

以上文化、社会、个人、心理等方面的因素是影响消费者购买行为的主要因素。其中的一些因素，如消费者的年龄、性别、职业、个性、经济状况、社会阶层、态度等，对企业来说是不可控或难以施加影响的。但了解这些因素，可以使企业更好地识别可能对其产品或服务最感兴趣的购买者，为市场细分和选择目标市场提供必要的线索，也为制定营销组合策略提供依据。另外一些因素，如消费者的购买动机、感觉、知觉、学习、信念、生活方式等，容易受到企业营销的影响，在了解这些因素的基础上，企业可以制定相应的营销策略，在一定程度上诱导消费者的购买需求。所以，现代企业应非常重视研究产品开发、价格确定、广告设计、商品陈列、营销网点设置和品牌、包装等营销刺激因素与消费者反应的关系，深入探讨影响消费者需求和购买行为的诸多因素。

3.4　消费者购买决策过程

 消费者购买决策过程有哪些主要步骤？

在分析了影响购买者行为的主要因素后，还需了解消费者如何真正作出购买决策，即了解谁作出购买决策，购买决策的类型以及购买过程的具体步骤。

3.4.1　消费者购买决策过程的参与者

对于大多数产品而言，确认购买者很容易，但是在很多情况下，购买决策并不是由一个人单独作出的，而是有其他成员的参与。

参与到购买决策过程中的个体可能扮演不同的角色，包括：

（1）发起者，首先提出或有意向购买某一产品或服务的人；

（2）影响者，其看法或建议对最终决策具有一定影响的人；

（3）决策者，对是否买、为何买、如何买、何处买等方面的购买决策作出完全或部分最后决定的人；

（4）购买者，实际采购人；

（5）使用者，实际消费或使用产品和服务的人。

这五种角色相辅相成，共同促成了购买行为，但并不意味着每一种购买决策都必须有五人以上才能作出，在实际购买行为中，有些角色可在一个人身上兼而有之，如使用者可能也是发起者，决策者可能也是购买者。正确认识购买决策中的参与者，营销人员才能根据不同角色在购买决策过程中的作用，有的放矢地进行营销活动，找到精准的营销对象。

3.4.2　消费者购买行为类型

消费者购买决策随其购买决策类型的不同而变化。例如，购买一瓶矿泉水和购买一台笔记本电脑的购买决策行为就可能存在很大不同。如果是前者，消费者可能不假思考就可以作出购买决策；如果是后者，消费者则要广泛搜集信息、认真比较选择后才能作出。根据消费者的参与程度和品牌间的差异程度，可将消费者购买行为分为四种类型（如图3-6所示）。

	高介入度	低介入度
品牌间存在重大差异	复杂的购买行为	寻求多样化的购买行为
品牌间存在很少差异	减少失调的购买行为	习惯性购买行为

图 3-6　消费者购买行为类型

1. 复杂的购买行为

复杂的购买行为（complex buying）是消费者在面临品牌差异比较大、介入程度比较高时采取的购买行为。当消费者购买一件贵重的、不常买的、有风险的而且又非常有意义的产品时，由于产品品牌差异大，消费者对产品缺乏了解，因而需要有一个学习过程，广泛了解产品性能、特点，从而对产品产生某种看法，最后决定购买。

对于这种复杂购买行为，市场营销者应采取有效措施帮助消费者了解产品性能及其相对重要性，并介绍产品优势及其给购买者带来的利益，从而影响购买者的最终选择。

2. 减少失调的购买行为

有些产品品牌差异不大，消费者又不经常购买，所以，购买时有一定的风险。消费者一般会花比较多的时间搜集信息、进行比较，但只要价格公道、购买方便、机会合适，消费者就会很快作出购买决策。但购买以后，消费者也许会感到有些不协调或不够满意，这时，消费者就会在使用过程中搜集更多的信息，了解更多情况，并寻求种种理由来减轻、化解这种不协调，以证明自己的购买决定是正确的。这便是减少失调的购买行为（dissonance-reducing buying behavior）。经过由不协调到协调的过程，消费者会有一定的心理变化。

针对这种购买行为类型，市场营销者应注意运用价格策略和人员推销策略，选择最佳销售地点，并向消费者提供有关产品评价的信息，使其在购买后相信自己作了正确的决定。

3. 寻求多样化的购买行为

在消费者介入程度比较低但又感知到较大的品牌差异时，往往会采取寻求多样化购买行为（variety-seeking buying behavior）。有些产品虽然品牌差异明显，但消费者并不愿花费长时间来选择和估价，购买具有很大的随意性，会不断变换所购产品的品牌。这样做并不是因为对产品不满意，而是为了寻求多样化。

针对这种购买行为类型，市场营销者可采用销售促进和占据有利货架位置等办法，保障供应，鼓励消费者购买。

4. 习惯性购买行为

习惯性购买行为（habitual buying behavior）出现在消费者介入程度比较低而且感知

到很少品牌差异的情况下。对于价格低廉、经常购买、品牌差异小的产品,消费者不需要花时间进行选择,也不需要经过搜集信息、评价产品特点等复杂环节,因而,其购买行为最简单。消费者只是被动地接收信息,出于熟悉而购买,也不一定进行购后评价。

这类产品的市场营销者可以用价格优惠、电视广告、独特包装、销售促进等方式鼓励消费者试用、购买和续购其产品。

3.4.3 消费者购买决策过程

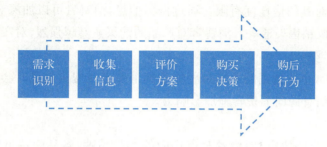

图 3-7 消费者购买决策过程

如图 3-7 所示,消费者购买决策过程一般由需求识别、搜集信息、评价方案、购买决策、购后行为五个阶段构成。在日常生活中,消费者并不是每一次购买都完全遵循以上过程进行决策,对于那些已经十分熟悉的产品,消费者可能并不需要进行信息搜集;对于那些消费者已经使用多次的产品,也可能不会进行购后评价。

1. 需求识别

购买者的需要往往由两种刺激引起,即内部刺激和外部刺激。有的需求消费者自身可以意识到,例如,当口渴时,人们就会产生找水解渴的需求。但是更多时候,消费者并不知道自己需要什么。知名广告大师李奥·贝纳曾经说过:"消费大众并不真正知道自己要什么,直到那些创意以商品方式呈现在他们面前。如果人们能事先告诉你他们要什么,今天就不会有轮子、杠杆,甚或汽车、飞机和电视出现。"所以,这就需要营销人员通过各种手段去挖掘、发现消费者的需求,并让他们发觉自己有这种需求,或者是为其创造一种需求。这样,当你看到橱窗中展示的服装非常好看时,可能就会禁不住驻足细看,甚至产生想买下来的念头。碰到这种情形,消费者都会在头脑中对需要与欲望加以清理、确认,以决定是否采取和如何采取行动。这便是第一阶段——需求识别(need recognition)。

针对这个阶段,市场营销者所能做的就是如何加强对消费者的刺激,以激起消费者购买的动机和欲望,并要注意两方面的问题,一是注意了解那些与本企业的产品实际上或潜在的有关联的驱使力;二是注意到消费者对某种产品的需求强度,会随着时间的推移而变动,并且被一些诱因所触发。

2. 搜集信息

一般来讲,引起的需要不是马上就能满足的,消费者需要寻找某些信息,这便是第二阶段——搜集信息(information search)。这些信息包括产品信息、价格信息、购买地点信

息、评价信息等。消费者信息的来源主要有:

(1) 个人来源:家庭、朋友、邻居、熟人;

(2) 商业来源:广告、推销员、经销商、包装、展览会与展示;

(3) 公共来源:大众媒体、消费者评比机构;

(4) 经验来源:消费者过去的亲身经历和感受。

针对不同的信息来源,消费者可以获得的信息和信息的可信度有很大区别。一般而言,经验来源和个人来源的可信度较高,但是信息量较少。商业来源和公共来源的信息量很大,但是消费者对其的信任度有限。通过搜集信息,消费者可以加深对产品的了解,熟悉产品的不同品牌、销售渠道等。消费者对产品的购买意愿越强烈,对产品的专业知识越少,搜集信息就会越积极。

针对这个阶段,企业营销的关键是要能掌握消费者在搜集信息时会求助于哪些信息源,并能通过这些信息源向消费者施加影响力。

3. 评价方案

经过多方面信息的搜集,消费者对市场中的产品品牌、各品牌特点都有了一定的了解,同时会根据各种信息筛选出多个可供选择的品牌,并对这些品牌进行比较、评估。这便是第三阶段——评价方案(alternative evaluation)。每个消费者用来评估方案的标准可能是不同的,标准的设定具有很大的主观性。例如,同样购买一个笔记本电脑,男性消费者可能更看重其配置,而女性消费者可能更看重外形。而且,我们在评估方案时不会仅仅依据一个标准,大多数情况下是对多个标准的综合衡量,消费者会赋予标准不同的权重来体现标准对他而言的不同重要性。

因此,企业如果能够搞清楚消费者评估诸多因素的不同重要性,通过营销手段强化消费者看重的因素,弱化次要因素和消极因素,就可能更多地取得消费者的青睐。

4. 购买决策

当消费者根据标准、权重理性分析各个方案后,一般会选择自己最喜欢的品牌作为最后的购买意图。这便是第四阶段——购买决策(purchase decision)。不过,在购买意图和决定购买之间,有两种因素会起作用:一是他人的态度,二是意外情况。例如,消费者正准备买烟时,妻子会说,你最近经常咳嗽还是应该多注意身体,消费者可能就不购买了。也可能正好在这个时候,他接到公司打来电话需要马上回去上班,他也可能立刻终止购买行为。

市场营销人员必须了解引起消费者有风险感的那些因素,进而采取措施来减少消费者的可觉察风险,避免这些因素导致购买行为终止。

5. 购后行为

不是消费者结束了购买行为,购买过程就已经结束。营销人员必须关注消费者购买后对产品的满意度。那么,到底是什么决定了消费者是否满意?有学者认为,这取决于消费者预期和产品感知绩效之间的关系。如果产品达到了预期,消费者就会感到满意;如果产品没有达到预期,消费者就会不满意。只有让消费者满意,才能吸引和保留顾客,带来重复购买,并向他人推荐该产品。如果不满意,消费者就会通过放弃不用、退货、诉诸法律、到处抱怨等做法来发泄心中的不满。这便是第五阶段——购后行为(post-purchase behavior)。市场营销人员应采取有效措施尽量减少消费者的不满意程度。

通过研究完整的消费者购买决策过程,营销人员可以帮助消费者顺利作出购买决策。例如,如果消费者因为没有发觉需要而不购买某种新产品时,市场营销者可以通过广告信息来刺激消费者产生需求。如果消费者是因为对产品缺乏好感而不购买,营销人员就要想方设法转变消费者的态度,或者更新产品。

本章小结

消费者市场包含所有为个体消费购买或获取产品的个体和家庭,最简单的消费者购买行为模式是"刺激-反应"模型。根据这一模型,营销刺激(4P)和其他因素(经济、技术、政治、文化)进入"消费者黑箱"中,产生可以观察到的消费者反应。黑箱中的消费者特征和心理、消费者购买决策过程是营销人员必须探究的内容。

消费者自身所处的文化、社会环境以及个人因素构成影响消费者购买行为的主要因素。文化因素中包含文化、亚文化、社会阶层,文化是在一定的物质、社会、历史传统基础上形成的价值观念、道德、信仰、思维和行为方式的综合体。亚文化是"文化中的文化"。社会阶层是指一个社会中相对稳定且有序的分层。拥有不同文化、亚文化特征的人具有不同的产品和品牌偏好,同在一个社会阶层中的消费者倾向于呈现相似的购买行为。每个消费者都是社会人,他们所处的参照群体、所在的家庭、在社会中不同的角色和地位同样会影响消费者的购买行为。除了这些外部因素,来自消费者自身的因素(如年龄和家庭生命周期、职业、经济状况、生活方式、个性和自我概念)是购买决策的重要影响因素。最后,消费者的购买行为还会受到其心理因素——动机、感知、学习、信念和态度的影响。这些因素相互作用,共同影响消费者对产品最终的购买行为,也帮助我们了解了"黑箱"的部分内容。

"黑箱"中另一部分就是消费者购买决策过程。对于不同的购买行为类型,消费者的购买决策可能各不相同。一般情况下,大多数的购买决策过程都包括五个步骤:需求识别、搜集信息、评价方案、购买决策、购后行为。营销人员要理解消费者每个阶段的购买行为,并通过各种营销活动来影响其决策,使其向着对企业有利的方向进行。

关键术语(中英对照)

消费者市场(consumer buyer market)　　消费者购买行为(consumer buyer behavior)
便利品(convenience products)　　文化(culture)
选购品(shopping products)　　亚文化(subculture)
特殊品(special products)　　社会阶层(social class)

参照群体(reference group)
家庭(family)
角色和地位(roles and status)
年龄和家庭生命周期(age and life-cycle stage)
职业(occupation)
经济状况(economic situation)
生活方式(lifestyle)
个性和自我概念(personality and self-concept)
动机(motive/drive)
感知(perception)
学习(learning)
信念和态度(belief and attitude)

复杂的购买行为(complex buying behavior)
减少失调的购买行为(dissonance-reducing buying behavior)
寻求多样化的购买行为(variety-seeking buying behavior)
习惯性的购买行为(habitual buying behavior)
需求识别(need recognition)
搜集信息(information search)
评价方案(alternative evaluation)
购买决策(purchase decision)
购后行为(postpurchase behavior)

思考题与应用

1. 什么是消费者市场？消费者市场有哪些特点？
2. 当你在设计一个服装广告时，手头有一份消费者人口统计数据和一份消费者生活方式资料，你认为哪个资料更有用？为什么？请详细说明。
3. 假设你正准备购买一台iPad，解释：
（1）可能影响你购买的动机；
（2）在你购买之后可能会出现的学习活动。
4. 列举消费者购买行为的类型并进行描述，试述在下列两种场景中你会使用哪种购买行为，为什么？
（1）你在毕业之后选择去哪里进行毕业旅行？
（2）周末选择哪家餐厅吃晚饭？
5. 描述消费者购买决策过程以你最近一次比较重要的购买过程为例，说明你是如何经历这一过程的。

营销实战案例

消费的小时代：亚文化×小社群＝大市场

知名营销专家肖明超对中国消费文化和消费市场有深入和独特的视角与洞察，善于捕捉最新的社会文化、消费潮流与新技术和新媒体趋势，2012年被《销售与管理》杂志评为"年度最佳营销创新人物"。

最近，面对企业关于"移动互联时代，到底如何把握消费者"的疑问，肖教授和大家分享了他的心得。

移动互联网时代的最大的特点就是消费者节点和触点的分散。这种分散也意味着大市场的瓦解，或者大众市场的式微。最近一两年，他一直在讲，这是一个"精众营销"的时代。为什么这样说？因为移动互联网时代的消费者越来越追求的不是"大众趋同"，而是"小众自我"。每个人在移动互联时代都有自己的小世界，最简单、最直观地来看，连每个人手机上的APP都有差异。移动互联网让个体的消费价值释放出来，每个人都在寻找自我的差异，而移动互联网的各类应用和界面，则让消费者在寻找自我差异的过程中，重新聚合成了新的族群，这就是新消费文化。

这种新的消费文化，既是对大众消费文化的瓦解，也是对其的重新建构，而且很多文化是先瓦解再建构，或者边瓦解边建构。例如90后塑造了很多新的语言，这些新的语言先是瓦解了其他代际的沟通方式，紧接着这些代际担心自己落伍开始模仿90后。于是，90后的文化很快就开始从小众向大众渗透，这也叫"反哺效应"。小众市场的逻辑也大凡如此，小众诞生后，先建立不同以往的区别，然后就有大众人群跟随，成为流行。

这个趋势驱动下，亚文化就有了价值，小社群就有了价值，垂直消费市场就有了价值。移动互联网时代的消费者，更加多样化和多元化，而年龄等人口学、社会学特征已经不再能够准确区分出消费群体，兴趣聚合、生活方式聚合、价值观聚合、时间和空间的聚合，成为消费者重新分类的方式。这种方式，已经打破过去纯粹的代系概念：过去很多人认为60后、70后、80后、90后不能在一起玩，但是，移动互联网时代，大家打破了这个界限，不同代际因为共同的兴趣玩在一起，文化不再是代际隔离，而是相互渗透。

这对于商业创新的启发是什么？最有商业价值的不再是大众审美和趣味，而是亚文化和小社群。例如，在90后当中非常流行的二次元文化就是典型。二次元文化，不仅影响动漫产业、游戏产业，还可以影响时尚产业。比如最近迪奥（Dior）在日本搞了一个彩妆发布会，发布的新产品，就成功地运用了日本动漫当中的造型来设计，核心就是瞄准这些二次元消费者。

2014年5月，肖明超在台湾考察文化创意产业。他在台北松山文创园区参观了一个大学生毕业设计展，其中有一名学生做了这样的创意产品：她对周围的人非常敏感，因此，她在平常的生活中就一直在观察周围各种各样的女生。她发现每个女生都有自己的特点，于是，她用漫画画出了99种"风格女孩"，并对每一种风格的女孩写了详细的、富有诗意的描述，并把这些画出来的女孩变成了文创产品的视觉创意元素。在台北的西门红楼，有很多年轻人的创意产品实体店，都是某一个亚文化的代表。比如，有的是二次元的宠物派，就会设计出以"猫"和"兔子"为主题的创意产品，这就是对亚文化洞察的商业价值。

他还提出了一些典型的族群，如"植物女孩"。即对于原生态的东西以及比较自然的东西比较感兴趣的群体，有点像日本消费文化研究当中讲到的"森女"的概念，那么，你可以做一个"森女系"的品牌,就会有机会。在传统营销时代你想做这么细的族群的品牌是很难的,但是,移动互联时代可以通过微信、微博公众号,通过内容、社群可以迅速找到你的目标消费群,大家会因为这种内容和风格聚合。

2014年,几部电影的"弹幕试映"将"弹幕"这种小众文化形式推到大众面前,观众可以一边看电影,一边用手机登录特定的页面发出评论,这些评论被即时叠加到银幕上,像子弹一样从右至左飞过,与电影画面形成一种独特的关系。这种"弹幕电影"打破了以往"黑暗中不发声"的观影模式,观众从头到尾一边"吐槽"、一边嬉笑,手中亮着的手机与银幕形成"多屏互动"的格局。

在网络世界中,"节操精选""哔哩哔哩"这样的应用和网站颇受年轻人的喜欢,原因也来源于"弹幕"这种亚文化的吸引力。"弹幕"代表着一种释放和一种自我表达,因此,亚文化的商业创新的核心就是让这些个性化的族群可以借助产品或者服务,宣泄自我。例如,云南的休闲食品"猫哆哩"推出一个新品牌叫"花齿轮",把自己称为"专业堵嘴食品",本身就是对于"吃货"文化中那些专门喜欢吃各种零食的消费亚文化的表达。

工业经济时代靠的是规模经济、流水线和批量生产,但是,在整个移动经济的形态上面,企业要更多去关注一些个性化经济,关注对于更加精细化的亚文化的挖掘,以及更加精致化的文化细分,可能找到新的商业成长机会。移动互联网把一切都去中心化,冲淡乃至消弭了代际、阶层、性别的差异意识,新的认同、新的文化聚合、新的族群才是移动互联网时代值得企业关注的变化,社群商业尤其是依托于亚文化的社群商业有着巨大的价值。

资料来源:http://www.bnet.com.cn/2015/0205/3045932.shtml。

讨论题:

1. 什么是亚文化?移动互联网时代的亚文化群体和传统的亚文化有什么不同?
2. 请结合消费者购买行为的影响因素,分析移动互联网时代的亚文化如何影响消费者行为。
3. 你了解哪些移动互联网时代的亚文化?请举例说明。

案例点评:

扫一扫如下二维码,获得老师对此案例的点评。

第四章

组织市场与购买行为

 本章知识结构图

- 组织市场概述
  - 组织市场的概念
  - 组织市场的特征
  - 组织购买者的分类
- 影响组织购买行为的因素
  - 环境因素
  - 组织因素
  - 采购团队因素
  - 个人因素
- 组织购买类型，购买流程与营销对策
  - 组织购买类型
  - 组织购买决策过程及营销对策
- 非营利组织和政府购买行为
  - 政府市场与购买行为
  - 非营利组织的采购特征

 课前预习

本章学习要点：

1. 了解消费者市场和组织市场的区别；
2. 掌握影响组织购买行为的主要因素；
3. 了解组织购买类型和购买决策过程；
4. 理解非营利组织和政府采购的特点。

营销视频扫一扫

有备而来：重庆国际采购洽谈[①]

阿里巴巴携固特异、百思买、雀巢、quiksilver 等众多国际大买家在重庆举行国际采购洽谈会。此次大买家涉及汽配、机械、电子电器、服装等行业，共有 35 家优质出口通会员被选中参加采购洽谈。供应商为了争取到订单，大多是有备而来。例如，带着精心准备的样品和公司产品介绍的 PPT。为了抓住商机，既要了解买方的需求特征，又要对自己的实力以及在市场上的位置有一个正确的评估。

扫一扫如下二维码，观看视频"有备而来：重庆国际采购洽谈"，与老师及小伙伴们讨论如下问题并开始本章的学习：从本案例中，你能够总结出组织间的购买活动有哪些特征？为了充分了解买家的需求，建立起长期合作关系，供应商应当做好哪些准备工作？

通过前一章的学习，我们已经学习了终端消费者的购买行为及其影响因素，本章将探讨组织购买行为——购买产品和服务以生产其自己的产品和服务或者用来转售给其他人的行为——作同样的分析。学习本章要掌握组织市场不同于消费者市场的特点及其客户的种类，了解各种组织的购买行为及其规律。

4.1 组织市场概述

 怎样区分组织市场和消费者市场？

你可能认为大部分营销者每天都在想用最好的方法向消费者促销最前沿的产品，如

---

① 资料来源：若想观看完整视频，请登录 http://v.youku.com/v_show/id_XMjcxMzgwNzIw.html。

iPhone 的新应用程序、让你保持活力的运动饮料或者能给你衣橱添彩的弹力鞋,但这并不是全部。很多营销者知道"大买卖"在于公司销售给企业或组织,而不是最终消费者的产品——软件应用可让公司的运行更有效率,给工厂带来集体医疗保险和安全鞋等。事实上,对年轻的营销者来说,一些最有趣也最有吸引力的工作隐藏在那些你从未听说过的行业中,因为这些公司并不直接和个人消费者打交道。

和最终消费者一样,企业购买者也要作决策,两者的不同之处在于:企业的采购可能价值几百万美元,卖方和买方都承担着巨大的风险(甚至还涉及他们的工作)。一位顾客可能决定一次购买两三件 T 恤,他会要求每件都有不同的设计;而像埃克森美孚、百事可乐和联邦快递这样的财富 500 强企业,一个订单就可能采购几百甚至上千件绣有公司标识的员工制服。所有这些交易都针对商业客户和其他组织,出于非个人消费目的购买有形产品和服务而进行的营销,被称为组织市场营销。其他公司利用所购买的产品和服务来生产其他能够满足消费者需求或支持其自身运营的产品和服务,这些 B2B 市场(business-to-business markets)也被称为组织市场。

4.1.1　组织市场的概念

组织市场(organizational markets)是以组织为单位的买卖双方所构成的市场,目的是为了生产、消耗、使用或者转售、租赁,以维持组织运作或履行组织职能。

在消费者市场上,购买者是个人或家庭,购买产品和服务的目的是满足生活消费。而在组织市场中,购买者是社会组织,如工商企业、政府、其他机构等。购买者使用产品的方式有别于消费者市场。例如,企业购买工业物资,目的是辅助生产过程,或作为生产其他产品的原材料;政府购买工业物资,目的是用来向公众提供服务。

4.1.2　组织市场的特征

与消费者市场相比较,组织市场的特征主要表现在以下几个方面。

1. 购买者数量较少,但购买量较大

组织市场上的购买者绝大多数是企业单位,其数量相对于消费者市场的购买者数量要少很多。当计算机处理器生产商生产的处理器在组织市场上销售时,顾客往往只是一些电脑品牌商。但是,当它通过零售渠道把处理器直接卖给消费者时,就要面对成千上万的个体消费者。

组织市场上购买者数目虽少,但单个客户的购买量和购买金额却相对较大。例如,宝洁公司和苹果公司每年将销售额的一半以上用来采购工业品和服务。戴尔公司的产品同时在组织市场和消费者市场出售,而其 80% 以上的销售收入来自组织市场客户。在组织市场上,几家甚至一家客户的订单往往决定了企业全部的销售业绩。又如,汽车零配件生产厂商常常将其全部的产品只出售给一家或几家汽车制造企业。反过来,汽车制造企业在采购零配件时也只需在少数几家供应商中挑选。组织市场这种购买力集中的特性使供需双方的关系更加密切。供应商尤其重视和大客户的长期合作,愿意按

照客户的特定要求提供产品和优惠价格,客户也倾向于和那些有过密切合作经验的供应商交易。

2. 购买者需求的派生性

最终个人消费者购买商品是为了满足自身的欲望和需要,而组织客户的需求的产生则是为了向下游厂商提供产品和服务。面粉加工商把面粉卖给食品加工商,食品加工商用面粉生产出糕点再卖给批发商,批发商再转卖给零售商,最终零售商再将糕点卖给消费者。在这条供应链上,食品加工商之所以购买面粉,批发零售商之所以购买糕点,都是源自消费者对糕点的需求。因此,组织客户的需求归根结底是由最终消费者的需求引发的,是一种派生性的需求。

在实际营销中,发自最终消费者的需求,往往沿着供应链在许多环节中出现。当最终消费者的需求偏好发生变化时,这种影响就会在供应链上各个环节层层传播。例如,当人们对平板电视的需求增大时,电视机制造商便纷纷投产平板电视机,从而引发了对液晶显示屏以及相关生产线和生产设备的需求。同时,对显像管电视机零配件、生产设备等的需求就会减少。认识并有效管理派生需求对组织营销意义重大。组织供货商可以通过直接向最终消费者营销其产品,创造并刺激消费需求,从而有效拉动处于中间环节的组织客户采用该产品。

案例小链接 4-1

英特尔"合作广告"吸引下游厂商

英特尔 1991 年发动的"内含英特尔"(Intel Inside)广告攻势被公认为是建立起英特尔现有品牌地位的成功策略。英特尔借助 PC 制造商的广告经费,换得计算机厂商同意在他们的电视、平面媒体和在线广告中秀出英特尔的商标图案,也开创了"合作广告"运作模式的经典。英特尔通过这项整合运动,不但稳定了它和下游生产商、经销商的关系,而且也与消费者达成了一种默契,这些都直接反映到它的品牌价值之上。

迅驰在市场推广上更将这种"合作广告"模式发挥到了极致。英特尔宣布自己准备花在迅驰品牌推广上的费用是 3 亿美元,这个费用甚至超过了微软推广 Windows XP 的全球市场费用。有媒体报道,英特尔在全球推广迅驰时,从总额为 3 亿美元的宣传费中掏出了 5 000 万美元赞助 IBM 和三星两家公司,以鼓励它们跟进迅驰的积极性。

英特尔的营销活动始终面对最终用户,以客户为中心。推出面向高端和低端消费者的不同产品,产品的不断推陈出新以及降价促销活动,产生了强大的市场效应和有效的市场宣传推广。

资料来源:http://wenku.baidu.com/view/bb7751e01eb91a37f1115cc4.html。

在组织市场上,英特尔的客户是计算机厂商,为什么还要针对最终消费者开展营销活动呢?

3. 购买者需求的相关性

组织市场的另外一个特征是需求的相关性。需求的相关性是指组织客户对于某种产品的需求完全依赖于其正在使用的其他相关产品的需求。例如,生产铅笔需要购进木材和铅,假如现在由于木材的供给出现问题而不得不减少购进木材,就必须减少购进同等数量的铅,木材和铅笔之间的关系就是互为相关需求。又如,当组织客户购进生产设备时,往往倾向于从一个厂商那里购进一整套配备齐全的生产线,而不希望从不同厂商处分别购进各个辅助设备。在这种情况下,对一套生产线产品的需求就是一组相关需求。根据组织市场的相关需求特性,组织营销人员需要了解本单位经营的产品与购买者所需全部产品的相关关系,这样才能及时发现商机,同时根据相关产品需求的变化及时调整产品供应。

4. 购买过程专业化

消费者购买产品不一定要具备相关专业知识,例如,购买电脑并不需要是计算机专业人士。但是,组织客户的采购人员一般都受过专门训练,具备相当水平的专业知识和采购经验。他们不仅了解所购产品的性能、质量和技术规格等,而且在采购方法、谈判技巧方面也富有经验。因此,供应商必须派出同样训练有素的营销人员,并能提供充分的相关技术资料以及其他服务。

5. 采购决策复杂化

与消费者购买相比,组织购买者常常面对更加复杂的购买决策。因为组织购买常常涉及大量的资金、复杂的技术和经济条件以及更多的决策参与者。对最终采购决定起作用的往往不是一个人,整个采购中心的成员都有可能施加影响,他们来自组织内部的生产部门、研究与开发部门、营销部门、财务部门以及高层管理部门等。由于购买过程复杂,组织购买的决策周期往往较长,而且购买过程更加正规,常常要求详细的产品说明、书面的交易单据、细致的供应商筛选和正式的审批。

4.1.3 组织购买者的分类

组织市场中的客户又被称为组织购买者,按照购买动机和购买决策特点的不同,组织客户大致可分为生产者客户、中间商、政府部门和非营利组织。

1. 生产者客户

生产者客户是指这样一类营利性组织,它们购买产品、服务的目的是自己使用,将购进产品在生产过程中使用或进一步加工制造,然后将其销售或租赁给其他客户使用或消费。

有些生产者客户将购进的产品安装或附加在自身的产品上,例如,联想公司从英特尔公司购进处理器安装到电脑上,然后将电脑成品卖给消费者。还有一些生产者客户购进产品是为了在生产过程中使用或消耗,他们购进生产设备或易耗品用以维持生产正常进行。

2. 中间商

中间商是指那些购买产品为了直接转卖而获取利润的组织和个人,转售对象可能是消费者,也可能是其他组织客户,包括批发商、零售商。零售商是指将商品直接销售给最终消费者的企业。批发商从事商品的批发业务,一方面从生产企业收购商品,另一方面向零售商以及其他组织用户批发商品,不改变商品的性质,只是实现商品在时间和地点上的转移,达到销售和盈利的目的。

3. 政府部门

政府部门采购是指各级政府部门为了开展日常政务活动或为公众提供公共服务的需要,在财政的监督下,以法定的方式、方法和程序(按国际规定一般应以竞争性招标采购为主要方式),利用国家财政性资金和政府借款,从市场上为政府部门或所属公共部门购买商品、工程及服务的行为。

4. 非营利组织

非营利组织泛指所有不以营利为目的,不从事营利性活动的组织。我国通常将非营利组织称为"机关团体、事业单位"。这些组织包括学校、医院、养老院、监狱、宗教团体、福利和慈善机构以及其他向公众提供产品和服务的机构。

4.2 影响组织购买行为的因素

 影响组织购买行为的因素包括哪些?

对于组织市场的营销人员来说,为了根据需求有针对性地制定营销方案,有必要了解组织购买者作出购买决策的过程,分析影响其决策的主要因素。

图 4-1 显示了组织购买者在受到各种因素作用后作出营销决策的过程。首先,外部

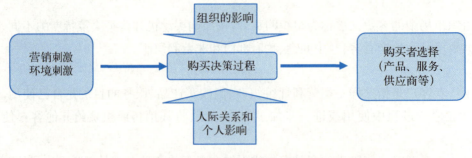

图 4-1 组织购买者反应模型

环境的压力以及来自供应商的营销努力会对组织产生刺激,这两类刺激因素进入组织内部后,参与购买决策的往往不是一个人,而是来自不同领域、有着不同身份的人共同组成的决策小组,通常被称为采购中心(buying center)。采购中心将作出一系列决策,如选择哪家供应商、选择什么产品和服务、采购的数量以及运输、服务和付款方式等。采购中心在决策过程中,除了受到外部环境和营销方面的影响外,还会受到来自组织本身相关的因素以及采购中心内部成员的个性及相互关系等的影响。

下面分析影响组织购买行为的因素。

4.2.1 环境因素

环境因素是指组织所面临的外部环境因素。诸如一个国家的经济前景、市场需求、技术发展变化、市场竞争、政治法律等情况。这些因素都是客观存在的,组织不能轻易改变,但可以利用环境因素作出有利于组织目标的购买行为。

1. 经济环境因素

经济环境的变化对政府和机构的影响不大,因为这些部门的采购通常按年度计划进行。但是,经济状况变化对企业的影响很大,企业必须时刻关注国内外的经济形势,随时调整购买计划。例如,当经济前景不佳、市场需求不振时,企业就有可能减少投资,进而减少原材料采购量和库存量。又如,当本国的原材料价格上涨时,企业倾向于在全世界寻找廉价的供货商。

2. 政策法律因素

任何组织的购买行为都要受到政策和法律的制约。政府出于稳定经济、减轻贫富差距、保护本国企业、维护企业间正当竞争等原因而行使政府职能,从而对组织市场施加影响。例如,美国政府出台"阿波罗"计划后,催生出 4 000 多项高科技专利与技术转为民用,引导出一大批包括微波雷达、无线电制导、合成材料、计算机、无线通信等在内的高科技产业群体。

3. 技术因素

技术改变将极大地影响组织获得产品和服务的方式和可能性,通信技术、物流运输、存货管理、分销渠道、金融服务等领域的技术水平的快速提高,正改变着组织的购买计划。随着互联网的普遍应用,使供应链上的所有企业都可以及时迅速地获取大量相关信息,利用互联网的采购方式正迅速得到推广。此外,一个行业的技术变化速度还会影响到组织购买决策部门的构成。在技术变化较快的组织中,采购经理的重要性在不断减弱,而工程和技术人员的重要性则日益加强。

4. 文化习俗因素

不同国家、不同地区都有着当地的文化背景和习俗规范,这种客观存在的文化背景影响着组织的采购行为。当面临一项复杂的谈判任务时,采用顺序决策方法的西方文化(特别是英美人)常将大任务分解为一系列的小任务,将价格、交货、担保和服务合同等问题分次解决,最后的协议就是一连串的小协议的总和。采用通盘决策方法的东方人则重视对所有问题整体讨论,不存在明显的次序之分,通常要到谈判的最后,才会在所有的问题上作出让步和承诺,从而达成一揽子协议。

4.2.2 组织因素

组织因素即企业本身的因素,诸如企业的目标政策、采购政策及流程等。显然,这些组织因素也会影响组织购买者的购买决策和购买行为。

越来越多的企业正在将组织采购和企业的战略目标结合在一起。例如,为了节约成本、提高质量,许多大企业采用了集中采购的战略,即将原来各分公司分别采购的形式,变成组织授权一个单独的部门,进行统一采购。摩托罗拉世界各地的分公司同一家软件供应商签署同种软件的供货协议,需要签署65份,而改为和集中采购部门签署一份全球通用的协议后,为公司节省4 000多万美元。

组织的采购政策也越来越倾向于和供应商建立长期合作关系。日本丰田公司善于建立和培养与供应商的长期密切合作关系。丰田找到那些能提供行业中领先成本、质量和技术的供应商,并建立长期伙伴关系。丰田要求合作伙伴不断创新优化,并向他们提供信息和技术资源,帮助他们改进生产;作为激励,丰田会回报给那些积极配合的供应商更多的订单。

4.2.3 采购团队因素

为了弄清楚组织购买行为的参与者是如何进行购买决策的,必须了解采购中心的成员构成以及他们在购买决策中分别扮演什么样的角色。一般来说,购买决策的参与者大致扮演以下五种角色中的一种或几种。

1. 使用者

使用者(users)是指组织中将使用所购产品或服务的成员,如操作人员、维修工程师、秘书等。他们往往首先提出购买建议,并协助决定产品规格、品种和购买数量。一旦所购产品使用后不能满足需要,对他们的影响最大。因此,为了避免给自己找麻烦,他们参与决策的意识较强,对产品的技术性能、质量、功能等要求较高。他们在采购中心的影响力也比较大,其他成员多倾向于征求他们的意见。

2. 影响者

影响者(influencers)是指直接或间接影响购买决策的人,通常指技术人员,如工程师、质量控制专家和研发人员。他们能够运用自己的技术知识对购买决策施加影响,为保证生产进度和维持设计要求,他们比较重视产品的技术性能,协助决定产品的规格、品种。

3. 采购者

采购者(buyers)是指被赋予权力,按照采购方案选择供应商,商谈采购条款的人员,如购买代理人、采购部门办事员或负责人等,他们的主要任务是选择供应商和负责交易谈判。采购人员重视价格和产品功能。若是比较复杂的采购,来自高层的管理人员也会参与到采购谈判中。

4. 决策者

决策者(deciders)是指有正式或非正式的权力决定买与不买,决定产品规格、购买数量和供应商的人员。决策者可以是高级、中级甚至是初级的管理人员,有时还涉及多层决策的状况。在一般的例行采购中,采购者往往就是决策者。决策者考虑问题多从单位整体利益出发,重视价格以及该项采购能给企业发展带来的利益。

5. 信息控制者

信息控制者(gatekeepers)是指有能力控制供应商的信息到达采购中心主要成员的人,如采购代理人、接待员、秘书、电话接线员、门卫等。

以上是采购中心大致的参与者以及他们在采购中可能扮演的角色类型,但并不是每次购买行动都一定配齐这五种角色的参与者。实际上,采购中心的规模及其成员构成会因所处的购买阶段、采购对各职能部门的影响、所购产品的性质、价值和数量的不同而有所调整。供应商应当据此预测哪些人是组织客户采购中心的主要成员、谁是主要的决策参与者以及他们对决策的影响力如何等,进而针对主要决策者的购买方针和评价标准制定营销对策。例如,当采购决策会影响到生产运行时,如果新购进设备和原材料,工程技术人员以及生产经理将施加重要影响。当采购决策达到一定的金额并涉及公司的发展战略时,高层管理者会参与并施加重要影响。

4.2.4 个人因素

组织采购虽然是集体决策,但采购中心每个成员的个性、经历、教育背景、职务、所在部门、利益、信息来源等都有所不同,这种个体的差异会影响各个参与者对要采购的产品和供应商的感觉、看法,从而影响购买决策和购买行为。

对于备选的产品和服务,采购中心成员的评价标准往往各不相同。例如,在一项太阳能空调系统的采购项目中,工程师关注产品质量、运营成本以及是否节能;技术专家关注噪声程度和最初投入成本;高层经理更关注该项目的技术水平是否是最先进的。供应商了解每个成员所关心的侧重点后,就可以有针对性地提供信息和制定营销策略。

> **案例小链接 4-2**
>
> **与关键人物互动——找对人比说对话更重要**
>
> 由于工业品销售的金额较大,项目周期也比较长,关键人物的决策往往是最重要的。所以,把握好与关键人物的互动是使项目成交最有效的方式。虽然关键人物一般很难见到而且很难沟通,但他们又对销售成功起决定性的作用。IMSC 中心提供了七种诀窍供大家参考,简称与关键人物沟通的"七剑下天山"。
>
> 1. 借用资源,借力打力
>
> 如果有内部的人帮助,与关键人物见面的概率就会非常大。人大多具有一个心理上的特点,通过内部人员的介绍,第一他会对你放松警惕,第二他也要照顾同事的面

子。所以，如果你没有内部人员的介绍，为了成功起见，你也要制造一个这样的人。这个人可以是其公司内部的中层干部，也可以是外部人士，如亲戚、朋友等。因此，可以借用中间人资源进行借力打力，达成与关键人物互动的机会。

2. 细节决定成败

在工业品营销中，请客吃饭已经不能再打动人，而微不足道的细节往往能起到四两拨千斤的作用，从细微处让对方感动，从而对你的人以及产品建立好感。

3. 了解关键人物风格

在销售过程中，对关键客户的拜访与分析相当重要。关键客户（即决策者）有四种主要风格：领导型、施加影响型、检查型和跟随型。对于不同类型的对方角色，我们要分析其沟通特点，对症下药。对待领导型的决策者就要开门见山，并要用利益吸引对方；对待施加影响型的决策者，就以专家对专家的形式推动其决策；对待检查型的，要多赞美对方；对待追随型的，就要利用别人的影响力推动其决策。

4. 发掘需求，解决问题

大多数销售人员在卖产品时一上来就跟客户说自己的产品多好，能够带来多大的利益。做小客户没错，在快速消费品行业比较有希望，让小客户心动马上掏钱，大家都可以马上决定几百块钱的消费。但是，在工业品行业，因为周期长，客户考虑的因素比较多，可能有问题。所以，要发掘对方的需求和存在的问题，并且能够帮他解决问题。

5. 高层互动

随着大品牌、大企业、大市场的逐渐形成，企业各种资源得到了有利的整合和利用。特别是客户资源，企业在发展中最关注的是品质、服务以及能否提供超值服务。在市场中拜访客户最多次数的是一线服务人员。客户对企业支持很大，合作了许久，可是连公司高层都没有见过，更不用谈公司高层向客户表示感谢了。因此，公司高层要弯下身来，做公司的"首席客户经理"，亲自拜访客户。

6. 参观考察

在客户的内部酝酿阶段，邀请决策层参观考察是非常有效的销售方式，参观考察不仅可以安排客户参观自己的公司，也可以安排客户参观其他相关客户的公司。

7. 商务活动

商务活动一般能够增进双方的沟通。目前，公司与客户间的商务活动有很多种，常见的有赠送礼品、开展体育等联谊活动、VIP 客户俱乐部以及客户见面会等。

资料来源：http://www.yingxiao360.com/htm/20121025/6181.htm。

 为什么说找准客户单位决策的关键人物并了解关键人物的个性、偏好、评价标准等对能否争取到订单至关重要？

4.3 组织购买类型、购买流程与营销对策

 组织决策过程包括哪些步骤？

由于组织客户种类繁多,参与购买决策的人员复杂,其购买过程要比消费者购买复杂得多。下面以生产者客户为例,探讨一下组织购买行为的基本情形。

4.3.1 组织购买类型

组织购买有三种主要的类型:直接重购、调整重购和新购。

1. 直接重购

直接重购(straight rebuy)是最常见、最简单的组织购买类型,是指所涉及的供应商、产品、服务等条件变化不大的情况下继续购买协议的一种常规购买活动。企业的采购部门根据过去和许多供应商打交道的经验,从供应商名单中选择供货企业,并直接重新订购过去采购的同类产业用品,通常只有数量上的调整。

直接重购的往往是需要不断补充、频繁购买的产品,如原材料、零配件、耗材等。通常由采购部门按常规完成即可。当采购人员发现库存低于预订水平时,便会组织进货。供应商的选择是以过去的满意程度为基础的,只要现有供应商不出现大的问题就有可能继续供货。因此,被选中的供应商应当努力维持产品质量和服务水平;没有进入采购人员视野的供应商,应当设法在成本或服务等方面创造优势,先争取小部分的订货,客户经过使用和比较后有可能考虑重新选择供货商。

2. 调整重购

调整重购(modified rebuy)是指当企业需要改变某些采购产品的规格、价格等条件,甚至提出更换供应商时的购买类型。可能引起调整重购的因素包括寻求质量的提高或成本的降低,或者是对现有供应商的表现不满。调整重购比直接重构要复杂,需要重新搜集信息,重新筛选供应商,将会有更多的购买决策者和影响者参与进来。

调整重购给原有供应商增加了竞争压力,给没有合作过的供应商带来了机遇。原有供应商应当加强与买方相关人员的交流与沟通,弄清楚其调整采购的真正目的和原因,及时发现问题,尽最大努力为其提供满意的产品和服务。没有合作过的供应商来要抓住机会,努力提供让买方更加满意的产品和服务,或能提供足以击败竞争对手的更优惠的价格以及附加利益。

3. 新购

新购(new task)是指第一次采购某种产品或服务,这是三种购买类型中最复杂的一种。买方对新的购买任务缺乏了解和经验,决策之前一般需要进行大量准备工作,需要搜

集大量的信息,参与者的人数会增多,决策的时间会较长。在直接重购情况下,组织购买者要作出的购买决策最少;在新购情况下,要作出的购买决策最多,通常要作出一系列的决策,即决定产品规格、价格幅度、交货条件和时间、服务条件、支付条件、订购数量、可接受的供应商和挑选出来的供应商等。

由于新购缺乏经验和参照标准,对于所有的供应商来说都是一次争取合作的好机会。大家同处在起跑线上,要想从众多备选者中脱颖而出,就需要主动出击,及早和买方取得联系,派出得力的销售人员,尽可能了解买方需求,及时提供尽可能详细的市场信息和其他服务;采取各种有效的公关方式,影响采购的决策人物,与客户建立良好的伙伴关系。

4.3.2 组织购买决策过程及营销对策

企业购买者的采购决策过程在理论上可分为以下八个阶段,每个阶段都会产生一个决策(见表4-1)。购买类型不同,所经历的决策过程也不完全相同。新购需要经历所有八个阶段,直接重购和调整重购往往会跳过某些步骤。

表4-1 不同购买类型的购买决策过程

	新购	调整重购	直接重构
认知需要	是	可能	否
确定总体需要	是	可能	否
详述产品规格	是	是	否
寻找供应商	是	可能	否
征求供货方案	是	可能	否
选择供应商	是	可能	否
正式签单	是	可能	否
绩效评估	是	是	是

1. 认知需要

有需求才会有购买计划与购买过程,当企业认识到通过购买某项产品或服务可以解决某个问题或抓住某个机会时,采购过程就开始了。这种认知主要由内部和外部两种刺激引起。内部刺激来源于内部运营的各种需要:企业研发了新产品,就需要购买设备、原材料以及相关服务;企业原有的设备发生故障,则需要更新或购买新的零部件;或者已采购的原材料不能令人满意,企业决定物色新的供应商。外部刺激主要是指企业相关人员收到各种信息后获得启发,产生购买欲望。例如,在某个商品展销会上被新产品或服务所吸引,或者接受了广告宣传,或者接受了某些推销员提出的可以提供质量更好、价格更低的产品的建议等。

供应商在这一阶段应主动出击,经常开展广告宣传,派人访问用户,以发掘潜在需求。尤其是应当善于在广告或人员推销中启发客户意识到潜在问题,然后提醒客户自己的产品能够提供解决之道。

2. 确定总体需要

在确定了某种需要之后，采购者便着手确定所需项目的总特征和需要的数量。如果是简单的采购任务，一般由采购人员直接决定。对于复杂的采购任务，采购部门要会同其他部门人员（如工程师、使用者等）共同来决定所需项目的总特征，如产品的可靠性、耐用性、价格及其他属性，并按照其重要程度来排列顺序。

在此阶段，组织营销者可通过向购买者描述产品特征的方式向他们提供产品信息，协助他们确定详细的总体需求。

3. 详述产品规格

在确定了所需产品的总体特征的基础上，采购企业需要进一步确定产品的明细技术规格，由专业技术人员对所需产品的规格、型号、性能等技术指标作具体分析和详细说明，供采购人员参考。有时可能要专门组建一个产品价值分析技术组来完成这一工作。价值分析的目的在于降低成本，主要是通过仔细研究每一个组成部分，看是否需要重新设计、是否可以实行标准化、是否存在更廉价的生产方法等。该技术组将重点检查既定产品中成本较高的零部件——这通常是指数量占20%而成本占80%的零部件。此外，还要检查出那些零件寿命比产品本身寿命还长的超标准设计的零部件。最后，要确定最佳产品的特征，并把它写进商品说明书中，它就成为采购人员拒绝那些不合标准的商品的依据。

供应商也可把产品价值分析作为打入市场的手段之一。供应商通过尽早地参与产品价值分析，可以影响采购者所确定的产品规格，以获得中选的机会。

4. 寻找供应商

为了花最少的钱获得最优的产品，采购企业会派专人搜集产品企业名录，参加展会，向目标企业发传真函或电子邮件，发布需求信息。有实力的企业还会在电视、报纸、杂志、网络等专业广告媒体上发布需求信息，吸引供应商前来洽谈。从搜集到的信息中罗列出初步合格的企业后，为了从中筛选出最佳供应商，企业往往登门拜访供应商，检查其生产设备、人员配备以及管理水平、技术水平等情况。

越是新购，采购的产品项目越是复杂，筛选供应商的过程所耗费的时间就越长。供应商此时首先要争取让本企业的名称登上买方初选名录。为此，应加强广告宣传的力度，并到各种商业指导或指南宣传机构中登记自己的公司，争取在市场上树立起良好的信誉。购买者通常会拒绝那些生产能力不足、声誉不好的供应商。在买方酝酿最佳供应商阶段，最好主动邀请决策层参观考察本企业。

5. 征求供货方案

在此阶段，采购者会邀请合格的供应商提出关于采购项目的意见和方案。供货方案可能是简单的一张价目表，或者派一个营销代表亲临汇报。但是，当所需产品复杂而昂贵时，采购者会要求供应商提供详尽的背景资料和供货方案。

组织营销人员必须善于调研、精于书面表达和口头表达。供货方案不仅仅是技术文件，而且也是营销文件。除了说明产品的性能、规格等技术指标外，还应从市场营销的角度帮助客户分析该项采购对提升其竞争力或市场份额的战略意义。若是口头表述，则要能取信于人，必须始终强调公司的生产能力和资源优势，以在竞争中立于不败之地。

6. 选择供应商

在这一阶段，企业的采购中心比较备选供应商，不仅要考虑其技术能力、产品质量、价格水平，还会考虑供货周期、服务质量等。通常的筛选由采购经理或者分管副总完成，对于大额的全新采购，还会联合正规的招标公司通过评标小组评选出中标企业。在作出最后选择之前，采购人员还可能与选中的供应商就价格或其他条款进行谈判，以争取到最优惠的价格和更好的供应条件。

供应商的营销人员可以从好几个方面来抵制对方的压价。当他们所能提供的服务优于竞争对手时，营销人员可以坚持目前的价格；当他们的价格高于竞争对手的价格时，则可以强调使用其产品的生命周期成本比竞争对手的低。

此外，采购中心还必须确定供应商的数目。许多采购者喜欢多种渠道进货，这样既可以避免自己过分地依赖于一个供应商，也使自己可以对各供应商的价格和业绩进行比较。当然，在一般情况下，采购者会把大部分订单集中在一家供应商身上，把少量订单安排给其他供应商。这样，主供应商会全力以赴地保证自己的地位，而次要供应商会通过多种途径来争得立足之地，以获得自身的发展。

7. 正式签单

采购者选定供应商之后，就会发出正式订货单，写明所需产品的规格、数目、预期交货时间、退货政策、保修条件等项目。通常情况下，如果双方都有良好的信誉，一份长期有效合同将建立一种长期关系，从而避免重复签约的麻烦。在这种合同关系下，供应商答应在特定的时间之内根据需要按协议的价格条件继续供应产品给买方。这种长期有效的合同导致买方更多地向一个来源采购，并从该来源购买更多的项目。这就使得供应商和采购者之间的关系十分紧密，外界的供应商就很难涉足其间，除非客户对原供应商的价格或服务等感到不满。

8. 绩效评估

签订合约并交货之后，采购者会对各供应商的表现进行评估。评估可以通过三种途径：直接接触最终用户，征求他们意见；应用不同的标准加权计算来评价供应商；把绩效不理想的开支加总，以修正包括价格在内的采购成本。通过绩效评估，采购者将决定延续、修正或停止向该供应商采购。

供应商应该密切关注采购者在评估时使用的评价方法和评价标准，以便进行自我诊断，确定是否为买主提供了满意的产品和服务。在调整重购和直接重购中，原有供应商和外界竞争者尤其要重视这一环节，原有供应商应想办法获得评估结果，针对存在的不足作及时补救；竞争者则要密切注意发展动态，寻找机会进入市场。

以上描述的是组织购买过程的各个阶段的决策事项以及作为供应商销售人员的相应对策。实际上，组织营销者除了要了解购买者的决策步骤，把握购买时机，还要会预测采购中心不同人员在各个决策阶段的参与程度，找到主要的决策者和影响者。通常，生产部门和工程技术部门的人员作为采购的发起者和使用者，在采购的各个阶段都扮演着重要角色,尤其对描述需求特征、限定和选择供应商等施加重要影响;研发部门在新购和调整重购中起到重要作用,往往参与新产品的初期开发,提出所购产品的规格和执行标准;采购部门在直接重购和调整重购中起到重要作用,而新购中往往从第四阶段才开始发挥作用;当采购任务对企业发展具有重大影响或涉及金额巨大时,高层管理人员可能参与制定购买方针和标准。

案例小链接 4-3

到手的鸭子也会飞走

广州 A 公司是一家生产植筋胶水的制造公司。两年前,在滨江路越江隧道立项和初步设计阶段,A 公司销售和技术部门就与该项目设计单位——市政设计院的有关设计人员就实施风道结构植筋方案的可行性进行了共同研究,A 公司提交了详细的设计说明书和解决方案。设计院在初步设计方案中也采用了不少 A 公司的设想,技术部门对 A 公司在技术方面的印象也非常好。在随后的一年多时间里,总体的方案采纳了 A 公司的意见,并以招投标书的形式将技术要求确定下来。在公开招标中A 公司大获全胜,然而,就在关键时刻,市质监局对风道结构植筋方案提出了不同的看法,担心对隧道管壁的不良影响,并将他们的担忧通知了业主。事关重大,不允许出现任何问题,结果,这个方案被其他方案替代,这么一个大客户就这样丢掉了,煮熟的鸭子飞了!

细节决定成败,A 公司之所以失去订单,除了忽视技术指标外,更重要的是没有充分分析客户内部的采购流程,没有取得对最终决策有重大影响的关键人物的认可和信任。此外,A 公司提供的方案也未能符合客户的真正需求。

资料来源:http://www.yingxiao360.com/htm/20121025/6181.htm。

在客户购买决策的过程中,A 公司应当通过怎样的营销努力才能最终拿到订单?

4.4 非营利组织和政府购买行为

政府采购有哪些特点?

以上关于组织市场的购买行为分析都是以生产者市场为例展开的,实际上,以上讨论的大部分内容同样适用于其他类型的组织市场。但是,不同的组织市场也有各自的特征和需求。尤其是政府采购(government procurement)以及其他非营利性机构采购(nonprofit organization procurement)所呈现出的明显特征,我们将在下文作具体分析。

4.4.1　政府市场与购买行为

1. 政府采购的特点

由于政府组织的非营利性以及资金来源的公共性,政府采购有如下特点:

(1) 采购规模大。在国际市场上,各国政府及其代理人是各种货物的最大买主。按照国际惯例,政府采购资金可占 GDP 的 10% 或财政支出的 30%。随着我国财政支出的不断规范以及 GDP 的不断增长,我国的政府采购规模将进一步扩大,采购范围也越来越广泛。对企业而言,这无疑是巨大的商机。

(2) 采购对象范围广泛。按采购产品的性质,政府采购可分为三大类:货物、工程和服务。货物是指各种各样的物品,包括原材料、产品、设备、器具等;工程是指在地面上下新建、扩建、改建、修建、拆除、修缮或翻新构造物与其所属设备及改造自然环境的行为,包括建造房屋、兴建水利、改造环境、修建交通设施、铺设下水道等建筑项目;服务是指除货物和工程以外的任何采购,包括专业服务、技术服务、咨询服务、运营管理、维修、培训、劳力等。

(3) 以集中采购模式为主。集中采购模式是指本级政府各部门及下级政府的采购由本级政府所设的集中采购机构统一实施。纳入集中采购目录属于通用的政府采购项目的,应当委托集中采购机构代理采购;属于本部门、本系统有特殊要求的项目,应当实行部门集中采购。政府采购大多数属于集中采购,只有少部分本单位有特殊要求的项目,经省级以上人民政府批准,可以自行采购。

(4) 采购过程公开化、标准化、规范化。公开是政府采购的生命。人们之所以将政府采购称为"阳光采购",就是说政府采购的各个环节、各套程序都应该是透明的,没有公开,就没有公平,更不可能有公正。相关部门已将采购信息的公开当作一项基础性工作来抓,已建立了政府采购信息公告制度,要求将招标、中招、采购目录等信息在指定的媒体予以发布,接受纪检、监察、审计、新闻媒体及社会公众的各种形式的监督。政府采购项目的采购计划方案、程序、方式及资金使用等必须严格依照法律规定的程序进行。由于政府采购实行规范运作,并要求以公开招标采购为主,能更有效地防止暗箱操作,抑制腐败行为的产生。

(5) 供应商竞争激烈,但吸引力大。在政府采购中,买方只有一个,卖方却有很多,一般情况下,政府部门总是向那些既能提供完全符合标准的产品又标价最低的供应商采购。尽管竞争激烈、要求严格,但政府市场对很多企业来说依然充满吸引力。因为政府市场的购买交易额大,产品配套性强,重复购买频率高,货款回收保障性高,企业一旦进入了政府市场,就意味着拥有了较为稳定且高水准的收益。

(6) 调节性与政策性。调节经济发展是政府采购的一大功能。政府采购由于范围广、规模大,它在一定程度上能左右经济发展形势,直接影响经济活动效益,能够弥补市场对资源配置的不足,实现政府对经济总量和结构调整的要求,尤其是在调节经济结构和产业结构方面更能发挥出杠杆作用。当政府鼓励某产业发展时,政府通过扩大对这些产业产品或服务的采购量,扶持产业发展,促进产业兴盛;当政府限制某产业发展时,可以收缩采购规模,抑制这一产业发展,从而实现经济结构或产业结构的优化。

2. 政府采购方式

选择何种政府采购方式所应遵循的总原则是,要有助于推动公开、有效竞争和物有所值目标的实现。目前,我国政府规定政府采购采用公开招标、邀请招标、竞争性谈判、询价、单一来源等五种采购方式。

(1) 公开招标。公开招标是采购方根据已经确定的采购需求,提出招标采购项目条件,邀请所有有兴趣的供应商参加投标,最后由招标人通过各投标人所提出的价格、质量、交货期限和该投标人的技术水平、财务状况等因素进行综合比较,确定其中最佳的投标人为中标人,并与之最终签订合同的过程。一个完整的公开招标采购程序由招标、投标、开标、评标、决标、合同授予等阶段组成。

公开招标采购方法由于必须通过公告竞争邀请、投标一次性、按事先规定的选择标准将合同授予投标人、不准同投标人进行谈判的特点,被认为最符合政府采购的竞争、公开、公平的基本原则,体现现代民主精神,节省费用和实现高效率及其他采购目标的采购方式。因此,公开招标作为政府采购中最重要和最基本的采购方式,受到政府的鼓励和公众的欢迎。

(2) 邀请招标。邀请招标也称选择性招标,它与公开招标的不同之处在于招标人邀请的方式不是通过发布公告,而是将投标邀请直接发给一定数量的潜在投标人(我国《招标投标法》规定邀请对象不得少于三家),其招标程序和公开招标完全相同。

邀请招标只有在下列情况下才采用:① 技术复杂或专门性的货物、工程或服务,只能从有限范围与供应商取得;② 采购价值低,采购人只能通过限制投标人的数量来达到节约和高效的目的。

(3) 竞争性谈判。当采购内容特别,紧急采购或采购人无法按招标的要求精确而细致地拟定技术规范的情况下,采购可以直接邀请三家以上的供应商就采购事宜进行谈判,这种采购方式被称为竞争性谈判。

竞争性谈判采购的适用条件有:① 招标后没有供应商投标、没有合格标的或者重新招标未能成立的;② 技术复杂或者性质特殊,不能确定详细规格或者具体要求的;③ 采用招标所需时间不能满足用户紧急需要的;④ 不能事先计算出价格总额的。

(4) 询价。询价采购也称货比三家,是指采购单位向国内外有关供应商(通常不少于三家)发出询价单,然后对供应商提供的报价进行比较,并确定中标供应商,以确保价值具有竞争性的采购方式。这是一种在程序不公开的情况下选定供应商的采购方式。《中华人民共和国政府采购法》规定,采购的货物规格、标准统一,现货货源充足,且价格变化幅度小的政府采购项目,可以采用询价采购方式。

(5) 单一来源。单一来源采购也称直接采购,是指采购机关向供应商直接购买的采购方式。单一来源采购是一种没有竞争的采购方式。

《中华人民共和国政府采购法》规定,符合下列条件之一的货物或服务,可以采用单一来源方式采购:① 只能从唯一的供应商处采购的;② 发生了不可预见的紧急情况,不能从其他供应商处采购的;③ 必须保证原有采购项目一致性或服务配套的要求,需要继续从原供应商处添购,且添购资金总额不超过原合同采购金额的10%。

3. 政府采购的营销对策

政府采购给企业提供了丰富的市场机会,也提出了严峻的挑战。参加投标的投标商要经过评标委员会严格评估,只有在价格、技术质量、服务等方面具有综合实力的厂商才能中标,所以,政府采购是对企业综合实力的一次检阅。

为了争取政府采购,供应商应当在以下几方面作出营销努力:

(1) 政府采购主要采取公开招标的方式,因此,企业应了解搜集招标信息的渠道及方法,及时把握住机会。

(2) 认真研究我国政府采购的相关法规、政策,根据政府采购的范围(目录)调整企业的产品结构和服务内容。

(3) 改变营销观念,多在加强内部建设、调整结构、降低成本等方面下功夫,靠提供优质低价的产品和服务击败竞争对手。

4.4.2 非营利组织与采购行为

1. 非营利组织客户的分类

根据不同的组织所承担的社会职能,可以将非营利组织分成互益型组织和实体型社会服务组织。

(1) 互益型组织。互益型组织主要存在于经济领域和社会领域。经济领域里的互益型组织包括行业协会、商会、职业团体、工会等。这类组织有一个重要的特点,就是它们的活动和企业等营利组织密切联系在一起。在美国、日本等发达国家,这类组织通常被称为"经济团体""产业团体""劳工组织"等。互益型组织的另一类是社会性团体,如各种学会、同学会、联谊会、兴趣团体等,这些组织远离企业和市场,注重组织内部成员的利益和共同目标。

(2) 实体型社会服务组织。实体型社会服务组织以满足某些公众的特定需要为目标,提供相应的服务。在我国,这类组织包括民办非企业单位和国有事业单位两类。民办非企业单位是使用非国有资产举办的从事各种社会服务活动的实体型机构,如各种民办的医院、学校、剧团、养老院、研究所、中心、图书馆、美术馆等。国有事业单位是使用国有资产举办的上述各类组织,如公立大学、医院等都属于此类。

2. 非营利组织的采购特征

相对于企业来说,非营利组织和政府都属于社会的公共部门,这是它们的共性。但是,非营利组织不是政府机构及其附属部分,而是非政府的社会组织。政府作为以政权为轴心的公共部门,无论资源的获取还是公共物品的提供,其基本方式都是垄断性的。非营利组织则不同,它们不能操纵政权力量,只能采取各种竞争性的手段来获取各种必要的社会资源并提供竞争性的公共物品。非营利组织的采购特征类似于政府部门,其支出要受到法律和财政预算的制约,但在具体采购过程中又呈现出以下特征:

(1) 受预算限制,重视价格和质量。非营利组织的资金有四个来源:社会捐赠、服务收费、政府补贴和外国援助。由于许多机构既面临着巨大的预算压力,又要保证为公众提供的服务达到最低标准,因此,采购时比较重视价格和质量。例如,学校为学生供应的食物,既需要保证基本的营养要求,避免质量低劣的食物引起学生的不满,又要尽可能价格低廉。为了提高效率,学校常常会将餐饮部门外包给第三方承包商。因此,为机构市场服务的营销者必须对客户的预算状况进行评估,要深入了解其运营战略。

(2) 特殊需求多。由于各组织在资金来源和运营目标上彼此不同,其采购需求存在较大差异。供应商应当建立专门的供应体系,满足不同类型机构的特殊需求。

(3) 公开性。非营利组织使用的是社会公共资源,提供的是社会公共物品,其采购的运作过程要透明,要向社会公开,接受社会监督。

本章小结

组织市场是以组织为单位的买卖双方所构成的市场,目的在于生产、消耗、使用或者转售、租赁,以维持组织运作或履行组织职能。组织市场中的客户可分为生产者客户、中间商、政府部门和非营利组织。

影响组织购买行为的因素主要有环境因素、组织因素、采购团队因素和个人因素。供应商应当预测采购中心的成员构成,了解各个成员在购买决策中所扮演的角色以及他们的背景、经历、评价标准等,进而有针对性地制定营销对策。

组织购买过程比较复杂,主要有三种购买类型:直接重购、调整重购和新购。其中,新购最复杂,大致要经历八个步骤:认知需要;确定总体需要;详述产品规格;寻找供应商;征求供货方案;选择供应商;正式签单;绩效评估。直接重购和调整重购相对简单,一般会跳过某些步骤。组织营销者除了要了解客户的决策步骤,把握购买时机,还要预测采购中心不同人员在各个决策阶段的参与程度,找到主要的决策者和影响者。

以上分析的购买决策过程和影响因素适用于任何类型的组织购买者。但和工商企业相比较,政府以及其他非营利性机构在采购过程中又呈现出明显不同的特征。

关键术语(中英对照)

组织市场(organizational market)　　　　使用者(users)
组织购买者(organizational buyer)　　　　影响者(influencers)
采购中心(buying center)　　　　　　　　决策者(deciders)

采购者（buyers）
信息控制者（gatekeepers）
新购（new task）
调整重购（modified rebuy）
直接重购（straight rebuy）
政府采购（government procurement）
非营利组织采购（nonprofit organization procurement）

思考题与应用

1. 和消费者市场相比，组织市场有哪些特点？请举例说明什么是派生需求。
2. 影响组织购买行为的因素有哪些？
3. 在不同的购买决策阶段，供应商根据不同购买类型，应当作出哪些营销努力？
4. 政府部门和非营利组织的购买行为分别有什么特点？
5. 某汽车制造厂商计划新购一批发动机，请预测该项采购的采购中心成员，并分析采购过程中不同阶段的采购成员的参与程度，针对分析结果制定营销对策。
6. 某医疗器械制造企业的销售员小刘最近要拜访两家医院：A院和B院。A院是该厂的老客户，3年里一直从该厂购进各种小型医疗器材。B院和该厂没有业务往来，但与该厂的主要竞争对手交易已经3年了。小刘一直留意B院，并和B院的采购部门关系很好。小刘最近得知B院要购进一批彩色B超仪器，但对现有供应商的产品质量不太满意。小刘此次去拜访的目的就是争取这个客户。请判断小刘在A院和B院面临的分别是怎样的购买类型，并帮助他设计营销对策。

营销实战案例

戴尔怎样进行组织采购

戴尔采购工作最主要的任务是寻找合适的供应商，并保证产品产量和品质符合戴尔的要求。因此，采购部门安排了较多的人。采购计划职位的作用就是尽量把问题在前端解决。戴尔采购部门的主要工作是管理和整合零配件供应商，而不是把自己变成零配件的专家。戴尔有一些采购人员在做预测，确保需求与供应的平衡，在所有的问题从前端完成之后，戴尔在工厂这一阶段很少有供应问题，只是按照订单计划生产高质量的产品就可以了。所以，戴尔通过完整的结构设置来实现高效率的采购，完成用低库存来满足供应的连续性。戴尔认为，低库存并不等于供应会有问题，但它确实意味着运作的效率必须提高。

精确预测是保持较低库存水平的关键，既要保证充分的供应，又不能使库存太多，这在戴尔内部被称为没有剩余的货底。在IT行业，技术日新月异，产品更新换代非常快，厂商最基本的要求是要保证精确的产品过渡，不能有剩余的货底留下来。戴尔要求采购部门做好精确预测，并把采购预测上升为购买层次进行考核，这是一个比较困难的事情，但必须精细化,必须落实。

"戴尔公司可以给你提供精确的订货信息及稳定的订单,"一位戴尔客户经理说,"条件是,你必须改变观念,要按戴尔的需求送货;要按订货量决定你的库存量;要用批量小但频率高的方式送货;要能够做到随要随送,这样,你和戴尔才有合作的基础。"事实上,在部件供应方面,戴尔利用自己的强势地位,通过互联网与全球各地的优秀供应商保持着紧密的联系。这种"虚拟整合"的关系使供应商们可以从网上获取戴尔对零部件的需求信息,戴尔也能实时了解合作伙伴的供货和报价信息,并对生产进行调整,从而最大限度地实现供需平衡。

给戴尔做配套,或者作为戴尔零部件的供应商,都要接受戴尔的严格考核。

戴尔的考核要点如下:

(1) 供应商计分卡。在卡片明确订出标准,如瑕疵率、市场表现、生产线表现、运送表现以及做生意的容易度,戴尔要的是结果和表现,据此进行打分。

(2) 综合评估。戴尔经常会评估供应商的成本、运输、科技含量、库存周转速度、对戴尔的全球支持度以及网络的利用状况等。

(3) 适应性指标。戴尔要求供应商应能支持自己所有的重要目标,主要是策略和战略方面的。戴尔通过确定量化指标,让供应商了解自己的期望;戴尔给供应商提供定期的进度报告,让供应商了解自己的表现。

(4) 品质管理指标。戴尔对供应商有品质方面的综合考核,要求供应商应"屡创品质、效率、物流、优质的新高。"

(5) 每3天出一个计划。戴尔的库存之所以比较少,主要在于其执行了强有力的规划措施,每3天出一个计划,这就保证了戴尔对市场反应的速度和准确度。为了达到戴尔的送货标准,大多数供应商每天要向戴尔工厂送几次货。漏送一次就会让这个工厂停工。因此,如果供应商感到疲倦和迷茫,半途而废,其后果是戴尔无法承受的。然而,戴尔的强势订单凝聚能力又使任何与之合作的供应商尽一切可能地按规定的要求来送货,按需求变化的策略来调整自己的生产。

在物料库存方面,戴尔比较理想的情况是维持4天的库存水平,这是业界最低的库存记录。戴尔是如何实现库存管理运作效率的呢?

(1) 拥有直接模式的信用优势,合作的供应商相信戴尔的实力;

(2) 具有强大的订单凝聚能力,大订单可以驱使供应商按照戴尔的要求去主动保障供应;

(3) 供应商在戴尔工厂附近租赁或者自建仓库,能够确保及时送货。

戴尔可以形成相当于对手9个星期的库存领先优势,并使之转化为成本领先优势。在IT行业,技术日新月异,原材料的成本和价值在每个星期都是下降的。根据过去5年的历史平均值计算,每个星期原材料成本下降的幅度在 0.3%—0.9%。如果取中间值 0.6%,乘上9个星期的库存优势,戴尔就可以得到一个特殊的结构,即得到 5.5% 的优势,这就是戴尔运作效率的来源。

戴尔很重视与供应商建立密切的关系。"必须与供应商无私地分享公司的策略和目标，"迈克尔说。通过结盟打造与供应商的合作关系，也是戴尔公司非常重视的基本方面。在每个季度，戴尔总要对供应商进行一次标准的评估。事实上，戴尔让供应商降低库存，他们彼此之间的忠诚度很高。2001—2004年，在戴尔遍及全球的400多家供应商名单里，最大的供应商只变动了两三家。

戴尔也存在供应商管理问题，并已练就出良好的供应链管理沟通技巧，在有问题出现时，可以迅速地化解。当客户需求增长时，戴尔会向长期合作的供应商确认对方是否可能增加下一次发货数量。如果问题涉及硬盘之类的通用部件，而且签约供应商难以解决，就转而与后备供应商商量，所有的一切都会在几个小时内完成。如果穷尽了所有供应渠道依然无法解决问题，就要与销售和营销人员进行磋商，立即回复客户，这样的需求无法满足。

戴尔通过自行创造需求的方法并取得供应商的认同，已经取得了很好的成绩。戴尔要求供应商不光要提供配件，还要负责后面的即时配送。对一般的供应商来说，这个要求是"太高了"，或者是"太过分了"。但是，戴尔一年200亿美元的采购订单足以使所有的供应商心动。一些供应商尽管起初不是很愿意，但最后还是满足了戴尔的及时配送要求。戴尔的业务做得越大，对供应商的影响就越大，供应商在与戴尔合作中能够提出的要求会更少。戴尔公司需要的大量硬件、软件与周边设备都是随时需要随时由供应商提供送货服务。

供应商要按戴尔的订单要求，把自己的原材料转移到第三方仓库，但这个原材料的物权还属于供应商。戴尔根据自己的订单确定生产计划，并将数据传递给本地供应商，让其根据戴尔的生产要求把零配件提出来放在戴尔工厂附近的仓库，做好送货的前期准备。戴尔根据具体的订单需要，通知第三方物流仓库和本地的供应商，将原材料送到戴尔的工厂，戴尔工厂在8小时之内就可把产品生产出来，然后送到客户手中。整个物料流动的速度是非常快的。

资料来源：http://wenku.baidu.com/view/9f58664f2e3f5727a5e96274.html。

讨论题：

1. 为了保持较低库存水平和高效率的采购，戴尔的采购部门是如何安排采购和处理与供货商之间的关系的？

2. 如果你是一家生产计算机零部件的厂商，为了成为戴尔的供货商，你打算作出哪些营销努力？

案例点评：

扫一扫如下二维码，获得老师对此案例的点评。

第五章
市场营销调研与预测

 本章知识结构图

```
市场营销信息系统  →  · 市场营销信息系统的概念
                    · 市场营销信息系统的构成

市场营销调研     →  · 营销调研的含义和作用
                    · 营销调研的类型
                    · 营销调研的内容
                    · 营销调研的过程

市场需求的       →  · 市场需求及相关概念
测量与预测          · 估计目前市场需求
                    · 市场需求预测方法
```

 课前预习

本章学习要点：
1. 掌握市场营销信息系统的概念和构成；
2. 掌握市场营销调研的过程和方法；
3. 理解市场需求的测量和预测方法。

> **营销视频扫一扫**
>
> ### AC 尼尔森：关注中国消费者调查①
>
> 　　知己知彼，百战不殆。顾客需要什么？需要多少？这需要企业进行调查研究。通过调查顾客、竞争对手、供应商等利益相关者，获取数据，进行分析，预测顾客需求的未来变化趋势，这就是市场调研与预测要解决的问题。
>
> 　　企业营销人员获取数据的来源可以是企业内部数据，也可以是类似 AC 尼尔森这样的专业市场调查公司，这些市场研究公司每年会针对不同的行业进行详尽的数据搜集和分析，并给出相关的调查报告。通过这些调查报告，营销人员就可以对市场、消费者有更深入的了解和把握。
>
> 　　扫一扫如下二维码，观看视频"AC 尼尔森：关注中国消费者调查"，与老师和小伙伴们讨论如下问题并开始本章的学习：企业营销人员进行调查研究对顾客需求进行分析是否必要？如答案是肯定的，有哪些调研方法？
>
>
>

　　本章将要讨论营销者如何去了解市场与消费者，而且也会关注公司如何开发和管理关于环境的重要因素的信息——消费者、竞争对手、产品和营销计划。美国知名广告大师李奥·贝纳曾经说："消费大众并不真正知道自己要什么，直到那些创意以商品方式呈现在他们面前。如果人们能事先告诉你他们要什么，今天就不会有轮子、杠杆，甚或汽车、飞机和电视出现。"连消费者自身都可能不清楚自己有些什么需求，企业又如何得知？

　　在现代市场营销观念的指导下，企业要比竞争者更好地满足市场消费需求，赢得竞争优势，实现营销目标，就必须从研究市场出发，进行各种定性与定量分析，预测目前和未来市场需求规模的大小。实践证明，营销职能特别需要详细、准确和最新的情报，营销调研正是为

---

① 资料来源：若想观看完整视频，请登录 http://v.youku.com/v_show/id_XNzU1ODkwOTAw.html。

不断提供这种情报服务的。在深入调研、掌握信息的基础上,科学的预测方法能够帮助营销管理者认识市场的发展规律,作出对新企业、新产品投资的决策,以及制定营销组合。

5.1 市场营销信息系统

 市场营销信息系统包括哪几部分?

苹果公司之所以成功,很大一个原因在于苹果比竞争对手更懂消费者,更能洞察消费者内心的需求。这种洞察来源于其对消费者深入的了解,来源于其获得的营销信息。所谓营销信息,是反映企业内外部营销环境以及市场活动的实际状况、特性和相关的信息、数据的总称。随着互联网的普及,营销人员可以从多种渠道获取营销信息,这些信息中有些并不是很准确,或者过于分散不便分析,或多或少地存在问题。而企业营销活动的开展对信息的数量和质量要求却在不断提高,因此,一个科学、有效的市场营销信息系统就显得尤为重要。

5.1.1 市场营销信息系统的概念

菲利普·科特勒为市场营销信息系统(marketing information system,MIS)所下的定义是:由人、设备和程序组成的相互作用的复合体,它为营销决策者搜集、挑选、分析、评估和分配所需要的、及时的和准确的信息,并对营销计划进行改进、执行和控制。

图5-1显示市场营销信息系统的起点和终点都是信息使用者,包括企业营销经理、

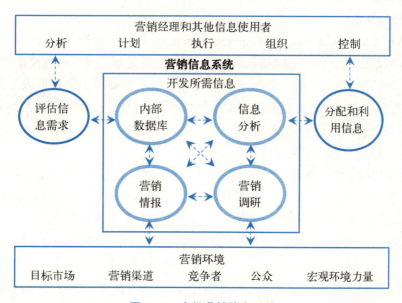

图5-1 市场营销信息系统

内外部伙伴以及其他需要市场营销信息的人。首先，为了保障营销经理和其他信息使用者分析、计划、执行、组织和控制等工作职能的实施，营销信息系统需要先与信息使用者相互作用，从而评估需要什么样的信息。其次，在与营销环境互动中，通过企业内部数据库、市场营销情报活动和市场营销调研开发，获得所需要的信息。最后，营销信息系统将营销信息分配给信息使用者，帮助其决策。

5.1.2 市场营销信息系统的构成

市场营销信息系统主要由四个子系统构成：企业内部数据库、营销情报系统、营销调研系统和营销分析系统。其中，营销人员通过企业内部数据库、营销情报系统和营销调研系统获取所需要的信息，再经过营销分析系统对搜集到的信息和数据进行分析。

1. 内部数据库

内部数据库(internal database)主要以电子化的形式从公司数据库资源中搜集关于顾客和市场的信息。企业中的每个职能部门都可以是内部数据的来源。生产部门可以提供关于生产计划、出货和库存情况；会计部门编制财务报表，记录销售额、成本和现金流量等信息；销售部门报告有关销售、竞争对手、成本等信息。随着计算机和网络技术的进步，企业中的各个部门都可以随时将本部门的数据传入企业内部数据库，这对于营销人员而言绝对是一个有利的影响，市场营销人员可以随时获得数据库中的信息，通过分析这些信息，可以发现一些新的问题或新的机会，及时比较实际与预测目标的差异，进而采取切实可行的改进措施。

与其他信息来源相比，内部数据库信息的获取更加快速，而且花费较少。但很多信息并不具有针对性，而且也比较复杂，需要营销人员对大量的内部数据进行筛选、处理，从中找出有用的信息来进一步分析，因此，营销人员必须具备足够敏锐的营销思维和判断能力对信息进行甄别。

2. 营销情报系统

营销情报系统(marketing intelligence system)是指营销管理人员对竞争对手和市场营销环境发展的公开信息的系统搜集和分析，目标主要是制定更好的战略决策、评价并掌握竞争对手的行动、找出市场机会和威胁。内部数据库主要用于向管理人员提供内部运营的"结果资料"，市场营销情报系统则用于提供外部环境的"变化资料"，帮助营销主管人员了解市场动态并指明未来的新机会及问题。

搜集外部信息的方式主要有以下四种：

（1）无目的的观察。无既定目标，在和外界接触时留心搜集有关信息。

（2）有条件的观察。并非主动探寻，但有一定目的性，对既定范围的信息做任意性接触。

（3）非正式的探索。为取得特定信息进行有限的和无组织的探索。

（4）有计划的搜集。按预定的计划、程序或方法，采取审慎严密的行动，来获取某一特定信息。

营销情报的质量和数量决定着企业营销决策的灵活性和科学性，进而影响企业的竞争力。为扩大信息的来源和提高信息的质量，企业通常采取以下措施改进信息搜集工作：

（1）提高营销人员的信息观念并加强其信息搜集、传递职能。

（2）鼓励与企业有业务关系的经销商、零售商和中间商搜集和提供营销信息。

（3）积极购买特定的市场营销信息。

（4）利用多渠道、多形式了解竞争对手的营销活动情况，包括参加有关展销会、协会、学会、阅读竞争者的宣传品和广告、购买竞争品、雇用竞争者的前职工。

（5）建立内部营销信息中心，改进信息处理、传递工作。

3. 营销调研系统

市场营销调研(marketing research)是指系统地设计、搜集、分析和报告与特定营销环境有关的资料和研究结果的活动。菲利普·科特勒曾将营销调研定义为"通过信息而把消费者、顾客、大众及营销人员联结起来的职能"。这些信息是指营销机会与问题，被用以开展、修正和评估营销活动，监视营销绩效，增进对营销过程的了解。

市场营销调研系统和市场营销信息系统在目标和定义上大同小异，在研究程序和方法上具有共性。斯坦顿(W. Stanton)将两者的区别列出，如表5-1所示。

表5-1　市场营销调研系统与市场营销信息系统的区别

市场营销调研系统	市场营销信息系统
（1）着重处理外部信息	（1）处理内部及外部信息
（2）关心问题解决	（2）关心问题的解决与预防
（3）非以计算机为基础的过程	（3）系统的、连续的作业
（4）零碎的、间隙的作业	（4）是以计算机为基础的过程
（5）营销信息系统的信息源之一	（5）包含营销研究

4. 营销分析系统

营销分析系统(marketing analysis system)是指企业以一些先进技术分析市场营销数据和问题的营销信息子系统。完善的营销分析系统通常由资料库、统计库和模型库三部分组成。

（1）资料库。资料库中储存着相关人员有组织地搜集到的企业内部和外部资料，营销管理人员可随时取得所需资料进行研究分析。内部资料包括销售、订货、存货、推销访问和财务信用资料等；外部资料包括政府资料、行业资料、市场研究资料等。

（2）统计库。统计库是指一组随时可用于汇总分析的特定资料统计程序。其必要性在于：实施一个规模庞大的营销研究方案，不仅需要大量的原始资料，而且需要统计库提供的平均数和标准差的测量，以便进行交叉分析；营销管理人员为测量各变数之间的关系，需要运用各种多变数分析技术，如回归、相关、判别、变异分析以及时间序列分析等；统计库分析结果将作为模型的重要投入资料。

（3）模型库。模型库是由高级营销管理人员运用科学方法，针对特定营销决策问题建立的包括描述性模型和决策模型的一组数学模型。描述性模型主要用于分析实体分配、品牌转换、排队等候等营销问题;决策模型主要用于解决产品设计、厂址选择、产品定价、广告预算、营销组合决策等问题。

案例小链接 5-1

农夫山泉用大数据卖矿泉水

在上海城乡结合部九亭镇新华都超市的一个角落,农夫山泉的矿泉水堆头静静地摆放在这里。来自农夫山泉的业务员每天例行公事地来到这个点,拍摄10张照片:水怎么摆放、位置有什么变化、高度如何……这样的点每个业务员一天要跑15个,按照规定,下班之前150张照片就被传回了杭州总部。每个业务员每天会产生的数据量在10M,这似乎并不是个大数字。但农夫山泉全国有10 000个业务员,这样每天的数据就是100G,每月为3TB。当这些图片如雪片般进入农夫山泉在杭州的机房时,这家公司的CIO胡健就会有这么一种感觉:守着一座金山,却不知道从哪里挖下第一锹。

胡健想知道的问题包括:怎样摆放水堆更能促进销售?什么年龄的消费者在水堆前停留更久,他们一次购买的量多大?气温的变化让购买行为发生了哪些改变?竞争对手的新包装对销售产生了怎样的影响?不少问题目前也可以回答,但它们更多是基于经验,而不是基于数据。

从2008年开始,业务员拍摄的照片就这么被搜集起来,如果按照数据的属性来分类,图片属于典型的非关系型数据,还包括视频、音频等。要系统地对非关系型数据进行分析是胡健设想的下一步计划,这是农夫山泉在"大数据时代"必须迈出的步骤。如果超市、金融公司与农夫山泉有某种渠道来分享信息,如果类似图像、视频和音频资料可以系统分析,如果人的位置有更多的方式可以被监测到,那么摊开在胡健面前的就是一幅基于人消费行为的画卷,而描绘画卷的是一组组复杂的"0、1、1、0"。

SAP全球执行副总裁、中国研究院院长孙小群接受《中国企业家》采访时表示,企业对于数据的挖掘使用分三个阶段,"一开始是把数据变得透明,让大家看到数据,能够看到数据越来越多;第二步是可以提问题,可以形成互动,很多支持的工具来帮我们做出实时分析;而3.0时代,信息流来指导物流和资金流,现在数据要告诉我们未来,告诉我们往什么地方走。"

SAP从2003年开始与农夫山泉在企业管理软件ERP方面进行合作。此时,农夫山泉仅仅是一个软件采购和使用者,而SAP还是服务商的角色。而等到2011年6月,SAP和农夫山泉开始共同开发基于"饮用水"这个产业形态中运输环境的数据场景。关于运输的数据场景到底有多重要呢?将自己定位成"大自然搬运工"的农夫山泉,在全国有十多个水源地。农夫山泉把水灌装、配送、上架,一瓶超市售价2元的550 mL饮用水,其中3毛钱花在了运输上。在农夫山泉内部,有着"搬上搬下,银子哗哗"的说法。如何根据不同的变量因素来控制自己的物流成本,成为问题的核心。

基于上述场景，SAP团队和农夫山泉团队开始了场景开发，他们将很多数据纳入进来：高速公路的收费、道路等级、天气、配送中心辐射半径、季节性变化、不同市场的售价、不同渠道的费用、各地的人力成本，甚至突发性的需求（比如某城市召开一次大型运动会）。

在没有数据实时支撑时，农夫山泉在物流领域花了很多冤枉钱。比如某个小品相的产品（350 mL饮用水），在某个城市的销量预测不到位时，公司以往的做法是通过大区间的调运，来弥补终端货源的不足。"华北往华南运，运到半道的时候，发现华东实际有富余，从华东调运更便宜。但很快发现对华南的预测有偏差，华北短缺更为严重，华东开始往华北运。此时如果太湖突发一次污染事件，很可能华东又出现短缺。"

这种没头苍蝇的状况让农夫山泉头疼不已。在采购、仓储、配送这条线上，农夫山泉特别希望大数据获取解决三个顽疾：首先是解决生产和销售的不平衡，准确获知该产多少，送多少；其次，让400家办事处、30个配送中心能够纳入到体系中来，形成一个动态网状结构，而非简单的树状结构；最后，让退货、残次等问题与生产基地能够实时连接起来。也就是说，销售的最前端成为一个个神经末梢，它的任何一个痛点，在大脑这里都能快速感知到。

2011年，SAP推出了创新性的数据库平台SAP Hana，农夫山泉则成为全球第三个、亚洲第一个上线该系统的企业，并在当年9月宣布系统对接成功。胡健选择SAP Hana的目的只有一个——快些，再快些。采用SAP Hana后，同等数据量的计算速度从过去的24小时缩短到了0.67秒，几乎可以做到实时计算结果，这让很多不可能的事情变成可能。

有了强大的数据分析能力做支持后，农夫山泉近年以30%—40%的年增长率，在饮用水方面快速超越了原先的三甲：娃哈哈、乐百氏和可口可乐。根据国家统计局公布的数据，饮用水领域的市场份额，农夫山泉、康师傅、娃哈哈、可口可乐的冰露，分别为34.8%、16.1%、14.3%、4.7%，农夫山泉几乎是另外三家之和。对于胡健来说，下一步他希望那些业务员搜集来的图像、视频资料可以被利用起来。

获益的不仅仅是农夫山泉，在农夫山泉场景中积累的经验，SAP迅速将其复制到神州租车身上。"我们客户的车辆使用率在达到一定百分比之后出现瓶颈，这意味着还有相当比率的车辆处于空置状态，资源尚有优化空间。通过合作创新，我们用SAP Hana为他们特制了一个算法，优化租用流程，帮助他们打破瓶颈，将车辆使用率再次提高了15%。"

资源来源："大数据的大价值：大数据五大成功案例深度解析"，http://wenku.baidu.com/link? url=8-gbLAXuKd7HHEJ5pLhX0SDJs-yux-_3Q9ifSNiW2mRGPcut5v8yCh0qSPVxBSbr0Z1Gdn4XjgY3Cv8R1COqWeBUPg7yfunvBxBPwJNey.

用大数据卖矿泉水给农夫山泉带来了哪些好处？

5.2　市场营销调研

 市场营销调研的过程是怎么样的？

除了关于一般消费者、竞争者和市场态势的市场营销情报信息，市场营销者常常需要为特殊市场营销情况和决策进行对消费者和市场洞察的正式研究。例如，海尔希望了解消费者如何评价其售后服务系统；乐视希望知道消费者对超级电视和网络资源的结合有何反应；三星想要了解三星 edge 为什么没有预期的那么受消费者欢迎。关于这些问题，一般的市场情报搜集并不能解决，需要进行有针对性的市场营销调研。

5.2.1　营销调研的含义和作用

市场营销调研就是运用科学的方法，有目的、有计划地搜集、整理和分析研究有关市场营销方面的信息，提出解决问题的建议，供营销管理人员了解营销环境，发现机会与问题，作为市场预测和营销决策的依据。

市场调研与市场调查既互相联系又互相区别。市场调查主要是通过各种调查方式与方法，系统地搜集有关商品产、供、销的数据与资料，进行必要的整理和分析，如实地反映市场供求与竞争的情况；市场调研则是在市场调查的基础上，运用科学的方法，对所获得的数据与资料进行系统、深入的分析研究，从而得出合乎客观事物发展规律的结论。

市场营销调研是企业营销活动的出发点，其作用主要体现在以下三个方面：

（1）有利于制定科学的营销规划。通过营销调研，分析市场、了解市场，才能根据市场需求及其变化了解市场规模和竞争格局、消费者意见与购买行为以及营销环境的基本特征，科学地制定和调整企业营销规划。

（2）有利于优化营销组合。企业根据营销调研的结果，分析研究产品的生命周期，开发新产品，制定产品生命周期各阶段的营销策略组合。例如，根据消费者对现有产品的接受程度、对产品及包装的偏好，改进现有产品，开发新用途，研究产品创意开发和设计；测量消费者对产品价格变动的反应，分析竞争者新的价格策略后作出合适的定价；综合运用各种营销手段，加强促销活动、广告宣传和售后服务，增进产品知名度和顾客满意度；尽量减少不必要的中间环节，节约储运费用，降低销售成本，提高竞争力。

（3）有利于开拓新市场。通过市场调研，企业可以发现消费者尚未被满足的需求，测量市场上现有产品及营销策略满足消费需求的程度，从而不断地开拓新市场。营销环境的变化往往会影响和改变消费者的购买动机和购买行为，给企业带来新的机会和挑战，企业可据以确定和调整发展方向。

5.2.2 营销调研的类型

根据不同的标准,可以把市场营销调研划分为不同的类型。按调研时间不同,可分为一次性调研、定期性调研、经常性调研、临时性调研;按调研目的不同,可分为探索性调研、描述性调研、因果关系调研。下面主要介绍根据调研目的的不同营销调研的不同类型。

1. 探索性调研

探索性调研(exploratory research)通常被看作调研的起始阶段,目标是搜集初步信息,确定问题并提出假设。

企业在情况不明时,为找出问题的症结,明确进一步调研的内容和重点,须进行非正式的初步调研,搜集一些有关的资料进行分析。有些比较简单的问题,如果探索性调研已能弄清其来龙去脉,也可不再做进一步调研。例如,"2014 年,三星手机的市场占有率下降 30%,为什么?"这个问题太大,不能用来引导调研,为了缩小、提炼这个问题,自然会使用探索性调研。在探索性调研中,重点将放在对市场占有率下降的可能性解释,如中国手机品牌的崛起、三星手机定价模式的缺陷、苹果大屏手机的推出等。假如"中国手机品牌的崛起"是通过探索性调研获得的假设,这一假设将在手机行业趋势的描述性调研中得到检验。

2. 描述性调研

描述性调研(descriptive research)是一种常见的项目调研,是指对所面临的不同因素、不同方面现状的调查研究,其资料数据的采集和记录着重于客观事实的静态描述。

在已明确所要研究问题的内容与重点后,拟定调研计划,对所需资料进行搜集、记录和分析,一般要进行实地调查,搜集第一手资料,摸清问题的过去和现状,进行分析研究,寻求解决问题的办法。假如三星手机的市场占有率下降,通过调研,查清主要原因是定价模式不合理、中国手机品牌崛起竞争加剧等,可将调研结果进行描述,如实反映情况和问题,以利于寻求对策。

3. 因果性调研

因果性调研(causal research)的目标是检验关于因果关系的假设,一般是在描述性调研的基础上,进一步验证变量之间是否存在因果关系。

例如,三星手机市场占有率下降可能的原因我们在前面的内容中列出了三条,那么,到底是不是这些原因导致或者每个原因对三星手机市场占有率下降的影响有多大,通过搜集有关市场变量的数据资料,运用统计分析和逻辑推理等方法,市场营销人员就可以找出它们之间的相互关系。只有掌握了市场各种现象之间或问题之间的联系,才能准确地预测市场的发展变化趋势。

5.2.3 营销调研的内容

营销调研的内容涉及营销活动的各个方面,如图 5-2 所示。

图 5-2　营销调研的主要内容

(1) 产品调研。包括对新产品的设计、开发和试销,对现有产品进行改良,对目标顾客在产品款式、性能、质量、包装等方面的偏好趋势进行预测。定价是产品销售的必要因素,需要对供求形势及影响价格的其他因素变化趋势进行调研。

(2) 顾客调研。包括对消费心理、消费行为的特征进行调查分析,研究社会、经济文化等因素对购买决策的影响,这些因素的影响作用到底发生在消费环节、分配环节或生产领域;还要了解潜在顾客的需求情况(包括需要什么、需要多少、何时需要等)、影响需求的各因素变化的情况、消费者的品牌偏好及对本企业产品的满意度等。

(3) 销售调研。包括对购买行为的调查,即研究社会、经济、文化、心理等因素对购买决策的影响;还包括对企业销售活动进行全面审查,如对销售量、销售范围、分销渠道等方面的调研;另外,产品的市场潜量与销售潜量、市场占有率的变化情况也都是销售调研的内容。销售调研还应该就本企业相对于主要竞争对手的优劣势进行评价。

(4) 促销调研。主要是对企业在产品或服务的促销活动中所采用的各种促销方法的有效性进行测试和评价。如广告目标、媒体影响力、广告设计及效果,公共关系的主要措施及效果,企业形象的设计和塑造等,都须有目的地进行调研。

5.2.4　营销调研的过程

企业的市场营销调研既可以由企业自身的调研部门进行,也可以委托外部的专业调研部门进行。无论企业自己组织还是外部调研,都要求营销人员密切配合,有计划、有步骤地进行,有效的营销调研过程通常包括四个步骤:确定问题和调研目标、制定调研计划、执行调研计划以及解释和报告调研结果(见图 5-3)。

图 5-3　营销调研的过程

1. 确定问题和调研目标

为保证营销调研的成功和有效,首先要明确所要调研的问题,既不可过于宽泛,也不宜过于狭窄,要有明确的界定并充分考虑调研成果的实效性。其次,在确定问题的基础上提出特定调研目标,市场营销调研一般都是从探索性调研开始,再进行描述性调研和因果性调研。调研问题和目标的确定需要市场营销经理和调研人员密切配合,达成一致。问题和调研目标引导着整个调研过程。

2. 制定调研计划

一旦确定调研问题和目标,调研人员就必须确认所需要的信息,为有效地搜集这些信息制定计划,并将该计划上报给管理层。设计有效地搜集所需信息的调研计划包括概述数据的来源以及指出具体的调研方法、调研工具、抽样方法和接触方法(见表5-2)。

表5-2 调研计划的制定

> 制定调研计划:
> ➢ 资料来源:一手数据、二手数据
> ➢ 调研方法:观察法、调查法、实验法等
> ➢ 调研工具:调查问卷、仪器
> ➢ 抽样方法:抽样单位、范围、程序等
> ➢ 接触方法:电话、邮寄、面谈、网络等

由于搜集一手数据花费较大,调研通常从搜集二手数据开始,必要时再采用各种调研方法搜集一手数据。调查表和仪器是搜集一手数据采用的主要工具。抽样计划决定三方面的问题:抽样单位确定调查的对象;抽样范围确定样本的多少;抽样程序则是指如何确定受访者的过程。接触方法是回答如何与调查对象接触的问题。

(1)数据来源。二手数据(secondary data)也叫第二手资料,是指已经存在的为企业目的而搜集的信息。一手数据(primary data)也叫第一手资料,是指为当前特殊的目标而专门搜集的信息。

市场营销人员一般先搜集第二手资料,以确定调研的基本方向,必要时,再搜集第一手资料作进一步的分析研究。二手数据可以从企业的内部数据库获得,也可以选择其他方式。搜集第二手资料的途径和方法主要有:

- 从企业现有营销资料中查找。
- 政府出版物、统计报告或商业、贸易出版物。
- 向市场调研公司、广告公司咨询,委托调查或购买资料。
- 行业协会公布的资料。
- 竞争企业的产品目录、产品说明书及其他公开宣传资料。
- 从本企业销售、采购人员获取市场信息情报。
- 从供应商、中间商处获取信息资料。
- 商业展览会。
- 互联网查询。

二手数据搜集成本较低、获取速度较快。但是,二手数据较为繁杂,不具有针对性,需要营销人员耗费更多精力去分离出那些对企业有用的数据。

案例小链接 5-2

在"新常态"下赢得中国购物者

《在"新常态"下赢得中国购物者——2015年中国购物者报告》(系列二)研究发现,近期,中国快速消费品零售商持续专注于提升在本地/地区市场和在电商领域的份额。该报告是贝恩公司与凯度消费者指数连续第四年合作发布的第十份报告,分析了四万户中国大陆家庭的真实购物行为、指出了关键的发展趋势,以帮助零售商制定在增速放缓期间的线上和线下渠道战略。

报告指出,快速消费品零售市场在2014年的增长率仅为5.4%,而三年前的这个数字是11.8%。报告着重研究了这一增速放缓现象对实体零售商和线上零售商的影响。在增速放缓期间,一些门店的销售甚至出现了负增长,促使零售商改变方向、重新审视其扩张计划,甚至需要关闭一些门店。然而,有些领先的门店却采取了基于特定城市或省份的地区性扩张方法。经实践检验,这一战略有效地推动了这些公司的市场份额实现增长并超越竞争对手。他们还重点发展便利店等规模较小但增长更快的业态。

此外,尽管快速消费品的实体店业绩表现平平,中国电商渠道却是另外一番热闹景象。随着电商零售商提高了渗透率,线上购物者大幅增加了购物频率,2014年,线上销售额攀升了34%。纯线上零售商继续占据市场主导地位,而大型全渠道零售商也开始逐步兴起。

"中国线上零售市场在发展的过程中,受到线上购物者不同偏好和习惯的影响",贝恩公司全球合伙人、本报告合著者布鲁诺·兰纳(Bruno Lannes)表示,"我们估计原计划在门店购物但后来转为线上购买的消费者贡献了约40%的电商销售额增长。这也意味着有约60%的销售额增长属于自然增长,即不会通过线上以外的渠道进行的购物。"

如同在实体店一样,中国购物者在线上渠道也缺乏品牌忠诚度,买得越多,选择的品牌也越多,无论是线上或线下,皆是如此。但是,消费者在线上和线下的购物行为还是存在一定的差异:

"我们发现,在线购物相对集中在数量有限的几个快速消费品品类上。线上前十大销售品类占在线销售总额的77%,但这一数字在线下销售仅为43%",布鲁诺·兰纳说道,"另一个有趣的发现是,对于护肤品和婴儿配方奶粉等某些品类,中国消费者在线下购买时会选择到各种不同的实体店,而当他们在线上购买这些产品时,则会有店铺偏好,表现出较高的忠诚度。"

最后,值得一提的是,在线购物者最大的共同点是,他们喜欢趁打折期间购物并且青睐进口商品。这一特点为零售商带来了重大机遇。促销销售额仅占到实体门店销售总额的14%,而这一比率在线上翻了一番多,38%的线上销售额来自最受欢迎的促销活动。与之相似,进口商品在线下销售中仅占10%,而在线上的占比高达40%。

尽管中国零售商仍然需要适应短期内的增速放缓,但成功的零售商将在制定和实施O2O战略上付出更多努力,以获取最大的钱包份额,并通过成功的线上增长来推动线下门店的增长。这些转变已然发生,或通过自然增长,或通过合作、收购得以实现,比如永辉与京东、沃尔玛与一号店的强强联手。

资料来源:贝恩咨询,"消费品零售市场环境不断变化,线下购物开始向线上倾斜并加速调整",http://www.bain.com.cn/news.php?act=show&id=604。

贝恩咨询公司的这份报告作为二手数据,哪些企业可以从中获取有价值的信息?这类信息对企业而言有何帮助?

(2) 调研方法。在很多情况下,企业必须搜集一手数据,搜集原始数据的方法主要包括观察法、调查法和实验法。

- **观察法**(observational research)。观察法是指由调查人员到现场对调查对象的情况进行有目的、有针对性地观察记录,据以研究被调查者的行为和心理。观察法最适用于探索性调研。这种调查多是在被调查者不知不觉中进行的,除人员观察外,也可利用机械记录处理。直接观察所得到的资料比较客观,实用性也较大。其局限性在于只能看到事态的现象,往往不能说明原因,更不能说明购买动机和意向。

- **调查法**(survey research)。调查法是搜集一手数据最普遍的方法,也是搜集描述性信息最适合的方法。企业营销人员针对想要了解的问题,如态度、偏好或者购买行为等,通过直接询问的方式来获取信息。调查法比较灵活,可以在不同的情况下获取信息,可以适用于任何市场营销问题或决策,一般通过电话、邮寄或网络等方式进行。

但调查法很容易被拒绝,如调查对象对调查内容不感兴趣、觉得浪费时间或者不愿意回答陌生人的问题。也有些调查对象为了显示自己很聪明或见多识广,即使不知道问题答案也胡乱提供不真实的信息。

- **实验法**(experimental research)。实验法是指在给定的条件下,通过实验对比对营销环境与营销活动过程中某些变量之间的因果关系及其发展变化进行观察分析。实验法最适合于搜集反映因果关系的信息。例如,宝洁刚进入中国市场时,中国家庭习惯于给婴儿穿开裆裤,宝洁面临的难题就是如何改变中国妈妈的这一习惯。为此,宝洁与北京儿童医院的睡眠研究中心合作,将来自8个城市的1 000多个婴儿分为两组,涉及6 800个家庭。两组婴儿分别穿纸尿裤和开裆裤,实验显示,穿纸尿裤的婴儿能更快入睡的概率提升30%,并且平均每个夜晚能够维持30分钟的额外睡眠。

实验法的结果非常直观,容易获取结论,但对调研人员的要求较高,调研人员要事先对变量之间的因果关系有一定的假设,还要善于设计实验程序,控制可能会影响实验的其他变量。

（3）调研工具。在搜集一手数据时，调研人员可以选择调查问卷和调查仪器。

调查问卷（questionnaire）是最常用的调研工具，其询问问题的方式多种多样，可以是封闭性问题，也可以是开放性问题。开放性问题是指问卷所提的问题没有事先确定的答案，由被调查者自由回答，例如，"你对联想手机的印象如何？"，由于被调查者的答案不受限制，所以，开放性问题比封闭性问题能够反映更多的情况。封闭性问题已经包括所有可能的答案，被调查者从中作出选择，封闭性问题主要以单项选择题、多项选择题、是非题、李克特量表等形式出现，封闭性问题更容易解释和统计。

随着科技的进步，仪器也常作为调研工具。例如，超市的收银扫描仪可以记录消费者的购买行为，作为调研消费者对某类产品购买偏好的信息来源；眼动仪通过捕捉调查对象眼球的运动轨迹，可以用来研究消费者的购买动机和态度。

（4）抽样方法。样本（sample）是从总体中挑选出来并能代表总体的一部分。理想的样本能够代表并解释总体的情况，从而帮助调研人员对人们的想法和行为作出准确的估计。

有效的抽样必须先明确抽样单位——调查谁？其次，选择合理的抽样范围——调查多少人，大样本效果更好，但是成本也更高。最后，确定抽样的程序，选择不同的抽样类型（见表5-3）。随机抽样可以保证每个总体成员被抽中的概率一样，但是所需成本太大，时间太长，完全的随机抽样较难实现。非随机抽样更易操作，但样本的结果与总体的结果有时偏差较大。

表5-3 抽样类型

随 机 抽 样	
简单抽样	每个总体成员具有已知并相等的机会被选中
分层随机抽样	总体被分成互不相容的几组（如根据年龄分组），从每个组抽取随机样本
分群（地区）随机抽样	总体被分为互不相容的几组（如社区），从这几组中随机抽取一组进行调研
非 随 机 抽 样	
任意抽样	选择最容易获取的总体成员，从他们那里获取信息
判断抽样	调研人员根据自己的判断，选择有可能提供准确信息的总体成员
配额抽样	调研人员从各种类型的人中选取规定的人数进行调查

（5）接触方法。在调研过程中，可以通过电话、邮寄、面谈、网络等方式进行询问、获取信息。电话获取信息最迅速也最及时，但是经常遭到拒绝，成功率低，受时间限制也不能问太多问题。邮寄成本较低，经济实用，具有较强的可送达性和可接近性，特别是在调查对象不愿接受访问或对调查人员有偏见时，效果较好；但反应速度太慢，回收率低。面谈最具有灵活性，可以提出很多问题，还可以察言观色，及时补充、修正面谈问题，但是成本很高。网络的发展给调查方式提供了更多的可能，利用网络进行调研灵活性好，也可以

很好地控制样本,数据搜集速度也很快,成本更低。

3. 执行调研计划:搜集和分析数据

在制定调研计划后,可由本企业调研人员承担搜集信息的工作,也可委托调研公司搜集。面谈访问必须争取被访问者的友好和真诚合作,才能搜集到有价值的第一手资料。进行实验调查时,调研人员必须注意使实验组和控制组匹配协调,在调查对象汇集时避免其相互影响,并采用统一的方法对实验处理和外来因素进行控制。

调研人员还必须加工和分析搜集来的数据,从已获取的有关信息中提炼出适合调研目标的调查结果。在分析过程中,要检查数据的准确性和完整性,并将数据转化为可以分析的形式。然后可将数据资料列成表格,对主要变量计算统计值。

4. 解释和报告调研结果

调研人员向营销主管提交与进行决策有关的主要调查结果。调研报告应力求简明、准确、完整、客观,为科学决策提供依据。如果能使管理决策减少不确定因素,则此项营销研究就是富有成效的。

5.3 市场需求的测量与预测

 如何测量和预测市场需求?

市场需求预测是在市场调研的基础上,综合运用预测理论和方法,对未来市场需求的估计。通过市场需求预测,企业能生产出顾客需要的产品,提供更多的顾客价值,从而取得优异的市场业绩。

5.3.1 市场需求及其相关概念

1. 不同层次的市场

市场作为营销领域的范畴,是指某一产品实际购买者和潜在购买者的总和,是对该产品有兴趣的顾客群体,也称潜在市场。潜在市场的规模取决于现实顾客与潜在顾客人数的多少。

购买者身份的确认一般依据三个特性,即兴趣、收入和购买途径。兴趣是指购买需求和欲望,是采取购买行为的基础;收入决定支付能力,是采取购买行为的条件,市场规模是兴趣与收入两者的函数。购买途径决定购买者能否买得到所需产品。合格市场是对某种产品感兴趣、有支付能力并能获得该产品的顾客群体。

同样的产品往往因购买者必须具备某一特定条件才能获取,例如,规定到一定年龄者才能购买汽车。有效市场中具备这种条件的顾客群体,构成该产品的合格有效市场。企业可将营销努力集中于合格有效市场的某一细分部分,这便成为企业的目标市场。

经过企业及竞争者的营销努力,必能售出一定数量的某种产品,购买该产品的顾客便形成渗透市场。

各市场层次关系如图 5-4 所示。

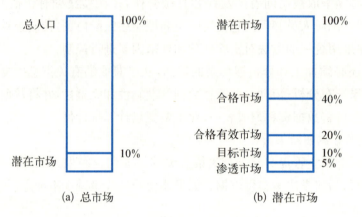

图 5-4　市场定义的层次关系

例如,对公司销售的摩托车感兴趣的所有顾客构成潜在顾客;其中,有足够的收入买得起这个产品并且有一定的渠道获得这个产品的顾客,则是合格市场;由于政府禁止 18 岁以下的未成年人驾驶摩托车,所以,合格市场中 18 岁以上的成年人构成合格有效市场;如果公司偏向于吸引收入较高的青年人购买摩托车,则这部分青年人就成了目标市场;一旦公司售出一定数量的产品,购买这些产品的顾客就是渗透市场。

2. 市场需求

某一产品的市场需求(market demand)是指在一定的营销努力水平下,一定时期内在特定地区、特定营销环境中,特定顾客群体可能购买的该种产品总量。可从以下八个方面理解市场需求的概念:

(1) 产品。首先确定所要测量的产品类别及范围。

(2) 总量。可用数量和金额的绝对数值表述,也可用相对数值表述。

(3) 购买。指订购量、装运量、收货量,付款数量或消费数量。

(4) 顾客群。要明确是总市场的顾客群、某一层次市场的顾客群、目标市场或某一细分市场的顾客群。

(5) 地理区域。根据非常明确的地理界线测量一定地理区域内的需求。企业根据具体情况合理划分区域,测定各区域的市场需求。

(6) 时期。市场需求测量具有时间性,如 1 年、5 年、10 年的市场需求。由于未来环境和营销条件变化的不确定性,预测时期越长,测量的准确性就越差。

(7) 营销环境。测量市场需求必须确切掌握宏观环境中人口、经济、政治法律、技术、文化诸因素的变化及其对需求的影响。

(8) 营销努力。市场需求也受可控因素的影响。市场需求受产品改良、产品价格、促销和分销方式等因素影响,一般表现出某种程度的弹性,不是一个固定的数值。因此,市场需求也称市场需求函数。随着行业营销费用的增加和刺激消费的力度加大,市场需求一般会随之增大,但报酬率由递增转入递减。当营销费用超过一定水平后,就不能进一步促进需求,市场需求所达到的极限值称为市场潜量。由于市场环境变化深刻地影响着市场需求的规模、结构和时间等,也深刻地影响着市场潜量,经济繁荣期的市场潜量比经济衰退期的市场潜量要高(见图5-5)。

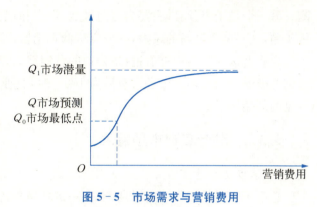

图5-5　市场需求与营销费用

3. 企业需求

企业需求是指在市场需求总量中企业所占的份额。以公式表示为:

$$Q_i = S_i Q$$

式中：Q_i 为 i 公司的需求;

　　　S_i 为 i 公司的市场占有率;

　　　Q 为市场需求,即市场总需求。

在市场竞争中,企业的市场占有率与其营销努力成正比。假定营销努力与营销费用支出成正比例,即：

$$S_i = \frac{M_i}{\sum M_i}$$

式中：M_i 为公司的营销费用;

　　　$\sum M_i$ 为全行业的营销费用。

由于不同企业的营销费用支出所取得的效果不同,以 α 代表公司营销费用的有效率,则 i 公司的市场占有率计算公式为：

$$S_i = \frac{\alpha_i M_i}{\sum \alpha_i M_i}$$

进而言之,如果营销费用分配于广告、促销、分销等方面,它们有不同的有效率及弹性,以及考虑到营销费用的地区分配、以往营销努力的递延效果和营销组合的协同效果等因素,则上述表达式还可以进一步完善。

4. 公司预测与企业潜量

公司预测是指公司销售预测,是与企业选定的营销计划和假定的营销环境相对应的销售额,即预期的企业销售水平。这里,销售预测不是为确定营销计划或营销努力水平提供基础,而是由营销计划所决定的,它是既定的营销费用计划产生的结果。与销售预测相关的还有两个概念：一个是销售定额，即公司为产品线、事业部和推销员确定的销售目标，是一种规范和激励销售队伍的管理手段。分配的销售定额之和一般应略高于销售预测。另一个是销售预算，主要为当前采购、生产和现金流量作决策。销售预算既要考虑销售预测，又要避免过高的风险，一般应略低于销售预测。

企业潜量即公司销售潜量，指公司的营销努力相对于竞争者不断增大时，企业需求所达到的极限。当公司的市场占有率为100%时，企业潜量也就是市场潜量，但这只是一种少见的极端情况。

5.3.2 估计目前市场需求

1. 总市场潜量

总市场潜量是指在一定时期内，在一定环境条件和一定行业营销努力水平下，一个行业中所有企业可能达到的最大销售总量。估算公式为：

$$Q = nqp$$

式中：Q 为总市场潜量；

n 为既定条件下特定产品的购买者人数；

q 为每一购买者的平均购买数量；

p 为单位产品平均价格。

由此还可推导出另一种估算市场潜量的方法，即连锁比率法。它由一个基数乘以几个修正率组成，即由一般相关要素移向有关产品大类，再移向特定产品，层层往下推算。当估计一个量的各个组成部分比直接估计该量更容易时，可以考虑采用这种方法。

假定某啤酒厂开发出一种新啤酒，估计其市场潜量时可借助下式：

新啤酒需求量＝人口×人均可任意支配收入

×人均可任意支配收入中用于购买食物的百分比

×食物花费中用于饮料的平均百分比

×饮料花费中用于酒类的平均百分比

×酒类花费中用于啤酒的平均百分比

×啤酒花费中用于该新啤酒的预计百分比

2. 地区市场潜量

公司在测量市场潜量后，为选择拟进入的最佳区域，合理分配营销资源，还应测量各地区的市场潜量。较为普遍的有市场累加法和多因素指数法。前者多为工业品生产企业采用，后者多为消费品生产企业采用。

（1）市场累加法。先识别某一地区市场的所有潜在顾客并估计每个潜在顾客的购买量，然后计算出地区市场潜量。如果公司能列出潜在买主，并能准确地获得所估计的每个买主将要购买的数量，此法无疑是简单而又准确的。问题是获得所需要的数据的难度很大,花费也较高。目前,可以利用的资料主要有全国或地方的各类统计资料、行业年鉴、工商企业名录等。

（2）多因素指数法。也叫购买力指数法,是指借助与区域购买力有关的各种指数以估算其市场潜量。例如,药品制造商假定药品市场与人口直接相关,某地区人口占全国人口的2%,则该地区的药品市场潜量也占全国市场的2%。这是因为消费品市场上顾客很多,不可能采用市场累加法。但上例仅包含人口因素,而现实中其影响程度不同。因此,通常采用多因素指数法。美国《销售与市场营销管理》杂志每年都公布全美各地和大城市的购买力指数,并提出以下计算公式：

$$B_i = 0.5Y_i + 0.3R_i + 0.2P_i$$

式中：B_i 为 i 地区的购买力占全国总购买力的百分比；

Y_i 为 i 地区个人可支配收入占全国的百分比；

R_i 为 i 地区零售额占全国的百分比；

P_i 为 i 地区人口占全国的百分比；

0.5、0.3、0.2是三个因素的权数,表明该因素对购买力的影响程度。

上述公式用以反映许多既非高档奢侈品,也非低档消费品的地区市场潜量,是相对的行业机会。产品不同,权数应有所调整。如需精确测量,还应考虑季节性波动、市场特点等因素。

3. 行业销售额和市场占有率

为了识别竞争对手并估计它们的销售额,同时正确判断自己的市场地位,从而在竞争中知己知彼,正确制定营销战略,企业有必要了解全行业的销售额和本企业的市场占有率状况。

企业一般是通过国家统计部门、新闻媒介公布的数据,或者行业主管部门或行业协会所搜集和公布的数据,了解全行业的销售额。通过对比分析,可计算本公司的市场占有率,还可将本公司的市场占有率与主要竞争对手比较,计算出本公司的相对市场占有率。假如全行业和主要竞争对手的增长率为8%,本企业增长率为6%,则表明企业在行业中的地位已被削弱。

为分析企业市场占有率增减变化的原因,通常要剖析以下几个重要因素：产品本身因素,如质量、装潢、造型等；价格差别因素；营销努力与费用因素；营销组合策略差别因素；资金使用效率因素等。

5.3.3 市场需求预测方法

科学的营销决策不仅要以市场营销调研为出发点,而且要以市场需求预测为依据。市场需求预测是在营销调研的基础上,运用科学的理论和方法,对未来一定时期的市场需求量及影响需求的诸多因素进行分析研究,寻找市场需求的发展变化规律,为营销管理人员提供未来需求预测性信息,作为营销决策的依据。

常用的市场需求预测方法主要有以下几种。

1. 购买者意向调查法

购买者意向调查法是指通过直接询问购买者的购买意向和意见,据以判断销售量。如果购买者的购买意向是明确清晰的,这种意向就会转化为购买行为,并且愿意向调查者透露,这种预测法特别有效。但是,潜在购买者数量很多,难以逐个调查,故此法多用于工业用品和耐用消费品。同时,购买者意向会随时间变化,故适宜作短期预测。调查购买者意向的具体方法比较多,如直接访问、电话调查、邮寄调查、组织消费者座谈会等。例如,采用概率调查表向消费者调查耐用消费品购买意向,可能会收到较好效果(见表5-4)。

表5-4 购买意向概率调查表

在今后六个月内你打算买50吋乐视超级电视吗?						
概率	0.00	0.20	0.40	0.60	0.80	1.00
购买意向	不买	不太可能买	有点可能买	很有可能买	非常可能买	要买

2. 综合销售人员意见法

综合销售人员意见法是指通过听取销售人员的意见来预测市场需求。销售人员包括企业基层的营业员、推销员及有关业务人员。销售人员最接近市场,比较了解顾客和竞争者的动向,熟悉所管辖地区的情况,能考虑到各种非定量因素的作用,较快地作出反应。由于销售人员中没有受过预测技术教育的居多,且因所处地位往往具有局限性,对经济形势和企业营销总体规划不够了解,可能存在过于乐观或过于悲观的估计。但在销售人员较多时,过高或过低的期望值可相互抵消,从而使预测结果趋向合理(见表5-5)。

表5-5 销售人员销售预测意见综合

销售人员	预测项目	销售额(万元)	概率	(销售额×概率)(万元)
张某某	最高销售	3 000	0.2	600
	可能销售	2 100	0.5	1 050
	最低销售	1 200	0.3	360
	期望值			2 010
王某某	最高销售	2 500	0.3	750
	可能销售	2 000	0.6	1 200
	最低销售	1 600	0.1	160
	期望值			2 110
李某某	最高销售	2 050	0.2	410
	可能销售	1 800	0.6	1 080
	最低销售	1 600	0.2	320
	期望值			1 810

如果三个销售人员素质接近,权重相同,则平均销售预测值为:

$$\frac{2\,010+2\,110+1\,810}{3}=\frac{5\,930}{3}=1\,976.7\text{万元}$$

3. 专家意见法

专家意见法是指根据专家的经验和判断以求得预测值。具体形式有三：一是小组讨论法。召集专家集体讨论互相交换意见，取长补短，发挥集体智慧，作出预测。二是单独预测集中法。由每位专家单独提出预测意见，再由项目负责人员综合专家意见得出结论。三是德尔菲法。德尔菲是古希腊神话中的地名，相传阿波罗杀死恶龙于该地，城中有阿波罗神殿，众神每年到此集会，可预卜未来。美国兰德公司在 20 世纪 40 年代末制定此法，俗称"背靠背"法，即用系统的程序，采取不署名和反复进行的方式，先组成专家组，将调查提纲及背景资料提交专家，轮番征询专家意见后再汇总预测结果。德尔菲法的特点是专家互不见面，可避免相互影响，且反复征询、归纳、修改，有时经四五轮，意见趋于一致，结论比较切合实际。

4. 市场试验法

市场试验法是指在新产品投放市场或老产品开辟新市场、启用新分销渠道时，选择较小范围的市场推出产品，观察消费者的反应，预测销售量。由于时间长、费用大，此法多用于投资大、风险高和有新奇特色产品的预测。

5. 时间序列分析法

时间序列分析法是指将某种经济统计指标的数值，按时间先后顺序排列形成序列，再将此序列数值的变化加以延伸，进行推算预测未来发展趋势。其主要特点是以时间的推移来研究和预测市场需求趋势，排除外界因素影响。采用此法首先要找出影响变化趋势的因素，再运用其因果关系进行预测。

产品销售的时间序列（Y）及其变化的结果如下：

（1）趋势（T）。趋势是人口资本积累、技术发展等因素共同作用的结果。利用过去的销售数据，描绘出销售曲线可看出某种趋势。

（2）周期（C）。许多商品销售受经济周期影响，其销售额往往呈波浪形运动。认识循环周期对中期预测相当重要。

（3）季节（S）。指一年内销售额变化的规律性周期波动。通常与气候、假日、交易习惯有关，如果具体到周、日，也可能与上下班时间有关。

（4）不确定因素（E）。包括自然灾害、战乱以及其他变故，这些偶发事件一般无法预测，应从历史数据中剔除这些因素的影响，考察较为正常的销售活动。

上述因素构成的加法模型如下：

$$Y = T + C + S + E$$

也可构成乘法模型，即：

$$Y = T \times C \times S \times E$$

或构成混合模型，如：

$$Y = T \times (C + S + E)$$

6. 直线趋势法

直线趋势法是指运用最小二乘法,以直线斜率表示增长趋势的外推预测方法。公式为:

$$Y = a + bX$$

式中:a 为直线在 y 轴上的截距;

b 为直线斜率,反映年平均增长率;

Y 为销售预测趋势值;

X 为时间。

根据最小二乘法原理先计算预测趋势的总和,即:

$$\sum Y = na + b\sum X$$

式中:n 为年份数。

再计算 XY 的总和,即:

$$\sum XY = a\sum X + b\sum X^2$$

上述两式的共同因子是 $\sum X$。为简化计算,将 $\sum X$ 取 0。若 n 为奇数,则取 X 的间隔为 1,将 $X=0$ 置于资料期的中央一期;若 n 为偶数,则取 X 的间隔为 2,将 $X=-1$ 与 $X=1$ 置于资料中央的上下两期。

当 $\sum X = 0$ 时,上述二式分别为:

$$\sum Y = na$$
$$\sum XY = b\sum X^2$$

由此推算出 a,b 值为:

$$a = \frac{\sum Y}{n}$$
$$b = \frac{\sum XY}{\sum X^2}$$

所以,

$$Y = \frac{\sum Y}{n} + \frac{\sum XY}{\sum X^2}X$$

【例 5-1】 假设某企业 2011—2015 年的销售额分别为 480、530、540、570、580 万元,运用直线趋势法预测 2016 年的销售额。

由于 $n=5$ 为奇数,且间隔为 1,故 $X=0$ 置于中央一期即 2001 年,X 的取值依次为

—2、—1、0、1、2，XY 依次为 —960、—530、0、570、1 160 万元，X^2 依次为 4、1、0、1、4，所以，

$$\sum Y = 2\,700 \text{ 万元}$$

$$\sum XY = 240 \text{ 万元}$$

$$\sum X^2 = 10$$

代入公式，则得：

$$Y = \frac{2\,700}{5} + \frac{240}{10} \cdot X = 540 + 24X$$

预测 2016 年的销售额，将 $X = 3$ 代入上式，得：

$$Y = 540 + 24 \times 3 = 612 \text{ 万元}$$

7. 统计需求分析法

任何产品的销售都要受多种因素的影响。统计需求分析是运用一整套统计学方法，发现影响企业销售的最重要的实际因素及其影响力大小的方法。经常分析的因素是价格、收入、人口和促销等。

统计需求分析将销售量（Q）视为一系列独立的需求变量 $X_1, X_2, \cdots, X_n$ 的函数，即：

$$Q = f(x_1, x_2, \cdots, x_n)$$

这些变量同销售量（因变量）之间的关系，不能用严格的数学公式表示，只能用统计分析来揭示和说明。运用多元回归技术在寻找最佳预测因素和方程的过程中，可以找到多个方程。

【例 5-2】 某饮料公司为预测各地区的销售量，通过运用统计分析方法，发现影响软饮料需求量的最主要因素是年均温度和人均收入，其表达方程式是：

$$Q = -145.5 + 6.46X_1 - 2.37X_2$$

式中：Q 为年销售额；

X_1 为某地区年平均温度（华氏）；

X_2 为某地区的人均年收入（千元）。

设某地区的年平均温度为 54°F，人均年收入为 24 000 元，代入上式可测出该地区软饮料人均需求量：

$$Q = -145.5 + 6.46 \times 54 - 2.37 \times 24 = 146.46$$

实际人均需求为 143，相差不大。

用上述方程预测需求量，首先要预测平均温度和人均收入，并注意可能影响预测值的因素，如观察值过少、变量之间高度相关、变量与销售之间关系不明朗和未考虑新变量的出现等。

本章小结

营销需要详细、准确、及时的信息,营销调研就是为不断提供这种信息服务的。市场营销信息系统由人、设备和程序组成,为营销决策搜集、筛选、分析、评估和分配及时、准确的信息。营销信息系统由内部报告系统、营销情报系统、营销调研系统和营销分析系统构成。营销调研是运用科学的方法,有目的、有计划地搜集、整理和分析有关营销的信息,提出建议,作为市场预测和营销决策的依据。市场营销调研可以分为探索性调研、描述性调研和因果性调研。营销调研过程包括确定问题和调研目标、制定调研计划、执行调研计划以及解释和报告调研结果四个步骤。其中,企业信息的来源可以是二手数据,也可以是一手数据。对于一手数据,一般利用调查问卷和仪器,通过电话、邮寄、面谈或网络等手段,采用观察法、调查法和实验法进行搜集。在进行市场调研时,往往需要进行样本的选择,不同的抽样类型有不同的特点,调研人员根据自己的目标及资源选择随机抽样或非随机抽样。市场需求的测量与预测包括市场需求、企业需求和市场潜量的测定,并在营销调研的基础上,对未来的市场需求量及影响需求的因素进行分析研究和预测。

关键术语(中英对照)

市场营销信息系统(marketing information system)
营销情报系统(marketing intelligence system)
内部数据库(internal database)
市场营销调研(marketing research)
营销分析系统(marketing analysis system)
探索性调研(exploratory research)
描述性调研(descriptive research)

因果性调研(causal research)
二手数据(secondary data)
一手数据(primary data)
观察法(observational research)
调查法(survey research)
实验法(experimental research)
调查问卷(questionnaire)
样本(sample)
市场需求(market demand)
市场占有率(market share)

思考题与应用

1. 什么是市场营销信息系统?市场营销信息系统对企业而言有何意义?
2. 市场营销调研的过程是什么,为什么需要制定调研计划?
3. 以下问题适合采用哪种类型的调研?为什么?
(1) 越来越多的竞争对手进入市场;

(2) 消费者对企业产品的满意度；

(3) 产品价格下降对消费者忠诚度的影响。

4. 解释一手数据和二手数据，分别说明它们适合的时机和搜集方法。

5. 市场需求预测的方法有哪些？

营销实战案例

大悦城构想：用大数据进行精准营销

"希望未来的购物中心成为一个地缘辐射半径比较大的、有共同属性的人聚集的社区，是这群人的社交场所和生活中心。"中粮置地北京公司副总经理、朝阳大悦城总经理周鹏描述说。

根据中国购物中心产业资讯中心的不完全统计，截至2012年年底，国内41个大中城市共有3 100家购物中心，商业建筑面积累计达到2.2亿平方米。

如何才能从这么多购物中心里脱颖而出？

周鹏把购物中心定义为家和工作场所之外的"第三生活中心"，虽然他不太愿意将"放慢节奏"和"延长消费者停留时间"画上等号，但这正是大悦城要去的方向。

那些18—35岁，年轻、时尚、潮流的客户群需要什么？

针对业内"去主力店化"的质疑，周鹏强调朝阳大悦城对主力百货的调整是希望将卖场内的品牌都做得更加丰满，"人有我优"。例如，要求品牌商在大悦城内开设的尽可能是旗舰店，强调唯一性和规模化，营造购物的舒适感，并推动商家直接在店内增设咖啡吧、娱乐设施等环节，让消费者在购物的同时就能进行体验。

另外，朝阳大悦城还将引进更多高端家居品牌、加入话剧和歌剧等文化先锋内容，甚至"教"场内品牌如何按照家庭情景的模式进行商品陈列。

周鹏说，未来的生活业态将占到购物中心业态的60%—70%，每个店就代表着一种品位和生活状态。

为了保证上述"体验"优化不至于沦落到购物中心一厢情愿、消费者并不买账的地步，大悦城还需要完成一件非常重要的事——消费者数据搜集。

中国商业地产联盟副会长兼秘书长王永平归纳了国内购物中心探索线上发展的三种模式：其一是阿里集团与银泰百货这两大线上和线下的"大佬"互相成为对方第二大股东、深度合作；其二为苏宁同时开展线下和线上业务，并且正在打造"互联网门店"的全新模式；其三则是万达广场纯粹将线上作为营销工具的模式。

现阶段，传统卖场和电商平台都在探索，可以肯定的是，未来O2O模式下的线上线下结合将会更紧密，移动互联的应用也会更广泛。

大悦城的切入口也就在这里。

周鹏今年想要完成的一件大事是在朝阳大悦城内部成立消费者实验室,对消费者的反馈进行记录和分析。

"购物中心是卖客流的,但这种客流不能简单粗暴。所以,消费者实验室的作用一部分是引领,未来我们想要通过实验室教育消费者,如农业、高科技如何改变生活。另一部分则是通过实验得到详细的数据。"

而在北京另一家大悦城——西单大悦城内,消费者连上商场内WiFi的同时就自动成为大悦城数据库的一部分,后者只要统计WiFi接入点的客流情况就能勾画出消费者在卖场内的轨迹图。这还不够,大悦城目前正准备使用LBS技术对客流进行定位,从而更精准地记录消费者的位置变化。

中粮置地商管公司总经理助理、推广部总经理危建平对《第一财经日报》透露,今年年中,大悦城还将把会员卡与车牌号进行绑定,通过车辆在购物中心内的停留时间来判断并搜集该会员的购物时长。

大悦城做这些事的目标很明确——利用大数据分析消费者行为,并在此基础上进行精准营销。

中粮置地总经理韩石去年年底预言:"随着市场的成熟发展和变革,大数据和体验经济将成为撬动商业价值提升的两个重要杠杆。"周鹏评价说,移动互联既为购物中心洞察消费者需求提供一个新的工具,也让消费者知道卖场可以提供的服务,"智能终端对电商来说是锦上添花,但对购物中心却是雪中送炭"。

根据对消费者,尤其是全国超过80万会员的分析,大悦城在商场内针对不同客户群进行信息推送。在此基础上,大悦城启动了名为"购物篮计划"的精准营销,将会员分为21个层级,为每一个层级推送完全不同但与之相应的信息。

当不同层级的会员来到卖场并通过大悦城的APP连接到WiFi时,大悦城即可监测到该会员来到卖场的动作,并通过后台技术自动调用会员信息,为其匹配有针对性的折扣、新品等时效信息并进行推送。

2014年3月8日,大悦城还欲借助"三八妇女节"与支付宝的合作继续扩大消费者数据的搜集范围,并且通过移动支付的打通为O2O闭环画上最后一笔。

但仅凭单向度的数据搜集,周鹏提出的"社区式购物中心"构想并不能完全实现,更重要的显然是交互性。为此,大悦城近期正在频繁地与国内的社交平台接触。

危建平介绍,目前,大悦城正在与以大众点评网为代表的平台讨论合作事宜。对大众点评网而言,与实体购物中心的合作可以让其直达餐厅等商铺的末端,甚至可以看到具体的菜品。相应地,大悦城方面则能得到从大众点评网导流而来的客户群。

"电商先通过向心作用把数据做得越来越大,然后再通过离心作用慢慢细分到社区等微观单位,而购物中心正好以局部地域的地缘辐射优势见长。因此,做强社区、做强社交的线上平台和我们几乎是一拍即合,未来双方会有很多合作点。"周鹏说。

大悦城每年会为发展定出一个主题,今年的主题将从2013年的"商业聚焦体验"过渡到"商业聚焦创新"。

周鹏说自己2014年要做两个增量,一是提升品牌数量和质量,另一个是增加购物中心的流量。

"过去没有想好怎么通过新模式盈利是我们自己笨,但消费者现在已经习惯了智能终端,如果能在卖场里把流量提升到无限大、通过实体店提供的入口来进行线上生活,这将为未来的社区式购物中心做一个很好的铺垫。"

资料来源:http://www.ebrun.com/20140608/101073.shtml。

讨论题:

1. 什么是大数据?企业如何获得大数据?大数据对市场营销调研有何意义?

2. 大数据营销可以帮助企业更精准地分析客户需求,除此以外,你觉得企业利用大数据还可以获得哪些信息?

3. 现在很多企业将大数据看做拯救企业于水火的一把利刃,你如何看待大数据?

案例点评:

扫一扫如下二维码,获得老师对此案例的点评。

战略选择：
制定营销价值决策

第Ⅲ篇

第六章
企业战略计划与营销管理

 本章知识结构图

```
企业战略        · 基本含义
含义与作用      · 企业战略的特征
                · 企业战略的层次结构

规划总体战略    · 界定企业使命
                · 规划投资组合
                · 规划成长战略

经营业务单位    · 确定业务单位任务
的竞争战略      · 分析战略环境
                · 目标制定
                · 战略的形成与制定
                · 战略计划的执行与控制

市场营销        · 分析营销机会
管理过程        · 选择目标市场
                · 设计营销组合
                · 营销执行
```

 课前预习

本章学习要点：

1. 了解企业战略的概念与特征；

2. 掌握企业的层次结构以及战略管理的一般过程；
3. 掌握新业务成长的三种主要战略；
4. 理解经营业务单位的战略计划过程。

营销视频扫一扫

"世界级马拉松"创业者：Uber(优步)①

Uber 在 2010 年起源于旧金山，以共享经济的理念和模式席卷全球，并不断拓展业务范围，从私家车召车服务到物流、外卖服务。2014 年 2 月，Uber 开始在中国正式运营，中文名为优步。2014 年 10 月，人民优步作为一个非营利性产品推出。随着 Uber 不断发展，其衍生出一系列的安全、监管等问题，在中国市场，专车的合法性一直是笼罩在 Uber 头上的阴影。

公司创始人特拉维斯·卡兰尼克(Travis Kalanick)预计，2015 年年底之前中国将超越美国成为 Uber 最大的市场。为了配合中国市场环境，Uber 正在中国建立独立的实体并拥有独立管理层，寻找中国投资者。据 Uber 方面透露，Uber 中国的服务器已在中国设立，而 Uber 公司的组织结构等与中国主流互联网企业并无差别。Uber 计划 2015 年在中国投资 10 亿美元，在数十个城市开展业务；到 2016 年，在中国 50 座 500 万人口城市中推出 Uber 打车服务。

扫一扫如下二维码，观看视频"'世界级马拉松'创业者：Uber(优步)"，与老师及小伙伴们讨论如下问题并开始本章的学习：Uber 的企业使命是怎样的？面对中国市场，Uber 进行了哪些战略调整？

① 资料来源：若想观看完整视频，请登录 http://www.iqiyi.com/v_19rron7e88.html。

我们在前面的章节探讨了企业为顾客创造价值以取得回报的市场过程,本章将着重讨论企业战略计划的基本内容以及企业如何制定发展战略。企业能否在开放的市场中求得生存与发展,很大程度上取决于企业的营销活动,能否适应外部环境的变化并作出积极正确的反应,而联结企业与环境的则是企业的战略计划。战略计划确定了企业营销活动的方向与重心,结合企业的资源情况,规划出企业较长期的发展趋势,制定出一个具有远见且又切实可行的发展战略,关系到企业未来营销活动的成败。

战略一词源于希腊语 strategos,原意为"将军",引申为指挥军队的艺术和科学。在现代社会和经济生活中,这一术语广泛用于描述一个组织打算如何实现其目标和使命。在中国,战略一词历史久远,"战"指战争,"略"指谋略。

6.1 企业战略的含义与作用

 什么是企业战略?它有何特点?

6.1.1 企业战略的基本含义

自从 20 世纪 60 年代"战略"首次成为一个流行的商业词汇开始,它就一直有着许多不同的定义与解释,以下的定义抓住了战略的本质:

战略(strategy)是当前和计划的目标、资源配置以及市场组织、竞争者和其他环境因素之间相互作用的基本格局。这一定义表明一个完整的战略需要具备:① 做什么(需要达成的目标);② 在哪儿(选择哪个行业或产品市场为目标);③ 怎么做(如何给每个产品分配资源和活动,以适应市场机会和威胁并且获得竞争优势)。

企业发展战略也称企业战略(business strategy),是企业根据当前和未来市场环境变化所提供的市场机会和出现的限制因素,考虑如何更有效地利用自身现有的以及潜在的资源能力,去满足目标市场的需求,从而实现企业既定的发展目标。有效的企业战略是目标与手段的有机统一体,没有目标,就无从制定战略;没有手段,目标就无法实现,也就无所谓战略。所以,企业战略既要规定企业的任务和目标,更要着重围绕既定的任务和目标,综观全局地确定所要解决的重点问题、经过的阶段、采取的力量部署以及相应的重大政策措施。

有效的企业战略应能适应不断变化的环境,并对变化的环境作出正确、系统、配套的反应,充分利用环境变化所带来的新的市场机会,以保证企业的有效经营和发展。因此,企业战略应当具有很强的应变能力。企业战略的实质是就是预计和评价市场营销环境中即将来临的发展,并预先决定怎样最好地去迎接这种发展以及从这种发展中获得尽可能多的利益。

战略认识误区

错把运营效率当战略

运营效率与企业战略是两个不同的概念。但是,许多的中国企业却一直把运营效率当作战略来对待。具体表现就是,企业进行战略规划时,涉及的内容往往是关键绩效指标(KPI)、组织架构、管理体系、流程改造、资本效益、事业部规划等。而这些内容本质上是改善和提升运营效率的需要,并不是战略。战略要解决的是竞争方向以及如何配置资源实现竞争目标的问题。企业战略的着眼点在外部,而运营效率的着眼点在企业内部,从本质上说,它们是不同的。

例如,2001年之前,光明乳业是中国乳业的领先者,它连续保持着销售额全国第一、液态奶市场第一、酸奶市场第一、盈利能力第一的纪录。从2001年起,光明乳业开始实施"轻资产战略",即通过输出管理、技术和品牌获取利润,此后,光明数年中收购30多家地方乳品企业,由此获得了奶源、生产和渠道资源,迅速实现了规模扩张。但令光明始料未及的是,新战略不仅没有帮光明实现预期的增长目标,却导致了光明的巨额亏损。

这是什么原因呢?因为光明错把运营效率当作了战略。"轻资产战略"改善了光明的运营效率,解决了企业内部如何控制、协调、管理等共性运营问题,但由于缺乏明晰的差异化战略,使得光明无法取得顾客认可,而光明乳业的核心定位"保鲜奶"也在"轻资产战略"中被逐步淡化。

资料来源:"别踩上战略误区这一地雷",http://www.chinavalue.net/Management/Article/2011-11-9/197805.html。

中国企业还存在哪些战略认识误区?请举例说明。

6.1.2 企业战略的特征

企业战略具有以下特征:

(1) 全局性。战略以企业大局为对象,根据发展的需要制定,它规定的是企业整体行动,追求的是企业整体效果。虽然它也包括企业的局部活动,但这是作为整体行动的有机组成部分在战略中出现的。

(2) 长远性。战略既是一家企业谋求长远发展的反映,又是它对未来较长时期内怎样生存和发展的通盘考虑。制定战略要以外部环境和内部条件的当前状况为出发点,并对企业更长远的发展起指导作用。

(3) 抗争性。战略是在激烈竞争中如何与对手抗衡的行动纲领,也是针对各方冲击、压力、威胁和困难的基本安排。战略与那些不考虑竞争、挑战,单纯为了改善现状、增加经济效益和提高管理水平等的计划不同,是与强化企业竞争能力、迎接挑战直接相关的,具有战略意义的内容。

(4) 纲领性。战略规定的是企业整体的长远目标、发展方向和重点以及应采取的基本方针、计划、重大措施和基本步骤。这些都是原则性的、概括性的规定,具有行动纲领的意义。

"战略"与"战术"不能混为一谈。战略是如何赢得一场战争或战役的概念,战术主要是如何赢得一次战斗的根据。凡是为适应环境、条件变化所确定的长期基本不变的目标和实施方案,都属于战略范畴;针对当前形势、情境,灵活适应短期变化、解决局部问题的方法、措施,则是战术的概念。如果说目标指出了努力的归宿,战略明确了努力的方向,战术则决定何人、何时、以何种方式方法、通过何种步骤,将战略付诸实现,战术从属于战略。

6.1.3 企业战略的层次结构

根据现代企业管理的组织状况,企业战略一般包括以下三个基本层次。

1. 企业总体战略

企业总体战略也叫公司战略,是企业最高层次的、全局性的战略,其任务主要是选择企业投资活动的领域。企业(尤其是大型集团性企业)需要在分析企业外部环境与内在条件的基础上,根据企业使命选择企业经营活动的领域,合理配置企业资源,以保证企业长期、持续、稳定地发展,所以,经营范围的选择与企业资源的配置是企业总体战略的重要内容,它通常由企业高层主管负责制定并监督落实。

2. 业务单位战略

大企业(特别是多种经营的企业)往往从组织形态上把一些具有共同战略因素的二级单位(如事业部、子公司等)或其中的某些部分组合成一个战略业务单位;一般的企业也可以将产品和市场具有特殊性的二级单位看作独立的战略业务单位。所以,业务单位战略就是各个战略业务单位或事业部、子公司的战略,也可以叫作经营单位战略,它通常由战略经营单位的主管负责制定并落实。

3. 职能战略

职能战略也叫职能部门战略或职能层战略,它是企业各个职能部门在企业总体战略和业务单位战略的基础上制定的本部门的发展战略,通常涉及市场营销部门、生产部门、财务部门、研究与开发部门、人力资源部门等,由各部门主管负责制定和实施。

一般来说,市场营销职能在运营中负责引导企业与市场需求相适应,重点解决满足目标顾客需要的产品顺利进行市场交换的问题。生产职能的一般任务包括:设备、原材料的采购、供应;形成和发展生产能力;管理作业流程,控制质量水准,按照要求完成生产任务。研究与开发职能为企业运营提供"后劲",进行产品、工艺和技术的开发、改造、更新和设计。财务职能解决企业运营所需的资金来源,在与创造价值有关的各种活动之间进行资金分配,对资金使用进行监督、管理,并核算成本与收益。人力资源管理通过对"人"这一资源的开发、使用,帮助企业实现经营目标。

企业战略的层次结构如图6-1所示。

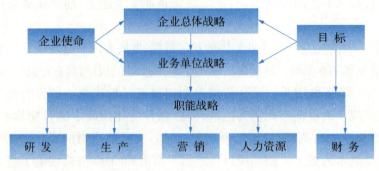

图6-1　企业战略的层次结构

6.2　规划总体战略

 什么是企业使命?

6.2.1　界定企业使命

1. 企业使命的含义

所谓<u>企业使命</u>(mission statement),就是一个企业存在于社会或行业的价值,它反映企业的目的、特征和性质。明确了企业使命,也就明确了企业的活动领域和发展的总方向。企业使命是只"无形的手",它指引着全体职工朝着一个方向前进。一般地,企业使命在企业开始创立时是比较明确的,但随着时间的流逝,当出现新的市场机会或市场条件发生变化时,企业的使命也会发生相应的变化。

当企业管理层意识到企业正在迷失方向时,这正是企业需要思考一些根本问题的时候。例如,我们的企业是干什么的?顾客是谁?我们对顾客的价值是什么?我们的业务将是什么?这些看似简单的问题,正是企业必须花时间作出答复的最大难题。成功的企业经常向自己提出这类问题,并慎重及全面地作出解答。

企业使命通常是由企业的高级管理层决定的。在确定企业使命时,主要应考虑如下因素:

(1) 企业历史及特色。企业历史及特色反映了企业的发展过程和成就,是企业继续前进的基础和宝贵资源。保持企业发展的连续性,不仅有利于利用现成的各项资源条件,也有利于取得企业上下的认同和支持。

(2) 企业周围环境的变化。环境变化可以形成威胁,也可以带来机会,要抓住机会,避开威胁。

(3) 企业资源的变化情况。要扬长避短,发挥优势。

(4) 企业所有者的意图。董事会或主管当局有时会从全局的需要或合理性出发,调整某些企业的业务范围。

2. 企业使命说明书

为了引导企业朝一个方向前进,在上述工作的基础上,企业决策层应以书面报告形式提出本企业的使命。使命说明书是建立在仔细分析当前和潜在客户所追求的利益之上的,同时应深入分析现实和将来的环境因素。传统上,企业是用产品术语("我们制造家具")或者技术术语("我们是化工加工企业")来界定其业务范围的。但是,使命说明书应以市场为导向来界定其业务范围。产品和技术最终会过时,而基本的市场需要却可能长期存在,市场导向型使命说明书以满足顾客需要的方式来定义企业的业务。产品导向型和市场导向型的不同业务定义的比较如表6-1所示。

表6-1 产品导向型和市场导向型不同的业务定义比较

企　业	产品导向型界定	市场导向型界定
亚马逊	我们销售图书、视频、CD、玩具、电子产品、家居用品等	我们使网络购买体验更快、更简单、更享受,从我们这里可以找到和挖掘任何你想在线购买的东西
百　度	我们提供中国最棒的在线搜索引擎	我们帮助客户组织全球信息并使这些信息为中国人所用
eBay	我们进行在线拍卖	我们提供任何人能交易商品的全球市场,在这个独特的网络社区上,人们可以自由地购买、娱乐和认识更多的人
资生堂	我们制造化妆品	我们销售生活方式和自我表达:成功、地位、记忆、希望和梦想
沃尔玛	我们经营折扣店	我们天天低价,给普通老百姓提供和富人买一样东西的机会,"省钱的好生活"

有效的企业使命说明书通常应体现下列几项原则:

(1) 它是符合消费需要的,通常应是市场导向型的,即按照企业实际的资源能力来规定和阐述企业的任务。

(2) 它是切实可行的,即按照企业实际的资源能力来规定和阐述自己的业务范围,做到宽窄相宜。过宽不但力所不及,还会流于空泛而使任务不明;过窄则不利于发挥企业潜力,影响企业发展。

(3) 它是能鼓舞人心、激励干劲的,即应使全体职工从任务报告中感受到本企业的任务对社会的贡献和发展的前途。

(4) 它提出的方针和措施是明确的、具体的,即要提出一系列有关的准则和界限,以尽量限制个人任意解释的范围和随意处理问题的权限,使企业内部各个方面的活动有章可循、责权明确,保证各环节的有机衔接。

3. 企业目标

企业使命说明书一经确定，就应当具体化为企业目标。企业目标是企业未来一定时期内所要达到的一系列具体目标的总称。具体包括产品销售额和销售增长率、产品销售地区、市场占有率、利润和投资收益率、产品质量与成本水平、劳动生产率、产品创新、企业形象等。其中，一定的利润和投资收益率是企业最重要的核心目标。

投资收益率是指一定时期内企业所实现的纯利润与其全部投资的比率。这是衡量、比较企业利润水平的一项主要指标。投资收益率越高，意味着运用单位投资获取的利润越多。努力提高投资收益率，对于企业以同等的投资实现更多的利润具有重要意义。因此，较高的投资收益率成为企业追求的核心目标之一。

市场占有率又称市场份额，是指一定时期内一家企业某种产品的销售量（或销售额）在同一市场上的同类产品销售总量（总额）中所占的比重。市场占有率与企业获利水平密切相关。当其他条件不变时，市场占有率越高，销售额就越大，单位产品的成本费用会越低，实现的利润就会越多，投资收益率也会随之相应提高。此外，市场占有率的高低也关系到企业知名度，影响企业的形象。因此，努力提高市场占有率是企业的重要战略目标之一。不过，一家企业市场占有率的提高，意味着同行业中其他企业市场占有率的降低，实际上是从竞争对手那里夺取销售额。所以，提高市场占有率的努力是市场竞争的一种体现。

销售增长率也称销售成长率，是指计划期产品销售增加额与基期产品销售额的对比关系。在其他条件不变的情况下，产品销售额的增长意味着企业能够实现更多的利润，因此，追求一定的销售增长率也是企业的重要目标之一。在新产品进入市场以后的一段时期内，尤其如此。不过，在许多情况下，销售增长率的提高并不必然会导致投资收益率的提高。有时候，前者提高了，后者并未提高，甚至还会下降。例如，当成本提高、价格不变时，就有可能出现这种情况。所以，企业不能单纯地追求销售增长率的提高，而应有选择地努力实现有利可图的销售额的增长。

6.2.2 建立战略业务单位与规划投资组合

1. 战略业务单位的含义

战略业务单位(strategic business unit)就是指在市场、技术等方面不同于其他业务，企业值得为其专门制定一套经营战略的业务项目。建立战略业务单位是为了将企业使命具体化，为了适应竞争、扩大规模的需要，大多数企业都在经营或准备经营几项业务，而且每项业务所面对的市场和环境也都各不相同。企业为了便于管理，从战略上进行统筹规划，就有必要将企业的各项业务从性质上区分开来，划分并建立若干个战略业务单位。

区分战略业务单位的主要依据通常是各项业务之间是否存在共同的经营主线，也就是现有的产品和市场与未来的产品和市场是否存在内在关联性。企业的战略业务单位通常具有如下特征：

（1）有独立的业务。它是一项独立业务或相关业务的集合体，但在计划工作中能与公司其他业务分开而单独作业，也可以扩展相关业务或新的业务。

(2) 有不同的任务。它有区别于其他业务单位的具体任务，大目标相同，从不同的方向去努力。

(3) 有自己的竞争者。在各自的领域都有现实的或潜在的对手。

(4) 掌握一定的资源。掌握公司分配的资源的控制权，以创造新的资源。

(5) 有自己的管理班子。它往往有一位经理，负责战略计划、利润业绩，并且控制影响利润的大多数因素。

(6) 能从战略计划中得到好处。它有相对的独立权，能按贡献分得应有的利润和其他好处。

2. 规划投资组合

各个战略经营单位的历史、现状和前景必然不同，规划总体战略必须考虑，如何把企业有限的人、财、物(尤其是财力资源)合理地在它们中进行配置以形成竞争优势，这就需要对各战略经营单位及其业务状况进行评估、分类，确认它们的前景和潜力，从而决定投资结构。这里简要介绍美国波士顿咨询集团的分类评价方法——波士顿咨询公司模型(Boston consulting group，见图6-2)。

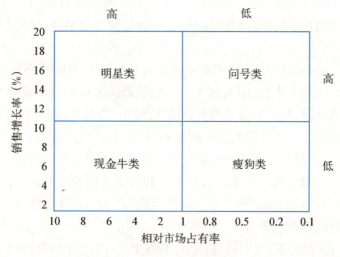

图6-2 波士顿咨询公司模型

相对市场占有率是指本企业产品的市场占有率与该企业最大竞争对手市场占有率之比。假如前者为10%，后者为40%，相对市场占有率则为0.25，也即本企业的市场份额只相当于最大竞争者的25%。如果相对市场占有率为6，则本企业的市场份额相当于最大竞争者的6倍。

① 明星类(stars)。相对市场占有率高、销售增长率也高的产品。这类产品处于迅速增长阶段，为支持其发展需要投入大量资金，因此，这是占用资金较多的产品。之所以要投入大量资金，是因为它们有希望成为提供现金的下述第二类产品。

② 现金牛类(cash cows)。相对市场占有率高、销售增长率低的产品。这类产品由于市场占有率高，盈利多，现金收入多，可以提供大量现金，企业可用这些现金支持其他需要现金的产品。因此，每个企业都十分重视这类"当家产品"，每个大中型企业应当有几头强

壮的"现金牛"。

③ 问号类(question marks)。相对市场占有率低、销售增长率高的产品。多数产品最初都属于这类产品,为提高这类产品的市场占有率,企业需要扩大生产,加强推销,因而需要大量现金,要靠"现金牛类"产品或贷款来支持。为此,企业应慎重考虑这样做是否合算,企业无疑要支持这类产品中确有发展前途的产品,但不宜过多,以免资金分散,效益不明显。

④ 瘦狗类(dogs)。相对市场占有率低、销售增长率也低的产品。这类产品是微利、保本,甚至亏本的产品,因而是"瘦狗类"产品。

由于绝大多数产品存在市场生命周期,以上四类产品在矩阵图中的位置会不断变化。例如,"明星类"的销售增长率最终会降下来,成为"现金牛";"现金牛"有可能最终成为"瘦狗类";如支持及时,"问号类"可能成为"明星类",如经营成功,"瘦狗类"也可能转化为"明星类"。

正因为如此,企业在制定企业战略时,就必须预测未来的市场变化,正确规划未来的矩阵,制定好产品投资组合计划。总之,"现金牛""明星类"的产品不能太少,另外两类产品不能相对过多,并且对不同类别的产品应持不同的投资策略。可供选择的企业投资策略有以下四种:

(1) 发展。目标是提高产品的相对市场占有率。为达此目标,有时甚至不惜短期投入。这种策略特别适用于"问号类"产品,与有效的促销组合结合,使它们尽快转化为"明星类"产品。

(2) 维持。目标是维持产品的相对市场占有率。这种策略特别适用于"现金牛"产品,尤其是其中的"大现金牛"。因为这类产品能够提供大量现金。此类产品大多处于市场生命周期中的成熟阶段,采取有效的营销措施维持相当长一段时间是完全可能的。

(3) 收割。目标在于尽可能地追求短期利润,而不顾长期效益。这种策略特别适用于弱小的"现金牛",这类产品很快就要从成熟期转入衰落期,前途暗淡,所以,要趁这类产品在市场上仍有一定地位时尽可能从它们身上获取更多的现金收入。同样道理,这种策略也适用于下一步计划放弃的"问号类"和"瘦狗类"产品。具体方法包括减少投资、降低质量、减少促销费用、提高价格等。

(4) 放弃。目标是清理、变卖现存产品,不再生产,并把各种资源用于生产经营其他经济效益较好的产品。显然,这种策略适用于没有发展前途的,或者妨碍企业增加盈利的某些"问号类"或"瘦狗类"产品。

案例小链接 6-1

亚马逊 20 年的战略变迁史

纵观亚马逊 20 年的发展史,其早期的增长率相当之高,甚至出现了 1997 年的超过 300% 的增长率和 1998 年近 200% 的增长率。自 2000 年以来,亚马逊公司的平均增长率也高达 32.81%,近两年虽有所下滑,但其发展势头丝毫不逊色于当今诸多新兴公司,并且将继续保持高歌猛进的姿态。

第一次业务结构——成为"地球上最大的书店"(1994—1997年)

1994年夏天,从金融服务公司D.E. Shaw辞职出来的贝佐斯决定创立一家网上书店,贝佐斯认为书籍是最常见的商品,标准化程度高;而且美国书籍市场规模大,十分适合创业。

为了和线下图书巨头Barnes & Noble、Borders竞争,贝佐斯把亚马逊定位成"地球上最大的书店"(Earth's biggest bookstore)。为实现此目标,亚马逊采取了大规模扩张策略,以巨额亏损换取营业规模。经过快跑,亚马逊从网站上线到公司上市仅用了不到两年时间。此后与Barnes & Noble经过几次交锋,亚马逊最终完全确立了自己作为最大书店的地位。

第二次业务结构——成为最大的综合网络零售商(1997—2001年)

贝佐斯认为和实体店相比,网络零售很重要的一个优势在于能给消费者提供更为丰富的商品选择,因此,扩充网站品类、打造综合电商以形成规模效益成了亚马逊的战略考虑。1998年6月,亚马逊的音乐商店正式上线。仅一个季度,亚马逊音乐商店的销售额就已经超过了CDnow,成为最大的网上音乐产品零售商。此后,亚马逊通过品类扩张和国际扩张,到2000年的时候,亚马逊上线整整5年,其宣传口号已经改为"最大的网络零售商"(the Internet's No.1 retailer)。这一年亚马逊的Logo才最终确定,Amazon这个词的下方有个箭头,正对应西方的一个俗语:A-Z,即所谓的无所不包。这意味着亚马逊不仅仅是一家书店,而是会向所有商品、所有业务进行扩张。

第三次业务结构——成为"最以客户为中心的企业"(2001年至今)

2001年开始,除了宣传自己是最大的网络零售商外,亚马逊同时把"最以客户为中心的公司"(the world's most customer-centric company)确立为努力的目标。此后,打造以客户为中心的服务型企业成了亚马逊的发展方向。为此,亚马逊从2001年开始大规模推广第三方开放平台(marketplace)、2002年推出网络服务(AWS)、2005年推出Prime服务、2007年开始向第三方卖家提供外包物流服务Fulfillment by Amazon(FBA)、2010年推出KDP的前身自助数字出版平台Digital Text Platform(DTP)。亚马逊逐步推出这些服务,使其超越网络零售商的范畴,成为一家综合服务提供商。

2007年,亚马逊无条件地聚焦于增加新的品类。亚马逊在2007年增加了28个新品类。其中包括快速和持续增长的业务(亚马逊的鞋店)——亚马逊在2007年发布Endless.com。2007年10月19日,亚马逊对用户发布了Amazon Kindle。Kindle作为一个专用的阅读设备,通过无线接入超过11万种书籍、博客、杂志和报纸。2009年,亚马逊在全世界范围内增加了21个新产品品类,包括在日本的汽车、在法国的婴儿用品、在中国的鞋和服装。

资料来源:"亚马逊20年战略变迁史",http://www.aiweibang.com/yuedu/3237985.html。

亚马逊公司目前在中国市场面临怎样的机遇与挑战？

6.2.3 规划成长战略

投资组合战略决定哪些经营单位需要发展、扩大以及哪些应收割、放弃。同时,企业还要考虑如何发展新业务,以代替萎缩或被淘汰的现有业务。否则,会影响预期利润目标的实现。

一般地,规划新业务成长战略可以遵循这样一种思路:首先,在现有的业务领域寻找未来发展的机会;然后,分析与目前企业业务有关的业务,并进行联营或收购;最后,开发与企业业务无关的富有吸引力的新业务,这样就形成了以下三种可选战略。

1. 密集性增长战略

密集性市场机会是指一个特定市场的全部潜力尚未达到极限时存在的市场机会。这就意味着,企业仍可以在现有的生产、经营范围内求得发展。企业这样的决策就是在采用密集性增长战略。利用这样的市场机会获得业务增长有以下三种情况(见图6-3)。

图6-3 产品-市场扩展矩阵(product/market expansion grid)

(1) 市场渗透战略(market penetration)。这是指通过采取更加积极有效的、更富进取精神的市场营销措施,如增加销售网点、短期调低价格、加强广告宣传等促销活动,努力在现有市场上扩大现有产品的销售量,从而实现企业的业务增长。具体形式有:① 刺激现有顾客更多地购买本企业现有的产品;② 吸引竞争对手的顾客,提高现有产品的市场占有率;③ 激发潜在顾客的购买动机,促使他们也来购买企业的这种产品。

(2) 市场开发战略(market development)。这是指通过努力开拓新市场来扩大现有产品销售量,从而实现企业业务的增长。主要形式是扩大现有产品的销售地区,直至进入国际市场。实施这种策略的关键是开辟新的销售渠道,并应大力开展广告宣传等促销活动。

(3) 产品开发战略(product development)。这是指通过向现有市场提供多种改型变异产品(如增加花色品种、增加规格档次、改进包装、增加服务等),以满足不同顾客的需要,从而扩大销售,实现企业业务的增长。实施这种策略的重点是改进产品设计,同时也要大力开展以产品特色为主要内容的宣传促销活动。

2. 一体化增长战略

一体化市场机会是指一个企业把自己的营销活动伸展到供、产、销不同环节,从而使自身得到发展的市场机会。企业往往利用这种市场机会实行不同程度的一体化经营,纵向增强自身生产和销售的整体能力,从而拓展业务,扩大规模,提高效率,增加盈利。一体化增长(integrative growth)有以下三种战略:

(1) 后向一体化战略。这是一种按销、产、供为序实现一体化经营而获得增长的策略。具体表现为:企业通过自办、契约、联营或兼并等形式,对它的供给来源取得控制权或干脆拥有所有权。冶炼或加工企业向原材料生产方向发展,实行产供一体化。例如,一家钢铁公司过去一直购买铁矿石,现在决定自办矿山,自行开采。商业企业向生产产品的方向发展,实行产销一体化。例如,一家服装店过去一直从服装厂进货,现在决定兼并一家濒临破产的服装工厂自己生产服装并销售。

(2) 前向一体化战略。与后向一体化增长正好相反,这是一种按供、产、销为序实现一体化经营并使企业得到发展的策略。具体表现为:企业通过一定形式对其产品的加工或销售单位取得了控制权或干脆拥有所有权。例如,一个过去只生产原油的油田现在决定开办炼油厂;一家大型养鸡场现在决定自设或兼并几个销售网点。

(3) 横向一体化战略。一家企业通过接办或兼并它的竞争对手(同行业的中小型企业),或者与同类企业合资经营(如日本资生堂与北京日用化学四厂合资生产化妆品),或者运用自身力量扩大生产经营规模,来寻求增长的机会,都属于这种一体化增长。

3. 多样化增长战略

多样化或称多角化的市场机会存在于一家企业例行的经营范围之外。通常只是在利用密集性或一体化的市场机会争取进一步的增长受到了限制,或是遇到了不寻常障碍时,企业才会打破行业界限,寻找别开生面的新机会。所谓多样化增长(divercification growth),是指企业利用经营范围之外的市场机会,新增与现有产品业务有一定联系或毫无联系的产品业务,实行跨行业的、多样化经营(多角化经营),以实现企业业务的增长。这种增长战略主要有以下三种:

(1) 同心性多样化战略。利用现有技术力量开发新产品,增加产品的门类和品种,犹如从同一圆心向外扩大业务范围,以寻求新的增长。例如,电脑制造商既制造电脑,也制造手机等电子产品,该战略有利于企业利用原有优势来获得融合优势。

(2) 横向多样化战略。企业针对现有市场(顾客)的其他需要,增添新的技术力量开发新产品,以扩大业务经营范围,寻求新的增长。这就意味着企业向现有产品的顾客提供他们所需要的其他产品。例如,一家农机制造企业是为农民的农业生产服务的,现在决定增设一个化肥厂,实行跨行业经营,但仍然是为农民的农业生产服务。实行这种多样化经营,意味着向其他行业投资,有一定风险,企业应具相当实力;但由于是为原有的顾客服务,易于开拓市场,有利于塑造强有力的企业形象。

(3) 集团式多样化战略。企业通过投资或兼并等形式,把经营范围扩展到多个新兴部门或其他部门,组成混合型企业集团,开展与现有技术、现有产品、现有市场没有联系的多样化经营活动,以寻求新的增长机会。发达国家的许多大公司,如通用电气公司、杜邦公司、三菱商社等,早就开始实行多样化经营。

6.3　经营业务单位的竞争战略

 经营业务单位的战略计划过程包括哪些步骤?

经营业务战略所涉及的问题是在给定的一个业务或行业内,经营单位如何竞争取胜,即在什么基础上取得竞争优势。经营业务战略就是各个业务单位根据总体战略的要求而对自身的业务发展和相对优势的建立等所做的战略安排。这种安排首先要明确业务单位的任务,即明确战略业务单位的具体业务和发展方向。经营业务单位的战略计划过程由八个步骤组成(见图6-4)。

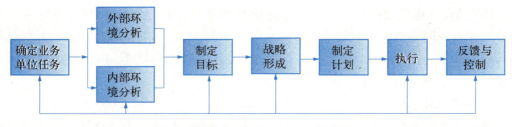

图6-4　经营业务单位的战略计划过程

6.3.1　确定业务单位任务

每个业务单位都必须确定一个在公司总任务下的具体任务。如果本单位是企业的"现金牛"业务,其任务就必须以"维持企业的市场占有率、为企业最大限度地创造利润"为核心,而不能另谋其他发展。

每个经营单位还要确定自己业务活动的范围,与界定企业整体战略的使命相似,重点说明以下三个问题:

(1) 需求——本业务单位准备满足哪些需求;

(2) 顾客——本业务单位面向哪些顾客;

(3) 产品或技术——本业务单位打算提供什么产品、依靠哪些技术,即从事什么业务达到目的。

例如,一个汽车制造单位可将其业务活动范围界定为提供省油、节能、易操纵(技术)的"紧凑型"轿车(产品)给中、低收入的家庭(顾客),以满足他们对低成本交通的需要。

6.3.2 分析战略环境

企业及其经营业务单位的生存和发展与环境以及环境的变化有密切关系,把握环境的现状和趋势,利用机会,避开威胁,是企业及其经营单位完成经营任务的前提。

一般来说,经营业务单位应监测那些影响其业务的主要宏观环境以及微观环境因素,并在此基础上对其优势(strengths)、劣势(weaknesses)、机会(opportunities)、威胁(threats)进行全面评估,即进行SWOT分析,从而把握环境的现状和发展趋势,充分寻找和利用机会,避开或减轻威胁,扬长避短,趋利避害,以保证企业业务单位目标的顺利实现。

从时间、费用和必要性看,一个企业及其经营单位没有必要对所有的环境进行详尽分析。因此,应根据任务的性质和要求确定特定的环境内容,然后集中力量对影响较大的因素进行调整研究。需要注意的是,必须重视预测有关因素将来发生变化和突变的时间、方向。

战略环境有关因素变化的结果,或对企业及其业务形成有利的条件,或产生某些不利影响,前者是环境机会,后者是环境威胁。因此,战略环境分析最终必须回答如下问题:有关因素何时发生变化?发生的可能性多大?这种变化将成为企业或该项任务的机会还是威胁?会带来多大影响?应当采取何种对策?如果是向新的产品、市场发展业务,还要重点分析有潜在竞争关系的其他企业的反应,作为战略决策的依据。

6.3.3 目标制定

在SWOT分析完成并了解了机会、威胁、优势、劣势后,经营业务单位应当转化为特定的经营目标。制定和实施经营单位的战略计划,要以目标为依据。为保证业务单位的各项目标得以有效实现,所制定的目标必须具备以下条件。

1. 层次性

层次性就是目标必须按轻重缓急或主次级别有层次地安排。业务单位的各项目标反映的是不同角度和不同侧面,而且一个较大的目标通常又可分为若干个较小的目标。例如,"提高利润"这一目标就可以分为增加收入和减少费用两个目标,增加收入又可分为提高市场份额和产品价格;减少费用也可以分为减少生产成本和减少营销费用等。因此,企业必须分析各个目标之间的因果或主次关系,明确各个目标项目的相对重要性,并分为若干层次顺序排列,这样也能把一些较为抽象的目标转化为各个部门和个人能够执行的具体目标。

2. 定量化

定量化就是目标尽可能地用数量表示。企业的目标在开始制定时往往都是定性化的,这种概念性的目标很难管理和控制,在对结果进行考核时也很难把握一个明确标准,所以,企业所制定的目标都应该用具体的指标数量来表示。例如,"提高销售增长额"这一目标就不如"下一季度的销售增长额要提高20%"这一目标具体和明确。

3. 现实性

目标的制定不是凭空想象得出的，而是根据外部环境和内部条件，在分析企业机会和优势的基础上形成的。所以，企业在制定目标时，要结合市场情况和行业状况，充分分析优秀企业的发展水平和本企业的优劣势，然后才能制定出合理可行的企业目标。当然，现实并不意味着保守，也不能缺乏挑战性。只有这样，才能既保持自己的竞争力，又能激发员工的积极性。

4. 协调一致性

协调一致性就是不能提出互相矛盾的目标，企业的多个目标之间有时会相互冲突，甚至会出现此消彼长的矛盾。因此，在制定目标时，需要对其关系认真权衡，然后结合市场与企业的条件进行合理选择。

6.3.4 战略的形成与制定

目标说明企业欲向何处发展，战略则说明如何达到目标。迈克尔·波特将其归纳为三种通用竞争战略：成本领先战略、差异化战略和集中化战略。

1. 成本领先战略

所谓成本领先战略，是指企业通过有效途径降低成本，使企业的全部成本低于竞争对手，甚至是同行业最低的成本，从而获得竞争优势的一种战略。实行成本领先战略需要一整套具体政策：经营业务单位积极建立大规模、高效率的设施；努力降低经验成本；严密控制成本开支和间接费用；追求研究开发、服务、销售、广告及其他部门的成本最小化。为了同竞争对手相抗衡，企业在质量、服务及其他方面的管理也不容忽视，但降低成本是贯穿整个战略的主题。

实施成本领先战略成功的关键在于，在满足顾客认为至关重要的产品特征和服务的前提下，实现相对于竞争对手的可持续性成本优势。换言之，奉行低成本战略的企业必须开发成本优势的持续性来源，能够形成防止竞争对手模仿成本优势的障碍，这种低成本优势方能持久。运用这一战略获取利润业绩的思路有：

（1）利用成本优势制定比竞争对手更低的价格，大量吸引对价格敏感的顾客，进而提高总利润。

（2）不削价，满足于现有市场份额，利用成本优势提高单位利润率，进而提高总利润和总投资回报率。低成本战略的理论基石是规模效益和经验效益，它要求企业的产品必须具有较高的市场占有率。

2. 差异化战略

所谓差异化战略，是指企业向顾客提供的产品或服务与其他竞争者相比独具特色、别具一格，从而使企业建立起独特竞争优势的一种战略。这种战略的核心是取得某种对顾客有价值的独特性。最具吸引力的差异化方式是那些竞争对手模仿起来难度很大或代价高昂的方式。事实上，资源丰富的公司几乎能够及时仿制任何一种产品或者特色与属性，这就是为什么持久的差异化优势通常要建立在独特的内部能力和核心能力的基础上。差异化所要寻求的是持久的差异化优势,但这并不意味着企业可以忽视成本因素,只不过成本在此不是主要战略目标。

3. 集中化战略

所谓集中化战略,是指将企业的经营活动集中于某一特定的购买群体、产品线的某一部分或某一地域性市场,通过为这个小市场的购买者提供比竞争对手更好、更有效率的服务来建立竞争优势的一种战略。集中化战略同成本领先战略、差异化战略的区别在于,集中化战略的注意力集中在整体市场的一个狭窄部分,其他战略则以广大的市场为目标。企业既可以通过差异化战略服务于某一细分市场,又可以通过成本领先战略实现这个目标。集中化战略有两种形式:一种是成本集中化战略,即在细分市场中寻求低成本优势;一种是差异集中化战略,即在细分市场中寻求差异化战略。

这种战略的风险在于,一旦局部市场的需求变化,或强大的竞争者执意进入,现有企业就可能面临重大灾难。

6.3.5 战略计划的执行与控制

经营业务单位一旦制定或选择了主要的战略,就必须制定相关的战略计划并组织营销资源对营销计划方案进行执行,对计划执行过程实施有效控制,并通过实施过程中反馈的市场信息对计划进行评估改善,以确保营销目标的实现。

战略计划的执行是企业营销目标得以实现、企业使命得以完成的基本前提。任何优秀的营销战略,如果不执行或执行不力,都不会收到任何效果。因此,企业必须通过相应的计划和具体的工作来支持其研发部门,以搜集可能影响本企业的最新技术相关信息,开发先进的尖端产品,同时有效地控制生产过程,训练销售人员了解技术和市场,制定产品的广告宣传计划等。在业务单位战略的执行过程中,企业还必须对整个战略的实施过程进行有效控制。因为市场环境处于不断的变化过程中,企业必须追踪战略执行结果和检测内外部环境的变化,并制定应对重大环境变化的反应措施,从而巩固企业的市场地位。

6.4 市场营销管理过程

 市场营销管理过程包括哪些步骤?

市场营销管理过程是指企业为实现企业使命和目标而发现、分析、选择和利用市场机会的过程。该过程的步骤一般包括分析营销机会、选择目标市场、设计营销组合和营销执行。

6.4.1 分析营销机会

在市场经济条件下,市场需求始终处于不断变化之中,企业的任何一种产品或业务都不可能永远适应市场的需要，因此，每个企业都必须经常寻找和发现新的市场机会。寻找、分析和评价市场机会是市场营销管理人员的主要任务，也是市场营销过程的首要步骤。

市场营销管理人员通过对企业内外部环境进行有效的市场调研，往往就可以发现一些有吸引力的市场机会。所谓市场机会，就是市场上存在的未被满足的需求。关键是这些市场机会能否为本企业所用，成为一种有利可图的企业机会，还需要营销管理人员对其进行分析和评价。换言之，市场机会成为营销机会是有条件的，这就是：① 看这种市场机会与企业的使命和目标是否一致；② 分析企业是否有利用该市场机会的资源条件；③ 分析利用该市场机会是否有利于发挥企业的差别优势，也就是企业在利用这种机会、经营这种业务上是否比其他竞争者有更大的优势。通过以上三个方面的分析，基本上就可以决定这种市场机会对本企业是否有吸引力。

为了保证这种市场机会的盈利性，营销管理人员还必须对其进行进一步的分析和评价。也就是说，营销管理人员还要分析研究影响企业营销活动的一般环境、消费者市场、产业市场和中间商市场等，进一步明确：这些产品有哪些人或单位会购买？在什么地方购买？愿意花多少钱？购买量有多大？竞争状况如何？营销管理人员需要确认这个机会仅仅是个别需求还是已经成为一个市场；确认这一市场是否有足够的顾客；确认企业在这一市场上是否有相应的分销能力。同时，企业的财务部门和制造部门还要估算利用这一机会的成本，以得出这种机会的最终盈利水平。

6.4.2 选择目标市场

营销管理人员分析和选择了有吸引力的市场机会之后，还要进一步进行市场细分和目标市场选择，从而确定最有利于企业发展的市场范围。这是市场营销管理过程的第二个主要步骤。该步骤包括进行市场细分、选择目标市场和确定市场定位三个方面。这一部分将在第七章进行详细介绍。

6.4.3 设计营销组合

目标市场一经选定，企业就必须为满足该目标市场的需要而对企业各种可以控制的变量进行组合，即设计营销组合。营销组合(marketing mix)是指一整套能影响需求的企业可控因素，它们可以整合到市场营销计划中，以争取目标市场的特定反应。

1953年，尼尔·鲍顿(Neil Bordaen)首次使用"营销组合"这一术语，提出了营销组合的12个因素：产品计划、定价、品牌、供销路线、人员销售、广告、促销、包装、陈列、扶持、实体分配和市场调研。

1960年，杰罗姆·麦卡锡(E. Jerome McCarthy)提出了著名的"4P"组合分类，即产品(product)、价格(price)、渠道(place)、促销(promotion)。此后，学术界又不断有人提出一些"P"，但目前广为流传的仍是以"4P"为基础的分法(见表6-2)。

表 6-2　麦卡锡的"4P"组合

产品（product）	价格（price）	渠道（place）	促销（promotion）
● 产品种类 ● 质量 ● 设计 ● 性能 ● 品牌 ● 包装 ● 规格 ● 服务 ● 保证 ● 退货	● 基本价格 ● 价格水平 ● 折扣 ● 折让 ● 付款期限 ● 信贷条件 ● 组合价格	● 渠道类型 ● 市场展示 ● 渠道管理 ● 区域分布 ● 中间商类型 ● 营销场所 ● 物流	● 广告 ● 人员推销 ● 公共关系 ● 销售促进

这些工具、手段和因素相互依存、相互影响、相互制约。在市场营销管理过程中，企业要满足顾客、实现经营目标，就不能孤立地考虑某一因素或手段，必须从目标市场需求和市场营销环境出发，根据企业的资源和优势协调使用，形成统一、配套的市场营销组合，争取整体效应。

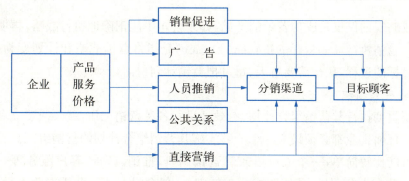

图 6-5　营销组合战略

营销组合具有可控性、动态性、复合性和整体性等特点。如图 6-5 所示，营销组合中的产品、价格、渠道、促销都是市场营销中的企业可控因素，也是市场营销的基本手段。对它们的具体运用，形成了特定的市场营销战略、战术和方法。但要注意的是，可以控制和自主安排并不意味着随心所欲，因为企业的营销活动不仅要受本身资源和目标的制约，还要受到外部各种不可控制的微观和宏观环境的影响和制约，营销管理人员在设计营销组合时，必须使之与不可控的环境因素相适应，只有这样，才能保证企业营销活动的成功。也正因为如此，营销组合不是固定不变的静态组合，而是随着环境条件的变化而不断变化的动态组合。

进入 20 世纪 90 年代后，随着市场竞争更加激烈化和白热化，企业只有全面地、最大限度地满足消费者的需求才能赢得消费者的青睐。在这种背景下，美国学者劳朋特（Lauteborn）教授提出了与传统营销的"4P"相对应的"4C"理论，即：① 消费者的需求与欲望(consumer needs wants)。把产品先搁到一边,赶紧研究消费者的需求与欲望,不要再卖你能制造的产品,而要卖某人确定想要买的产品。② 消费者愿意付出的成本(cost)。暂时忘掉定价策略,赶快去了解消费者要满足其需要与欲望所必须付出的成本。③ 购买商品的便利(convenience)。忘掉渠道策略,应当思考如何给消费者方便以购得商品。④ 沟通(communication)。最后请忘掉促销,20世纪90年代以后的正确新词汇应该是沟通。"4C"理论的提出引起了营销传播界及工商界的极大反响,从而也成为整合营销理论的核心(见表6-3)。

表 6-3　4Ps 与 4Cs

4Ps	4Cs
产品(product) 价格(price) 渠道(place) 促销(promotion)	消费者的需求与欲望(consumer needs wants) 消费者愿意付出的成本(cost) 购买商品的便利(convenience) 沟通(communication)

6.4.4　营销执行

好的战略规划仅仅是成功营销的开始,如果公司不能正确地执行战略,再明智的战略也没有用。营销执行(marketing implementation)是指将营销战略和计划变为执行,实现营销战略目标的过程,执行需要每天、每月把营销计划付诸行动。

1. 市场营销组织

企业要贯彻执行其营销组合计划,有效地进行各种营销工作,就必须建立和发展市场营销组织。任何企业都必须设立一个能够实施其营销组合计划的营销组织。这种组织在小企业里可能比较简单,一个人可以兼管营销调研、推销、广告、客户服务等一切营销工作。但在一些在大公司里,营销职能分工较细,一般会设置几个营销专业人员,如销售经理、营销调研人员、广告人员、产品和品牌经理、细分市场经理、推销员和客户服务人员等,他们统一由一个市场营销副总裁领导和指导。同时,这位副总裁还要与制造、财务、人事等副总裁密切合作,集中公司各个部门的一切力量和资源,满足顾客需要,以实现企业的预定目标。

2. 市场营销控制

在营销组织实施营销计划方案的过程中会出现许多意外情况,企业必须有一套营销控制(marketing control)措施,比较常见的有年度销售计划、盈利能力控制、效率控制和战略控制。

年度销售计划控制是为了保证企业在年度计划中所制定的销售、盈利和其他目标的实现而进行的控制。常用的核对年度销售计划目标实现程度的工具有五种,即销售额分析、市场占有率分析、市场营销费用对销售额比率分析、财务分析和顾客态度追踪。为了有效地使用这些工具,营销管理者必须明确地阐明所制定的计划中每月、每季的目标;在分析之后必须确定执行过程中出现严重缺口的原因;还必须确定最佳修正行动,以填补目标和执行之间出现的缺口。

盈利能力控制是对不同产品、客户群、销售渠道和订货量大小的实际盈利率进行测量与控制,它是衡量各种营销行动获利水平的工具。

效率控制是分析销售人员、广告、销售促进和分销等营销活动的效率并制定相关改进措施,它研究的是如何提高各种营销活动的效率。为此,营销管理人员必须密切注视若干个关键的比率。

战略控制是评估企业的营销战略是否适合于市场条件,由于营销环境的多变,企业可以运用市场营销审计定期对企业的营销效果进行评价。营销审计是对公司的环境、目标、战略和活动所作的一个全面的、系统的、独立的、周期性的检查,用以确定问题所在和发现机会,并提出一个改善企业营销行为的行动计划。

本章小结

企业发展战略是企业为实现各种特定目标以求自身发展而设计的行动纲领或方案,它具有全局性、长远性和方向性的特点。企业战略一般包括三个基本层次:企业总体战略、业务单位战略、职能战略。

在企业总体战略层次,应当了解在规划新业务成长战略过程中遵循这样一种思路:首先,在现有的业务领域寻找未来发展的机会;其次,分析与目前企业业务有关的业务,并进行联营或收购;最后,开发与企业业务无关的富有吸引力的新业务。这样就形成以下三种可选战略:密集性增长战略、一体化增长战略、多样化增长战略。

经营业务战略所涉及的问题是在给定的一个业务或行业内,经营单位如何竞争取胜的问题,即在什么基础上取得竞争优势。经营业务战略就是各个业务单位根据总体战略的要求而对自身的业务发展和相对优势的建立等所作的战略安排。

在职能战略层次,市场营销管理过程是指企业为实现企业使命和目标而发现、分析、选择和利用市场机会的过程。该过程的步骤一般包括分析营销机会、选择目标市场、设计营销组合和营销执行。

关键术语(中英对照)

企业战略(business strategy)
企业使命(mission statement)
战略业务单元(strategic business unit)
波士顿矩阵(Boston Consulting Group, BCG)
明星类(stars)

现金牛类(cash cows)
问号类(question marks)
瘦狗产品(dogs)
产品-市场扩展矩阵(product/market expansion grid)
市场渗透(market penetration)

市场开发(market development)　　营销执行(marketing implementation)
产品开发(product development)　　一体化增长(integrative growth)
多元化增长(diversification growth)　　营销控制(marketing control)

思考题与应用

1. 简述企业战略的含义和特征。
2. 企业战略分为哪三个层次？每个层次的含义如何？
3. 简述波士顿咨询公司模型的含义，并选择一家企业运用该模型进行分析。
4. 讨论产品-市场扩展矩阵中的发展策略的区别。苹果公司在 2010 年将 iPad 引入原有的 iPod、iPhone、iMac 生产线，其使用了哪种市场扩张策略？
5. 讨论以下来自耐克的使命陈述是否满足一个好的企业使命的标准："将灵感和创新带给世界上的每一个运动者；如果你有身体，你就是运动员。"
6. 怎样理解营销组合的概念并把握其特点？

营销实战案例

Airbnb 公司的发展历程

一、基本信息

Airbnb(Air Bed and Breakfast 的缩写)成立于 2008 年 8 月，总部位于加利福尼亚州旧金山市。现在已经成为短租市场举足轻重的企业，也是现在短租市场最受追捧的商业模式。Airbnb 是一个旅行房屋租赁社区，用户可通过网络或手机应用程序发布、搜索度假房屋租赁信息并完成在线预定程序。Airbnb 有数百万用户，遍布 192 个国家的 33 000 多个城市。

二、发展历程

Airbnb 是联系旅游人士和家有空房出租的房主的服务型网站，它可以为用户提供各式各样的住宿信息，并从成交金额中提取 10% 的服务费作为公司主要的盈利来源。这种简单的商业模式在这 5 年中却迸发出了惊人的增长速度。

2008 年，Airbnb 的两位创始人 Brian Chesky 和 Joe Gebbia 在旧金山因为 IDSA(美国工业设计师协会)会议期间为参会者提供短期住宿而萌生了创业想法。同年 8 月，Airbnb 正式上线。2009 年，为了能给刚刚成立不久的 Airbnb 带来租住房源，Airbnb 团队开始关注房产中介这类用户。由于不同的需求，研发团队花费六个月时间为他们开发了工具。但 Chesky 的体验让他们意识到房产中介的房子很像酒店，违背了 Airbnb 从创立之初就加入社交元素，要能让顾客感受到"不在家中，胜似家中"，要能够切实发挥出"从有血有肉的人那里租房"的理念。

2010年，Airbnb 完成了7倍速度的增长，被 Boardofinnovation 评定为美国 2010 年十大网站商业模式之一。2010 年，Airbnb 完成 160 万晚的租赁。尤其是在纽约，每天通过 Airbnb 租赁的房数已经超越了曼哈顿最大的宾馆入住数。2011 年，Airbnb 服务难以置信地增长了 800%。然而，就在这一年，偶然的事件也为这种惊人的增长速度带来了危机。2011 年 7 月，一个恶质的租户把房东的家洗劫一空，房东向 Airbnb 抗议，但 Airbnb 却没有在第一时间正面响应，反而给了一些官僚的答复。于是，房东开始向媒体、部落客求救，结果闹成了一个公关事件。8 月 1 日晚，Airbnb 终于跳出来"无条件道歉"并且提供所有屋主"50 000 美金损害保险"，这事件才算是告一段落。自从发生这起案件后，Airbnb 便牵手伦敦的劳埃德保险公司引入"房主保证"计划，保证房主获得最高达 100 万美元的屋内主要财产险。进一步完善了 Airbnb 的服务。

2012 年年初，Airbnb 上陈列的只有 12 万间房，在一年时间里，这个数量涨到 30 万间。并且这一年它们在巴黎、伦敦、新加坡等地新开了 11 个办公室。之前 Airbnb 分享数据时常用间夜数作指标，2012 年 7 月，全球总订单刚超过一千万间夜数。而这回它分享了用户数，显示已有 400 万顾客在 Airbnb 上订过房，单在 2012 年这一年就增加了 300 万。

2013 年，Airbnb 在这一年的战略是放慢扩张、重组资源，为前几年的急速扩张做一个调整，同时也在全球进行招聘来稳定市场。而这年的 5 月份，Airbnb 在纽约也被曝出其提供的短租服务违反了纽约市的私人房产出租法规违法的事情。

三、盈利模式介绍

国内外短租市场的企业的商业模式不同，盈利点可能有些差别，但总体上还是相似的。在国外，德国的 Wimdu 主要以租客收取房租总额 12% 的服务费为主，它也收购了中国的爱日租。美国的 Airbnb 的主要盈利模式是从房东与租客交易中抽取佣金，比例是交易额的 10%；而 HomeAway 同时向房东和租客收费，其收入来源也包括广告费、第三方合作分成以及搜索结果排名。在中国，蚂蚁短租未来的盈利模式是以 HomeAway 为榜样；途家网是托管服务和交易佣金以及市场合作盈利，所以，大多数的企业都主要以收取佣金为盈利点。

四、发展前景

短租市场在全球依托 Airbnb 完善的服务，基于几年积累起来的庞大的客户群体，企业一直遵守做到亲身体验的制度，都是为以后在渐渐扩大的短租市场平台打下基础。然而，Airbnb 要注意的是对政策法律方面的解读，因为 Airbnb 是一个全球性的服务平台，涉及的产品也处在世界各国法律的边缘，不同的国家对此项举措可能拥有不同的制度。

Airbnb 是一个快速增长的企业，虽然初见规模，但还不是很成熟，而且发展空间很广，如果急于上市，就会像美国团购网站 Groupon 一样受到各种束缚和制约。所以，Airbnb 现在稳步的发展是关键，当市场成熟时，上市就指日可待。

基于 Airbnb 的运营成果，国内短租市场最近两年也开始红火起来，Airbnb 确实是值得短租企业学习的模范，但基于国情和市场认知度等问题，国内企业应适当地改变其商业模式和盈利模式。随着市场被开发，短租平台会越来越受人重视，最终的盈利模式都会来自对各种服务费的收取，包括平台服务费、第三方服务费等。当短租产品成为人们的认知产品时，生存下来的短租企业利润就会越来越丰厚。

资料来源：张建全，《短租O2O案例研究：Airbnb》，品途网，http://www.huxiu.com/article/17779/1.html。

讨论题：
1. Airbnb公司发展迅速的原因是什么？它具体采取了哪些战略？
2. 相比美国市场，中国营销环境有何不同？Airbnb公司需要作哪些战略调整？
3. Airbnb公司在中国市场上有哪些竞争对手？各自的盈利模式有何不同？

案例点评：
扫一扫如下二维码，获得老师对此案例的点评。

第七章
目标营销战略与定制营销

 本章知识结构图

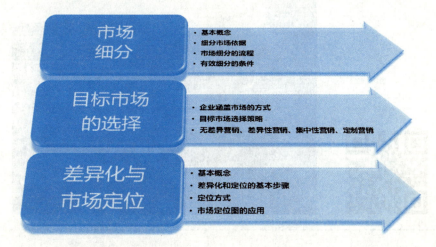

- 市场细分
  - 基本概念
  - 细分市场依据
  - 市场细分的流程
  - 有效细分的条件

- 目标市场的选择
  - 企业涵盖市场的方式
  - 目标市场选择策略
  - 无差异营销、差异性营销、集中性营销、定制营销

- 差异化与市场定位
  - 基本概念
  - 差异化和定位的基本步骤
  - 定位方式
  - 市场定位图的应用

 课前预习

本章学习要点：
1. 掌握市场细分的概念以及细分依据；
2. 掌握企业涵盖市场的方式以及目标市场选择策略；
3. 理解差异化与市场定位的含义。

> **营销视频扫一扫**
>
> ### 高端电动跑车：特斯拉试驾体验[①]
>
> 在所有汽车公司排队等待电池性能提升、成本下降、政府补贴、充电设施完善之时，特斯拉汽车(Tesla)认为这些都不是问题，当务之急是动手探索出一种截然不同的发展模式。由于电动汽车的制造成本高昂，许多汽车公司都设法将电动汽车造得更小，以达到降低整车成本的目的。各大汽车公司推出的电动汽车主要是紧凑型车和小型车，而特斯拉却反其道而行之，首先选择切入的细分市场是跑车，主要面向具备环保理念的富裕阶层。
>
> 为了更有效地竞争，许多公司现在开始采取目标市场营销战略，它们重点关注那些最有可能被公司的产品或服务所吸引的消费者，而不是分散他们的营销活动。中国电动汽车市场存在各个层次的市场空间，扫一扫如下二维码，观看视频"高端电动跑车：特斯拉试驾体验"，与老师及小伙伴们讨论如下问题并开始本章的学习：中国汽车企业如何开拓电动汽车的市场化前景？如何解决"开发怎样的技术、对应怎样的成本、面向怎样的客户群体、销售怎样的产品"这一难题？
>
>
>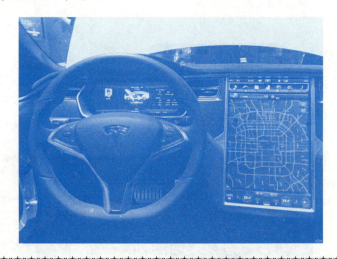

目前，你已经了解何为营销以及理解了顾客和营销环境的重要性，并明确营销者的目标是创造价值、建立客户关系和满足需求。本章将深入研究顾客驱动的营销战略决策，讨论几个关键点——如何把市场划分为有意义的客户群(市场细分)，选择目标客户群(确定目标市场)，向目标客户提供最能满足其需求的产品(差异化)，在顾客内心形成产品定位(市场定位)。后面的章节将深入讨论市场营销工具——4P，有了这些工具，营销人员才能把战略转化为行动。

[①] 资料来源：若想观看完整视频，请登录 http://v.youku.com/v_show/id_XNzA0MjUwMjk2.html。

如今，各家公司都已经清楚地意识到，在现代社会里，了解消费者的需求是一项复杂的任务，人们多样化的兴趣和背景产生了市场分化，即出现了众多的、有着不同需求的群体，因此，不可能吸引其所在市场的全部消费者，至少是不能使用同一种方法来吸引全部消费者。例如，市场分化对保健行业产生了重要影响——由于近期关于成年人和儿童肥胖率高的数据不断出现，这一行业备受关注。在20世纪60年代，减肥很简单，只集中强调低脂肪和高纤维的饮食结构，关注健康的消费者认为这种组合能够带来苗条身材和健康体魄。然而，今天的消费者有了更多的减肥产品或服务供选择，卡路里、脂肪、碳水化合物或者全部——就看你到底想减哪部分了。

营销者必须在大众营销（向所有人提供同样的东西）的高效率与定制营销（向个体精确提供其需要的东西）的强效果之间进行平衡。大众营销的成本当然要低得多，但消费者却不满意自己的个性化需求被忽略，在他们看来，最好是向自己提供完全有针对性的产品，可惜这通常是不现实的。即使是汉堡王（Burger King）的格言"用自己的方式拥有"，也只在一定程度上是对的：只要你别超出芥末和番茄酱等熟悉的调味品选择范围，"你的方式"就能得到满足，别梦想着在你的汉堡上加上蓝纹奶酪、芒果酱或其他"异域情调"的调味品。

于是，营销者不是选择向所有人销售同样的东西，而是选择目标市场营销战略，他们基于消费者的特点把整个市场分成不同的细分市场，选择一个或多个细分市场，然后开发产品来满足这些特定细分市场的需求。细分市场、目标市场和定位的步骤如图7-1所示。

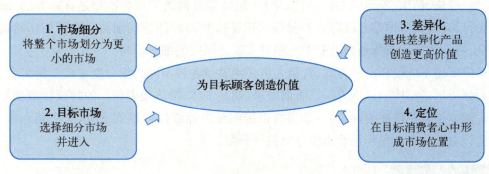

图7-1　细分市场、目标市场和定位步骤图

7.1　市　场　细　分

 怎样进行市场细分？

7.1.1　市场细分的概念及依据

市场细分是由美国市场营销学家温德尔·斯密于20世纪50年代中期首先提出来的

概念,它顺应了第二次世界大战结束后美国众多产品的市场转化为买方市场这一新的市场形势,是企业营销思想的新发展,是企业经营贯彻市场导向这一营销观念合乎逻辑的产物。

1. 市场细分的概念

所谓**市场细分**(market segmentation),就是营销者通过市场调研,依据消费者(包括生活消费者、生产消费者)的需要与欲望、购买行为和购买习惯等方面的明显差异性,把某一产品的整体市场划分为若干消费者群(买主群)的市场分类过程。在这里,每一个消费者就是一个细分市场,也称子市场或亚市场,每一个细分市场都是由具有类似需求倾向的消费者构成的群体。因此,分属不同细分市场的消费者对同一产品的需要与欲望存在明显差别,属于同一细分市场的消费者对同一产品的需要与欲望则极为相似。

市场细分的客观基础是同类产品消费需求的多样性。从需求状况角度考察,各种社会产品的市场可以分为两类:一类产品的市场叫作同质市场;另一类产品的市场叫作异质市场。凡消费者或用户对某一产品的需要、欲望、购买行为以及对企业营销策略的反应等方面具有基本相同或极为相似的一致性,这种产品的市场就是同质市场。例如,所有消费者对普通食盐的消费需求、消费习惯和购买行为等都是大体相同的,普通食盐的市场就是同质市场。只是极少部分产品(主要是初级产品)的市场属于同质市场。显然,同质市场无需细分。但是,绝大多数产品的市场都是异质市场,即消费者或用户对某类产品的质量、特性、规格、档次、花色、款式、结构、价格、包装等方面的需要与欲望是有差异的,或者在购买行为、购买习惯等方面存在差异性。正是这些差异使市场细分成为可能。通过市场细分,将一个异质市场划分为若干个相对来说是同质的细分市场。

细分市场不能仅靠一种方式,营销人员必须尝试各种不同的细分变量或变量组合,以便找到分析市场结构的最佳方法。所谓变量,就是个体、群体或者组织的特征。市场细分的变量选择是至关重要的,因为不恰当的市场细分会导致销售量的下降,失去获利机会。下面将针对消费者市场和企业市场分别进行介绍。

> **案例小链接 7-1**
>
> ### 茶饮料的市场细分
>
> 假设你们班上有一半的同学喜欢喝热茶,另一半同学喜欢喝冰茶,一个不懂市场细分的茶饮料供应商提供了一个单一的产品——常温茶。由于没有其他选择,想要喝茶的学生会购买常温茶,虽然他们希望喝热茶或冰茶。
>
> 这时市场出现了一个新的供应商,他懂得市场细分,如果他提供热茶,喜欢喝热茶的学生将从购买常温茶转向购买热茶。如果还有一个供应商提供冰茶,喜欢冰茶的学生也将转向购买冰茶。由于竞争对手更善于洞察市场需求和市场细分,常温茶供应商将会很快失去顾客。

> 原供应商应该如何应对呢？热茶和冰茶供应商关注不同的细分市场，而且做得很好，对策之一就是进行更深入的细分。一些学生可能喜欢加糖的茶，另外一些学生可能喜欢无糖的茶。这样，将出现四个子市场：加糖热茶、无糖热茶、加糖冰茶、无糖冰茶，专注其中一个或多个细分市场将会更好地满足顾客需要。
>
> 资料来源：诺埃尔·凯普、柏唯良、郑毓煌著，《写给中国经理人的市场营销学》，中国青年出版社，2012年。

营销思考 哪些企业出现了"常温茶综合征"——在面对有不同需求组合的顾客时，却选择以不变的营销策略回应万变的消费者呢？

2. 细分消费者市场的依据

就消费者市场而言，这些影响因素（也即细分变量）归纳起来主要有地理环境因素、人口统计因素、消费者心理因素、消费行为因素、消费受益因素等。以这些变量为依据来细分市场，就有了地理细分、人口细分、心理细分、行为细分、受益细分这五种市场细分的基本形式。

（1）地理细分（geographic segmentation）。按照消费者所处的地理位置、自然环境来细分市场被称为地理细分，具体变量包括国家、地区、城市、乡村、城市规模、人口密度、不同的气候带、不同的地形地貌等。地理细分之所以可行，主要是由于处在不同地理环境下的消费者，对同一类产品可能会有不同的需要与偏好；他们对企业产品的价格、销售渠道、广告宣传等营销措施的反应也常常存在差别。

按照地理因素细分市场，对于分析研究不同地区消费者的需求特点、需求总量及其发展变化趋势具有一定意义，有利于企业开拓区域市场。通过这种市场细分，企业应考虑将自己有限的资源尽可能地投向力所能及的、最能发挥自身优势的地区市场中去。

（2）人口细分（demographic segmentation）。按照各种变量（如年龄、性别、家庭人口、家庭生命周期、收入、职业、教育、宗教、种族、年代和国籍）把市场分割成群体被称为人口细分。人口因素是细分消费者群的最流行的依据，一个原因是消费者的需要、欲望和使用率经常紧随人口变量的变化而变化；另外一个原因是人口变量比绝大多数其他变量更易衡量。

① 年龄。消费者的需要和欲望随着年龄的增长而变化，一些公司对不同年龄及生命周期阶段的消费者群提供不同的产品，或采取不同的营销方法。例如，以年轻人为导向的视频游戏任天堂公司推出了触摸时代（Touch Generation）这一副品牌，目标客户是婴儿潮时代出生的人群。触摸时代推出的"大脑培训：你的大脑多大了"这款能够锻炼大脑使其保持年轻的视频游戏，其目标群体就是那些不玩游戏的老年人。为了引起老年消费者的注意，它所使用的方法是提供游戏技能培养，或者至少是少暴力、少幻想，而不是像《侠

盗猎车手》或《魔兽世界》式的充满暴力和魔幻色彩。

② 性别。服装、化妆品和杂志等行业一向采用性别细分,例如,欧莱雅推出了男士皮肤护理专家的产品和称为"男士万岁"的男士美容生产线。其广告语是"现在巴黎欧莱雅为男士们带来了美容技术和专业知识……你也值得拥有"。男士护肤品日渐受到人们的青睐源于如今亚洲男士对于他们的皮肤护理问题越来越开放,中国台湾地区、韩国和日本的男士尤其注重皮肤保养。再如,耐克加快了其占领女性运动品市场的步伐,耐克已对女士服装生产线进行了全面革新。公司将这种革新称为耐克女性(Nike Women),其目的就是能够为女性提供更舒适、鲜艳、时尚的运动服饰。

③ 收入。收入细分一直被应用于产品和劳务的市场营销中,例如,汽车、船舶、成衣、化妆品、金融业务和旅游等,许多公司用奢侈品和周到便利的服务来吸引富裕的消费者。例如,韩国现代汽车首次进入美国市场时,推出了 4 995 美元的一款车——伊克赛尔,不久,现代又瞄准了更高收入群体的市场,推出了价格与丰田和本田同级别的升级版索纳塔私家轿车。但是,并不是所有采用收入细分的企业全都把富人市场当作目标市场,许多零售商成功地把那些具有预算意识的群体作为企业的目标客户。在中国香港,为了满足来自菲律宾和印度尼西亚佣人的需求,当地开设了许多面向这些群体的打折服装店、食品店和水果店。

(3) 心理细分(psychographic segmentation)。按照消费者的心理特征来细分市场被称为心理细分。心理因素十分复杂,包括生活方式、个性、购买动机、价值取向以及对商品供求局势和销售方式的感应程度等变量。

① 生活方式。当今世界,许多企业,尤其是服装、化妆品、家具、餐饮、娱乐等行业的企业,越来越重视按照人们的生活方式来细分市场。生活方式是指人们对工作、消费、娱乐的特定的习惯和倾向性。不同的生活方式会产生不同的需求偏好,将具有不同主张、兴趣、价值取向的消费者集合成群,就可以划分出具有不同生活方式的群体。

② 个性。不少企业常常使用性格变量来细分市场,他们给自己的产品赋予品牌个性,以适合相应消费者的个性(见表 7-1)。

表 7-1 不同个性消费者的类型

性 格	消 费 需 求 特 点
习惯型	偏爱、信任某些熟悉的品牌,购买时注意力集中,定向性强,反复购买
理智型	不易受广告等外来因素影响,购物时头脑冷静,注重对商品的了解和比较
冲动型	容易受商品外形、包装或促销的刺激而购买,对商品评价以直观为主,购买前并没有明确目标
想象型	感情丰富,善于联想,重视商品造型、包装及命名,以自己的丰富想象去联想产品的意义
时髦型	易受相关群体、流行时尚的影响,以标新立异、赶时髦为荣,购物时注重引人注意,或显示身份和个性
节俭型	对商品价格敏感,力求以较少的钱买较多的商品,购物时精打细算、讨价还价

③ 购买动机。购买动机既然是一种引起购买行为的内心推动力,喜、厌、好、恶等心理因素必然会增强或削弱购买动机,从而产生不同的需求偏好和购买行为。在购买动机中普遍存在的心理现象主要有求实心理、求安(全)心理、喜新心理、爱美心理、趋时(仿效)心理、地位(成就)心理、名牌(慕名)心理、友谊心理等。所有这些心理因素都可以作为细分市场的参数。企业针对不同购买动机的顾客,在产品中突出能满足他们某种心理需要的特征或特性,并相应设计不同的营销组合方案,往往能取得良好的经营效果。

(4) 行为细分(behavioral segmentation)。行为细分根据消费者不同的消费(购买)行为来细分市场,消费行为的变量有很多,包括消费者进入市场的程度、购买或使用产品的时机、消费的数量规模、对品牌的忠诚度等。

按消费者进入市场的程度,可将一种产品的消费者区分为经常购买者、初次购买者、潜在购买者等不同群体。一般来说,大企业实力雄厚,市场占有率较高,因而特别注重吸引潜在购买者,使他们成为本企业产品的初次购买者,进而成为经常购买者,以不断扩大市场阵地;而小企业资源有限,无力开展大规模的促销活动,它们常以吸引、保持住一部分经常购买者为上策。

根据购买时机不同,购买者可以用以下三种情形分类:有了买的想法;实行了买的行为;使用买来的产品。购买时机细分能够帮助企业促进产品的使用。例如,橙汁是早餐最常饮用的,但是橙汁生产商却采取促销手段,宣传橙汁是一种清凉新鲜的饮料,在其他时间也能喝。与此相反,可口可乐的"清晨可口可乐"的广告运动却试图通过鼓励人们早晨也饮用可口可乐来增加可口可乐的消费量。

消费者对企业和产品品牌的忠诚程度也可以作为细分市场的依据,企业借助这一细分可采取不同的营销对策(见表7-2)。

表7-2 顾客忠诚程度细分

忠诚程度类型	购 买 特 征	销 售 对 策
专一品牌忠诚者	始终购买同一品牌	用俱乐部制等办法保持老顾客
几种品牌忠诚者	同时喜欢几种品牌,交替购买	分析竞争者的分布和竞争者的营销策略
转移忠诚者	不固定忠于某一品牌,一段时间忠于A,一段时间忠于B	了解营销工作的弱点
犹豫不定者	从来不忠于任何品牌	使用有力的促销手段吸引顾客

(5) 受益细分(benefit segmentation)。根据消费者追求的利益不同来细分市场被称为受益细分。进行受益细分的关键在于通过调研掌握消费者在一类产品上追求的多种多样的预期利益。为此,细分活动要从调查一种产品的现有用户和潜在用户开始。调查的方向是他们使用各种品牌的这种产品得到了哪些益处,现有产品还欠缺哪些益处,什么样的产品特性可能被认为最能密切地和一种益处或一组连带益处联系起来。然后,使自己生产的产品相应地突出紧密联系着某种(组)益处的某一特性,或者生产不同型号的一组

产品,每种突出一种特性,并借助适当的广告宣传手段,反复宣传这些特性,最大限度地吸引某一消费者群或几个不同的消费者群。可见,这种调查分析不仅是企业进行受益细分的基础,对于以这种细分为起点制定整个市场营销组合方案也是极为重要的。表7-3是牙膏市场的受益细分要点。

表7-3 牙膏市场的受益细分

利益细分市场	人口统计特征	行为特征	心理特征	偏好的主要品牌
注重经济实惠	低收入成年人	大量使用	高度自主、注重价值	促销降价中的低价品牌
格外关注防止蛀牙	有儿童的家庭、龋齿高发人群	用量较大	焦虑者、疑病、保守	佳洁士、洁诺、高露洁双氟等含氟牙膏
治疗牙周病抗过敏效果	中老年牙病患者	大量使用	独立自主、倾向保守	冷酸灵、两面针中药牙膏、蓝天六必治
强调保持牙齿光洁(洁白牙齿)	青少年、成年人	吸烟者多	爱好交际、行为积极	中华超洁、黑妹洁白、黑人专研亮白牙膏
特别关心口味	儿童为多	留兰香型、清凉薄荷、哈密瓜香型等果味喜爱者	高度自我,享乐主义	两面针儿童、花王 Clearclean Change

花王牙膏就曾以 Clearclean Change,葡萄柚等两种口味商品,打出"改变心情"的牌,鼓励女性上班族中午刷牙。Margaret Josefin 的牙膏产品就有抹茶、可口可乐、巧克力等31种口味,每一种口味都有个固定号码。在其以白色为基调的商品包装上,口味的号码特别明显,消费者常配合生日日期、手机号码等来选购,作为送礼之用,增加了商品的趣味性和实用性。

3. 细分产业市场的依据

许多用来细分消费品市场的标准,同样可以用来细分产业市场,如地理环境和行业因素中的一些变量(购买习惯、寻找利益、使用数量和频率等)都是有效的细分标准。同时,由于产业市场有其不同的特点,产业市场细分标准同消费品市场细分标准不完全一致。其中常用的变量有以下几种:

(1) 用户要求。不同的用户对同一工业品的规格、性能、质量、品种、价格等方面往往有不同的要求。例如,用于飞机的轮胎比拖拉机所用轮胎的质量标准高。同样是半导体,军事用户特别重视产品质量,要求绝对可靠,而价格不是主要因素;工业用户则重视半导体的质量和售后服务;对于商业用户来讲,则特别注意价格。依据用户要求来细分市场,便于企业制定相应的营销策略,开展营销活动。

(2) 用户规模。用户规模也是产业市场细分的重要标准,许多生产企业以用户的规模为标准,把客户分为大量用户、中量用户和小量用户。大量用户数量虽少,但购买力很大;小量用户户数较多,但购买力不大。大量用户对产品质量、供货期以及运输方式等一一般要求比较苛刻,供货厂家竞争也比较激烈,但是,一旦达成购货协议,就具有相对的稳定性。小量用户采购的批量较小,购销关系不稳定。企业通过市场细分,掌握不同规模用户的特点,采取不同的经营方式。对大量用户一般直接供货,并在价格上予以一定优惠;对小量用户则通过中间商渠道供货,以保证一定的市场覆盖面。

（3）用户地点。任何一个国家或地区,由于自然资源、气候条件、社会环境、历史继承等方面的原因,以及生产的相关性和连续性的不断加深而要求的生产力合理布局,都会形成若干个产业地区。这就决定了产业市场比消费者市场更为集中。

企业按用户的地理位置来细分市场,选择用户较为集中的地区作为自己的目标市场,不仅联系方便,信息反馈较快,而且可以更有效地规划运输路线,节省运力与运费,同时,也能更加充分地利用销售力量,降低推销成本。对于用户较为集中的地区,企业可以采取直接销售的方式,降低销售成本;对于较为分散的用户,则可充分利用中间商网络进行分销。

7.1.2 市场细分的流程以及有效细分的条件

1. 市场细分的流程

美国市场学家麦卡锡提出了细分市场的一整套程序,这一程序包括以下七个步骤(见图7-2)。

（1）选定产品市场范围。即确定进入什么行业以及生产什么产品。产品市场范围应以顾客的需求而不是产品本身特性来确定。例如,某一房地产公司打算在乡间建造一幢简朴的住宅,若只考虑产品特征,该公司可能认为这幢住宅的出租对象是低收入顾客,但从市场需求角度看,高收入人群也可能是这幢住宅的潜在顾客。因为高收入人群在住腻了高楼大厦之后,恰恰可能向往乡间的清静,从而可能成为这种住宅的顾客。

（2）列举潜在顾客的基本需求。例如,公司可以通过调查,了解潜在顾客对前述住宅的基本需求。这些需求可能包括遮风避雨、安全、方便、宁静、设计合理、室内陈设完备、工程质量好等。

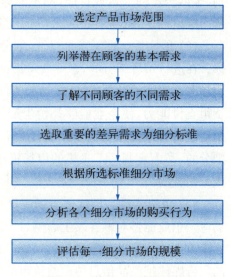

图7-2 细分市场七步模型

（3）了解不同顾客的不同需求。对于列举出来的基本需求,不同顾客强调的侧重点可能会存在差异。例如,经济、安全、遮风避雨是所有顾客共同强调的,但有的用户可能特别重视生活的方便,另外一类用户则对环境的安静、内部装修等有很高的要求。通过这种差异比较,不同的顾客群体即可初步被识别出来。

（4）选取重要的差异需求为细分标准。抽掉潜在顾客的共同要求,而以特殊需求作为细分标准。上述所列购房的共同要求固然重要,但不能作为市场细分的基础。如遮风避雨、安全是每位用户的要求,就不能作为细分市场的标准,因而应该剔除。

(5) 根据所选标准细分市场。根据潜在顾客基本需求上的差异方面,将其划分为不同的群体或子市场,并赋予每一子市场一定的名称。例如,西方房地产公司常把购房的顾客分为好动者、老成者、新婚者、度假者等多个子市场,并据此采用不同的营销策略。

(6) 分析各个细分市场的购买行为。进一步分析每一细分市场需求与购买行为特点,分析其原因,以便在此基础上决定是否可以对这些细分出来的市场进行合并或作进一步细分。

(7) 评估每一细分市场的规模。在调查的基础上,估计每一细分市场的顾客数量、购买频率、平均每次的购买数量等,并对细分市场上的产品竞争状况及发展趋势进行分析。

2. 有效细分的条件

虽然细分市场有许多方法,但并非所有的细分都是有效的。例如,食盐的购买者可分为金发和黑发的。但是,头发的颜色与购买食盐毫不相干。而且,如果所有的食盐购买者每月购买等量的食盐、认为所有盐是相同的并愿意付相同的价格,企业就不能从细分这个市场中获利。

因此,要想使细分市场充分发挥作用,必须具备如下特点:

(1) 可衡量性。即细分市场的规模、购买力和概况是可以衡量的,凡是企业难以识别、难以测量的因素或特征,都不能据以细分市场。否则,细分市场将会因无法界定和度量而难以描述,市场细分也就失去了意义。所以,恰当地选择细分变量十分重要。

(2) 殷实性。即需求足量性,细分出来的市场必须大到足以使企业实现它的利润目标。在进行市场细分时,企业要考虑细分市场上顾客的数量、他们的购买能力和产品的使用频率。殷实的细分市场,应是那些拥有足够的潜在购买者的市场,并且他们又有充足的货币支付能力,使企业能够补偿生产与销售成本,从而获得利润。为此,市场细分不能从销售潜力有限的市场起步。波音747飞机的整个市场是按商用与军用、货机与客机加以细分的,私人定制747飞机的市场极小,如果按私人定制的需求特征去细分市场,那将是极不明智的。

(3) 可进入性。即细分市场应是企业营销活动能够通达的市场,也即细分出来的市场应是企业能够对顾客发生影响、产品能够展现在顾客面前的市场。这主要表现在以下三个方面:① 企业具有进入这些细分市场的资源条件和竞争实力;② 企业能够通过一定的广告媒体把产品信息传递给该市场的众多消费者;③ 产品能够经过一定的销售渠道抵达该市场。

考虑细分市场的可进入性,实际上就是考虑企业营销活动的可行性。显然,对于不能进入或难以进入的市场进行细分是没有意义的。

(4) 反应差异性。即细分出来的各个子市场,对企业市场营销变项组合中任何要素的变动都能灵敏地作出差异性的反应。如果几个子市场对于一种市场营销变项组合按相似的方式作出反应,就不需要为每一个子市场制定一个单独的市场营销变项组合。

例如,如果所有子市场按同一方式对价格变动作出反应,就无须为每一子市场规定不同的价格策略。也就是说,这样的市场细分是不成功的。成功的市场细分应当是:这个子市场立即会对价格变动作出反应,而不太在意价格变化的另一个子市场对包装或其他因素的变化作出更大的反应。这就是说,对细分的顾客群,应当统筹考虑他们对所有市场营销组合因素的各种反应,而不能以单一的变项为基础加以考虑。只有这样进行市场细分,才可能为选中的目标市场制定出有效的市场营销组合方案。

7.2 选择目标市场

 目标市场选择策略包括哪些?

所谓目标市场(target market),就是企业营销活动所要满足的市场,是企业为实现预期目标而要进入的市场,企业的一切活动都是围绕目标市场进行的。

目标市场选择是指根据每个细分市场的吸引程度,并选择进入一个或若干个细分市场的过程。在市场细分的基础上,根据企业的经营目标和经营能力,选择有利的细分市场作为企业营销的目标市场。选择和确定目标市场,明确企业的具体服务对象,关系到企业任务、企业目标的落实,是企业制定营销战略的首要内容和基本出发点。目标市场的规模不是越大越好,也不是越小越好。规模太大,等于没有细分和选择;规模过小,难以支撑企业的后续发展。

7.2.1 企业涵盖市场的方式

在评估各种不同的细分市场时,企业必须考虑细分市场结构的吸引力以及企业的目标和内部的资源能力。

(1) 企业必须考察这个潜在市场的细分市场是否对企业具有吸引力,例如它的大小、成长性、盈利率、规模经济等。

(2) 企业必须考虑对细分市场的投资是否与其目标相一致,某些细分市场虽然具有很大吸引力,但不符合企业的长远目标,从而不得不放弃。

(3) 企业必须考虑自身的资源能力是否能够支持公司成功进入该细分市场,并获得一定的竞争优势,如果不能,该细分市场也应该被放弃。

运用市场细分化策略的企业,在选择目标市场时,可采用的涵盖市场的方式归纳起来主要有五种,通常采用产品-市场矩阵图进行(见图7-3)。

1. 产品-市场集中化

产品-市场集中化的具体内容是:企业的目标市场无论从市场(顾客)还是产品角度,都是集中于一个细分市场。这种策略意味着企业只生产一种标准化产品,只供应某一顾客群,较小的企业通常采用这种策略。如果细分市场补缺得当,企业的投资便可获得高回报。

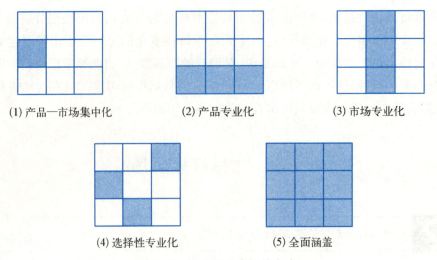

图7-3 企业涵盖市场的方式

2. 产品专业化

产品专业化是指企业向各类顾客同时供应某种产品。当然,由于面对不同的顾客群,产品在档次、质量或款式等方面会有所不同。

3. 市场专业化

市场专业化是指企业向同一顾客群供应性能有所区别的同类产品。假设一家电冰箱企业专以大中型饭店为目标市场,根据它们的需求生产100升、500升、1 000升等几种不同容积的电冰箱,以满足这些饭店不同部门(如客房、食堂、冷饮部等)的需要。

4. 选择性专业化

选择性专业化是指企业决定有选择地进入几个不同的细分市场,为不同的顾客群提供不同性能的同类产品。采用这种策略应当十分慎重,必须以这几个细分市场均有相当的吸引力(也即均能实现一定的利润)为前提。

5. 全面涵盖

全面涵盖是指企业决定全方位进入各个细分市场,为所有顾客群提供他们各自需要的有差异的产品。这是大企业为在市场占据领导地位或力图垄断全部市场时采取的目标市场范围策略。著名的美国宝洁公司在家庭洗涤卫生用品市场就采取全面涵盖策略,推出了近10种品牌的洗衣粉。

在运用上述五种方式时,企业一般总是首先进入最有吸引力的细分市场,只是在条件和机会成熟时,才会逐步扩大目标市场范围,进入其他细分市场。

7.2.2 目标市场选择策略

企业选择的涵盖市场的方式不同,营销策略也就不一样,企业所面临的基本问题是:是应该进入大的细分市场还是专注于满足一个或多个较小细分市场的需求?归纳起来,有四种不同的目标市场选择策略可供企业选择,分别是无差异营销、差异性营销、集中性营销和定制营销(见图7-4)。

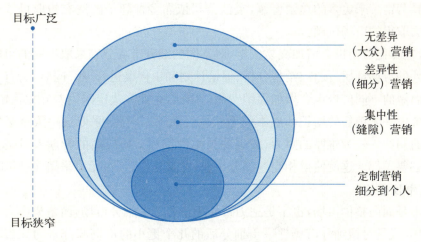

图 7-4 目标市场选择策略

1. 无差异营销

在使用无差异营销(undifferentiated targeting strategy)时,企业可以不考虑细分市场的差异性,对整个市场只提供一种产品。企业的产品针对的是消费者的共同需求,而不是不同的需求。企业设计出能在最大程度上吸引购买者的产品及营销方案,依靠大规模分销和大众化的广告,目的是在人们的头脑中树立起优秀的产品形象。

这种策略对于大多数产品并不适用,对于一个企业来说一般也不宜长期采用。因为消费需求客观上是千差万别的,并在不断变化,一种产品长期为全体消费者或用户所接受极为罕见(同质市场的产品除外),对消费者来说也过于单调。当众多企业如法炮制地都采用这种策略时,就会形成整体市场竞争非常激烈,而小的细分市场的需求却得不到满足的局面,这对营销者、消费者都是不利的,易受到其他企业进行的各种竞争努力的伤害。当无差异营销试图"相当好"地去适应大多数顾客的需要时,常常在竞争中被另一些企业战胜,这些企业想方设法地"很好"地为需要得不到满足的顾客服务,即为特定的细分市场服务。

正是由于这些原因,那些曾经长期实行无差异营销的大企业最终也不得不改弦易辙,转而实行差异性营销。可口可乐公司就是这样。由于软饮料市场竞争激烈,特别是百事可乐异军突起,打破了可口可乐独霸市场的局面,终于迫使该公司不得不放弃传统的无差异营销策略,这样的案例在我国颇具现实的借鉴意义。

2. 差异性营销

在使用差异性营销(differentiated targeting strategy)策略时,企业通常以几个细分市场或瞄准机会的市场为目标,并为每一市场设计独立的营销方案。例如,通用汽车公司努力地为"收入、目标和个性"不同的一类人生产一种汽车;耐克运动鞋多达几百种,适合人们从跑步、击剑、健美到骑自行车和打篮球等从事各种体育运动时穿。

这些公司通过提供不同的产品,变换营销手法,希望获得更大的销量并在每一细分市场内取得更加稳固的地位。在几个细分市场内发展更稳固的地位能比在所有的细分市场进行无差异营销带来更多的总销售额,宝洁公司依靠多种牌子的洗衣粉取得了单一品牌洗衣粉无法取得的市场份额。

但是,差异化营销也会增加交易成本,对不同的细分市场分别采取不同的市场营销方案需要额外的市场调研、预算、销售分析、促销计划和销售渠道管理。同时,为打入不同的细分市场而做的不同广告也会增加促销费用。因此,企业在决定采用差异化营销策略时,必须仔细考虑一下销售的增长和成本的增长孰轻孰重。因此,采取这一策略必然受企业资源力量的制约。较为雄厚的财力、较强的技术力量和素质较高的管理人员是实行差异性营销的必要条件。这就使得相当一部分企业(尤其是小企业)无力采用此种策略。

3. 集中性营销

企业不是面向整体市场,也不是把力量使用于若干个细分市场,而是集中力量进入一个细分市场(或是对该细分市场进一步细分后的几个更小的市场部分),为该市场开发一种理想的产品,实行高度专业化的生产和销售,这就是集中性营销(concentrated targeting strategy)。

今天,在互联网上开设商店成本低,这使得服务于表面上看起来极小的补缺市场更有利可图。特别是小企业,通过在网上服务于补缺市场实现了财富增长。

集中性营销主要适用于资源力量有限的小企业,这些小企业无力在整体市场或多个细分市场上与大企业抗衡,在大企业未予注意或不愿顾及而自己又力所能及的某个细分市场上全力以赴往往易于取得经营上的成功。既由于资金占用少、周转快、成本费用低而能取得良好的经济效益,也因为易于满足特定需求而有助于提高企业与产品在市场上的知名度,今后一旦时机成熟,便可以迅速扩大市场。可以说,寻找"市场缝隙",实行集中性营销,以创造宜于自身成长的"小气候",是小企业变劣势为优势的唯一选择。

这一策略的不足之处是潜伏着较大的风险。一旦目标市场突然不景气,例如,消费者的需求偏好突然发生变化,或者市场上出现了比自己强大的竞争对手,企业就会因为没有回旋余地而立即陷入困境。因此,采用这一策略的企业必须密切注意目标市场的动向,并制定适当的应急措施,以求进可攻、退可守,进退自如。

4. 定制营销

定制营销(custom marketing strategy)也被称为"个人细分市场""个人定制营销"或者"一对一营销(one-to-one marketing)",是指在大规模生产的基础上,将市场细分到极限程度——把每一位顾客视为一个潜在的细分市场,并根据每一位顾客的特定要求,单独设计、生产产品并迅捷交货的营销方式,也就是大规模定制(mass customization)。它的核心目标是以顾客愿意支付的价格并以能获得一定利润的成本高效率地进行产品定制。

如今消费者在决定购买什么产品和如何购买上更加主动,他们上网搜索、查找关于产品和服务供给的信息与评价,和供应商、使用者以及产品的评论人进行对话,并且在很多情况下,甚至自己设计他们想要的产品。

一些前瞻性、以消费者为中心的企业正在转向个人定制营销,他们对基本产品或服务加以调整,来满足个人的需求。例如,戴尔公司通过 Dell.com 网站来提供定制化的计算机,使用者可以组装自己的计算机;顾客可以在耐克网站上通过从几百种颜色中选择以及在鞋舌绣上几个词或短语来个性化定制自己的运动鞋;日本的一些罐装饮料自动贩卖机根据消费者的年龄、性别来推荐饮料,利用面部识别技术,这些贩卖机可以识别走上前来的顾客特征。如果是男士,机器会推荐一罐咖啡饮品;如果是年轻的女性消费者,它就会推荐绿茶或者一些微甜的饮品,这种推荐也会根据温度和时间的不同而改变。统计表明,这种具有定制推荐功能的贩卖机饮品的销售量是普通贩卖机的三倍。

企业开始使用客户关系管理系统,系统地跟踪消费者长期的偏好与行为,使其价值主张尽可能地接近每个单个消费者的需要,该系统使营销者可以与单个消费者进行交流,同时依据每个消费者的反应来调整营销组合因素。

当然,定制营销也并非十全十美,它也有其不利的一面。首先,由于定制营销将每一位顾客视作一个单独的细分市场,将导致市场营销工作的复杂化、经营成本的增加以及经营风险的加大。其次,技术的进步和信息的快速传播,使产品的差异日趋淡化,今日的特殊产品及服务,到明天可能就大众化了,因此增加了长期维持产品及服务独特性的难度。最后,定制营销的实施要求企业具有过硬的软硬件条件。信息是沟通企业与顾客的载体,没有顺畅的沟通渠道,定制营销也很难维持;同时,企业必须建立柔性生产系统,柔性生产系统的发展是大规模定制营销实现的关键,这些都极大地考验企业的经营管理能力。

案例小链接 7-2

中国企业的营销道德困惑

中国企业在互联网时代迎来了新一轮活跃周期,但同时也面临着短视牟利或者放眼未来的艰难抉择。有些企业通过以人物和话题为手段的、服务于商业目的的网络事件营销行为,诸如此类的案例有郭美美、干露露、车模兽兽……在这些层出不穷地挑战试听极限、突破道德底线的炒作事件背后,掩盖着一众获得了巨大商业利益的群体,如事件的人物、背后的经纪公司、幕后的营销策划企业等。他们仅仅是利用了网友的好奇和关注达成了自我推销目的,却未对社会贡献任何价值,至少让我们看出了一些深刻的现实问题——中国的一部分企业在利益面前,其商业行为表现得越来越短视。

互联网作为一个相对开放的舆论平台,虽然对希望基业长青的企业起到了良性的监督促进作用,但它作为一个低成本的传播工具,也为"捞一票就走"或者"打一枪换一个地方"的短视行为提供了绝佳的生存空间和获利机会。在前期获利者的示范效应下,众多的中小企业往往会忍不住地选择效仿短视行为,甚至完全无视其应该履行的社会责任。

再比如,淘宝网一直面临的重大隐患就是众多低品质商品通过大商家的形象包装跻身"爆款"行列,在大商家因此获利的背后是大量用户的不满。但是,只要这种现象在淘宝网存在一天,其他中小商家们就会继续效仿,越来越多的用户就会在吃亏上当之后逃离淘宝网。淘宝网在国内外双重压力之下,下决心整顿假货,规范其流通产品的质量、约束商家的过度营销行为、维护用户对商品的知情权。

希望所有企业都百分之百地践行公众所期望其承载的全部社会责任,这只是一个理想状态,可以作为远期的奋斗目标。但在现阶段,在企业利用互联网开展经营活动的过程中,应提出明确的规范,要求他们在力所能及的范围内承担社会责任、展示正面形象。

资料来源:"天才营销家? 还是互联网道德沦丧典范?",http://www.yixieshi.com/pd/22215.html。

 你认为上述目标营销是不道德的吗?对什么样的产品和市场进行目标营销是不适当的或者是不道德的?

7.3 差异化与市场定位

 什么是差异化和市场定位?

企业必须有明确的价值主张,即如何为目标市场创造差异化价值以及如何在这些市场上定位。**市场定位**(positioning)是企业全面战略计划中的一个重要组成部分,它关系到企业及其产品如何与众不同,与竞争者相比有多么突出。以汽车市场为例,本田飞度定位于经济,梅赛德斯定位于豪华,宝马定位于性能卓越,沃尔沃定位于极高的安全性,而丰田定位于节能,它旗下的普锐斯油电混合动力车是针对能源短缺所提供的一款高科技产品。

7.3.1 差异化和市场定位的含义

当今经济的困惑不是短缺而是过剩,在超市里,牙膏不仅有多种品牌,而且单单某一个品牌就有多种选择。对于卖方而言,这代表着激烈的竞争;对于买方而言,这意味着选择过剩。如果一家企业的产品或服务与其他公司的产品或服务雷同,它将难以获胜。企业必须在目标市场中代表一种独特的观念,必须为忠诚的用户设想新的特征、服务和保证、特殊奖励,并使他们获得便利和享受。差异化和市场定位包括以下三个步骤:

(1) 分析所有可能的顾客差异点,并确定这些差异点能为企业带来哪些竞争优势;
(2) 选择适合本企业产品的竞争优势;

(3) 明确市场定位并有效地向市场传播。

1. 分析所有可能的差异点和竞争优势

在向目标顾客提供价值时,营销者必须比竞争者更好地了解顾客的需求,并向他们提供更多的价值。如果公司能够把自己定位在可以提供超额价值上,公司就赢得了竞争优势。公司必须用实际行动来证明自己的定位,而不是简单地通过广告语来进行宣传。为了找到差异点,营销者应当设身处地地考虑顾客与公司产品或服务接触的整个过程。具体如下:

(1) 产品差异化。指企业以某种方式改变那些基本相同的产品,以使消费者相信这些产品存在差异而产生不同的偏好。一个极端的例子是很难差异化的实物产品,如鸡肉、钢铁、阿司匹林。然而,即使这些产品也可以实现有效的差异化,例如,不同鸡蛋品牌以所含营养元素为卖点,像富硒鸡蛋、富含维生素鸡蛋、含有昆虫活性蛋白鸡蛋、每枚蛋胆固醇降低30%等。

(2) 服务差异化。企业可以通过快速、便利和细心的送货上门来实现差异化。

(3) 渠道差异化。企业可以通过设计渠道的覆盖范围、专业程度来实施渠道差异化,如亚马逊、戴尔通过高质量的直销渠道将自己和竞争对手区别开来。

(4) 人员差异化。企业可以通过比竞争对手雇用和培训更多、更优秀的人员的方式来实现差异化。迪斯尼通过对主题乐园的员工的强化培训,使他们更好地了解顾客,面对客户时礼貌、友好。

(5) 形象差异化。形象是指公众对产品和企业的看法和感受,包括企业名称、颜色、标识、标语、环境、活动等。企业不可能一夜之间通过几个广告就把品牌形象植根于人们心中,而应当持久、稳定地向顾客传递企业形象。

2. 选择适合本企业产品的竞争优势

假定一家公司很幸运地挖掘到多个潜在的竞争优势,它必须决定选择以哪些优势来建立定位策略,并选择以多少或哪些差异点来进行促销。

(1) 选择多少个差异点?许多营销人员认为企业应该只向目标市场强调一个利益点,尤其是在信息过度宣传的今天更应如此,因为消费者往往只会记得位于"第一"的品牌或公司,因此,沃尔玛总是进行低价促销。但其他营销人员也认为企业可以在多个差异化上进行定位,特别是当两个或更多的公司在相同的属性上都声称自己最棒时,这一点就显得尤为重要。例如,在印度,宝洁公司把碧浪洗涤剂定位在具备超级除污能力和馥郁香味。

(2) 对哪些差异点进行促销?并非所有的差异点都是有意义或者有价值的,每个差异点在创造顾客利益的同时,也会潜在地增加公司的成本。因此,公司必须谨慎地选择差异点,使之与竞争对手相区别。一个有价值的差异点应满足以下标准:

① 重要性。可以给目标消费者让渡很高的价值。

② 区别性。该差异化是其他竞争者所没有的。

③ 优越性。该差异化明显优于通过其他方式而获得相同的利益。

④ 可沟通性。对于消费者而言,是可传递和可见的。

⑤ 领先性。竞争者很难模仿该差异化。
⑥ 可支付性。购买者可以支付购买该差异化。
⑦ 盈利性。可以通过该差异化而获利。

一些公司曾推出过不符合上述一个或多个原则的差异点，例如，新加坡威信史丹佛饭店宣传自己是世界上最高的宾馆，但对于游客而言，这一差异点并不是很重要，反而导致许多顾客绕道而行。

3. 明确市场定位并有效地向市场传播

"定位"这个词是在艾尔·里斯(Al Ries)和杰克·特劳特(Jack Trout)提出后而流行的，他们把定位看成是对现有产品的创造性实践。定位起始于产品，在这之后，定位被广泛应用于一件商品、一项服务、一家公司、一个机构，甚至一个人。"定位并非是对产品本身采取什么行动，定位是在潜在顾客的心目中确定一个适当的位置。"里斯和特劳特认为著名的产品一般在顾客心目中都占据一个位置，大家公认可口可乐公司是世界上最大的软饮料公司，保时捷是世界上最好的运动跑车之一，这些品牌占据了这些位置，其他的竞争者难以取代。

市场定位是对企业的供应品和形象进行设计，从而使其能在目标市场中占有一个独特位置的行为。定位的最后结果是成功地创立一个以顾客为重点的价值建议，它简单明了地阐述为什么目标市场会购买这种产品。例如，对于时刻处于忙碌状态的商务人士来说，iPad或许就很有价值，因为它是一个多点触控无线连接网络设备，只需动动手指就可以轻松实现上网、发邮件、浏览照片和视频，可以随时处理许多工作问题。

一旦公司明确了自己的定位，就必须坚定地向目标市场传播这一定位，通过设计营销组合——产品、价格、渠道和促销策略进行价值传递。

7.3.2 市场定位的方式

一个竞争者有以下三种主要的定位方式可供选择。

1. 避强定位

这是一种避开强有力的竞争对手的市场定位，其优点是能够迅速地在市场上站稳脚跟，并能在消费者或用户心目中迅速树立起一种形象。由于这种定位方式的市场竞争风险较小，成功率较高，常常为多数企业所采用，但空白的细分市场往往同时也是难度最大的细分市场。

2. 迎头定位

这是一种与在市场上占据支配地位的，也即最强的竞争对手"对着干"的定位方式。显然，迎头定位有时会是一种危险的战术，但不少企业认为这是一种更能激励自己奋发上进的可行的定位尝试，一旦成功，就会取得巨大的市场优势。事实上，这类事例屡见不鲜，如可口可乐与百事可乐之间持续不断的争斗，"汉堡王"与"麦当劳"快餐系统的对着干等。实行迎头定位，必须知己知彼，尤其应清醒估计自己的实力，不一定试图压垮对方，只要能够平分秋色已是巨大的成功。

3. 重新定位

这通常是指对销路少、市场反应差的产品进行二次定位,重新定位旨在摆脱困境,重新获得增长与活力。这种困境可能是企业决策失误引起的,也可能是对手有力反击或出现新的强有力的竞争对手造成的。有的重新定位并非因为已经陷入困境,相反,却是产品意外地扩大了销售范围引起的。例如,专为青年人设计的某种款式的服装在中老年消费者中也流行起来,该产品就会因此而重新定位。

7.3.3 市场定位的具体方法

下面举例分析市场定位图(positioning map)的具体应用。一家游乐园打算在美国洛杉矶地区建立一个新的主题公园,以吸引大量来洛杉矶游览迪斯尼乐园和其他旅游胜地的游客光临。洛杉矶现在已有七家主题公园在营业,分别是迪斯尼、神奇山、诺特公司的贝瑞农场、布什公园、日本鹿园、太平洋海洋世界和狮子狩猎园。

公司为了决策它的定位须做下列工作:它向消费者提供一系列三合一主题公园(如布什公园、日本鹿园、迪斯尼乐园),并要求他们在三个之中选择两个最相似的和两个最不相似的公园,然后用统计分析方法得出认知图(见图7-5)。图7-5中的七个黑点代表洛杉矶地区的七家主要游乐场,任何两个公司越靠近,这两个公司就越相似。所以,从认知图上看,迪斯尼乐园和神奇山十分相似,而迪斯尼乐园和狮子狩猎园差别很大。

图7-5还包括人们在旅游胜地所追求的各种满足,用箭头表示,从图上可以看出每个旅游胜地在各种属性上的位置。例如,消费者认为太平洋海洋世界"等候时间最短",所以,它位于箭头所指"等候时间较短"这一假想线上在最近处;消费者认为布什公园是最经济实惠的旅游地。

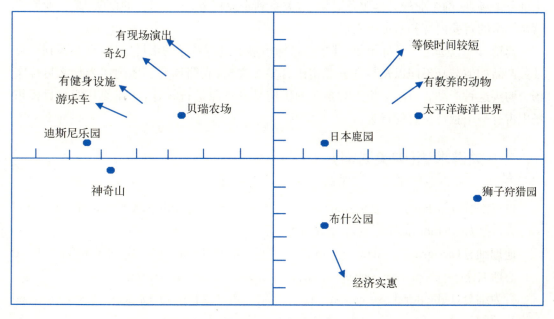

图7-5 市场定位图

根据图7-5,该主题公园就能认识到其可以采取的各种不同的定位战略：

(1) 特色定位。一家公司定位于自己的特色,如它的规模、历史。例如,迪斯尼乐园可在其广告中宣传自己为世界上最大的主题公园。

(2) 利益定位。把产品定位在某一特定利益上的领先者。例如,贝瑞农场定位于一个追求奇幻经历的主题公园,像生活在以前的西部地区一样。

(3) 使用或应用定位。把产品定位为使用或提供服务最高效者。例如,日本鹿园可以将其定位在专门为那些只能花一个小时,并打算参加一些快节奏的娱乐活动的旅游者提供服务。

(4) 产品品目定位。在这里,产品可以定位成在某一方面比一个明的和暗的竞争者要更好些。例如,狮子狩猎园的广告是它有各种各样的动物,比日本鹿园多得多。

(5) 质量或价格定位。在这里,产品可以定位为性价比高。例如,布什公园可以定位成每分钱都能获得最好的价值。

本章小结

营销者必须在大众营销(向所有人提供同样的东西)的高效率与向个体精确提供其需要的东西的高效果之间进行平衡。面对市场需求的差异性,营销者不能试图将标准化的产品卖给所有的消费者,而是要通过市场调研,依据消费者(包括生活消费者、生产消费者)的需要与欲望、购买行为和购买习惯等方面的明显差异性,把某一产品的整体市场划分为若干消费者群(买主群)。

在市场细分的基础上,营销者再估计每个细分市场的吸引程度,选择进入一个或若干个细分市场,明确企业的具体服务对象,这关系到企业任务、企业目标的落实,是企业制定营销战略的首要内容和基本出发点。

营销者一旦选定了目标市场,就要在目标市场上进行产品的市场定位,它关系到企业及其产品如何与众不同以及与竞争者相比有多么突出,它简单明了地阐述为什么目标市场会购买这种产品。市场定位是对企业的供应品和形象进行设计,从而使其能在目标市场中占有一个独特位置的行为。

关键术语(中英对照)

市场细分(market segmentation)
人口细分(demographic segmentation)
地理细分(geographic segmentation)
心理细分(psychographic segmentation)
行为细分(behavioral segmentation)
受益细分(benefit segmentation)

无差异目标市场战略(undifferentiated targeting strategy)
差异目标市场战略(differentiated targeting strategy)
集中目标市场战略(concentrated targeting strategy)

定制化营销(custom marketing strategy)　　定位(positioning)
大规模定制(mass customization)　　　　定位图(positioning map)
一对一营销(one-to-one marketing)

思考题与应用

1. 什么是市场细分？为什么市场细分在今天的市场上非常重要？

2. 细分消费者市场和产业市场的依据有哪些？这些细分依据是否足够？能否举出一个产品在进行市场细分时需要使用某些特殊的细分依据？

3. 如果对手机市场进行市场细分，你认为细分时需要考虑的最主要因素有哪些？

4. 列举针对男性美容产品市场的细分依据，并设计一份问卷，进行消费者调查，分析调研获得的数据，识别并描述潜在的细分市场。

5. 假设一家小型区域性啤酒公司聘请你帮助他们进行目标市场营销，他们对营销了解有限，你需要给他们进行一些讲解。过去，啤酒公司只是简单地生产和销售一种品牌，面对整个市场——大众营销，你觉得如果公司使用目标市场营销战略会更加成功。请向他们讲解以下问题：① 进行目标市场营销的原因；② 这家公司执行目标市场营销战略的优势；③ 初步列举一些可能的目标细分市场概况。

6. 作为一个市场咨询公司的客户经理，你的最新客户就是你的大学，请针对学校进行市场定位并说明依据。

营销实战案例

创业金矿：老年移动互联网市场

很多人说互联网和移动的蛋糕已经被分食得差不多了，事实上，老年移动互联网市场绝对是个尚未开发的金矿。根据联合国世界卫生组织的统计，到 2025 年，中国 13.2% 以及美国 18.5% 的人口将为 65 岁以上的老年人；到 2050 年，这个数字分别为 22.7% 和 21.1%。面对不断增多的老年人口，科技工作者和应用开发者应该如何抓住老年人的特点以设计出适合他们生活习惯的产品？在斯坦福大学的"Aging 2.0"分会上，产品设计和医疗服务的专家们分享了他们对老年市场科技发展的心得以及对未来的展望。

设计好产品之前先要体验生活

正如瘦子永远不懂胖子站在体重计上的忧伤，年轻的设计师和工程师们往往不能真正理解老年人想要什么。工业设计师 Rupa Chaturvedi 说老年人有许多生理和心理上的需求会碍于面子说不出口。她建议设计师们可以先体验生活，例如，把一只手绑起来，只用另一只手生活一周，以体验中风患者；带磨砂镜片和耳塞生活一周，以体验视力和听力逐渐衰退的老年生活等。在这过程中，设计师们应该把每一个小的细节都记录下来，作出贴心的设计,这样的产品才最受他们欢迎。

Rupa 举了一个简单的例子,美国有一位科学家模仿病人在床上躺了一周,他发现每天睁眼和闭眼都是枯燥的天花板是件令人绝望的事,所以,他正在研发可以让病人在床上轻松进行娱乐活动的设施。

斯坦福大学工业设计系教授 David Jaffe 说,老年人也爱美,只是找不到相关的服务。例如,轮椅和拐杖对老年人来说就是他们的衣服,如果有厂商制造出更高贵优雅的轮椅,相信不差钱的老年人们会争相购买。在老年人口互联网普及率已达到 50% 的美国,针对老年人的网页和应用也应该在设计上作出相应的调整。

例如:
- 把长篇文章分成多个小段;
- 一步一步仔细地写出使用说明,不能假设任何知识是常识;
- 减少使用科技语;
- 减少使用鼠标右键的机会;
- 减少滚动鼠标而选择翻页;
- 在链接周围留出多余的空间供视力不好的老年人点击;
- 使用较大的字体、色差大的设计,并且把"放大"这个选项放在容易找到的地方;
- 提供语音识别服务。

以下为几个针对老年人群的网站和应用。

一、社交类

Pew 研究中心的报告显示,在美国,43% 的老人感到孤独。老年人往往不会直接说"我很孤独",而是说"我想交一些新的朋友"。目前,每天 3 个上网的老年人中就有 1 个有 Facebook 或 LinkedIn 账号,2009 年 4 月至 2011 年 5 月,65 岁以上的社交网络用户增长了 150%。越来越多的老年人开始使用社交网络寻找老朋友。尽管如此,Facebook 毕竟是年轻人的天下,所以,除了 Facebook,美国老年人也会去 AAPR、GrowingBolder 等网站查看同龄网友分享的抗衰老心得,而上面的内容很多都以视频或音频的方式取代文字。

另外,像 CareArchitech 这样提供全方位服务的社交网站也很受老年人欢迎。在 CareArchitech 注册后,会员可以在线上跟其他用户交流,网站也会定期组织老年大学和同城活动。网站更为用户提供诸如交通、房屋维修等服务,用户只需在网页上选择所需要的服务,工作人员就会安排人员到用户家中。

二、医疗服务类

1. 护理记录和提醒服务

Unfrazzle 是一个帮助护工记录老人身体指标的 APP,家人可以先设置好日程,接着 Unfrazzle 就会提醒护理者老人几点喝下午茶,几点量血压和心跳,几点应该锻炼身体,几点该服药。护工在应用上输入测量的指标数据,这些数据也能同时传给医生进行备案。同样类别的记录工具有 Heartwise 和 iHealth BPM 血压记录应用,当用户测完血压之后手动输入数据,应用就会告诉用户血压情况是否正常,用户也可以把数据用 E-mail 发送给医生，iHealth BPM 已支持中文系统。

2. 寻找家政服务

淘宝网的数据显示，仅 2012 年 9 月 7 日—10 月 7 日，在淘宝网上购家政服务的消费者超过 1 200 人次。在美国，大部分人是去 Craigslist 找一个同城的护理者，但不论是中国还是美国，都存在无法核实从业人员身份的问题。Carelinx 为护工和寻找护工的家庭搭建了一个有保障的桥梁。护工先在 Carelinx 上注册，上传从业资格证和社会保障号等身份证明，并说明自己擅长哪方面的护理。Carelinx 经过认证后，这名护工的信息就会显示在网页上。当一个家庭想要联系这名护工时，他们可以在 Carelinx 上即时聊天来确定视频面试的时间。双方签订协议后，护工可以委托 Carelinx 在网上代收工资。Carelinx 向每对成功的配对收取一定的手续费。Carelinx 的创始人 Sherwin Sheik 说，在美国，70% 的 65 岁以上的老人需要长期护理，这个市场大约有 4 500 亿美金，家政市场还有更多的潜力让大家挖掘。

在互联网普及率没有那么高的中国老年人群中，收音机和电视是他们生活中的最高科技产品。但为了能跟子女沟通或者跟牌友、太极友交流，大部分老年人也乐意学习一些新的科技，所以，网站、应用要做得足够简单、足够体贴才能吸引他们使用。在内容方面，如今的视频网站都是年轻人爱看的节目，老年人则更喜欢看类似《地道战》这样的怀旧电影，如果专门为他们开设一个怀旧频道，相信也会有很多老年戏迷捧场。另外，老年婚介、银色旅游、医疗保健等都是有着巨大潜力的市场。开发者也可以先锁定他们的子女为目标用户，让他们把信息传递给老年人。

资料来源：http://www.199it.com/archives/73011.html。

讨论题：

1. 请结合目标市场营销的相关知识点，分析老年移动互联网市场是创业金矿的原因。

2. 如何根据老年人的需要、生活方式、消费习惯等方面进一步市场细分？请列举该市场的细分依据，并描述在此标准下划分出的子市场。

3. 根据案例中所提到的网站和应用，分别说明它们所针对的目标市场具体有哪些特征，并分析这些网站确定各自的市场定位是怎样的。

案例点评：

扫一扫如下二维码，获得老师对此案例的点评。

第 Ⅳ 篇

营销策略：
创立、交付与
传播价值主张

第八章
创造产品与产品管理

 本章知识结构图

创造产品	· 产品、服务和体验 · 产品概念的层次 · 产品的分类 · 产品组合及其相关概念
产品生命周期	· 产品生命周期的含义 · 各阶段的特点及营销目标
新产品开发	· 新产品的概念 · 新产品开发管理程序
品牌与包装策略	· 品牌决策 · 包装决策

 课前预习

本章学习要点：
1. 掌握产品的基本概念，理解产品组合；
2. 理解产品生命周期和不同阶段的营销方法；
3. 掌握新产品开发策略以及品牌与包装决策。

营销视频扫一扫

品牌之争：王老吉与加多宝①

在王老吉品牌纠纷之后，加多宝横空出世，势头远超过了王老吉。是产品的问题、包装的问题还是其他？其实，多年前王老吉只是广药集团手中一个尚待开发的品牌，当时的品牌价值非常低，广药集团作出了将王老吉商标转让给鸿道集团加多宝公司的决策。随着加多宝公司的运作，时至今日，王老吉年销售收入已突破200亿元。在这期间，广药集团推出的绿罐王老吉，有接近20亿元的销售规模，本来两公司相辅相成，利益共享，相处得十分融洽。

而现在广药集团拿回王老吉商标也未必能做好，甚至在未来与加多宝的比拼中广药集团能否占得优势都未尝可知，加之还有来自其他品牌的竞争压力。其实，广药想拿回商标的动机很明显：既然王老吉现在这么成功，那么，只要能拿到这个品牌自己做，事业必然蒸蒸日上。但实际真的像他们想的这么简单吗？

扫一扫如下二维码，观看视频"品牌之争：王老吉与加多宝"，与老师及小伙伴们讨论如下问题并开始本章的学习：如果没有过硬的商品，只有商标与品牌，是否就能顺利开拓市场？

正如本书在第一章所提到的，营销的主要功能是向顾客传递价值，产品作为传递产品价值最重要的方面，被认为是市场营销的核心。当产品出现问题的时候，即使有良好的市场沟通、技术支持和价格组合，营销也很难取得成功。

苹果被公认为是产品革新者，创造出iPod、iPhone、iMac等一系列成功引领消费者市场的产品。但是，苹果也曾经有过失误。最早的掌上电脑Newton就是苹果失败案例中

---

① 资料来源：若想观看完整视频，请登录http://v.youku.com/v_show/id_XNDE4MzQxNDQ0.html。

的一个。该产品在 20 世纪 90 年代由苹果公司推出,但是由于 Palm 公司推出了外形更加小巧、界面更加友好的掌上电脑,Newton 不得不退出市场。虽然当时苹果在技术上拥有优势,但它并没有搞清楚掌上电脑对客户的核心价值究竟是什么。顾客需要掌上电脑能够和其他电脑进行连接,需要优化的性能组合以及合理的价格。

本章将更深入地探讨组合——营销人员用来实施战略的战术工具,研究公司如何发展和管理产品和品牌,接下来的几章将研究定价、分销和营销传播工具。产品策略是市场营销组合中最重要也是最基本的因素,企业在测定营销组合策略时,首先必须决定发展什么样的产品来满足目标市场的需求。同时,产品策略还直接或间接地影响到其他营销组合因素的管理。从这个意义上来说,产品策略是整个营销组合策略的基石。

8.1　创　造　产　品

　产品概念分为哪些层次?

我们将产品(product)定义为向市场提供的,能够引起关注、获得、使用或消费,并可以满足需要或欲望的东西。产品包含比有形商品更多的内容。广义而言,产品包括物理形体、服务、事件、人物、地点、组织、创意或上述实体的组合。在这里,我们广泛地使用产品这个词来囊括这些实体中的任何一项或全部。因此,一部苹果手机、一辆丰田凯美瑞汽车、一杯星巴克摩卡咖啡是产品,百度上的搜索、汇丰在线投资服务和家庭医生的建议也是产品。

考虑到服务在世界经济中的重要地位,我们将给予它特别关注。服务(service)是这样一种形式的产品,它包括本质是无形的且不会带来任何所有权转移的可供出售的活动、利益或满意度,有银行的理财服务、宾馆的居住服务、航空公司的旅行服务、商店的销售服务、税收准备和家居维修服务等。

8.1.1　产品、服务和体验

产品是市场供应品(marketing offering)的一个关键因素。一家公司的市场供应品往往同时包含有形的产品和无形的服务。每一个组成部分都是整个供应品中或大或小的一部分。在一个极端情形下,供应品可能由纯粹的有形产品组成,如香皂、牙膏或者食盐——没有与产品伴随的服务;在另一个极端情形下,供应品可能由纯粹的服务构成,如一次医生的检查和金融服务。然而,在这两个极端之间,存在多种产品和服务组合的可能。

随着产品和服务越来越商品化,许多公司通过创造并管理顾客对其产品或企业的体验,以实现其供应品的差异化。进行体验营销的公司意识到,消费者真正购买的远不仅仅是单纯的产品服务——他们购买的是供应品能够给他们带来的那些东西,正是他们购买和消费这些产品和服务时所收获的体验。

"酒香不怕巷子深"是我们听过的俗语,但事实上,仅靠优秀的产品并不能保证成功。数十年来,木流(Woodstream)使用品牌"胜利者"(Victor)推出了很多木制捕鼠器,然后公司决定开发一个更完善的产品。产品开发人员研究了老鼠进食、爬行和休息的习惯(基本就是老鼠日常生活的全部),他们以最可能、最恰当的设计开发出不同类型的捕鼠雏形,并在家里进行实验。最后公司推出了一个外观圆润的"小冠军",一种黑色塑料制的带小孔的小型浴缸,当老鼠钻进去咬饵的时候,会有水从下面涌出,老鼠就被捕。

听起来像是很优秀的新产品,但是"小冠军"失败了,木流公司研究的是老鼠的习惯,不是消费者偏好。公司后来发现,丈夫晚上设置捕鼠器,但是第二天早上是由妻子去处置死老鼠。遗憾的是,很多主妇认为"小冠军"捕鼠器太贵了,舍不得直接扔掉,觉得应该将其清空留做下一次用,而且这是很多主妇不愿意做的,她们情愿要可以直接扔掉的捕鼠器。

木流公司在"捕鼠竞赛"上的失败表明,在创造一个产品时,必须了解顾客需要的价值,而不是仅仅满足于听起来不错的小发明。这个案例也告诉我们,不管什么样的产品,从低技术含量的奶酪至高技术含量的捕鼠器,都向顾客传递着这样的价值:尽管胜利者(Victor)品牌宣称要成为"控制啮齿动物解决方案"行业的领袖,但在这个案例中,一块奶酪或一个鞋盒就能像"小冠军"这样的高科技产品一样捕获老鼠。

我们需要清楚地研究产品究竟是如何通过提供价值来吸引消费者的。本书第一章就告诉我们,价值主张就是消费者对于产品或服务提供的利益的认知。因此,营销者的任务具有双重性:第一,创造现有产品所没有的价值;第二,要向顾客证明这些价值是真实的。

8.1.2 产品概念的层次

你肯定听人说过"心意比礼物重要",这意味着礼物只是送礼物的人惦记你的一个标志或者象征。衡量礼物的价值时,我们可能会考虑以下因素:礼物是否有装饰,包装纸是否特别,是不是"二次礼物"——送礼者收到的别人送的礼物然后转送给你的。这些因素附加在盒子里的实物之上,共同组成一件礼物。

跟礼物一样,产品是消费者通过交换得到的一切,图 8-1 表明,我们可以从三个层面分析产品——核心产品、形式产品和延伸产品。

1. 核心产品

核心产品(core customer value)是产品最基本的层次,是产品提供给消费者的

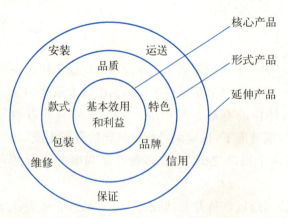

图 8-1 产品整体概念的三个层次

基本效用和利益,也就是产品的使用价值。利益是消费者从拥有和使用产品中所得到的产出。明智老练的营销者会告诉你:"营销者可以卖半英寸钻头,但客户购买的是半英寸孔",它告诉我们,这时人们购买的核心产品就是钻孔的能力。如果某种新产品——如激光——能更好地且更低成本地提供同样功能,那钻头制造者就有问题了。营销是提供利益的,而不是产品属性。例如,服装的核心价值是满足保暖、舒适、美观的需要;食品的核心价值是满足充饥和营养的需要。营销人员就是发现隐藏在产品背后的真正需要,把产品的实际效用和利益提供给消费者。

举例来说,汽车提供的首要利益是运输——所有汽车都能够提供从 A 地到 B 地的功能。但是产品也提供个性化的利益——如制造厂为了赢得客户增加了"铃声和哨音"的利益。不同的驾驶者从汽车上寻求不同的个性化利益。有的只想要节约运输成本,有的喜欢环保的混合动力车,还有的喜欢顶级的全地形越野车,还有的想要会被朋友们羡慕的漂亮的跑车。

2. 形式产品

形式产品(actual product)是产品的第二个层次,是核心产品借以实现的形式。任何产品都有其确定的形式,劳务产品也是如此。一般说来,形式产品应有以下几个方面的特征:品质、功能、品牌、款式、包装等,如服装的面料、款式、品牌。市场营销人员应首先着眼于顾客购买产品时所追求的利益,然后再去寻求利益得以实现的形式。

3. 延伸产品

延伸产品(augmented product)是产品的第三个层次,是消费者购买形式产品时所能得到的附加服务和附加利益,包括免费送货、安装、维修、提供信贷、其他各种承诺等。例如,联想公司在销售其电脑产品时,不仅包括电脑的硬件设备,还向消费者提供包括软件、安装、调试、维修技术等一系列附加服务,使消费者一次购买就能得到全部的满足。随着消费市场的成熟,消费者越来越重视附加服务,企业也越来越认识到,只有在附加利益和服务方面不断满足消费者的需要,才能在竞争中取得优势。

8.1.3 产品的分类

到目前为止,我们已经了解到产品可以表现为有形商品,也可以表现为无形的服务,也了解到产品有很多层次,消费者可以从每个层次中获取价值。现在我们将从不同产品的区别层面来加深对产品概念的理解。营销者根据最终消费者和企业客户对产品的不同理解和购买产品的方式将产品区分开来。这种分类帮助营销者开发新产品和制定营销组合来满足客户需要。

总的来说,一种产品不是消费品就是企业用品,尽管有时个人消费者和企业购买的产品相同,如卫生纸、吸尘器和灯管等,但是企业的购买量比较大。由于个人消费者和组织购买者的购买决策方式不同,可以首先从产品使用寿命和个人消费者购买方式的角度来看不同消费品的差异,然后探讨企业产品的主要类别。

1. 产品使用寿命

营销者根据产品使用寿命把消费品分为耐用品（durable goods）和非耐用品（nondurable goods）。冰箱能用很多年，牛奶只能存放一个星期左右。除非有新的科学成果出现，耐用品一般是指使用年限较长、价值较高的有形产品。如冰箱、家具、机械设备等，耐用品需要较多的人员推销和服务。非耐用品一般是有一种或多种消费用途的低值易耗品，如啤酒、肥皂和盐等。售价中的加成要低，还应加强广告以吸引消费者试用并形成偏好。

消费者更多地会在高度参与的情况下购买耐用品，非耐用品的购买更可能是低度参与的。购买计算机或房子时，消费者会花很多时间和精力制定购买决策。提供这种产品时，营销者必须深刻理解消费者对不同产品利益的需求，理解产品保证、售后服务以及客户支持的重要性，必须保证消费者获得所需信息。一种方法是，在公司网站上设置"常见问题"(FAQ)板块；另一种方法是，注册微博或微信公众号，设置留言板或博客，围绕产品建立一个社区，企业会跟踪了解人们如何评价产品。

相比之下，消费者在购买非耐用品时并不过多地注重细节，他们很少搜集信息或者进行权衡。有时候，这意味着消费者会在合理价格下购买任何可供选择的品牌。有时候，消费者还会根据以往经验作出购买决策。因为某品牌以前的表现令人满意，消费者没有理由更换，而是直接根据习惯选择同一个品牌。这种情况下，营销者可以较少地为产品增加新特点以及吸引顾客，而是应该开发产品的新用途，并侧重于价格和分销策略。

2. 个人消费者购买方式

营销者还通过个人消费者如何以及在哪里购买来区分产品，图 8-2 说明消费者市场的产品分类。

消费品可以根据消费的特点区分为便利品、选购品、特殊品和非渴求物品四种类型，其销售方式也是不同的，见表 8-1。

（1）便利品（convenience product）。指顾客频繁购买或随时购买的产品，如烟草制品、肥皂和报纸等。便利品可以进一步分为常用品、冲动品以及急救品。常用品是顾客经常购买的产品。例如，某顾客也许经常需要购买可口可乐、佳洁士牙膏。冲动品是顾客没有经过计划或搜寻而顺便购买的产品。急救品的地点效用很重要，一旦顾客需要能够迅速实现购买。

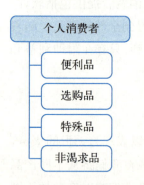

图 8-2 消费者市场的产品分类

（2）选购品（shopping product）。是指顾客对适用性、质量、价格和式样等基本方面要作认真权衡比较的产品。如家具、服装、旧汽车和大的器械等。选购品可以划分为同质品和异质品。购买者认为同质选购品的质量相似，但价格却明显不同，所以有选购的必要。销售者必须与购买者"商谈价格"。但对顾客来说，在选购服装、家具和其他异质选购品时，产品特色通常比价格更重要。经营异质选购品的经营者必须备有大量的品种花色，以满足不同的爱好；他们还必须有受过良好训练的推销人员为顾客提供信息和咨询。

(3) 特殊品(specialty product)。指具备独有特征和(或)品牌标记,购买者愿意作出特殊购买努力的产品。如特殊品牌和特殊式样的花色商品、小汽车、立体音响、摄影器材以及男士西服。

(4) 非渴求品(unsought product)。指消费者不了解或即便了解也不想购买的产品。传统的非渴求品有人寿保险、墓地、墓碑以及百科全书等。对非渴求品要付出广告和人员推销等大量营销努力。

表 8-1 消费品的营销考虑事项

营销事项	消费品类型			
	便利品	选购品	特殊品	非渴求品
消费者购买行为	购买频率高,很少计划,很少做比较或为购物费精力,低消费者参与	购买频率较低,大量的计划并为购物花费较多的精力,比较不同品牌的价格、质量和式样	强烈的品牌偏好和高度忠诚,为购买付出特别努力,很少比较品牌,低价格敏感度	很少的产品知晓度和知识(或者即使知晓也没什么兴趣或唯恐避之不及)
价　格	低价	较高的价格	高价	不确定
渠　道	大范围的分销、便利的地点	在较少的店面里有选择地分销	每个市场区域内只在一个或几个店铺里独家经销	不确定
促　销	制造商大规模促销	制造商和分销商的广告和人员销售	制造商和分销商更加谨慎地、有目标地促销	制造商和分销商激进的广告和人员推销
例　子	牙膏、杂志、清洁剂	大家电、电视、家具、服装	奢侈品,如劳力士手表或高档手晶饰品	人寿保险、红十字献血

3. 企业客户购买方式

个人消费者购买消费品是为了最终消费,组织购买者购买是为了生产其他产品或支持组织运行。营销者根据组织购买者使用产品方式来区分企业用品。与消费者一样,营销者知道了企业客户如何使用产品,才能更好地设计产品及整个营销组合。图 8-3 说明了组织购买者市场的产品分类,可以分成材料和部件、资本项目以及供应品与服务三类。

(1) 材料和部件(materials and parts)。指完全转化为制造商产成品的一类产品,包括原材料、半制成品和部件。如农产品、构成材料(铁、棉纱)和构成部件(马达、轮胎)。上述产品的销售方式有所差异。农产品需进行集中、分级、储存、运输和销售服务,其易腐性和季节性的特点决定了要采取特殊的营销措施。构成材料与构成部件通常具有标准化的性质,意味着价格和供应商的可信性是影响购买的最重要因素。

(2) 资本项目(capital items)。指部分进入产成品中的商品。它包括装备和附属设备。装备包括建筑物(如厂房)与固定设备

图 8-3
组织购买者市场的产品分类

（如发电机、电梯）。该产品的销售特点是：售前需要经过长时期的谈判，制造商需要使用一流的销售队伍设计各种规格的产品和提供售后服务。附属设备包括轻型制造设备和工具以及办公设备。这种设备不会成为最终产品的组成部分，它们在生产过程中仅仅起辅助作用。这一市场的地理位置分散、用户众多、订购数量少，质量、特色、价格和服务是用户选择中间商时所要考虑的主要因素，促销时人员推销比广告重要得多。

（3）供应品和服务（supplies and services）。指不构成最终产品的那类项目，如打印纸、铅笔等。供应品相当于工业领域内的方便品，顾客人数众多、区域分散且产品单价低，一般都是通过中间商销售。由于供应品的标准化，顾客对它无强烈的品牌偏爱，价格因素和服务就成了影响购买的重要因素。商业服务包括维修或修理服务和商业咨询服务，维修或修理服务通常以签订合同的形式提供。

8.1.4 产品组合及其相关概念

1. 产品组合、产品线及产品项目

产品组合（product mix）是指企业全部产品线和产品项目的组合或结构，即企业的业务经营范围。产品线（product line）是指产品组合中的某一产品大类，是一组密切相关的产品。如以类似的方式发挥功能、售给相同的顾客群、通过同一销售渠道售出、属于同一价格范畴等。产品项目是衡量产品组合各种变量的一个基本单位，指产品线内不同的品种以及同一品种不同的品牌。例如，某商场经营家电、百货、鞋帽、文教用具等，这就是产品组合；其中，家电或鞋帽等大类就是产品线；每一大类里包括的具体品牌、品种为产品项目。

2. 产品组合的宽度、长度、深度和关联度

产品组合有 4 个重要的维度：宽度、长度、深度和关联度。产品组合的宽度是指产品组合中所拥有的产品线数目，例如，表 8-2 所显示的产品组合的宽度为 4。

表 8-2 产品组合举例

	服 装	皮 鞋	帽 子	针织品
产品线的长度	1. 男士西装	1. 男士凉鞋	1. 毛线帽	1. 卫生衣
	2. 女士西装	2. 女式凉鞋	2. 布 帽	2. 卫生裤
	3. 男休闲服	3. 男式皮鞋	3. 礼 帽	3. 保暖内衣
	4. 女休闲服	4. 女式皮鞋	4. 淑女帽	
	5. 风雨衣		5. 童 帽	
	6. 儿童服装			

产品组合的长度是指产品组合中产品项目的总数，以产品项目总数除以产品线数目即可得到产品线的平均长度。表 8-2 所显示的产品组合总长度为 18，每条产品线的平均长度为 18÷4=4.5。假如表 8-2 内各种产品平均有 3 个品牌，则公司的产品组合总长度为 54，平均长度为 54÷4=13.5。

产品组合的深度是指产品项目中每一品牌所含不同花色、规格、质量的产品数目的多少,例如,佳洁士牌牙膏有3种规格和2种配方,其深度就是6。通过统计每一品牌的不同花色、规格、质量的产品总数目,除以品牌总数,即为企业产品组合的平均深度。实际上,一般公司的产品组合总长度要长得多,深度也要深得多。例如,童帽作为一个品种,可以有几个、十几个品牌,其中一个品牌不同花色、规格、质量的产品可以有十几个甚至几百个,因此,有的公司经营的产品如按花色、规格、质量统计,可达几万种以至几十万种。

产品组合的关联度是指各条产品线在最终用途、生产条件、分配渠道或其他方面相互关联的程度。例如,某家用电器公司拥有电视机、洗衣机等多条产品线,但每条产品线都与电有关,这一产品组合具有较强的相关性。

这些产品组合的维度为界定公司的产品战略提供了依据,公司可以从以下四个方面发展业务:

- 可以增加新产品线,从而拓宽产品组合,在这种情况下,新产品线建立在公司其他产品线的声誉的基础上。
- 公司也可以延长已有的产品线而成为产品线更加完整的公司。
- 可以为每个产品引进更多的类型,以增加产品组合的深度。
- 公司可以追求更强或更弱的产品线关联度,这取决于它是希望在单个领域还是在众多领域中赢得良好声誉。

8.2 产品生命周期

 产品生命周期分为哪些阶段?各自有什么特点?

每一种产品都要经历由盛到衰的演变过程。因此,企业在经营过程中经常面临两个重要决策:一是了解产品在各生命周期的特定阶段应采取哪些营销策略;二是寻找能为企业的长远发展提供获利机遇的新产品。为做好这两项工作,必须深入理解产品生命周期原理,科学运用新产品开发策略。

8.2.1 产品生命周期的含义

一种产品在市场上的销售情况和获利情况并不是固定不变的,而是随着时间的推移发生变化。这种变化过程与生物历程一样,也要经历诞生、成长、成熟和衰老的过程。产品生命周期(product life cycle)就是指产品从进入市场开始到被市场淘汰为止的全过程,这一过程可用一条曲线来表示,称之为产品生命周期曲线,包括四个阶段:导入期、成长期、成熟期和衰退期(如图8-4所示)。

- 导入期(introduction stage)。指产品刚刚进入市场,处于向市场推广介绍的阶段。

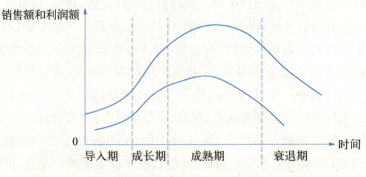

图 8-4　典型的产品生命周期曲线

- **成长期**(growth stage)。指产品已为市场所接受,销售量迅速增加的阶段。
- **成熟期**(maturity stage)。指产品在市场上已经普及,市场容量基本达到饱和,销售量较少变动的阶段。
- **衰退期**(decline stage)。指产品已经过时,被新的产品所替代,销售量迅速下降的阶段。

产品的市场生命周期与产品的使用生命周期是两个不同的概念,产品的市场生命周期如上所述,产品的使用生命周期是指产品从投入使用到损坏报废为止所经过的时间。产品是使用价值和交换价值的统一体,从使用价值消失的过程来看,是产品的使用生命周期结束;从交换价值消失的过程来看,是产品的市场生命周期结束。产品的使用生命是具体的、有形的,它与使用的时间、维修保养等因素有关;而产品的市场生命是抽象的、无形的,它与市场的各种销售因素有关。

产品生命周期是现代营销管理中的一个重要概念,是营销学家以统计规律为基础进行理论推导的结果。在现实经济生活中,并不是所有产品的生命历程都完全符合这种理论形态,即销售趋于呈正态分布曲线,各阶段的周期间隔基本相同。有些产品上市伊始就迅速成长,可能跳过销售缓慢增加的引入阶段;另一些产品可能持续缓慢增长,即由引入期直接进入成熟期;还有些产品经过成熟期以后,再次进入迅速增长期。

产品生命周期泛指"产品",而实际上在产品的种类、品种和具体品牌之间分析起来大不相同。产品种类的生命周期最长,甚至在相当长的时间内显示不出其阶段的变化,其次为产品品种,周期最短的是具体品牌的产品。例如,糖果是一种产品种类,糖果中的口香糖是其中的一个品种,而"××牌口香糖"则是具体品牌的产品。三者比较,"糖果"的周期最长,而"××牌口香糖"周期最短。在实际经营中,应用产品生命周期理论分析产品种类的情况较少,更多的是分析产品品种或具体品牌。

8.2.2　产品生命周期各阶段的特点及营销目标

1. 产品生命周期各阶段的特点

产品在其生命周期各阶段具有不同的特点。企业只有在了解各阶段的特点之后,才有可能制定出相应的营销策略,保证企业营销活动的成功。关于产品生命周期各阶段的特点,可以从销售量、成本、利润、竞争和消费者的态度等几方面来了解,如表8-3所示。

表8-3 产品生命周期各阶段的特点

	导入期	成长期	成熟期	衰退期
销售量	低、增长慢	增长快	大增长、平稳	大幅度下降
成本	较高	逐渐降低	平稳、略有上升	略有上升
利润	较低或负值	增长快	增至最高、开始下降	大幅度下降
竞争	竞争者少	竞争加剧	竞争激烈	纷纷退出
消费者态度	不了解	有些了解	广为人知	无所不知

2. 产品生命周期各阶段的营销目标

企业在产品生命周期各阶段的营销目标也有所不同,如表8-4所示。

表8-4 产品生命周期各阶段的营销目标

导入期	成长期	成熟期	衰退期
创造产品知名度和提高试用率	最大限度地占有市场份额	保卫市场份额 获取最大利润	对该品牌削减支出 榨取品牌价值

3. 产品生命周期各阶段的市场营销策略

产品生命周期理论说明,任何一种产品都不可能长久不衰,永远获利。企业必须经常对各类产品的市场状况进行分析,淘汰老产品,开发新产品,使企业的产品组合处于最优状态。针对产品生命周期各阶段的特点,企业应该采取以下营销策略:

(1) 体现"快"字的导入期营销策略。当企业的产品正式进入市场时,其导入期就开始了。处于导入期的产品,一般只有少数企业,由于产量、技术等原因,使得产品成本较高,价格也较高。企业总的策略应该是迅速扩大销售量,提高盈利,以尽量缩短导入期。导入期产品的市场营销策略,可以用"快""准"来概括,一般有以下四种,见图8-5。

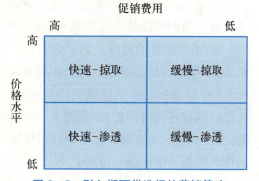

图8-5 引入期可供选择的营销策略

① 快速-掠取策略。即采用高价格和高促销方式推出新产品,以求迅速扩大销售量,取得较高的市场占有率。高价是为了获取高额利润,以迅速收回前期的开发投资,同时给予高水平促销支持。采取快速-掠取策略需要有一定的条件:第一,潜在市场上的大部分人还不知道该产品;第二,市场对该产品确实有较大的需求潜力,知道的人急于购买;第三,企业面临着潜在竞争。

② 缓慢-掠取策略。即采用高价格和低促销的方式推出产品。高价格可以使企业获

取利润,而低促销又降低了促销成本,从总体上可以使企业获取更多的利润。采取缓慢-掠取策略需要具备的条件是:第一,市场规模有限,没有激烈的潜在竞争;第二,大多数消费者对该产品已有所了解,并愿意为此付出高价。

③ 快速-渗透策略。即采用低价格和高水平的促销方式推出新产品。这种策略可以使企业迅速进入市场,占有市场,最大限度地取得市场占有率。采取快速-渗透策略需要具备的条件是:第一,市场容量较大,但潜在的竞争比较激烈;第二,消费者对该产品不了解;第三,大多数消费者对价格比较敏感,即价格弹性比较大;第四,产品成本随着企业生产规模的扩大而迅速降低。

④ 缓慢-渗透策略。即采用低价格和低水平促销的方式推出新产品。低价格可以使市场迅速接受该产品,同时低水平的促销成本又可以实现较多的利润。采取缓慢-渗透策略需要具备的条件是:第一,市场规模大,但存在潜在的竞争对手;第二,消费者对该产品已有了解;第三,大多数消费者对价格比较敏感,即价格弹性比较大。

(2) 体现"好"字的成长期营销策略。新产品上市后,如果适合市场需求,即进入成长期。在此阶段,销售量迅速增加,在高额利润的吸引下,竞争者进入市场,给产品增加了新的特色,并扩大了销售市场和分销渠道。成长期的营销策略关键是"优""好",就是在产品质量和各种策略的选择与应用上,都要求有较高的水平。

① 提高产品质量。根据消费者的需求,不断提高产品质量,增加产品新的功能、新的款式、新的型号等,从而提高产品的竞争力。

② 寻找新的细分市场和新的分销渠道。通过细分市场,寻找产品尚未满足的子市场,并努力满足新的子市场的需要。同时可以开辟新的分销渠道,扩大商业网点,增加市场销售。

③ 改变广告宣传的重点。导入期宣传的重点在于提高产品的知名度,成长期宣传的重点就要强调产品的品牌形象,要宣传产品值得消费者信任的地方。

④ 采取降价的策略。为了吸引更多的、对价格比较敏感的消费者,可以在适当的时机,采取降低价格的策略。降价同时还可以在一定的程度上抑制竞争。

(3) 体现"改"字的成熟期营销策略。产品进入成熟期的标志是销售增长速度缓慢,这个时期持续的时间较长,营销人员所面临的大部分产品都处于成熟期,可以分为三个时期:第一,成长成熟期。此时期各销售渠道基本呈饱和状态,增长率缓慢上升,还有少数后续的购买者继续进入市场。第二,稳定成熟期。由于市场饱和,消费平稳,产品销售稳定,销售增长率一般只与购买者人数成正比,如无新购买者则增长率停滞或下降。第三,衰退成熟期。销售水平显著下降,原有用户的兴趣已经开始转向其他产品和替代品。全行业产品出现过剩,竞争加剧,一些缺乏竞争能力的企业将渐渐被取代,新加入的竞争者较少。竞争者之间各有自己特定的目标顾客,市场份额变动不大,突破比较困难。成熟期的营销策略应立足于"改",想方设法改良产品,延长产品的成熟期。

① 改进产品。可以通过改变产品的特性,吸引消费者。一是提高产品质量,如提高产品的耐用性和可靠性等;二是增加产品的功能,如提高产品的方便性和安全性等,如净音、环

保空调的生产,就是给传统的空调增加了新的功能;三是改进产品的款式,如日本精工手表不断推出新品种、新款式,汽车制造商不断推出经济型轿车等。总之,通过提高产品质量、增加产品的功能、改进产品的款式等手段,可以防止销售量下降,提高产品的竞争力。

② 调整市场。通过寻找新的细分市场和营销机会来调整市场。一是挖掘现有产品的新用途,进入新的细分市场。如美国杜邦尼龙公司生产的尼龙产品,最早是用于军事上的需要,如降落伞、尼龙绳等,后来又用于民用方面,如尼龙衣、窗纱等,以后又继续用于轮胎、包装材料等,尼龙产品的每一种新用途的发现,都延长了尼龙这种产品的生命周期;二是设法使现有的消费者增加产品的使用量和使用频率。三是开辟新的市场。同一种产品在不同的地区,其生命周期可能会有时间差,企业可以将产品转移到生命周期滞后一些的地区,如我国某企业在国内电视机市场趋于饱和的情况下,将电视机出口到非洲某市场,既满足了当地市场的需要,又延长了电视机的市场生命周期。

③ 改变营销组合。可以通过改变营销组合的一个或几个因素,来扩大产品的销售。如可以采用降价的方式吸引更多的消费者;可以用知名度高的明星做广告,从而增加广告的效应;还可以开展多样化的营业推广方式;现代企业都非常重视承担社会责任,企业还可以通过赞助等公共关系活动,关心社会公益事业,树立良好的社会形象。

(4) 体现"转"字的衰退期营销策略。产品进入衰退期,销售量急剧下降,竞争者纷纷退出市场,这个阶段的营销策略重点在于"转""撤"。因为产品进入衰退期,是经济发展、技术发展的必然结果,如果继续维持,其代价将会十分昂贵,不仅损失了大量的利润,而且会影响企业的声誉,影响企业开发新产品的大好时机,影响企业未来的市场竞争力。这一时期的具体策略主要包括:

① 集中策略。即把资源集中使用在最有利的细分市场、最有效的销售渠道和最易销售的品牌、款式上。概言之,缩短战线,以最有利的市场赢得尽可能多的利润。

② 维持策略。即保持原有的细分市场和营销组合策略,把销售维持在一个低水平上。待到适当时机,便停止该产品的经营,退出市场。

③ 榨取策略。即大幅度降低销售费用,如广告费用削减为零、大幅度精简推销人员等,虽然销售量有可能迅速下降,但是可以增加眼前利润。

如果企业决定停止经营衰退期的产品,应在立即停产还是逐步停产问题上慎重决策,并应处理好善后事宜,使企业有秩序地转向新产品经营。

8.3 新产品开发

 新产品开发具体分为哪些步骤?

产品生命周期理论提供了一个重要的启示:在科技不断发展、消费需求变化加快、市场竞争激烈的情况下,企业得以生存和成长的关键就在于不断创造新产品和改进旧产品,每一个企业都必须把开发新产品作为关系企业生死存亡的战略重点。

新产品开发决定着企业的未来,产品及服务的改进和更新对保持或增加企业的销售具有决定性影响。世界性的新产品与新服务可能会改变整个行业、整个企业乃至改变人们的生活。但是,新产品与新服务开发的低成功率却意味着更多的挑战。实际上,越来越多的企业不仅在谈论创新,而且在行动中实践着各种形式的创新,它们正在对行业规范和过去的经验与惯例提出挑战,同时开发那些可以吸引顾客并给顾客带来惊喜的新产品和新服务。

8.3.1 新产品的概念

市场营销学中使用的新产品概念不是从纯技术角度理解的,只要在功能或形态上得到改进或与原有产品产生差异,并为顾客带来新的利益,即视为新产品或者创新(innovation)。创新可能是改变游戏规则的尖端产品,如既是手机又是 iPod 的苹果 iPhone,以及外观像来自星球大战的吉列锋速 MVP(Gillette Fusion)剃须刀;也可以是创新的沟通方法,如网络 IP 电话,或是一种新的汽车动力,如宝马氢能 7 系这样的氢燃料电池汽车、特斯拉电动汽车等。创新可能是提供前所未有的利益的全新产品,就像个人计算机的问世,也可能是已有产品的新风格、新色彩或者新功能,如美国通用磨坊全谷物巧克力味燕麦圈(Chocolate Cheerios)。

新产品可分为以下六种基本类型:
(1) 全新产品,即运用新一代科学技术革命创造的整体更新产品;
(2) 新产品线,使企业首次进入一个新市场的产品;
(3) 现有产品线的增补产品;
(4) 现有产品的改进或更新,对现有产品性能进行改进或注入较多的新价值;
(5) 再定位,进入新的目标市场或改变原有产品市场定位推出新产品;
(6) 成本减少,以较低成本推出同样性能的新产品。

企业新产品开发的实质是推出上述不同内涵与外延的新产品。对大多数公司来说,是改进现有产品而非创造全新产品。

一项研究表明,新产品失败的概率超过 90%,导致如此多的新产品失败的原因有以下几个:虽然新产品的创意不错,但是可能对市场规模的估计过高;也可能是实际产品的设计没有预期的那么好;或者是产品在市场上的定位错误、定价过高或者没有开展有效的广告活动;也可能是高层管理人员无视不利的市场调查结果而强力推行其喜爱的产品创意;也可能是因为产品的开发成本高于预算,或者竞争对手的激烈反击超出了事先估计。

8.3.2 新产品开发管理的程序

公司必须开发新产品,但是新产品开发又面临着很高的失败率,为了提高新产品开发的成功率,必须建立科学的新产品开发管理程序。不同行业的生产条件与产品项目不同,管理程序也有所差异,一般企业研制新产品的管理程序如图 8-6 所示。

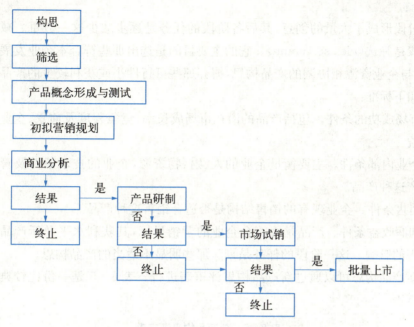

图 8-6 新产品开发管理程序

1. 新产品构思

构思也称创意生成(idea generation),是指为满足一种新需求而提出的设想。在新产品构思阶段,营销部门的主要责任是:积极地在不同环境中寻找好的产品构思;积极地鼓励公司内外人员发展产品构思;将所汇集的产品构思转送公司内部有关部门,征求修正意见,使其内容更加充实。营销人员寻找和搜集新产品构思的主要方法有如下几种:

(1) 产品属性排列法。将现有产品的属性一一排列出来,然后探讨,尝试改良每一种属性,在此基础上形成新的产品创意。

(2) 强行关系法。先列举若干不同的产品,然后把某一产品与另一产品或几种产品强行结合起来,产生一种新的构思。例如,组合家具的最初构想就是把衣柜、写字台、装饰柜的不同特点及不同用途相结合,设计出既美观又较实用的组合型家具。

(3) 多角分析法。这种方法首先将产品的重要因素抽象出来,然后具体地分析每一种特性,再形成新的创意。例如,洗衣粉最重要的属性是其溶解的水温、使用方法和包装,根据这三个因素所提供的不同标准,便可以提出不同的新产品创意。

(4) 聚会激励创新法。将若干名有见解的专业人员或发明家集合在一起(一般以不超过 10 人为宜),开讨论会前提出若干问题并给予时间准备,会上畅所欲言,彼此激励,相互启发,提出种种设想和建议,经分析归纳,便可形成新产品构思。

(5) 征集意见法。产品设计人员通过问卷调查、召开座谈会等方式了解消费者的需求,征求科技人员的意见,询问技术发明人、专利代理人、大学或企业的实验室、广告代理商的意见,并且坚持经常进行,形成制度。

2. 筛选

构思阶段形成了大量的创意,其后各阶段的任务是逐步减少这一数量。减少创意的第一个步骤是筛选(idea screening)。它的主要目的是选出那些符合本企业发展目标和长远利益,并与企业资源相协调的产品构思,摒弃那些可行性小或获利较少的产品构思。筛选应遵循如下标准:

(1)市场成功的条件。包括产品的潜在市场成长率、竞争程度及前景、企业能否获得较高的收益。

(2)企业内部条件。主要衡量企业的人、财、物资源,企业的技术条件及管理水平是否适合生产这种产品。

(3)销售条件。企业现有的销售结构是否适合销售这种产品。

(4)利润收益条件。产品是否符合企业的营销目标,其获利水平及新产品对企业原有产品销售的影响。这一阶段的任务是剔除那些明显不适当的产品构思。

筛选新产品构思可以通过新产品构思评审表进行。表8-5是一份比较典型的新产品构思评审表。

表8-5 新产品构思评审表

产品成功的必要条件	权重(A)	公司能力水平(B)											得分数(A·B)
		0.0	0.1	0.2	0.3	0.4	0.5	0.6	0.7	0.8	0.9	1.0	
公司信誉	0.20							★					0.120
市场营销	0.20										★		0.180
研究与开发	0.20								★				0.140
人员	0.15							★					0.090
财务	0.10										★		0.090
生产	0.05									★			0.040
销售地点	0.05				★								0.015
采购与供应	0.05										★		0.045
总计	1.00												0.720

分数等级0.00—0.40为"劣";0.41—0.75为"中";0.76—1.00为"良"。目前可以接受的最低分数为0.70。表8-5中的第一栏是某新产品成功的条件;第二栏是按照这些条件在进入市场时的重要程度分别给予不同的权重;第三栏是对某新产品成功打入市场的能力给予不同的评分;最后汇总,即A·B,得数相加,表示这个产品投放市场是否符合本企业的目标和战略的综合评分。

在筛选阶段,应力求避免两种偏差:一种是漏选良好产品构思,对其潜在价值估价不足,失去发展机会;另一种是采纳了错误的产品构思,仓促投产,造成失败。

3. 产品概念的形成与测试

新产品构思经筛选后，须进一步发展，形成更具体、明确的产品概念。产品概念（product concept）是指已经成型的产品构思，即用文字、图像、模型等予以清晰阐述，使之在顾客心目中形成一种潜在的产品形象。一个产品构思能够转化为若干个产品概念。

例如，一家食品公司获得一个新产品构思，欲生产一种具有特殊口味的营养奶制品，该产品具有高营养价值、特殊美味、食用简单方便（只需开水冲饮）的特点。为把这个产品构思转化为鲜明的产品形象，公司从以下三个方面加以具体化：

(1) 该产品的使用者是谁？即目标市场是婴儿、儿童、成年人还是老年人？

(2) 使用者从产品中得到的主要利益是什么？（营养、美味、提神或健身）

(3) 该产品最宜在什么环境下饮用？（早餐、中餐、晚餐、饭后或临睡前等）

这样就可以形成多个不同的产品概念，如下：

概念1：营养早餐饮品，供想快速得到营养早餐而不必自行烹制的成年人饮用。

概念2：美味佐餐饮品，供儿童作午餐点心饮用。

概念3：健身滋补饮品，供老年人夜间临睡前饮用。

每一个产品概念都要进行定位，以了解同类产品的竞争状况，优选最佳的产品概念。选择的依据是未来市场的潜在容量、投资收益率、销售成长率、生产能力以及对企业设备、资源的充分利用等，可采用问卷方式将产品概念提交目标市场中有代表性的消费者群进行测试、评估。上述三种产品概念的问卷可以包括以下问题：你认为这种饮品与一般奶制品相比有什么优点？该产品是否能够满足你的需求？与同类产品比较，你是否偏好此产品？你能否对产品属性提供某些改进的建议？你认为价格是否合理？产品投入市场后，你是否会购买（肯定买、可能买、可能不买、肯定不买）？问卷调查可帮助企业确立吸引力最强的产品概念。

4. 初拟营销规划

企业选择了最佳的产品概念之后，必须制定把这种产品引入市场的初步营销战略规划（marketing strategy），并在未来的发展阶段中不断完善。初拟的营销计划包括三个部分：

(1) 描述目标市场的规模、结构、消费者的购买行为、产品的市场定位以及短期（如三个月）的销售量、市场占有率、利润率预期等；

(2) 概述产品预期价格、分销渠道及第一年的营销预算；

(3) 分别阐述较长期（如 3—5 年）的销售额和投资收益率，以及不同时期的市场营销组合等。

5. 商业分析

商业分析（business analysis）实际上是经济效益分析，其任务是在初步拟定营销规划的基础上，对新产品概念从财务上进一步判断它是否符合企业目标，包括两个具体步骤：预测销售额和推算成本与利润。

预测新产品销售额可参照市场上类似产品的销售发展历史，并考虑各种竞争因素，分析新产品的市场地位、市场占有率等。在完成一定时期内新产品销售额预测后，就可推算出该时期的产品成本和利润收益。

成本预算主要指通过市场营销部门和财务部门综合预测各个时期的营销费用及各项开支,如新产品研制开发费用、销售推广费用、市场调研费用等。根据成本预测和销售额预测,企业即可以预测出各年度的销售额和净利润。审核分析该产品的财务收益,可以采用盈亏平衡分析法、投资回收率分析法、资金利润率分析法等。

6. 新产品研制

新产品研制(new product development)主要是将通过商业分析后的新产品概念交送研究开发部门或技术工艺部门试制成产品模型或样品,同时进行包装的研制和品牌的设计。这是新产品开发的一个重要步骤,只有通过产品试制,投入资金、设备和劳力,才能使产品概念实体化,发现不足与问题,改进设计,才能证明这种产品概念在技术、商业上的可行性如何。

应当强调,新产品研制必须使模型或样品具有产品概念所规定的特征,应进行严格的测试与检查,包括专业人员进行的功能测试和消费者测试。功能测试主要在实验室进行,测试新产品是否安全、可靠,性能质量是否达到规定的标准,制造工艺是否先进、合理等。消费者测试是请消费者加以试用,征集他们对产品的意见。这两种测试的目的都在于对样品作进一步的改进。

7. 市场试销

新产品试销应对以下问题作出决策:

(1) 试销的地区范围:试销市场应是企业目标市场的缩影。

(2) 试销时间:试销时间的长短一般应根据该产品的平均重复购买率(再购率)决定,再购率高的新产品,试销的时间应相对长一些,因为只有重复购买才能真正说明消费者喜欢新产品。

(3) 试销中所要取得的资料:一般应了解首次购买情况(试用率)和重复购买情况(再购率)。

(4) 试销所需要的费用开支。

(5) 试销的营销策略及试销成功后应进一步采取的战略行动。

8. 商业性投放

新产品试销成功后,就可以正式批量生产,全面推向市场,即商品化(commercialization)。这时,企业要支付大量费用,而新产品投放市场的初期往往利润微小,甚至亏损,因此,企业在此阶段应对产品投放市场的时机、区域、目前市场的选择和最初的营销组合等方面作出慎重决策。

案例小链接 8-1

关于品牌社群

消费者和品牌的关系相当复杂,日渐清晰的是品牌社群的出现:一群人由对某个品牌的崇拜而集结在一起。品牌社群的正式定义是"基于品牌崇拜者的结构化关系的一种专门的、不受地域限制的群体"。也有更广义的概念,包含受激励的员工、品牌的战略合伙人和投资人。

有趣的是,品牌社群包含所有社群的特点。首先,有共享的信念作为维系成员的内在纽带,并且对不属于社群的人有集体的差异感。其次,存在共享的仪式和传统,保证社群价值长存不朽。最后,存在道德责任感,或者对集体和个人的义务感。

这些特征在哈雷等品牌的狂热消费者身上得到体现。哈雷品牌有百余年的历史,在国际品牌价值排名中处于50强之列。哈雷车友会建立之初是为了挽回公司形象,他们钻研摩托车杂志,穿着带有哈雷齿轮标志的衣服,看上去像是桀骜不驯的个人主义者。超过250 000人参加了2003年在密尔沃基举行的品牌庆典。

许多品牌都迅速达到了相似的偶像地位,如绝对伏特加(Absolut Vodka)、亚马逊、苹果、本杰里、宜家、雷克萨斯、新加坡航空、蒂芙尼(Tiffany)等。虽然所有的品牌都有可能形成社群,但品牌社群更可能形成于那些具有鲜明形象、丰富内涵、悠久历史、宣扬竞争和公开消费的品牌。互联网提供了社群成员之间整合、交流品牌信息的媒介,促进了品牌社群的发展。像CNN和迪斯尼这样的领军品牌都有自己的在线社区、论坛和聊天室;喜力啤酒允许顾客建立自己的虚拟酒吧,扮演酒保来和其他朋友聊天。

资料来源:[英]戴维·乔布尔、[爱]约翰·费伊著,《市场营销学(第3版)》,东北财经大学出版社,2013年3月。

以中国市场为例,是否存在类似情况的品牌社群?你是不是某品牌社群的一员?

8.4 品牌与包装策略

什么是品牌?

品牌也许是公司最持久的资产,比特定的产品和设备更持久。例如,一位麦当劳的前任CEO曾说:"即使在一场可怕的自然灾害中我们所有的资产、建筑以及设备都毁坏了,我们仍然可以凭借我们的品牌价值筹集到重建这一切的全部资金……品牌比所有这些资产的总和还要有价值。"

8.4.1 品牌决策

1. 品牌的含义

品牌(brand)是用以识别某个销售者或某群销售者的产品或服务,并使之与竞争对手的产品或服务区别开来的商业名称及其标志,通常由文字、标记、符号、图案和颜色等要素或这些要素的组合构成。品牌是一个集合概念,它包括品牌名称(brand name)和**品牌标志(brand mark)**两部分。品牌名称是指品牌中可以用语言称呼的部分,如奔驰(BENZ)、奥迪(Audi)等。品牌标志是指品牌中可以被认出、易于记忆但不能用语言称呼的部分,通常由图案、符号和特殊颜色等构成,如三叉星圆环和相连着的四环分别是奔驰和奥迪的品牌标志。

2. 商标

商品的品牌经过政府有关部门审核,获准登记注册则成为**商标(trademark)**。商标实行法律管理,企业因此拥有该品牌的专用权,该名称标记均受法律保护,其他任何企业不得仿效使用。因此,商标是一种法律术语,也就是享有法律保护的某个品牌。企业的商标可在多个国家注册并受到各国法律的保护。

3. 品牌的作用

对从事市场营销活动的企业来说,品牌的有益作用主要表现在以下几个方面:

(1) 品牌有助于促进产品销售,树立企业形象。品牌以其简洁、明快、易读易记的特征而使其成为消费者记忆产品质量、产品特征的标志,也正因如此,品牌成为企业促销的重要基础。借助品牌,消费者了解了品牌标定下的商品;借助品牌,消费者记住了品牌及商品,也记住了企业(有的企业名称与品牌名称相同,更易于消费者记忆);借助品牌,即使产品不断更新换代,消费者也会在其对品牌信任的驱使下产生新的购买欲望;在信任品牌的同时,企业的社会形象、市场信誉得以确立,并随品牌忠诚度的提高而提高。

(2) 品牌有利于保护品牌所有者的合法权益。品牌经注册后获得商标专用权,其他任何未经许可的企业和个人都不得仿冒侵权,从而为保护品牌所有者的合法权益奠定了客观基础。

(3) 品牌有利于约束企业的不良行为。品牌是一把双刃剑:一方面,因其容易为消费者所认知、记忆而有利于促进产品销售,注册后的品牌有利于保护自己的利益;另一方面,品牌也对品牌使用者的市场行为起到约束作用,督促企业着眼于企业的长远利益、着眼于消费者利益、着眼于社会利益,规范自己的营销行为。

(4) 品牌有助于扩大产品组合。为适应市场竞争,企业常常需要同时生产多种产品。值得注意的是,这种产品组合是动态的概念。依据市场变化,不断地开发新产品、淘汰市场不能继续接受的老产品是企业产品策略的重要组成部分,而品牌是支持其新的产品组合(尤其是扩大的产品组合)的无形力量。若无品牌,再好的产品和服务也会因消费者经常无从记起原有产品或服务的好印象而无助于产品改变或产品扩张。有了品牌,消费者对某一品牌产生了偏爱,则扩大该品牌旗下的产品组合也容易为消费者所接受。

此外,品牌还有利于企业实施市场细分战略,不同的品牌对应不同的目标市场,针对性强,利于进入、拓展各细分市场。

4. 品牌策略

品牌策略是增强企业产品市场竞争力的重要策略之一,企业的品牌策略有以下几种,如图8-7所示。

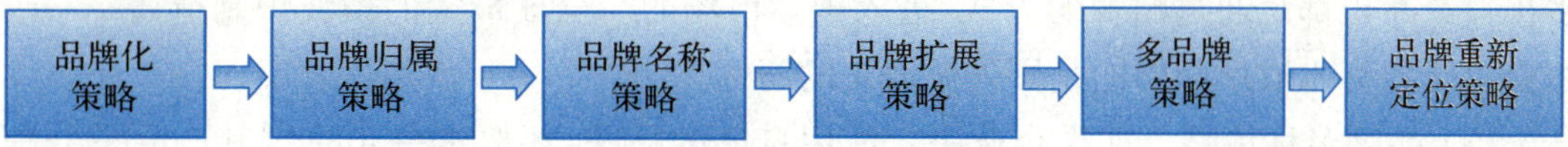

品牌化策略 → 品牌归属策略 → 品牌名称策略 → 品牌扩展策略 → 多品牌策略 → 品牌重新定位策略

图 8-7　品牌策略一览表

(1) 品牌化策略。市场营销人员首先要决定是否给其产品规定品牌名称，这叫品牌化策略。在历史上，制造商或经销商直接把产品从麻袋、箱子等容器中取出来销售，市场对同类产品没有任何辨认的凭证。欧洲中世纪的行会经过努力，要求手工业者在其产品上加印标记，以保护他们自己的利益，并使消费者不受劣质产品的侵害，这使最早的品牌标记得以产生，而后逐渐发展到很少有产品不使用品牌的程度。

一般认为，在下列几种情况下可以考虑不使用品牌：

① 大多数未经加工的原料产品，如棉花、大豆、矿砂等；

② 不会因为生产商不同而形成不同特色的商品，如钢材、大米等；

③ 某些生产比较简单、选择性不大的小商品；

④ 临时性或一次性生产的商品。

无品牌营销的目的是节省广告和包装费用，以降低成本，加强竞争力，扩大销售。而品牌化是赋予产品或服务以品牌的力量，它的根本是创建产品之间的差异。营销者需要教会消费者产品是"谁"——通过为产品命名并赋予其他的可识别要求——以及它是干什么的，消费者为什么要在乎它。

品牌化策略要成功实施，品牌价值要顺利创建，就必须使消费者确信在该品类的产品或服务中，品牌之间确实存在明显的区别。品牌差异经常与产品本身的属性及其利益有关。数十年来，吉列、默克和 3M 都是它们所在品类的领导者，在某种程度上归功于持续创新。另一些品牌则通过与产品无关的手段来建立竞争优势。古驰(Gucci)、香奈儿(Chanel)、路易·威登(Louis Vuitton)借由理解消费者的动机和愿望，创建与消费者的心理诉求相关且有吸引力的形象，从而成为所在品类的领头羊。

(2) 品牌归属策略。在决定使用品牌后，企业在如何使用品牌方面有以下几种选择：

① 制造商品牌。即制造商使用自己的品牌。市场上大多数商品使用的都是制造商自己的品牌。制造商使用自己的品牌，可以建立自己的声誉；制造商拥有的品牌和商标是企业的知识产权，是企业宝贵的无形资产；企业使用自己的品牌，还可以扩大企业的品牌形象，可以和购买者建立密切的关系。

② 经销商品牌。即制造商决定使用经销商的品牌。近年来，国外许多大型的零售商和批发商都在致力于开发他们自己的品牌，其目的是为了取得在产品销售上的控制权，压缩进货成本，获取较高的利润。美国著名的西尔斯百货公司的 90% 商品都用自己的品牌，由于该公司在市场上的良好声誉，使得许多制造商都愿意用西尔斯的品牌。

③ 借用品牌。即企业借用合作伙伴的品牌进入市场。现在，有些企业利用著名品牌对消费者的吸引力，采取借用著名品牌的形式来销售自己的产品，有时也叫"贴牌""定牌"。松下电器生产的录像机，就借用美国通用电气的牌名在美国市场上销售；我国的许

多出口产品也都是通过贴牌的方式，进入国际市场的。全球最大的微波炉制造商——广东格兰仕约有六成产品贴的是国外微波炉的商标。

(3) 品牌名称策略。如果企业决定使用自己的品牌，还要进一步决定其产品是分别使用不同的品牌，还是统一使用一个或几个品牌。一般有以下几种策略：

① 统一品牌(family brand)策略。即企业所有的产品都使用同一个品牌。美国通用电气公司的所有产品都统一使用"GE"这一品牌；日本的松下、东芝、日立等公司，所有的产品都使用统一的家族品牌。使用统一品牌的好处是，推出新产品时，可以借助已有品牌的影响力，节省费用，顺利进入市场。但同时也有一定的风险，即一旦某一种产品营销失败，可能影响整个企业的声誉。

② 个别品牌策略。即企业各种不同的产品分别使用不同的品牌。使用个别品牌的好处是：可以分散产品营销失败的风险，品牌各自发展，彼此不受影响；有利于企业发展不同档次的产品，满足不同层次消费者的需要。但是，品牌的设计、制作、宣传和注册的费用比较高。

③ 分类品牌策略。即企业的各类产品分别使用品牌，每一类产品使用一个牌子。例如，安利公司的保健品使用的是"纽崔莱"的牌子，而护肤、化妆品则使用"雅姿"的牌子。使用分类品牌主要是为了防止消费者对企业不同种类的产品产生混淆，例如，美国斯维夫特公司同时生产火腿和化肥，如果使用同一个牌子，必然会引起消费者的不适。

(4) 品牌扩展策略。品牌扩展策略也称品牌延伸(brand extention)策略，是指企业利用其成功的品牌声誉来推出改良产品或新产品。例如，松下不仅有电视机，还有松下电冰箱、松下洗衣机、松下微波炉等，百事不仅有可乐，还有百事运动衣、运动鞋等。品牌延伸可以使品牌获得更高的知名度和影响力，可以加快消费者接受的程度，加快新产品进入市场的速度，还可以节约宣传、促销等市场导入费用；也有利于品牌资产与价值的提升，树立行业综合品牌。但这种策略也有一定的风险，像统一品牌策略一样，如果新产品营销失败，容易损害原有品牌在消费者心目中的形象。

(5) 多品牌策略。多品牌策略是指企业对同一种产品使用两个或两个以上的品牌。多品牌策略由美国宝洁(P&G)公司首创，并且宝洁公司也是应用多品牌策略成功的典范。宝洁公司经营的特点之一是种类多，在全球经营着300多种品牌，从香皂、牙膏、洗发水、柔软剂到咖啡、橙汁、土豆片，再到卫生纸、感冒药等，横跨了清洁用品、食品、纸制品和药品等多种行业；另外一个特点是许多产品都是一种产品多个牌子，洗发水就有飘柔、潘婷、海飞丝等，洗衣粉在美国市场上甚至有9个品牌。宝洁公司认为，在市场经济的激烈竞争中，最好的策略就是自己不断进攻自己，与其让竞争对手开发出新产品去瓜分自己的市场，不如自己向自己挑战，让本企业各种品牌的产品分别占领市场，以巩固自己在市场中的地位。

一般来说，企业采用多品牌策略有以下几个好处：一是从消费者角度看，企业利用多品牌频频出击，可以使企业在消费者心目中树立实力雄厚的形象；利用多品牌，从功能、价格、包装等各方面划分出许多市场，满足消费者不同层次的需要，从而培养消费者对本企业的品牌偏好,提高忠诚度。二是对竞争对手来说,多品牌策略可以使企业的产品多占货架,就等于从销售渠道上减少了对手进攻的可能;从功能、价格等方面对市场的细分,更是令竞争者难以插足。三是对企业而言,采用多品牌策略,可以把竞争机制引进企业内部,有助于企业内部各产品部门、产品经理之间开展竞争,提高效率,企业还可以分散风险。

当然,多品牌策略也有一定的问题,由于品牌相对独立,新的品牌可能无法借助企业已成功的品牌的影响力。而且,在市场竞争激烈的今天,开发新产品周期长、投入高、风险大,要推出一个新品牌很难。因此,多品牌策略对于企业要求很高,要求企业规模大、综合实力强、市场经验丰富等。正是由于此,目前许多企业采取折中的办法。即在主品牌(也叫母品牌)不变的情况下,在主品牌的后面为新产品添加一个副品牌,这被称为副品牌(也叫母-子品牌)策略。如"海尔-小王子"冰箱、"松下-画王"电视机等。

(6) 品牌重新定位策略。某一个品牌在市场上最初的定位可能很好,但是随着时间的推移和市场的变化,需要重新定位。企业重新定位主要有以下几个原因:一是竞争者推出一个新品牌,把它定位于本企业品牌的周围,侵占了本企业品牌的一部分市场定位,使本企业品牌的市场占有率下降;二是由于消费者的品牌偏好发生了变化,原来他们喜欢本企业的品牌,现在喜欢其他企业的品牌;三是由于自己的品牌发生了问题,倒了牌子。这些情况都使得企业需要对原有的品牌进行重新定位。

企业在进行品牌重新定位时,要考虑两方面的问题:一方面,要考虑把自己的品牌从一个市场转移到另一个市场所需要的成本费用;另一方面,企业还要考虑进行品牌重新定位对企业收入的影响。

8.4.2 包装决策

1. 包装的含义

包装(packaging)是指为一种产品设计和生产容器或包装材料。从传统意义上讲,包装的主要功能是容纳并保护产品。然而,近年来,很多因素使包装成为一个重要的营销工具。日益激烈的竞争和零售商货架上日渐拥挤杂乱的局面,都意味着包装必须担负起很多销售职责——从吸引人们的注意力到描述产品,再到促成产品的销售。

通常情况下,包装分为三个层次:第一层次是内包装,指盛装产品的直接容器,如牙膏的软管、饮料的瓶子等;第二层次是中层包装,指用于保护产品和促进销售的直接容器外面的包装,如牙膏软管外面的纸盒、香烟的外壳等;第三层次是外包装,也被称为运输包装,其作用是方便运输、储存和识别产品,如牙膏、香烟、饮料等都需要放在纸板箱内。另外,包装物上的标签(如图案、符号、文字等)也是包装的一部分。

2. 包装的功能

包装策略是产品策略的一个重要组成部分,是企业竞争策略的一个重要方面。包装的功能大致分为:保护功能和营销功能。具体有以下几点:

(1) 保护产品。包装对产品的保护作用是最基本、最原始的功能,包装可以使产品在运输、仓储、销售的过程中,不至于被损坏、散落、变质,保证产品顺利地进入消费领域。

（2）美化产品。精致、优雅的包装，能起到美化产品的作用，可以令消费者产生赏心悦目的感觉，同时也提升了产品的档次。

（3）促进销售。随着收入水平和生活水平的提高，顾客现在也愿意为精美的包装付出高的代价，因为优良、精美的包装也反映了产品良好的品质，从而能引起顾客的购买欲望，促进产品的销售，为企业增加利润。

以日本产品为例，它在世界上是以高质量出名的，而所谓"高质量"不仅指产品本身质量高，也指包装质量高。日本产品在包装质量上精益求精。日本的照相机的包装都采用优质的皮革或人造革做外套，形状美观、制作精良，这样的包装让人一看就容易联想到照相机的高质量。日本产品之所以畅销全世界，除了产品的高质量以外，包装的作用也不可忽视。

3. 包装策略

为了促进包装在市场营销功能方面发挥更大的作用，成为强有力的营销手段，企业可以采取以下几种包装策略：

（1）类似包装策略。这是指企业的所有产品在包装上都采用统一的材料，使用相同的图案、颜色、文字和符号，使顾客很容易辨认出企业的产品。采用这种包装策略，可以统一企业形象，特别是有助于企业的新产品顺利进入市场。另外，类似的包装还可以为企业节约成本。

（2）等级包装策略。这是指企业对不同质量、不同等级、不同档次的产品，分别使用不同的包装，从而满足不同消费层次的需要。这种包装策略有利于消费者对产品质量进行监督，也有利于企业提高信誉。但是，这种包装策略的成本比较高。

（3）组合包装策略。这是指企业将相互有关联的各种产品置于同一包装物内，配套销售。如工具箱、针线包、化妆盒等。组合包装策略既可以方便顾客的购买和使用，也有利于企业促进销售，增加利润。

（4）附赠品包装策略。这是指在产品的包装物内附赠物品或奖券，从而引起顾客的兴趣，促使其购买。目前，市场上还出现了一种"酬谢包装"的方式，即在产品的包装中装入比原规定量更多的产品，但仍以原价出售，并在包装上注明"酬谢包装"的字样。佳洁士的防蛀修护牙膏就在原来的 165 克的包装中再加上 35 克，仍以原来的价格销售。这种"酬谢包装"对顾客的购买具有一定的刺激作用，成为企业的一种促销手段。

（5）再使用包装策略。这是指将原包装的产品用完以后，包装容器可另作他用。如咖啡瓶、饼干盒等，这些包装容器有许多用途。这种包装策略既可以诱发顾客购买，又可使包装容器发挥广告宣传作用。早在雀巢咖啡刚进入中国市场的时候，就有许多人用雀巢咖啡的空杯子喝茶，成为当时一种流行的景象。

（6）更新包装策略。这是指对原产品包装进行某些改进或改换，以开拓新的市场，吸引新的消费者。如饮料由瓶装改为易拉罐、牛奶由袋装改为盒装等。这种包装策略不仅便于顾客使用，扩大了销售，也提高了企业的形象。

本章小结

市场营销学从整体的角度来研究产品概念,它包括核心产品、形式产品、延伸产品三个层次。多品种经营成为现代企业发展的趋势。企业应该优化和调整产品组合,采取扩大产品组合、缩减产品组合或产品延伸等策略。

产品在市场上要经历导入期、成长期、成熟期和衰退期这四个阶段,企业在生命周期的不同阶段应采取不同的营销对策。创新是企业保持生命力的唯一途径,企业应重视新产品的开发,并且按照科学的程序开发新产品。

在现代市场营销中,品牌是企业的无形资产,企业既要重视品牌策略的选择,也要重视品牌的创建和保护。同时,包装的作用也越来越大,企业应选择好包装策略,为产品创造出更大的价值。

关键术语(中英对照)

产品(product)
服务(service)
市场供应品(marketing offering)
核心产品(core customer value)
形式产品(actual product)
延伸产品(augmented product)
产品组合(product Mix)
产品线(product Line)
产品组合宽度(product mix width)
产品生命周期(product life cycle,PLC)
引入期(introduction stage)
成长期(growth stage)
成熟期(maturity stage)
衰退期(decline stage)
创意生成(idea generation)
筛选(idea screening)
产品概念(product concept)
营销战略规划(marketing strategy)
商业分析(business analysis)
新产品研制(new product development)
商品化(commercialization)
品牌(brand)
包装(package)

思考题与应用

1. 什么是产品整体概念?试阐述产品整体概念的营销意义。
2. 什么是产品组合?试阐述产品组合的宽度、长度、深度和关联度对营销活动的意义。
3. 什么是产品生命周期?产品生命周期各阶段有哪些市场特征?
4. 新产品开发经过哪些主要管理阶段?每个阶段需要解决的主要问题是什么?
5. 假设你是星巴克的市场营销经理,描述以下内容是怎样与星巴克的产品体验相关联的：核心产品、形式产品、延伸产品。

6. 假设你是可口可乐产品在中国的市场营销总监，请描述使用可口可乐品牌的产品线，同时简要描述可口可乐产品线上的每一种产品是怎样与其他产品相区别的。

营销实战案例

Lululemon的品牌战略——不只是瑜伽，更是一种生活方式

一、关于 Lululemon

瑜伽服装品牌露露柠檬（Lululemon）短短几年时间就从众多的体育服装品牌中脱颖而出，如今已俨然成为时尚的代名词。无论是大牌明星还是普通主妇，每人都以拥有一件Lululemon 的产品为荣。

上瑜伽课时，加拿大企业家奇普•威尔逊（Chip Wilson）发现大多数学生穿的涤棉混纺服装不太舒适。在设计了一种合身、防汗的黑色服装之后，他决定开办一个瑜伽服装设计工作室，于是，Lululemon 应运而生。公司采取草根方式成长壮大，与顾客建立了强烈的情感联系。在一个新城市开设分店之前，Lululemon 首先会识别出有影响力的瑜伽教练或者其他健身老师。公司免费提供一年服装费用，这些瑜伽修行者将扮演起"大使"的角色，为 Lululemon 赞助的课程和产品销售活动召集学生，他们还向公司提供关于产品设计的建议。Lululemon 的消费者带有狂热崇拜色彩的忠诚，充分体现在他们的支付意愿上，他们愿意为一条可能在耐克只需要花 60—70 美元就能买到的训练裤支付92 美元。

Lululemon 将瑜伽从瘦身运动转变为吸引众多人参与的集体活动。在曼哈顿的Bryant 公园里，每周举办两次由 Lululemon 公司赞助的开放式瑜伽课程。每次大约有400 名妇女参加，这些参与者大多穿着 Lululemon 品牌的瑜伽服装。

现在，Lululemon 似乎已经不只是一个服装品牌，而演变为一种生活方式。Lululemon 的购物袋上印着鼓舞人心的话语，如"每天做一件让自己惊讶的事情"等。在西彻斯特，Lululemon 似乎已经是一种社交工具，一个刚搬到这里的妇女说，因为这里的女人都穿 Lululemon。

艾薇儿（Avril Lavigne）穿着 Lululemon，波姬•小丝（Brooke Shields）穿着Lululemon。菲丽西提•霍夫曼（Felicity Huffman）、詹妮弗•加纳（Jennifer Garner）、柯特妮•考克斯（Courteney Cox）、凯特•温丝莱特（Kate Winslet）以及凯特•哈德森（Kate Hudson）都穿 Lululemon。Lululemon 的"铁杆粉丝"还建立了 Lululemon 博客以及Facebook 群。

从 2000 年在温哥华 Lululemon 开设第一家店开始，到 2007 年公司上市，Lululemon的成功很大一部分归功于营销天才 Chip Wilson。2007—2008 年，公司销售额达到 3.5亿美元，并共开设了 113 个专卖店。Lululemon 由于贴身、舒适而又排气等特点，被誉为

"加拿大第一专业运动品牌"。在北美,它是人们进行瑜伽、健身等活动的运动服饰首选。

二、lululemon 进入中国市场

Lululemon 已在亚洲有 7 间商品展厅——4 间在香港、2 间在新加坡、1 间在上海——在这里员工与客户进行交流,举办舞台活动,并销售范围有限的一些品牌产品,包括服装和瑜伽垫。这些商品展厅的反响十分强烈,因此,Lululemon 决定在亚洲开设首家完整店铺,公司还致力于在 2015 年年中推出中文版网站。

国际化扩张对 Lululemon 而言还是相对较新的想法,公司正在将自己重塑为一个真正的全球公司。Lululemon 在北美地区有 300 家门店,而唯一一家在北美地区以外的门店开设在伦敦。对日本和韩国的可行性研究正在进行之中,公司目前主要关注在中国开设门店。

瑜伽最近在中国有所回潮,很多消费者都在寻找更健康的生活方式,瑜伽正在成为中国中产阶级所寻找的能够在物质生活以外满足他们精神生活、放慢生活速度、平衡生活重心的宣泄方法。过去,中国的瑜伽服和健身俱乐部的衣服没有什么差别,甚至来练习的人经常会穿着运动装或传统的中国太极服装。但是近两年以来,瑜伽服已经变得非常漂亮。

Lululemon 在中国的销售额有潜力达到美国销售额的两倍,Lululemon 在中国的典型客户群是年龄在 25—40 岁的职业女性。目前,在中国开设的展厅通过展出有限的服装系列如 T 恤、背心、短裤、瑜伽裤的方式让客户进一步了解 Lululemon 品牌的产品供给,客户也可以从美国或是中国香港的网站直接订货。

三、Lululemon 在中国所面临的竞争

Lululemon 在中国面临着大量来自像 Nike 和 Adidas 这样的国际巨头和中国本土运动品牌的竞争:

● 中国运动品牌浩沙认为自己是中国瑜伽服的领军者之一。

● 中国运动服装巨头李宁在 2009 年推出了瑜伽系列产品,并联手设计师 Vivienne Tam 打造了一个特别版的 2012 春季瑜伽系列。

● pure 是中国香港规模最大、历史最悠久的瑜伽工作室之一,2013 年 10 月在上海开设了分公司,并向中国大陆推出了自己的瑜伽系列产品。

● 中国台湾品牌 easyoga 也早在 2008 年就进军中国大陆市场。

市场的竞争越来越激烈,其他的参与者也越来越聪明,Lululemon 在进入市场时,必须保证自己没有任何傲慢的做法。结合了高档面料、精美设计和功能性的 Lululemon 产品需要在各路巨头中脱颖而出。公司正在考虑根据亚洲人的品位定制产品,采用色彩丰富的面料和前卫的设计。公司还加强了质量监控检查,以满足十分挑剔的亚洲消费者。

其实,Lululemon 其实早已瞄准国际市场,2013 年年初因为一款瑜伽裤过分透明造成的"召回事件",不但蒙受数千万美元的直接经济损失,一连串的相关效应更是给其造成近乎致命的打击。Lululemon 的股价从高位的 82.50 美元跌至 44.32 美元,市值蒸发近半。作为集团的功勋首席执行官,Christine Day 也是因为此事而决定辞职,以减轻集团和管理层的压力。伴随着新任首席执行官 Laurent Potdevin 的上任以及集团扩大国际影响力的

策略，公众对Lululemon抱有信心，相信随着时间的推移，借助品牌力量和全球机会可以实现其目标。

资料来源：1. http://www.china-ef.com/luxury/497653.html；2. http://www.sjfzxm.com/news/shichang/201409/04/403395.html；3. http://www.china-ef.com/luxury/brandShow-498.html。

讨论题：

1. Lululemon品牌战略成功的原因有哪些？从Lululemon的例子可以看出，建立、测量和管理品牌使之价值最大化的关键是什么？

2. Lululemon品牌的国际化战略遇到了哪些挑战？Lululemon面对中国市场消费者的特点与竞争，其品牌战略需要作哪些调整？

案例点评：

扫一扫如下二维码，获得老师对此案例的点评。

第九章

产品定价

本章知识结构图

- **企业定价依据**
  - 定价目标
  - 影响定价的主要因素

- **企业定价基本方法**
  - 成本导向定价
  - 竞争导向定价
  - 需求导向定价

- **定价技巧与策略**
  - 心理定价策略
  - 产品组合定价策略
  - 折扣定价策略

- **定价调整及价格变动反应**
  - 根据产品的生命周期调整价格策略
  - 主动调整的价格策略
  - 被动调整的价格策略

课前预习

本章学习要点：
1. 理解定价的重要性以及营销人员在定价时如何设定定价目标；
2. 掌握定价的基本方法以及定价技巧与策略；
3. 了解价格调整的原因以及竞争者对价格变动的反应。

营销视频扫一扫

低成本、低价格：春秋航空[①]

春秋航空(Spring Airlines)股份有限公司是中国首个民营资本独资经营的低成本航空公司。春秋航空推出 99 元、199 元、299 元、399 元等"99 系列特价机票"，通过降低运营成本使票价下降，以对价格比较敏感的商务客和旅游观光客为主要客源市场，让更多的乘坐火车和汽车等地面交通工具和从未坐过飞机的人（尤其是自费客人）乘坐飞机旅行。

扫一扫如下二维码，观看视频"低成本、低价格：春秋航空"，与老师及小伙伴们讨论如下问题并开始本章的学习：春秋航空的定价目标是什么？在具体运营中，如何做到低成本、低价格？在未来竞争中，低价策略将受到哪些挑战？

乍一看，价格似乎是营销组合中最不复杂、最无趣的元素，它不涉及产品的实质、广告的魅力或零售的氛围。然而，它却在营销人员和顾客的生活中起到非常重要的作用，它不仅直接产生收益，使企业创造和保持顾客，获得利润；它还可以作为一种讨价还价的工具和竞争武器。企业在定价时既要考虑成本补偿，又要考虑消费者对价格的接受能力，价格策略具有买卖双方双向决策的特征，同时，企业定价还要考虑主要竞争对手的价格策略。在本章，我们将学习什么是定价，也会了解营销者是如何制定定价目标，理解影响定价的主要因素，并探讨基本定价策略。

---

① 资料来源：若想观看完整视频，请登录 http://www.tudou.com/albumplay/gzpOYTpaIWQ/HFNM-HtP1LA.html。

第九章 产品定价

根据之前的学习,你已经了解到,价值是指一件商品为消费者带来的全部利益与消费者为获得这些利益所付出的全部成本的比值。对消费者而言,购买商品所付出的价格反映了大部分但并非全部的成本。在购买过程中还有很多价格以外的成本,如购买过程中所付出的时间、购买某件商品而不是另一件商品的机会成本等。不管是在 B2C 还是 B2B 市场,对于绝大多数购买者而言,主要的成本与购买价值相联系。这样一来,价格或者更具体来说,消费者对于商品价格的感知,是购买者对价值感知的关键因素。当顾客坚信一个公司的商品具有高价值的时候,他们更可能对公司及其品牌保持忠诚,主动告诉其他人愉快的购买体验。因此,市场营销经理必须严肃对待定价决策。

9.1 企业定价依据

 企业的定价目标具体包括哪些?

价值规律是产品定价的理论依据,价值规律的客观要求是:商品的价值量由生产商品的社会必要劳动时间决定,商品交换以价值量为基础实行等价交换。价值是价格的基础,价格是价值的货币表现,价值决定价格。但商品的价格并非与价值完全保持一致。在市场经济中,由于市场供求关系、竞争状况和国家经济政策等多种因素的影响,在交换活动中,不可避免地会出现价格背离价值的现象。但从较长时期和总的趋势来看,这种背离不会太远,价格总是围绕价值上下波动,产品的总价格仍与总价值相等。因此,价格以价值为中心发生波动的现象,并不是对价值规律的否定,相反,它正是价值规律起作用的表现形式。

9.1.1 定价目标

定价目标(pricing objectives)是指企业通过特定水平的价格的制定或调整,所要达到的预期目的。定价目标是企业市场营销目标体系中的具体目标之一,它的确定必须服从于企业总目标,也要与其他营销目标(如促销目标等)相协调。假如企业经过认真分析,决定为收入较高的消费者设计、生产高档、豪华家具,其目标市场和定位就决定了价格要高。另外,在产品生命周期的不同阶段,体现营销总目标的定价目标不同,因而会有不同的价格策略,而且一定时期内企业的定价目标还有主要目标和附属目标之分。概括起来,企业的定价目标大致有以下几种:

1. 追求盈利最大化

即企业追求一定时期内可能获得的最高盈利额。盈利最大化取决于合理价格所推动的销售规模,因此,追求盈利最大化的定价目标并不意味着企业要制定最高单价。在此目标下,企业决定商品售价时主要考虑按何种价格出售可以获得最大的利润,而对市场竞争的效果在社会上、顾客中产生的影响等考虑较少。因此,当企业及产品在市场上享有较高的声誉,在竞争中处于有利地位时,追求最大盈利的定价是可行的。然而,市场供求和竞争状况总会变化,产品也在不断更新,任何企业都不能永远保持其绝对的垄断优势。在更多的情况下,企业把追求盈利最大化作为一个长期定价目标,同时选择一个适应特定环境的短期目标来制定价格。

2. 短期利润最大化

某些具有独创性、技术先进的新产品在刚刚投放市场时,通过制定较高的市场价格可以快速获取市场利润,在短期内取得尽可能多的利润。在此目标下的定价策略被称为撇脂定价。除了产品本身的特点以外,撇脂定价还需要预测市场需求和竞争情况,即存在一个以较高价格接受该产品的顾客群,由于技术障碍等原因在短期内高价格不会吸引更多的竞争对手。

3. 实现预期的投资回报率

投资回报率反映企业的投资效益。企业对所投入的资金,都期望在预期时间内分批收回。为此,定价时一般在总成本的最高和最低限额费用之外加上一定比例的预期盈利。在产品成本费用不变的条件下,价格取决于企业确定的投资回报率的大小。因此,在这种定价目标下,投资回报率的确定与价格水平直接相关。投资回报率的确定根据企业的具体情况会有所不同,通常,确定投资回报率需要考虑企业的资本成本、行业的平均投资回报率、投资回收期等。

4. 市场占有率最大化

有些企业通过定价取得控制市场的地位,即达到市场占有率最大化。市场占有率是企业经营状况和产品竞争力的综合反映,较高的市场占有率可以保证企业产品的销路,便于企业掌握消费需求的变化,易于形成企业长期控制市场和价格的垄断能力,并为提高企业盈利率提供可靠保证。事实证明,紧随着高市场占有率的往往是高盈利率,提高企业市场占有率比获取短期盈利意义更为深远。当具备下述条件之一时,企业可考虑通过低价实现高市场占有率:

(1) 市场对价格高度敏感,低价能刺激需求迅速增长。
(2) 生产与分销的单位成本会随生产经验的积累下降。
(3) 低价能吓退现有和潜在的竞争者。

5. 实现销售增长率

在其他条件不变的情况下,销售增长率的提高与市场份额的扩大是一致的。因此,追求一定的销售增长率也是企业的重要目标之一,特别是在新产品进入市场以后的一段时期内。但由于竞争激烈的市场经常变化,市场份额的高低更多地取决于本企业与竞争对手的销售额对比状况,而且销售增长率的提高也不必然带来利润的增加。因此,企业应结合市场竞争状况,有选择地实现有利可图的销售增长率。

6. 适应价格竞争

价格竞争是市场竞争的重要方面,因此,处在激烈市场竞争环境中的企业经常根据竞争对手的价格策略,以适应价格竞争作为定价目标。实力雄厚的大企业利用价格竞争排挤竞争者,借以提高其市场占有率;经济实力弱小的企业则追随主导的竞争者价格或以此为基础作出抉择。在低价冲击下,一些企业被迫退避三舍,另辟蹊径开拓市场。

7. 保持营业

以保持企业能够继续营业为定价目标,通常是企业处于不利环境中实行的一种缓兵之计。当企业受到原材料价格上涨、供应不足、新产品加速替代等方面的猛烈冲击时,产品难以按正常价格出售。为避免倒闭,企业往往推行大幅度折扣,以保本价格,甚至以亏本价格出售产品以求收回资金,维持营业,以争取到研制新产品的时间,重新问鼎。这种定价目标只能作为特定时期内的过渡性目标,一旦出现转机,将很快被其他目标所代替。

8. 建立企业良好的形象

良好的企业形象是企业无形的资源与财富,是企业成功运用市场营销组合取得的消费者信赖,是长期累积的结果。有些行业的市场供求变化频繁,但行业中的大企业为维护企业信誉,往往采取稳定价格的做法,不随波逐流,给顾客以财力雄厚、靠得住的感觉。

案例小链接 9-1

巴士在线董事长王献蜀:免费是最好的商业模式

俗话说"天下没有免费的午餐",但与之形成鲜明对比的是,我们生活中随处可以看到免费报纸、免费食物、免费软件等各种免费产品。五花八门的免费产品不仅让顾客挑花了眼,也让人担心这些公司是否有足够的资金将免费进行到底。

过去,一种被称为"交叉补贴"的吉列模式盛行于各行各业。这种用低价商品做引子吸引顾客购买高价商品或长期增值服务的手段已经在商业社会中屡见不鲜。但是,在这样的商业模型下,买单的人仍然是消费者自己,只是在另一个时间和地点付账而已。而现在,随着互联网技术成本的直线下降,数字化浪潮愈演愈烈,免费日益成为标准而非离经叛道,新商业模式正在崛起。例如,谷歌将所有产品或服务都免费,从 Gmail 到 Picasa,再到 GOOG-411。作为一种新的营销模式,免费经济正羽翼渐丰。

所谓免费模式,是指商家利用大众乐于接受"天上掉馅饼"的心理,借助免费手段销售产品或服务,建立庞大的消费群体,塑造品牌形象,然后再通过配套的增值服务、广告费等方式取得收益的一种新商业模式。这种商业模式本身的成本很低,而"免费"的金字招牌对顾客有着无穷的吸引力,能在短时间内使企业迅速占领市场,扩大知名度。

巴士在线科技有限公司是一家跨平台移动互联网公司,旗下拥有覆盖全国 21 个主流消费城市的全国性移动电视媒体平台、我拍移动视频社区、我玩移动生活社区,每天向超过 1 亿目标用户提供媒体娱乐及移动生活服务。公司从 2013 年启动"互联网+"战略,全面从户外新媒体向移动互联网转型,致力通过移动电视媒体平台、我拍移动视频社区、我玩移动生活社区三个业务板块建立一个在移动互联网时代公交场景下的移动生态圈。

巴士在线董事长王献蜀称，巴士在线在移动通讯服务方面，将采用比较彻底的"免费模式"，也就是说，对用户不仅要免掉语音费用，连流量费用也要免掉。"国内手机用户平均 ARPU 在 60—70 元，对于虚拟运营商来说，实际上争取太低 ARPU 的用户没有意义，因为这部分用户对价格比较敏感，离网率较高，难以形成用户黏性。"

那么，虚拟运营商如何生存呢？王献蜀说，其一，把虚拟运营商传统优势资源叠加进来，形成核心竞争力，巴士在线通过免费的公交 Wi-Fi——MyWiFi，获取具有黏性的用户；其二，通过后向收费模式，而非"补贴"的策略，实现盈利。

巴士在线以用户体验为核心，借游戏发力。在独特的公交巴士场景中，MyWiFi 平台打造了多款交互性极强的轻松游戏。让众多玩家驻足。MyWiFi 初期的产品形态拥有两种方式：第一种是偏游戏的运营，以轻松简单互动游戏方式切入，逐步完善并优化用户体验。第二种方式是定向的网络接入运营。会把排名前 50 位热门移动互联网应用做成定向接入；MyWiFi 上的所有行为都会通过做任务积分墙的方式让用户获得相应积分，用以换取公交车内的公网流量，此流量不作上网限制，畅行无限，这称为"以网换网"。巴士在线以移动互联网产品的思路发展MyWiFi，在用户层面首先解决上网刚性需求，建立用户黏性，一步步实现吸引留存到大数据营销。

截至 2014 年，MyWiFi 实现北、上、广、深等主要城市在内的超过 5 000 辆车的试点覆盖规模。这是继启动通信业务 170 号卡商用后，巴士在线持续打造 BOL 移动未来、建立移动生态链战略中又一重要举措的布局和落地。另外，巴士在线的 MYWiFi 在 2014 年 9 月 30 日正式试商用，初期，它将在北京、广州、深圳等主要城市实现 5 千辆车试点的覆盖，之后会扩大到全国的 30 个城市。

资料来源：1. 巴士在线董事长王献蜀：免费是最好的商业模式：http://it.sohu.com/20140904/n404055082.shtml；2. 巴士在线 WiFi 产品出炉，商业模式受到广泛关注：http://www.ccidnet.com/2014/0801/5557599.shtml；3. 探讨：免费商业模式如何运营并赢利：http://www.chinairn.com/news/20131227/161037270.html。

免费赠送背后的商业模式意味着什么？对原有的传统定价模式有何冲击与影响？

9.2.2 影响定价的主要因素

企业定价时要全面考虑各种影响因素，具体包括市场供求状况、市场竞争程度、产品成本、产品定位、消费者的心理预期、政府政策等。

1. 市场供求状况

价格与供求相互影响、相互决定，互为因果。因此，定价必须考虑供求规律的要求。一般情况下，供不应求的产品，价格可以定得高些；供过于求的产品，价格可以定得低些。这不仅是企业经营的需要，也有利于促进生产与消费的合理统一，调节生产与消费的矛盾。

(1) 价格与需求。在经济学中，需求是指价格与需求量之间的关系，是一种有效的市场需求。影响需求的因素很多，在此只讲价格对需求的影响。在其他条件不变的情况下，价格与需求量之间呈一种反向变动的关系：需求量随着价格的上升而下降，随着价格的下降而上升，这就是所说的需求规律。需求规律通常由需求曲线来反映。假设煤炭的价格与相应的市场需求量之间的关系如表9-1所示，根据表9-1可作出煤炭市场的需求曲线，如图9-1所示。

表9-1 煤炭的市场需求量

价格（美元/吨）	需求量（亿吨）
35	5.70
34	5.80
33	5.90
32	6.00
31	6.10

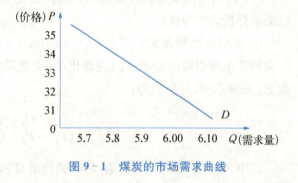

图9-1 煤炭的市场需求曲线

(2) 价格与供给。同需求类似，经济学意义上的供给所反映的也是价格与对应的供应量之间的关系，也是一种有效的市场供给。它必须满足两个条件，即有出售愿望和供应能力。影响供给的因素也很多，在此也只分析价格对供给的影响。在其他条件不变的情况下，价格与供给量之间呈同方向变动关系，即价格上升，供给量增加；价格下降，供给量减少，这就是通常说的供给规律，由供给曲线来反映。供给曲线的举例如图9-2所示。

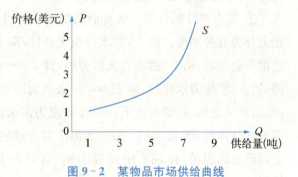

图9-2 某物品市场供给曲线

(3) 供求关系与均衡价格。受价格的影响，需求和供给在市场上表现为两种相反的力量。市场上某种商品的价格越低，人们对它的需求量就越多，企业的供给数量却越少；反之，商品价格越高，人们的需求量越少，企业的供给数量越多。市场上的需求方和供给方对市场价格变化的反应是相反的，生产者和消费者分别从各自的利益出发，对市场价格信息作出不同的反应。因此，在很多情况下，需求量和供给量是不相等的，或是供过于求，或是供不应求。当供不应求时，市场价格会上升，从而导致供应增加而需求减少；当

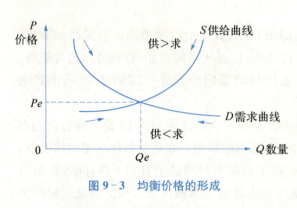

图9-3 均衡价格的形成

供过于求时,市场价格会下降,从而导致供应减少而需求增加。其结果必然会形成一个市场价格,在这个价格水平上,市场对这种商品的供给量和需求量相等。这种需求和供给相平衡的状态称为均衡状态,此时的价格便是均衡价格Pe,此时的供给量与需求量是一致的,称为均衡数量Qe。均衡点反映在图形中就是供求曲线的交点E,如图9-3所示。

均衡价格是一种相对稳定的价格。由于市场情况的复杂性和多变性,供求之间的平衡是相对的、有条件的,不平衡则是绝对的、经常性的。

(4)价格与需求弹性。要深入研究价格变动对需求变动的影响,进而影响企业收益,就必须分析需求弹性。

① 需求弹性的含义。需求弹性(elasticity of demand)又称需求价格弹性,是指价格变动的比率所引起的需求量的变动比率,反映需求变动对价格的敏感程度。它用弹性系数E_d来表示的,其公式为:

$$E_d = \left| \frac{(Q_2 - Q_1)/(Q_1 + Q_2)}{(P_2 - P_1)/(P_1 + P_2)} \right|$$

式中,Q_1、Q_2分别为调价前、后的销售量;P_1、P_2分别为调价前、后的价格。

由于价格与需求量成反方向变动,即当价格增加时,价格的变动为正值,此时,需求量减少,需求量的变动为负值;反之,则与此相反。因此,弹性系数应该为负值。但在实际运用时,为了方便起见,一般都取其绝对值。

② 需求弹性的分类。各种商品的需求弹性不同,根据弹性系数的大小,可将其在理论上分为五种类型。第一,需求完全无弹性,即$E_d = 0$,表现为无论价格如何变动,需求量都不会变动;第二,需求有无限弹性,即$E_d = \infty$,表现为当价格既定时,需求量是无限的;第三,单位需求弹性,即$E_d = 1$,表现为需求量变动的比率与价格变动的比率相等;第四,需求缺乏弹性,即$0 < E_d < 1$,表现为需求量变动的比率小于价格变动的比率;第五,需求富有弹性,即$E_d > 1$,表现为需求量变动的比率大于价格变动的比率。前三种情况是理论上的假设,在现实中是极少见的;对企业定价及总收益有影响的主要是后两种情况。

③ 需求弹性与总收益的关系。当某种商品的价格变动时,它的需求弹性的大小与出售该商品所得到的总收益是密切相关的,因为总收益等于价格乘以销售量。价格的变动引起需求量的变动,从而引起销售量的变动。不同商品的需求弹性也不同。企业在定价时,应考虑需求弹性,根据其强弱来定策略,一般表现为以下两种情况。

第一种情况:对于$E_d < 1$的缺乏弹性的商品而言,价格与总收益是同方向变动的。

也就是说,如果价格提高,则总收益增加;如果价格下降,则总收益减少。可用图9-4来说明:在图中,当价格为P_1时,销售量为Q_1,总收益为OP_1BQ_1的面积;当价格上升为P_2时,销售量仅以较小的变动率下降为Q_2,总收益为OP_2AQ_2的面积,于是,后者的面积大于前者的面积,总收益是增加的。同理,当价格由P_2降为P_1时,总收益是减少的。

这类商品(如粮食、盐、煤气、水电等生活必需品)价格的上升或下降,仅会引起需求量较小程度的减少或增加。定价时,较高水平的价格往往会增加盈利,低价对需求量刺激效果不明显,薄利并不能多销,反而会减少企业收入。

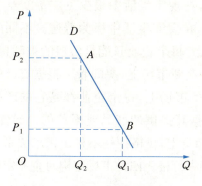 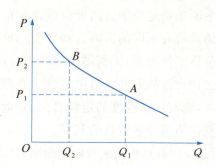

图9-4　需求缺乏弹性时的收益　　　　图9-5　需求富有弹性时的收益

第二种情况:对于$E_d>1$的富有弹性的商品来说,价格与总收益是反方向变动的。也就是说,若价格提高,则总收益会减少;若价格下降,则总收益会增加。可用图9-5来说明:在图中,当价格为P_1时,销售量为Q_1,总收益为OP_1AQ_1的面积;当价格上升为P_2时,销售量以更大的变动率下降为Q_2,总收益为OP_2BQ_2的面积。显然,提价以后的总收益减少了。相反,当价格由P_2下降为P_1时,总收益却增加了。

这类产品(如高档产品、奢侈品等)价格的上升或下降,会引起需求量较大幅度的减少或增加。定价时,应通过降低价格、薄利多销,达到增加盈利的目的;反之,提价时务求谨慎,以防需求量发生锐减,影响企业收入。

④ 影响需求价格弹性的因素。影响需求价格弹性的因素主要有商品对日常生活的必需程度、产品的独特性和知名度、替代商品的供应状况、消费者的购买水平等。在消费者购买力一定的条件下,商品越是生活必需,越是有名气,替代品供应越少,其需求价格弹性越小;反之,则越大。

⑤ 测量需求的方法。目前,在市场营销中可用以下三种方法来测量需求。第一,统计分析法。即对企业历史上的某一商品价格与销售量之间的相关性进行分析,来得出商品的价格弹性。例如,企业可以根据商品历年来的销售统计资料,通过商品价格变动后的实际销售数量的变化,最终估算出需求。第二,价格实验法。即通过实验来估算价格弹性,因此估算比较准确,但是费用与时间的花费较大。例如,企业可对现在市场上销售的商品进行调价,在一定时间和范围内观察该商品的销售情况,并据此测算需求。第三,直接购买意向调查法。即对潜在购买者的购买意向进行直接调查来估算出价格变动后的需

求,以此得出某种商品的价格弹性。企业先估算出自己的潜在购买者数量,然后在潜在购买者中进行抽样调查,询问他们价格降低后的实际购买意向。最后,企业可以根据实际购买人数的百分比与潜在购买者的数量计算出商品的需求状况。

2. 市场竞争程度

市场竞争状况不同,即企业定价的客观环境不同,企业定价的自由程度也不相同。西方经济学根据竞争的程度不同把现实中的市场分为四种类型:完全竞争市场、垄断竞争市场、寡头垄断市场和完全垄断市场。

完全竞争市场和完全垄断市场是两个极端,在现实生活中很少见。垄断竞争市场和寡头垄断市场是介于这两种极端之间的状态,在现实生活中极为普遍。不同的市场对企业的定价有不同的影响。在完全竞争市场上,每个企业只能是价格的被动接收者,而不是价格的制定者,无所谓定价问题。在完全垄断市场上,垄断者可根据自己的经营目标在法律允许的限度内自由定价。在垄断竞争市场上,每个企业都是它的产品价格的制定者,都有一定程度的定价自由,企业可根据其提供的产品或服务的差异优势,部分地变动价格来寻求较高的利润。在寡头垄断市场上,价格往往不是由供求关系直接决定的,而是由少数寡头垄断者协调操纵的,称为操纵价格。四种市场结构对企业定价的影响见表9-2。

表9-2 四种市场结构对比

	完全竞争市场	完全垄断市场	垄断竞争市场	寡头垄断市场
定义	没有任何垄断因素的市场状况,又称纯粹垄断	产品完全由一家或极少数几家企业所控制的市场状况	既有垄断又有竞争的市场状况,是一种典型的竞争形式	产品的绝大部分由少数几家企业垄断的市场状况
特征	● 产品完全相同 ● 企业进退自由 ● 生产同一种产品的企业很少 ● 每个企业都是价格的被动接收者	● 企业没有竞争对手 ● 市场上很少有相近的替代品 ● 垄断企业控制整个市场 ● 一个厂商就是一个行业	● 市场上有很多替代品 ● 行业进入比较容易 ● 市场竞争非常激烈 ● 同类产品的生产者多 ● 特定产品的生产者极少	● 市场进入非常困难 ● 企业数目很少 ● 生产的产品相同或是很近似的替代品 ● 市场价格相对稳定
对企业定价的影响	● 企业接受价格 ● 无所谓定价问题 ● 提高利润不是通过价格而是通过降低成本	● 有政府的垄断 ● 有特许的私人垄断 ● 垄断者在法律允许的限度内自由定价	● 企业是其产品价格的制定者 ● 有一定的定价自由 ● 受同类产品的价格影响	● 价格不是由供求关系直接决定 ● 少数寡头垄断者协调操纵价格

3. 产品成本

产品成本是指产品在生产过程和流通过程中所花费的物质消耗及支付的劳动报酬的总和。一般来说,需求是企业定价的最高限度,成本是企业定价的最低限度,企业为了保证再生产的实现,通过市场销售,既要收回成本,也要实现一定的利润。企业的产品成本可分为总成本、平均成本和边际成本。

① 总成本(TC)。总成本是指企业生产某一特定产量所需的固定成本和变动成本的总和。固定成本(FC)是指用于厂房、设备等固定资产投资所发生的费用,在短期内不随产量的变化而变动。可变成本(VC)是指用于原材料、劳动力等可变生产要素支出的费用,随产量的变化而变化。

② 平均成本(AC)。平均成本是指平均每一单位产品所消耗的全部成本。它由平均固定成本和平均可变成本构成。平均固定成本(AFC)是指每一单位产品所消耗的固定成本,短期内随着产量的增加会逐渐减少。平均可变成本(AVC)是指平均每一单位产品所消耗的可变成本,随着产量的增加先递减,达到最低点以后再递增。这是由边际收益递减规律作用的结果,其图形特征为典型的 U 形曲线。其变动规律如图 9-6 所示。

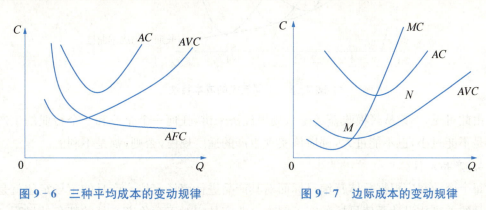

图 9-6 三种平均成本的变动规律　　　　图 9-7 边际成本的变动规律

③ 边际成本(MC)。边际成本是指生产者每增加一单位产量所增加的总成本量。其变动规律与平均成本和平均可变成本有关系。它也是一条先下降而后上升的 U 形曲线。随着产量的增加而减少,当产量增加到一定程度时,就随着产量的增加而增加,如图 9-7 所示。

企业取得盈余的初始点只能在产品的价格补偿平均变动成本后等于固定成本之时,也就是图 9-7 中的 N 点,该点被称为收支平衡点。在 N 点,MC 曲线一定交于 AC 曲线的最低点,即当 AC 等于 MC 时,产品的价格正好等于产品的平均成本 $\left(AC = \dfrac{TC}{Q} = P\right)$,成为企业核算盈亏的临界点。当产品价格大于平均成本时企业就可能盈利;反之,则会形成亏损。

然而,企业亏损并不意味着企业会停止生产。在图 9-7 中的 N 点和 M 点之间,企业还有可能继续进行生产,因为价格除了能够弥补全部平均可变成本外,还能抵偿一部分平均固定成本。当产品的价格低于 M 点时,企业将会停止生产,故该点被称为企业停业点,因为市场价格如果低于该点,企业连变动成本也赚不回来,自然不再生产。M 点是 MC 曲线与 AVC 曲线最低点的相交点,即当产品价格降到 AVC 及以下时,企业将不得不停止生产。

④ 包络线。在长期中,企业没有固定成本和可变成本之分。由于长期中所有的生产

要素都是可变的,企业可根据它所要达到的产量来调整生产规模,实现平均成本达到最低。从数学上讲,长期平均成本曲线是短期平均成本曲线的包络线,即长期平均成本曲线把许许多多短期平均成本曲线包在其中,它也是一条先下降而后上升的U形曲线,如图9-8所示。其变动规律也是随着产量的增加先减少而后增加,这也是由于随着产量的增加,规模收益递增,平均成本减少;以后,随着产量的增加,规模收益递减,平均成本增加。这与短期平均成本相同。

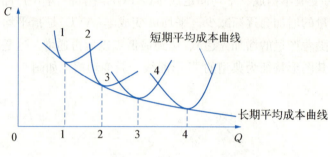

图9-8　不同规模的成本特性

由此可见,不论从规模收益还是从规模经济来讲,任何一个企业和一个行业的生产规模都是不能过小,也不能过大,都应该实现生产的适度规模,否则,都是不利的。

4. 产品定位

每个企业都应根据总体营销目标而对其产品进行市场定位。产品的市场定位就是通过产品的差别化设计而使目标顾客了解本企业产品相对于竞争者产品的特色的过程。根据目标顾客对产品属性的关注程度,产品的差别化可以通过众多的变量来体现,如质量、技术的先进性、安全性、耐用性、服务等。其中,价格对于大多数产品而言是一个十分重要的变量。价格不仅是区分产品档次的重要标志,而且代表了顾客从产品的购买中所能获得的实际利益。

下面的例子显示了女性时装不同品牌采取的定位策略所对应的定价策略。

A品牌:独一无二的时装品牌——溢价策略
B品牌:领导潮流的高档名牌——高价策略
C品牌:顺应潮流的优质品牌——中等价格策略
D品牌:提供实惠的大众品牌——低价策略

产品定位关乎产品和企业的形象,需要通过产品本身的设计、包装、价格、广告宣传、服务等多种手段传达给消费者才能使之充分理解。产品形象一旦树立,还要通过各种努力加以维护,特别是高质量、高档次的名牌产品,在调整价格时须格外小心。

5. 消费者的心理预期

消费者的心理预期是最不易考虑的因素,但又是企业定价时必须考虑的重要因素之一。消费者心理对价格的影响,主要表现在人们对商品的价格预期上,即认为这种商品在消费者心目中应该值多少钱。这种心理价格通常是一个范围,往往很难把握:如果企业定价高于消费者的心理预期值,就很难被消费者接受;反之,低于期望值,又会使消费者对商品的质量产生怀疑,甚至拒绝购买。事实上,有些商品的实际价值和消费者对它们的感受价值并非总是一致的,因此,不能只根据产品的实际成本和价值定价,而必须考虑市场需求强度和消费者心理因素。另外,消费者心理对价格的影响因产品的不同而不同。对于生活必需品,人们的期望价格较低;对于那些名牌优质或享受性消费品,人们的期望价格则较高。企业只有按产品的不同档次制定价格,才能使产品畅销并保证获得预期收益。

6. 政府政策

企业在制定价格时,总要受到政府法律、政策的约束。国家在自觉运用价值规律的基础上,通过制定物价工作方针和各项政策、法规,对价格进行管理、调控或干预,或利用生产、税收、金融、海关等手段间接地控制价格。因此,国家有关方针政策对市场价格的形成有着重要的影响。

9.2 企业定价的基本方法

 企业定价的基本方法有哪些?

定价方法是企业为实现其定价目标所采用的具体方法,鉴于价格的高低主要受成本费用、市场需求和竞争状况等三方面因素的影响。从这三方面的不同侧重点出发,各种定价方法可以归纳为成本导向、需求导向和竞争导向。

9.2.1 成本导向定价

成本导向定价(cost-based pricing)以产品成本为定价的基本依据,主要包括以下几种具体方法。

1. 加成定价法

加成定价法(cost-plus pricing)就是在单位产品成本的基础上,加上预期的利润额作为产品的销售价格。售价与成本之间的差额(即利润)称为"加成"。计算公式为:

$$价格 = 平均成本 + 预期利润$$

【例 9-1】 某企业生产某种产品 20 000 件,单位可变成本为 40 元/件,固定总成本为 400 000 元,预期利润率为 20%。求企业的销售价格。

解:固定总成本(FC)= 400 000 元

单位固定成本(AFC)= 400 000 ÷ 20 000 = 20 元/件

单位可变成本(AVC)= 40 元/件

单位总成本$(TC)=AFC+AVC=20+40=60$元

预期利润率$(\pi^1)=20\%$

产品销售价格$(P)=60+60\times20\%=72$(元/件)

这种方法具有计算简单、简便易行的优点,在正常情况下,按此方法定价可使企业获取预期盈利。缺点是忽视市场竞争和供求状况的影响,缺乏灵活性,难以适应市场竞争的变化形势。特别是成本加成定价,加成率的确定仅从企业角度考虑,难以准确地得知对应价格水平的市场销售量,使固定成本费用的分摊难保其合理性。

2. 损益平衡定价法

损益平衡定价法(break-even pricing)是在既定的固定成本、单位变动成本的价格条件下,确定能够保证收支平衡的产(销)量。收入平衡点也称损益平衡(盈亏分界)点,如图9-9所示,E点为盈亏分界点,Q为保本销售量,也称损益平衡时的销售量。

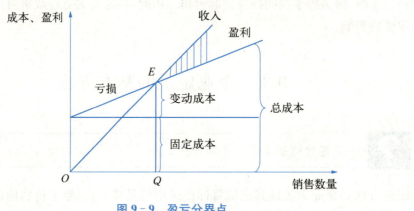

图9-9 盈亏分界点

根据图9-9,在盈亏临界点上,总收入=总成本费用;而总收入=价格×销售数量,总成本=固定成本+单位变动成本×销售数量。于是有:价格×销售数量=固定成本+单位变动成本×销售量,因此,可得出保本销售量的计算公式:

保本销售量=固定成本/(价格-单位变动成本)

在此价格下实现的销售量,使企业刚好保本,因此,该价格实际是保本价格,即:

保本价格=(固定成本/保本销售量)+单位变动成本

在企业定价实务中,可利用此方法进行定价方案的比较与选择。对于任一给定的价格,都可以计算出一个保本销售量。如果企业要在几个价格方案中进行选择,只要给出每个价格对应的预计销售量,将其与此价格下的保本销售量进行对比,低于保本销售量,则被淘汰。在保留的定价方案中,具体的选择取决于企业的定价目标。利用盈亏分析,实际价格的计算公式如下:

实际价格=[固定成本+预期盈利总额(目标利润)+单位变动成本费用]/预计销售量

损益平衡定价法侧重于总成本费用的补偿,这一点对经营多条产品线和多种产品项目的企业极为重要。因为一种产品的盈利伴随其他产品亏损的现象时有发生,经销某种产品时所获取的高盈利与企业总盈利的增加并无必然联系,因此,定价从保本入手而不是单纯考虑某种产品的盈利状况无疑是必要的。在某种产品预期销售量难以实现时,可相应提高其他产品的产量或价格,逐步在整体上实现企业产品结构及产量的优化组合。

3. 目标贡献定价法

目标贡献定价法又称为可变成本定价法,即以单位变动成本为定价基本依据,加入单位产品贡献,形成产品售价。即:

$$价格 = 单位可变成本 + 单位产品贡献额$$

在这里,产品售价超出可变成本的部分被视为贡献。它的意义在于,单位产品的销售收入在补偿其变动成本之后,首先用来补偿固定成本费用。在盈亏分界点之前,所有产品的累积贡献均体现为对固定成本费用的补偿,企业无盈亏可言。到达盈亏分界点之后,产品销售收入中的累积贡献才是现实的盈利。由于补偿全部固定成本费用是企业获取盈利的前提,因此,所有产品销售收入中扣除变动成本后的余额,不论能否真正成为企业盈利,都是对企业的贡献。在实践中,由于以可变成本为基础的低价有可能刺激产品销量大幅度提高,因此,贡献额有可能弥补固定成本,甚至带来盈利。

【**例 9 - 2**】 某企业一定时期内发生固定成本费用 10 000 元,企业生产和销售两种产品,预计总量为 10 000 件以上,平均变动成本与平均固定成本均为 1 元,预期目标成本盈利率为 20%。如按成本加成定价:价格 = $(1+1) \times (1+20\%) = 2.4$ 元。按此价格,两种产品共销 7 000 件,收入 16 800 元,扣除变动成本 7 000 元,所剩 9 800 元不能全部补偿固定成本,亏损 200 元。若按可变成本定价,以 50% 的单位贡献率计入单位可变成本,价格 = $1 + 0.5 = 1.5$ 元,在低价刺激下,两种产品各销 11 000 件,收入 33 000 元。扣除变动成本 22 000 元,所剩 11 000 元除补偿固定成本 10 000 元之外,获利 1 000 元。

目标贡献定价的关键在于贡献的确定,其步骤如下:

(1) 确定一定时期内企业目标贡献:

$$年目标贡献 = 年预计固定成本费用 + 年目标盈利额$$

(2) 确定单位限制因素贡献量:

$$单位限制因素贡献量 = 年目标贡献 / 限制因素单位总量$$

其中,限制因素是指企业所有产品在其市场营销过程中必须经过的关键环节,如劳动时数、资金时数、资金占用等,也可根据企业产品自身特性加以确定。各种限制因素单位加总即为限制因素单位总量。

(3) 根据各种产品营销时间的长短及难易程度等指标,确定各种产品在营销过程中对各种限制因素的占用数量(或比例)。

(4) 形成价格:

$$价格 = 单位可变成本费用 + 单位限制因素贡献量 \times 单位产品所含限制因素数量$$

目标贡献定价法有以下优点：

① 易于在各种产品之间合理分摊固定成本费用。限制因素占用多，其价格中所包含的贡献就大，表明该种产品固定成本分摊较多。

② 有利于企业选择和接受市场价格。在竞争作用下，市场价格可能接近甚至低于企业的平均成本，但只要这一价格高于平均变动成本，企业就可接受，从而大大提高企业的竞争能力。

③ 根据各种产品贡献的多少安排企业的产品线，易于实现最佳产品组合。

9.2.2 竞争导向定价

竞争导向定价(competition-based pricing)以市场上相互竞争的同类产品价格为定价基本依据，以随竞争状况的变化确定和调整价格水平为特征。主要有通行价格定价、主动竞争定价、密封投标定价等方法。

1. 通行价格定价法

通行价格定价法(going-rate pricing)是竞争导向定价方法中广为流行的一种，也称随行就市定价法，其定价原则是使本企业产品的价格与竞争产品的平均价格保持一致。在下述情况中，企业往往采取这种定价方法：

(1) 难以估算成本；

(2) 企业打算与同行和平共处；

(3) 如果另行定价，很难了解购买者和竞争者对本企业价格的反应。

这种定价法适用于竞争激烈的均质产品，如大米、面粉、钢铁以及某些原材料的价格确定，在完全寡头垄断竞争条件下其采用也很普遍。

2. 主动竞争定价法

与通行价格定价法相反，主动竞争定价法(active competitive pricing)不是追随竞争者的价格，而是根据本企业产品的实际情况及与竞争对手的产品差异来确定价格。因而价格有可能高于、低于市场价格或与市场价格一致。一般为实力雄厚或产品独具特色的企业所采用，具体方法如下：

(1) 先将市场竞争产品价格与企业估算价格进行比较，分为高于、一致及低于三个价格层次。

(2) 将本企业产品的性能、质量、成本、款式、产量等与竞争企业进行比较，分析造成价格差异的原因。

(3) 根据以上综合指标确定本企业产品的特色、优势及市场定位，在此基础上，按定价所要达到的目标确定产品价格。

(4) 跟踪竞争产品的价格变化，及时分析原因，相应调整本企业产品价格。

3. 密封投标定价法

密封投标定价法(sealed-bid pricing)就是在投标交易中，投标方根据招标方的规定和要求进行报价的方法。主要适用于提供成套设备、承包建筑施工、设计工程项目、开发矿产资源或大宗商品订货等。一般是由买方公开招标,卖方竞争投标,密封递价,买方按物美价廉的原则择优选取。投标企业在报价时,必须预测竞争者的价格意向,努力制定既能保证中标,又能保证最大期望利润的最佳报价。密封投标定价法的步骤主要有:

(1) 招标。招标是由招标者发出公告,征集投标者的活动。招标者需要完成两项工作:① 制定招标书。主要内容有:招标项目名称、数量;质量要求与工期;开标方式与期限;合同条款与格式等。② 确定底标。它是招标者自行测标的愿意成交的限额,也是评价是否中标的极为重要的依据。

(2) 投标。由投标者根据招标书规定提出具有竞争性报价的标书送交招标者,标书一经递送就要承担中标后应尽的职责。一般来说,报价高,利润大,但中标概率低;报价低,预期利润小,但中标概率高。所以,报价既要考虑企业的目标利润,也要结合竞争状况考虑中标概率。

(3) 开标。招标者在规定时间内召集所有投标者,将报价信函当场启封,选择其中最有利的一家或几家中标者进行交易,并签订合同。

9.2.3 需求导向定价

需求导向定价(demand-based pricing)以消费者的需求强度及对价格的承受能力作为定价依据,是伴随营销观念更新而产生的新型定价方法。主要有感知价值定价、需求差异定价等方法。

1. 感知价值定价法

消费者购买商品时,总会在同类商品之间进行比较,选购那些既能满足其消费需要又符合其支付标准的商品。消费者对商品价值的理解不同,会形成不同的价格限度。这个限度就是消费者宁愿付出货款而不愿失去这次购买机会的价格。如果价格刚好定在这一限度内,消费者就会顺利购买。

感知价值定价法(perceived-value pricing)以消费者对商品价值的感受及理解程度作为定价的基本依据。感知价值由几个因素构成,如购买者对产品的印象、交付渠道、质量保修、客户支持以及一些软属性(供应商的声誉、可信度和受尊重程度)。公司必须实现其所承诺的价值,顾客也必须能感知这一价值,企业可以采用其他营销组合的因素,如广告、销售队伍和互联网等来传达和强化购买者心中的感知价值。

为了加深消费者对商品价值的理解程度,从而提高其愿意支付的价格限度,企业定价时首先要搞好产品的市场定位,拉开本企业产品与市场上同类产品的差异,突出产品的特征,并综合运用各种营销手段,加深消费者对产品的印象,使消费者感到购买这些产品能获取更多的相对利益,从而提高他们接受价格的限度。企业则据此提出一个可销价格,进而估算在此价格水平下产品的销量、成本及盈利状况,最后确定实际价格。

【例9-3】 美国卡特彼勒公司运用理解价值定价法以每台拖拉机高出竞争者同类型产品4 000美元的价格,成功地推销了它的产品。该公司在宣传中影响用户价值观念的主要内容是:

20 000 美元	本企业产品与竞争者产品相同的价格
3 000 美元	耐用性高于竞争者产品的溢价
2 000 美元	可靠性高于竞争者产品的溢价
2 000 美元	维修服务措施周到高于竞争者产品的溢价
1 000 美元	零部件供应期比竞争者产品更长的溢价
4 000 元	为顾客提供价格折扣(折扣让利)
24 000 美元	最终拖拉机的实际售价

这样一算,加深了客户对该公司产品性能价格比的理解,使众多消费者宁愿多付出4 000美元也不愿放弃购买,结果是卡特彼勒公司的拖拉机在市场上十分畅销。

2. 需求差异定价法

需求差异定价法(demand differential pricing)以不同时间、地点、产品及不同消费者的消费需求强度差异为定价的基本依据,针对每种差异决定在基础价格上是加价还是减价。主要有以下几种形式:

(1) 因地点而异。如果对饮料的需求在酒吧中呈现的强度要高于街边饮食店,即使是同样的饮料,前者价格可高于后者。

(2) 因时间而异。如果对快餐食品的需求在周末时呈现的强度明显低于平时工作日,即使是同样的食品,价格也要拉开档次。

(3) 因产品而异。标有某种纪念符号的产品,往往会产生比其他具有同样使用价值的产品更为强烈的需求,价格也可相应调高。在奥运会期间,标有会徽或吉祥物的产品的价格,比其他未做标记的同类产品价格要高出许多。

(4) 因顾客而异。因职业、阶层、年龄等原因,顾客有不同的需求。企业在定价时给予相应的优惠或提高价格,可获得良好的促销效果。

实行差异定价要具备以下条件:市场能够根据需求强度的不同进行细分;细分后的市场在一定时间内相对独立,互不干扰;高价市场中不能有低价竞争者;价格差异适度,不会引起消费者的反感。

9.3 定价技巧与策略

 在确定了基本价格之后,还需要掌握哪些定价技巧与策略?

在根据适当的定价方法确定了基本价格以后,针对不同的消费心理、销售条件、销售数量及销售方式,运用灵活的定价技巧对基本价格进行修改,是保证企业价格策略取得成功的重要手段,灵活的定价技巧是在具体场合将定价的科学性与艺术性相结合的体现。

9.3.1 心理定价策略

心理定价策略主要适用于零售业。它是指企业根据消费者的心理特点,迎合消费者的某些心理需要而采取的一种定价策略。常用的有以下几种:

1. 尾数定价策略

尾数定价策略又称零头定价策略。即给产品定一个零头数结尾的非整数价格。如 0.98 元、9.99 元等。这种定价往往会给消费者一种真实感、信任感、便宜感,从而有利于扩大销售。在美国,消费者更喜欢接收奇数尾数价格,则将产品价格尾数尽量定为奇数;在日本,消费者则对偶数更感兴趣,定价尾数则应更多采用偶数;在我国港澳和广东地区,许多消费者也喜欢接受奇数尾数价格,有些企业就迎合了消费者的这种心理,将结婚、喜庆贺礼等商品用 9 为尾数,取意为"长久"。

2. 整数定价策略

这种定价与尾数定价相反,企业有意把产品的价格定为整数,不带零头,使人产生高档、显示身份的感觉,满足某些消费者的虚荣心理。这种定价策略主要适合于高档消费品或消费者不太了解的某些商品。

3. 声望定价策略

这种定价策略表现为企业利用消费者仰慕高档名牌商品或著名经销店的声望所产生的某种心理来制定商品的价格,价格一般定得较高。这种策略特别适用于某些不易直接鉴别质量的商品。

4. 习惯定价策略

许多商品(尤其是日用消费品)的价格一旦固定下来,习惯了这一价格的消费者在心理上会形成一种价格倾向。对这类产品的价格一般不宜轻易变动。因为降低价格会使消费者怀疑产品质量是否有问题;提高价格会使消费者产生不满情绪,导致购买的转移。在不得不提价时,应采取改换包装、品牌等策略,减少抵触心理,并引导消费者逐步形成新的习惯价格。

5. 分级定价策略

这种定价策略表现为企业在定价时,往往把同类产品分为若干等级,不同等级的产品实行不同的价格。这样做能使消费者产生货真价实、按质论价的感觉,从而容易被消费者所接受。使用时要注意划分的级差不宜太大或太小,否则,便起不到应有的分级效果。

9.3.2 产品组合定价策略

1. 产品系列定价策略

产品系列定价策略又称产品线定价策略。对产品线内的不同产品要根据其不同的质量和档次、顾客的不同需求及竞争者产品的情况确定不同的价格。一般是在产品系列中确定出从低到高的不同层次、不同梯级的价格,以吸引具有不同购买心理的顾客。例如,对女装的定价分别采取 1 800 元、800 元、380 元三个水平,顾客自然会把这三种价格的女装分为高、中、低三个档次进行选购。企业采用产品线定价时,应注意产品线中不同产品的差价要适应顾客的心理要求,差价过大,会诱导顾客趋向于某一种低价产品上;差价过小,会使顾客无法确定选购目标。

2. 互补性产品定价策略

互补性产品又称连带产品,是指必须配套使用才能满足消费者愿望的产品。一种商品的需求数量与该商品的互补品价格之间呈反方向的变动关系。如软盘与电脑、胶卷与照相机、磁带与录音机等。一般来说,同时生产或经营连带商品的企业倾向于将主体产品价格定得较低,以吸引顾客购买,而将互补产品的价格定得较高,顾客一旦购买了主体产品以后,还须购买互补产品。企业可以通过提高互补产品的价格来弥补主体产品低价造成的损失,并获取长期的利益。

3. 替代品定价策略

替代品是指能使消费者实现相同消费满足的不同产品。一种商品的需求量与该商品的替代品价格之间呈同方向变动。牛肉和羊肉互为替代品,当牛肉的价格上升时,人们就会减少对牛肉的购买而增加对羊肉的购买,从而羊肉的需求量会上升。

4. 特色产品定价策略

特色产品是指与主要产品密切关联但又可独立使用的产品。例如,餐厅里除供应饭菜外,还提供酒水等。对于特色产品,企业采用的一般定价策略是一高一低,利用低价格吸引顾客,利用高价格增加盈利。

9.3.3 折扣定价策略

价格有基本价格与成交价格之分:基本价格就是价目表中标明的价格;成交价格则是根据不同交易方式、数量、时间及条件,在基本价格的基础上加上适当折扣而形成的实际售价。灵活运用折扣定价技巧,是企业争取顾客、扩大销售的重要方法。

1. 现金折扣

现金折扣是指对按约定日期付款或提前付款的顾客给予一定的价格折扣,目的在于鼓励顾客按期或提前支付欠款,减少企业的利率风险、加速资金周转。折扣的大小一般根据付款期间的利息和风险成本等因素确定。

2. 数量折扣

数量折扣就是根据顾客购买的数量多少而给予不同程度的价格折扣。其目的是使买方大批量购买或集中购买本企业的产品。一般来说,购买的数量或金额越大,给予的折扣也就越大。这种折扣又分为两种形式:① 累计折扣。即规定顾客在一定时期内购买一种或多种产品的数量或金额超过规定数额时,给予买方的价格折扣。折扣的大小与成交数量或金额的多少成正比。一般适用于单位价值较小、花色品种复杂、不宜一次大量进货的消费品。② 一次折扣。即给予顾客一次采购超过规定数量或金额的价格折扣,目的在于鼓励顾客加大每次购买规模,便于企业大批量生产和销售。

3. 交易折扣

交易折扣又称功能性折扣,即厂商依据各类中间商在市场营销中担负的不同职能给予不同的价格折扣,目的在于利用价格刺激各类中间商更充分地发挥各自组织市场营销活动的功能。

4. 季节折扣

季节折扣是指对非消费旺季购买产品的客户提供的价格优惠。目的在于鼓励批发商、零售商淡季购买,减少厂商的仓储费用,以利于产品均衡生产、均衡上市。

5. 折让

折让是根据价目表给顾客以价格折扣的另一种类型。它分为旧货折价折让(即以旧换新)和促销折让两种。以旧换新就是当顾客买了一种新商品时,允许交换同类商品的旧货,在新货价格上给予折让。这种方式在汽车行业和其他一些耐用消费品的交易中最为普遍。促销折让是企业为了报答经销商参加广告和支持销售活动而支付的款项或给予的价格折让。

9.4 定价调整及价格变动反应

 在什么情况下企业的定价需要调整?

9.4.1 根据产品生命周期调整的价格策略

根据生命周期理论,产品从进入市场到从市场上被淘汰将经历引入期、成长期、成熟期、衰退期四个阶段,每个阶段的市场需求特征和竞争状况不同,要求企业采取不同的营销策略,企业的定价目标、定价方法也要相应作出调整。

1. 引入期的价格策略

在产品刚刚投放市场的最初阶段,消费者对该产品缺乏了解,企业需要花大气力进行市场的开拓工作。就价格策略而言,可以根据产品的市场定位采取高、中、低三种策略。

(1) 市场撇脂策略(market-skimming pricing)。在短期利润最大化的目标下,以远远高于成本的价格推出新产品。销售对象是那些收入水平较高的"消费革新"者或猎奇者。高价策略的好处是不仅在短期内迅速获利,而且为以后的降价留出空间。缺点是较高的价格会抑制潜在需求,同时,高价厚利易诱发竞争,从而缩短新产品获取高额利润的时间。

(2) 市场渗透策略(market-penetration pricing)。以较低的价格投放新产品,目的是通过广泛的市场渗透迅速提高企业的市场占有率。低价策略的优点是能迅速打开新产品的销路,低价薄利不易诱发竞争,便于企业长期占领市场。缺点是投资回收期较长,价格变动余地小。相对而言,采取低价策略需要企业有比较雄厚的财力支持。

(3) 满意定价策略(market-satisfaction pricing)。介于"撇脂"和"渗透"策略之间的中等价格策略，价格水平适中，同时兼顾生产厂家、经销商和消费者的利益。优点是价格比较稳定，在正常情况下盈利目标可按期实现。缺点是比较保守，不适合需求复杂多变和竞争激烈的市场环境。

2. 成长期的价格策略

随着消费者对新产品的逐渐了解，产品的销售会有较快的增长，竞争者陆续加入。企业应视市场增长和竞争情况而在适当的时机调整价格。成长期企业营销的重点是扩大市场占有率，加强企业的市场地位和竞争能力，通常的做法是在不损害企业和产品形象的前提下适当降价。

3. 成熟期的价格策略

产品经过一段时间的快速增长，市场需求趋于饱和，市场竞争异常激烈，进入产品的成熟期。该阶段的定价目标多为维持原有的市场份额、适应价格竞争。由于一些实力薄弱的中小竞争者被迫退出，市场上多呈现寡头垄断竞争的格局，各企业在原有产品价格的调整上比较慎重，竞争更多地集中在其他方面。随着改良产品的出现，企业需要为这些产品重新定价，总体而言，成熟期的价格策略多呈现低价特点。

4. 衰退期的价格策略

随着市场的进一步饱和，新产品出现，消费者的兴趣开始转移，经过成熟期的激烈竞争，价格已降至最低水平，这是产品衰退期的主要特征。这一阶段的价格策略主要以保持营业为定价目标，通过更低的价格，既可以驱逐竞争对手，又可以等待适当时机退出。

9.4.2 主动调整的价格策略

1. 调低价格策略

当企业面对的内外部环境发生较大变化，如经济紧缩、生产能力过剩、产品积压严重、其他营销策略无效或者在激烈的市场竞争中市场占有率不断下降等，为了保住市场就必须适当调低产品价格。在调低价格时，可利用以下方式：① 增加单位产品含量，让顾客感受到额外增加的利益。② 增加额外费用支出、扩大服务范围，如送货上门、免费安装等。③ 随产品赠送优惠券或礼品，达到暗中降价的效果。④ 调低价格之前，向代理商、经销商保证降价后将酌情给予差价补贴，不会影响它们的既得利益。⑤ 降价后的产品以"新产品"的面貌出现，如更换品牌、更换包装等，使顾客不致产生积压才降价的误解。

2. 调高价格策略

由于企业受资源约束、产品改进、产品供不应求或通货膨胀等因素的影响，不得不采取调高价格的方法来弥补成本的上升。调高价格必然引起顾客和中间商的不满，为了缓解不满情绪，可采用以下技巧：① 提高产品质量或增加产品含量，减少顾客因涨价而感受到的压力。② 附送赠品或给予优待，使顾客得到一定的心理补偿。③ 公开真实成本，通过传播媒介做好信息沟通，以取得顾客的理解和支持。

9.4.3 被动调整的价格策略

面对竞争对手率先调整价格,企业必须采取适当的应变策略。为了保证作出的反应能符合客观实际,企业必须对竞争者和自身的情况进行深入分析和研究,以便做到"知己知彼,百战不殆"。一般情况下,企业对竞争者调高价格比较容易作出反应,此时可采取跟随提价或价格不变的策略。而对价格调低的反应就比较复杂,需要仔细慎重处理。通常有三种应对方式可供选择。

(1) 跟随降价,保持原有竞争格局。这适合在竞争者降价幅度较大时采用。

(2) 保持价格不变,运用非价格竞争手段反击。这适合在竞争者降价幅度稍大时采用。

(3) 不予理睬,维持原有营销组合。这适合竞争者降价幅度较小的情况。

以上这些应变对策是企业在被动的情况下作出的,很有可能带来不良后果。因此,企业应加强营销调研,及时掌握竞争者的动态,尽可能制定出全面的价格计划,做好应付各种情况的准备。这种应付竞争者降价的价格反应如图 9-10 所示。

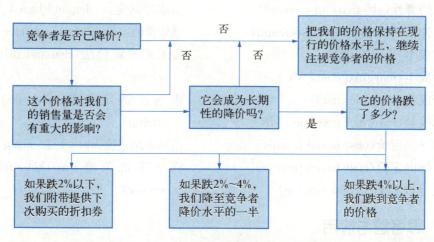

图 9-10 应付竞争者降价的价格反应图

本章小结

价格策略是市场营销组合中非常重要且独具特色的组成部分,是企业市场营销可控因素中最难确定的因素。企业在制定产品价格时,必须考虑定价目标、产品成本、供求关系、市场竞争状况、消费者心理、法律环境等因素的影响和制约。常见的企业定价目标主要有追求利润最大化、提高投资收益率、提高市场占有率、适应价格竞争、维护企业形象等。

定价方法是依据对影响定价因素的分析,运用价格决策理论对产品价格水平进行计算的一种方法。影响产品价格主要有三个基本因素,即成本、需求和竞争。由此形成了成本导向定价法、需求导向定价法和竞争导向定价法。

定价策略是企业制定和调整价格的谋略和技巧。其策略包括新产品定价策略、产品组合定价策略、心理定价策略、折扣定价策略等。随着市场环境的变化,企业需要对已确定的价格作出必要的调整。无论是主动调整还是被动调整,都要以实现最佳营销组合效果为目的。

关键术语(中英对照)

定价目标(pricing objectives)
总成本(total costs)
平均总成本(average total cost,ATC)
平均可变成本(average variable cost,AVC)
收支平衡分析(break-even analysis)
有弹性的需求(elastic demand)
需求的弹性(elasticity of demand)
缺乏弹性的需求(inelastic demand)
固定成本(fixed cost)
边际成本(marginal cost,MC)
可变成本(variable cost)
边际收益(marginal revenue,MR)
成本导向定价(cost-based pricing)
成本导向定价(cost-based pricing)
加成定价法(cost-plus pricing)

损益平衡定价法(break-even pricing)
目标贡献定价法(target-return pricing)
竞争导向定价(competition-based pricing)
通行价格定价法(going-rate pricing)
主动竞争定价法(active competitive pricing)
密封投标定价法(sealed-bid pricing)
需求导向定价(demand-based pricing)
感知价值定价法(perceived-value pricing)
需求差异定价法(demand differential pricing)
市场渗透定价(market-penetration pricing)
市场撇脂定价(market-skimming pricing)
满意定价策略(market-satisfaction pricing)

思考题与应用

1. 何为定价目标?它对企业有何影响?其余影响企业定价的主要因素有哪些?

2. 企业定价的基本方法有哪些?各自有何优缺点?

3. 企业在什么情况下会进行战略性降价?当竞争对手采取降价策略之后,企业如何作出回应?

4. 定价策略如何与其他营销组合策略协调配合?

5. 在一个小组中,讨论你们对下述产品的价值感知以及你们愿意为其支付的价格:汽车、在美食街的一餐饭、牛仔裤以及运动鞋。你们小组成员间的答案是否有差异?解释为什么会有这些差异。

6. 假设你计划买一台数码相机,请访问三个购买网站,比较每个网站所给出价格的范围,最终给出相机的合理价格。

营销实战案例

定价策略博弈——小米的三个价格锚点

2015年5月6日,小米正式发布了小米Note顶配版,这款被雷军称为"安卓机皇"的手机采用了高通骁龙810处理器、515PPI的2K屏、4GB运存和64GB内存的顶级配置,安兔兔跑分高达63 424分,确实秒杀大部分的安卓旗舰机。不过,在定价上,雷军却很小心地将小米Note顶配版的价格定为2 999元,而不是今年年初公布的3 299元。

我们来仔细梳理小米系列手机的定价策略,2011年8月16日,在小米1的发布会上,雷军将小米的第一款手机定价为1 999元。此后,小米发布的每一款旗舰机型如小米2、小米2S、小米3、小米4,其中的基本款的定价均为1 999元。通过将价格定在1 999元,小米成功地建立了自己的第一个价格锚点,使其他国产手机品牌对于2 000元附近望而却步。

此后,小米先是通过推出定价为1 499元的小米青春版往下试探,然后又推出定价为999元的红米抢占千元机市场。最后的结果是红米系列大卖,于是,小米又顺势推出大屏的红米Note,成功地将999元变成了自己的第二个价格锚点。有了这两个价格锚点,小米是否就能够高枕无忧了呢?并不是!

前不久,知名研究机构GFK发布了一份《2015年中国手机市场年报》,其中提到,从去年下半年开始,中国手机市场已经进入了同比负增长阶段。该报告披露的另一个趋势,就是国产品牌与国际品牌展开了全方面竞争。2013年之前,国产品牌在1 500元以下超过了国际品牌;2013年之后,又在1 500—2 500元价格区间将国际品牌远远甩在了后面,其中,小米的贡献不算小。

今年,国产品牌又在2 500—3 500元价格区间反超国际品牌,当然,3 500元以上的价格区间仍然由苹果和三星牢牢控制。在2 500—3 500元这个价格区间,小米是缺席的,它缺少一款华为Mate7/P7、OPPO R5/R1C、VIVO X5/Xplay、MOTO X这样的产品。有人会说,小米本来就是打性价比的,这个价格区间就算了吧。

但是,这也将小米置于一个比较危险的境地。这些已经在更为高端的市场上取得重大突破的国产手机品牌,他们可以将自己在2 500元以上的旗舰机型出简配版,直接冲击小米最重要的价格锚点——1 999元。

事实证明,1 999元的价格锚点靠小米4是守不住的,一是因为没有战略纵深,2 000—2 499元的价格区间是一马平川;二是因为人家用2 499元的"上马"对小米的"中马"。估计雷军也是看到了这个危险,于是,在今年1月份推出了定价为2 299元的小米Note,并将小米4的价格降到了1 799元,构筑了自己新的护城河。有了小米Note和小米4"双保险",1 999元的价格锚点守住的可能性就要大得多了。

当然,小米Note标准版的热销,也让雷军有了更多的信心,他似乎希望通过推出小米

Note 顶配版,将 2 999 元建成自己的第三个价格锚点。

  品牌的延伸总是有其边界的,过去,小米系列 1 999 元的价格锚点已经深入人心;现在,如果小米希望构建第三个价格锚点,似乎启用全新的子品牌效果会更好一点。例如,小米可以重新定义一个"黑米"系列并打造两款手机,黑米 2 799 元,黑米 Note 3 299 元。如果小米能够成功地建立起第三个价格锚点,中国第一乃至全球前三的位置应该就能稳固了。

  资料来源:http://it.sohu.com/20150508/n412650526.shtml。

讨论题:
1. 小米手机的定价博弈所采取的定价方法是什么?这种定价方法有何优缺点?
2. 结合目前的手机竞争环境,在定价策略上你将给小米手机哪些建议?

案例点评:
扫一扫如下二维码,获得老师对此案例的点评。

第十章
分销渠道

 本章知识结构图

- 分销渠道的功能与结构
  - 分销渠道的概念
  - 分销渠道的结构
  - 分销渠道的功能
- 分销渠道设计决策
  - 分销渠道设计框架
  - 需求分析与目标确定
  - 设计方案评估与决策
- 分销渠道管理决策
  - 分销渠道管理目标
  - 分销渠道冲突与协调
  - 激励渠道成员
- 零售、批发与市场物流
  - 零售商
  - 批发商
  - 市场物流

 课前预习

本章学习要点：
1. 理解分销渠道的结构与功能；
2. 掌握分销渠道设计决策与管理决策要点；
3. 理解零售、批发的不同类型；
4. 理解市场物流对分销渠道的重要性。

233

营销视频扫一扫

开拓葡萄酒销售渠道：醍恩酒业[①]

中国葡萄酒市场，无论生产、进口、营销、流通、投资以及对葡萄酒的理解、热爱和消费程度上，都有着空前的非凡表现，成为世界上葡萄酒消费增长最快的市场。此时的国内市场，正在发展成为世界级葡萄酒及烈酒集散的枢纽。大量企业面对如此广阔的市场，既有机遇，也有挑战。想要成功占领一片高地，获得快速发展，对进口葡萄酒投资经营者来说需要一番努力。

目前，中国的葡萄酒销售渠道主要是网络直销、俱乐部会所模式销售、葡萄酒专营店销售等渠道、酒店销售、超市销售、夜场销售及葡萄酒收藏投资。对进口葡萄酒投资经营者而言，分销渠道的开拓和建立是企业整体营销战略的实施基础。

扫一扫如下二维码，观看视频"开拓葡萄酒销售渠道：醍恩酒业"，与老师及小伙伴们讨论如下问题并开始本章的学习：开拓和建立销售渠道对企业而言有着何种意义？有哪些价值？在企业的整体营销策略中，分销渠道占有何种地位？又有哪些不可替代的特点？

目前，你已经了解何为营销以及理解顾客和营销环境的重要性，并明确营销的核心在于商品交换，而如何构建安全、高效、通畅、发达的商品交换体系，是市场参与者的重要任务。对企业而言，分销渠道的建立目标、设计、管理、评估等都对企业的市场营销结果有非

[①] 资料来源：若想观看完整视频，请登录 http://v.youku.com/v_show/id_XNjE0MTY0NTk2.html。

常重大的影响。分销渠道管理因其对于市场营销体系的重要性,往往单列一门课程进行详细和深入的研讨。作为市场营销学知识体系框架下的一部分,本章将介绍分销渠道管理的框架,并对相关重点作一些展开的论述:首先解释分销渠道的功能和结构,其次阐述分销渠道的设计以及管理决策,最后将对两个重要的渠道中介——零售商和批发商——进行关注,并因此延伸到市场物流这个渠道管理中重要的职能。

在营销的"4P"组合中,分销渠道是一个举足轻重的角色。在发达的商业社会中,很少由一家独立的公司完成所有的客户价值实现环节。每一家公司都是客户价值实现以及客户关系建立的价值链上的一个节点。同样,对于进入 21 世纪的中国市场,越来越多的国内企业都明白一个极其重要的道理:分销渠道建设的成败是赢取中国市场的关键。

分销渠道与营销"4P"中其他三个元素既有关联,也有不同的意义。其关联在于,"4P"是企业整体营销框架下的不同方面,需要互相协调、互相配合,一起形成企业的整体营销策略,并达成企业的总体营销目标。在这个角度来看,"4P"是统一的整体,统一在企业的整体营销策略框架下。其不同在于,其他三个"P"——产品、价格、促销——相对更容易复制,而渠道与之相比,有其"独占性";进一步而言,渠道是连接产品、价格、促销的核心结点,很多营销策略和营销手段都要通过渠道去展现在消费者面前。产品可以被山寨,价格可以打价格战,促销方式可以互相抄袭,而分销渠道的可复制性就差得多。一个好的渠道体系的建立需要经年累月的耕耘,一个成熟的渠道伙伴体系更是企业文化、管理模式、人际关系、地理位置等的复合体,是非常难以模仿的。

10.1 分销渠道的功能与结构

 分销渠道有哪些功能?

10.1.1 分销渠道的概念

分销渠道(distribution channel),或者叫营销渠道(marketing channel),也叫作分销通道、流通渠道、销售通路等。分销渠道的形成和运作包含了多个方面,基于此,人们从不同的观察视角来界定分销渠道,导致了许多不同的定义。比较有代表性的有强调分销渠道的组织结构的"组织结构说"、强调产品从生产者转移至最终顾客的分销过程的"分销过程说"以及强调分销过程涉及的各类主体的"分销主体说"等。

1. 分销渠道的定义

从企业整体营销管理和决策的角度而言,我们采用的定义为:分销渠道是企业为实现其分销目标而管理调控的外部关联组织群。这一定义将试图实现分销目标的企业作为主体,将其管理调控的外部关联组织群作为客体,主客体共同构成了分销渠道结构。其中,有四个方面需要特别注意,即外部、关联组织群、调控、分销目标。

外部意味着分销渠道存在于企业外部,换句话说,它并不是企业内部组织结构的组成部分。因此,分销渠道的设计、管理、评估等涉及的是组织间的管理,而不是组织内部的管理,这个观点很重要。

关联组织群指的是当商品从生产者向最终用户移动时涉及谈判职能的企业或团体。谈判职能包括购买、销售商品或服务的让渡。因此,只有涉及这些职能的企业和团体才能成为分销渠道的成员,而其他企业(通常指运输公司、公共仓储、银行、保险公司、广告公司等诸如此类的服务代理机构)由于履行的某种职能不涉及谈判,所以,不在这个范围之内。

调控意味着渠道中存在着管理,这种管理涵盖从最初的渠道组织确定到日常渠道管理的整个过程。由于分销渠道的管理对象是外部的,我们无法像管理企业内部部门一样去控制,而必须采用渠道权力、影响力、法律、社会关系等综合的手段去调控,确保不让这些外部组织简单地自行运转,而是统一在渠道结构系统中。

分销目标表明分销渠道管理是为了达到一定的分销目标而存在的。可以说,分销渠道的组织和管理是为实现企业分销目标而服务的。当这种目标改变时,外部关联组织群的形式和管理方式都会有所变化。

2. 分销渠道的起点与终点

科特勒曾对分销渠道作过一个界定:"分销渠道是指某种货物或劳务从生产者向消费者移动时取得这种货物或劳务的所有权或帮助转移其所有权的所有企业和个人。"从这个界定中,我们可以明确地看出,分销渠道的起点是生产者,即生产用于该条分销渠道进行分销活动产品或劳务的企业,分销渠道的终点就是消费者。这里的消费者指的是最终用户,也就是之前提到的目标市场,是渠道商业子系统服务的目标市场。分销渠道以生产者为起点,以消费者为终点,其中有各种不同类型的组织机构参与,支撑着"分销五流"——物流、信息流、所有权流、促销流、付款流等的单向或双向流动。

作为一个熟知的概念,供应链往往较容易与分销渠道混淆。所谓**供应链(supply chain)**,是指一个商品生产经营中的上下游供应者所构成的合作体系。从这个定义中我们可以看到,供应链不光包括生产者下游,还包括生产者上游,开始于供应的源头,结束于消费的终点。因此,供应链起于原材料供应,终于最终消费者。与分销渠道相比,供应链更长,分销渠道是供应链的重要组成部分。如前所述,分销渠道是将一个生产商的商品转移到消费者手上的通道。以长虹电器为例,对松下、日立、三星等供应商而言,他们直接将生产电视机用的显像管、元器件销售给长虹电器,就构成了他们相应的分销渠道;而长虹电器通过国美、苏宁、京东等零售商把电视机销售给消费者,则构成了长虹电器的分销渠道。

10.1.2 分销渠道的结构

1. 分销渠道的参与者

分销渠道的参与者通常有四类:生产者和制造商、中间商、服务代理机构、最终用户(见图10-1)。如前所述,服务代理机构由于不履行谈判职能,因此属于渠道的辅助机构,不属于渠道成员;而最终用户属于目标市场,虽是渠道的终点,但也不属于渠道成员。因此,渠道的成员包括生产商和制造商以及中间商这两类组织,主要是依靠产品的所有权转移和产品实物流通环节发生增值而获利,利润与产品在整个分销渠道中的增值幅度直接相关;服务代理机构提供服务,为商品交换提供便利性,如运输、保管、仓储、保险、资金流转、产品宣传等,其间不直接参与商品所有权的转移,主要是依靠提供相关服务而获利,利润与产品在整个分销渠道中的增值幅度通常没有直接相关性;对最终用户的研究分析通常不划分在分销渠道这个模块中,而是划归到目标市场相关的研究分析中。

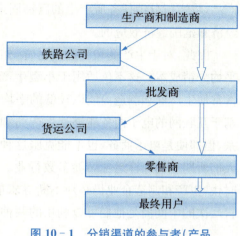

图 10-1 分销渠道的参与者(产品流动与所有权流动)

2. 生产者和制造商

生产者和制造商主要是指那些从事开发、培育或制造产品的企业,主要分布在农业、林牧渔业、采矿业、建筑业、制造业和一些服务产业中。

从产品和服务的多样性以及企业的规模来看,从事生产制造的企业范围很广,包括从制造纽扣到大型设备等各类企业,人员规模从一个人到几十万人,销售额从几万元到数百上千亿元不等。尽管存在着巨大的差异,但所有这些生产或制造企业有一个共性:都提供能够满足市场需求的产品。为了使市场的需求能得到满足,企业的产品必须适应市场,因此,生产或制造企业必须将自己的产品视为面对特定目标市场进行销售的产品。大多数生产或制造企业,无论是大型还是小型企业,在向最终用户市场直销产品时并不在行,通常缺乏相应的专业技能或规模经济(范围经济),缺乏对于特定目标市场差异化需求的认知和信息储备,或者缺乏建立大范围销售终端的财务实力等,难以有效完成高效率地将产品销售给广大的最终用户所需的所有分销任务。

就专业技能而言,大多数生产和制造商在分销方面都不具备其在生产和制造上的专业能力。生产和制造的专业能力与完成分销任务所需要的专业能力有很大的不同,而且无法转移。一个电视机生产商可能掌握了最先进的电子技术生产能力,但是如何高效地将这种先进产品分销到目标市场需要另一种专业能力。生产和制造方面的专业技能并不能自动地转化为分销上的技能。

另外,即使对那些拥有一定分销技能的生产和制造企业来说,生产和制造的规模经济效应与分销上的规模经济效应所需的要件是不同的。换句话说,生产和制造方面的规模经济效应能够达成生产和制造的高效率,而这种高效率并不意味着在分销上可以同样地达到高效,因为分销高效所需要的规模经济与生产和制造是不同的。其原因在于:生产和制造上的规模经济效益,是通过固定成本的分摊而达成的;而大规模分销必须考虑不同市场位置的库存、仓储、运输等成本,从而分销商是通过同时分销很多生产商和制造商的产品,将实行分销任务所产生的巨额固定成本分摊到多品种的大量产品上,来实现其规模经济和范围经济效应的。

因此,对于生产商和制造商而言,如果其自己从事分销任务,往往会面临着高水平的平均分销成本。这不仅适用于小型生产商和制造商,也适用于很多大型企业。规模经济常常使生产商和制造商能以较低的平均成本进行生产活动,它在分销上却缺乏这种效益。基于互联网的电子商务能够让生产商和制造商直接与最终用户低成本、高效率地发生联系,但即便是电子商务,也不能克服这种经济模式在分销上的局限,而去中间化也并未如人们所期望的那样迅速席卷多数行业。因此,虽然当前处于电子商务和互联网的高技术时代,生产和制造企业仍必须不断寻求能帮助自己执行分销任务的渠道成员。批发和零售层次的中间商是他们可以利用的两种基本成员形式。

3. 中间商

中间商是帮助生产商和制造商以及最终用户履行谈判职能和其他分销任务的独立企业,中间商参与了谈判和所有权流程。他们通常在批发和零售两个层次上进行运作。这两个层次将在本章的最后一部分进行详细阐述。

中间商在分销渠道中地位重要,因为生产商和制造商的产品需要通过他们才能进入流通领域和消费领域。中间商的分销能力对分销系统的整体效率和总体发挥具有重要影响。

从是否取得产品所有权的角度来看,中间商可以分为以下两大类:

(1) 经销商。指在分销渠道中取得商品所有权,然后再出售商品的中间商。

(2) 代理商。指这样一种中间商,在分销渠道中他们参与寻找顾客,有时也代表生产商同顾客谈判,但不取得商品的所有权,也无需先行垫付商品资金。其收入是依据代理销售额的多少来提取一定比例的代理佣金。

4. 渠道结构

从管理的角度,渠道结构可以定义为:被分派了一系列分销任务的渠道成员组织体系。讨论最多的特定要素是渠道的长度和渠道的宽度。

(1) 渠道长度。即渠道中间商组织的层次数。图 10-2A 显示了几个不同长度的消费者分销渠道。渠道 1 为直接分销渠道,没有任何中介层次,公司直接向消费者销售。图中的其他渠道是非直接分销渠道,包含一个或多个分销商。直观可以看出,越往下面,中间商组织的层次数越多,分销渠道越长。图 10-2B 是一些常见的组织间分销渠道。组织间营销者可以直接向组织间客户销售,也可以通过各种类型的分销商向这些组织间客户进行销售。

(2) 渠道宽度。指的是渠道同一层级中的分销商数量。同一层级中的分销商数量越多,渠道越宽。

10.1.3 分销渠道的功能

随着时代的变化,分销渠道的功能也是在不断变化着的。在重视产品和推销的时代,

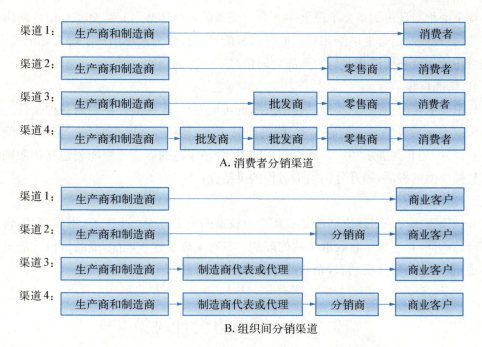

图 10-2　消费者分销渠道和组织间分销渠道

渠道是生产商通向目标市场的媒介,更多承担着产品的实体分配功能,如分类、整理、组配、仓储、运输等。随着信息时代的到来,分销渠道又增加了信息传递的功能,承担了弥合生产商和最终用户之间信息缺口的职能。

分销渠道的主要功能有以下五个。

1. 实体分配

为保证实体产品从生产商到最终用户的顺利流通,需要对实体产品进行一定的分类整理和组配,调补产品生产和消费的地理差异、花色品种差异、时间差异等。合理地组织实体产品的转移,不仅可以减少最终用户的等待时间成本,保证需求的数量和质量得到满足,还可以让交易更安全,从一定程度上避免消费者权益的损失。实体分配的功能包括:

(1) 分类。即将产品按照一定的标准和特点分别归类,如鸡蛋按大小或产地分类,水果按品种口味分类等。

(2) 组合。把不同类的产品按照顾客需要选取和集合在一起。

(3) 仓储保管。对货物进行储藏管理和保护,协调需求与供应在时间上的差异和矛盾。

(4) 运输。实现产品从生产商向最终用户在空间位置上变化的活动。

2. 所有权转移

所有权转移是分销渠道的核心功能。将商品销售给目标客户,最核心的环节是所有权交换,同时让最终客户能够及时获得商品,并有效地消费使用,从而创造所有权效用。

3. 信息网络

分销渠道作为信息网络的功能,在信息社会中变得越来越重要,也成为在日益复杂的市场竞争中把握先机的重要手段之一。分销渠道的各个环节之间需要通过信息网络来协调关系,实现商品的合理供给和利润的合理分配;同时,作为最终用户了解市场的媒介,信息网络还承担着补偿消费者与生产商之间信息不对称的职能。

4. 促进销售

分销渠道在运作过程中,提供商品展示的可见平台,提供商品促销的各种条件。这些功能可以大大减少顾客的调研成本,促进商品销售。例如,星巴克的每一家店面,除了销售产品以外,还起到展示和广告的作用。同时,分销渠道的促销流程能创建互相激励的氛围和奖勤罚懒的机制,提升分销渠道运作的灵活性。

5. 保护权益

分销渠道执行的付款流功能是实现企业权益的重要方面。生产商、批发商、零售商在销售产品的同时,还承担着收取货款的职能。只有实现了这一职能,商品价值才能最后得到实现,企业才能够兑现利润,企业的权益才能得到保护。

10.2 分销渠道设计决策

 分销渠道设计的决策步骤包括哪些?

在设计分销渠道时,生产商要在企业认为理想的分销渠道架构和切实可行的分销渠道中作出选择。确定最好的渠道也许不是问题,而如何说服一个或多个优秀的分销商加入渠道并参与管理往往是操作中的问题所在。

为了达到渠道运作的最佳效果,应该有目的地进行分销渠道设计。在分销渠道设计中,应该明确分销目标,对各种备选的分销渠道方案进行评估和选择,从而设计出新的适合企业经营要求的分销渠道或对现有的分销渠道进行改进。

10.2.1 分销渠道设计框架

1. 分销渠道设计的原则

在进行分销渠道设计构架的过程中,首先要清晰地了解和掌握分销渠道设计的原则有哪些。

(1) 顾客导向原则。在进行分销渠道设计时,首先要考虑的是最终用户的需要。最终用户位于渠道链条的末端,但其是付款流的起点,是整个渠道利润的最终来源。因此,应对最终用户进行认真分析,在整个分销渠道中建立和贯彻以顾客为导向的经营思想,从而提高顾客满意度,培养顾客忠诚度,促进企业产品的销售。

(2) 利益最大化原则。在进行分销渠道设计时,应认识到不同的分销渠道结构针对同种产品的分销效率的差异。设计出的分销渠道应能够降低产品的分销成本,使企业在获得竞争优势的同时获得最大化的利益。

（3）发挥优势原则。在进行分销渠道设计时，企业应先选择那些能够发挥自身优势的渠道模式，以维持自身在市场中的优势地位。

（4）适度覆盖原则。随着市场环境不断变化，消费者偏好也在不断变化。生产商在进行分销渠道设计时，要充分考虑到市场覆盖范围和投入成本的关系，及时把握目标市场的变化，对渠道结构进行调整，以确保渠道的覆盖范围不过少、不过度、少受市场变化的影响，并勇于尝试新渠道，不断提高市场占有率。

（5）协调平衡原则。各渠道成员的密切协调对渠道的高效运作意义重大。在进行分销渠道设计时，应注意到渠道成员属于不同利益主体，其个体利益决策不可避免地存在冲突和分歧，因此，企业应充分考虑这些不良因素，努力为渠道成员建立有益竞争和良好合作的氛围，并通过合理地分配利益使得渠道成员协调与合作。

（6）稳定可控原则。分销渠道对企业而言是一项战略性资源，一经建立，就对企业的整体运作和长远利益有着重大的影响。因此，应该从战略眼光出发，考虑渠道设计的问题。渠道建立之后，应保持一定的稳定性，同时，需要具有可以调整以适应环境变化的灵活性。调整时，应综合考虑各个因素的协调一致，使渠道始终在可控制的范围内基本保持稳定。

2. 分销渠道设计的框架

分销渠道设计（marketing channel design）的步骤框架如图 10-3 所示。

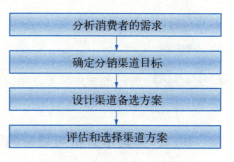

图 10-3　分销渠道设计框架

案例小链接 10-1

张裕集团的"织网工程"

张裕集团是国内最大的红酒生产企业，有着 100 多年的历史，但其在宜昌市的开拓一度不够理想。通过分析，主要原因是太依赖代理商，造成开发终端动作迟缓。在当时两大代理商中，一家是国有糖酒公司，受体制束缚，代理品牌过多，无暇顾及张裕的特定市场操作需求，只知伸手向厂家要优惠政策；另一家代理商有销售洋酒的经验，市场开拓意识较强，但由于资金有限，业绩也不理想。所以，张裕必须重新建立分销渠道，以达成企业的分销目标。

经过研究，张裕拟定出明确的分销渠道目标，并随之拟订出选择新代理商的标准：代理商销售网络要覆盖目标市场，认同张裕产品，有经销日用消费品经验和一定的经营实力，有一定信誉，在当地有良好的社会关系等。

进而，张裕梳理了其红酒的四种销售终端渠道类型：小型单体零售店、大型商场、连锁超市和酒店（包括宾馆、饭店和各类餐饮店）。根据张裕红酒在品牌知名度、美誉度等方面均位于同行业前列的特点，张裕营销人员将酒店锁定为领导渠道，作为攻占宜昌市场的突破口。在强势拿下一些主要酒店终端后，进入其他渠道的工作变得十分顺利。

在决定以酒店渠道为首攻目标后，张裕营销人员在采用的策略上也显得颇为理性。时机上，选择农历五月十五之前这个厨师和餐饮店主管调整时期突破市场，建立品牌偏好；竞争对手方面，使用张裕高级解百纳干红来对抗洋品牌，发挥价格优势；促销上，利用政策导向和当地市场特点作好各种促销方案的实施。在上述营销组合拳的作用下，张裕终于成功地进入了酒店这一领导渠道，并为进入商场、超市等打下了良好的基础。

资料来源：根据吴宪和主编，《分销渠道管理》，上海财经大学出版社，2011年改写。

上面案例体现出分销渠道与营销"4P"的其他方面有何关系？张裕是按照何种步骤进行渠道设计和实施的？

10.2.2 需求分析与目标确定

1. 分析消费者的需求

如前所述，在进行分销渠道设计时，首先要考虑的是消费者的需求，因为消费者是整个渠道利润的最终来源，而分销渠道是整个消费者价值传递系统的一部分，每个渠道成员都为顾客增添一份价值，并随之获得一份收益。因此，设计分销渠道必须首先分析消费者的需求，了解目标消费者希望从渠道当中获得什么。消费者需要的是购买便利性（如电话和网络购买）？还是购买时的亲身体验（如品牌展示店）？消费者是需要各种服务（如运输、安装、金融支持）？还是喜欢 DIY？

有时候，消费者的需要之间是有冲突的，如价格和服务之间的冲突。最快的产品配送、最多的品种和最多的增值服务，会造成更高的渠道成本，对消费者来说就意味着更高的价格。公司不但要将消费者对服务的需求与服务的可得性和成本进行平衡，还要与顾客的价格偏好进行平衡。低价零售和折扣零售的成功表明，消费者通常愿意为了低水平的价格接受更低水平的服务。分销渠道设计者必须了解目标顾客需要的服务支持。一般来说，分销渠道提供五种不同水平的服务：

（1）批量。是指分销渠道在购买过程中提供给顾客的单位数量。不同顾客的购买批量不同，厂家也要根据不同的购买批量设计不同的分销渠道。

（2）等待时间。是指分销渠道的顾客等待收到货物的平均时间。通常，分销渠道交货时间越短,服务水平越高。

（3）空间便利。是指分销渠道为顾客购买产品所提供的方便程度。顾客购物出行距离长短与渠道网点的密度有关。

（4）产品齐全。是指分销渠道提供的商品花色品种的种类宽度。分销渠道提供的商品花色品种越多,表明其服务水平越高。

（5）服务支持。是指渠道提供的附加服务（信贷、交货、安装、修理等）。服务支持越强,表明渠道提供的服务工作越多。

2. 确定分销渠道目标

企业应当根据目标消费者的期望服务水平来确定分销渠道的目标,同时,需要对分销目标进行检验,看它是否与企业其他营销组合（产品、价格和促销）的战略目标相一致,以及是否与企业的策略和整体目标相一致。每个细分市场对渠道服务通常有不同的需求,公司应当对每个细分市场设计分销渠道,并在满足顾客需求的前提下,使渠道成本最小。

企业的渠道目标也受到公司性质、产品、营销中介、竞争对手和环境的影响。例如,企业规模和财务状况决定了哪些营销只能由企业自己完成,哪些必须由中间商完成。经营容易腐坏的产品,需要更多的直销,减少渠道长度和流通环节,来避免延误。

在确定分销渠道目标时,需要确定分销渠道的市场覆盖率、渠道灵活性、渠道控制度等方面。

（1）市场覆盖率。市场覆盖率和分销密集度是企业根据目标市场需求及企业在目标市场中的定位来决定的。市场覆盖率越高,分销渠道越密集,顾客接触企业产品的点越多。在市场覆盖率方面可以有三种策略加以选择,分别为密集分销、独家分销和介于两者之间的选择性分销。

（2）渠道灵活性。是指渠道的结构易于变化的程度。市场存在不确定性,尤其对于新市场而言,保持渠道灵活性尤其重要。

（3）渠道控制度。是指企业需要保持对分销行为进行控制的程度。为了实现分销目标,企业需要控制分销商以促使其更努力地推销商品和提高服务质量。渠道控制度与市场覆盖率往往是相互关联的。

总而言之,在进行分销渠道设计时,目标是确保形成的渠道结构能满足消费者的期望服务水平,产生适合市场定位的市场覆盖率,并确保企业对渠道的适度控制和具有一定的灵活性,便于企业进行更换和调整,从而实现企业总体营销目标。

10.2.3 设计方案评估与决策

1. 设计渠道备选方案

在确定分销目标以后,下一步是设计渠道备选方案。需要考虑三个方面的因素：渠道长度、各等级的密度和各等级的渠道成员类型及责任。渠道长度和各等级的密度选择需要确定是否采用中间商,中间商的种类以及中间商的数量。

(1) 选择分销渠道的长度。不管是选择长渠道、短渠道，还是直接销售，都要分析市场、产品和企业等各种因素，并根据市场情况予以调整。

表 10-1　长渠道、短渠道、直接销售的比较

类　　型	优点及适用范围	缺点及基本要求
长渠道	市场覆盖面广； 企业投入成本和费用低； 充分利用中间商资源； 降低分销风险； 适用于一般消费品。	流通环节多，销售费用增多，流通时间长； 信息传递不通畅； 企业对渠道控制程度低； 服务水平参差不齐。
短渠道	企业对渠道控制程度高； 及时了解市场；适用于专用品、时尚品。	企业承担大部分渠道功能，风险大，投入高； 市场覆盖面较窄。
直接销售	企业自建渠道，控制程度最高； 与市场信息传递程度高； 适用于复杂非标准产品、高技术含量产品。	企业承担全部分销功能和分销风险，投入最大； 对企业管理经验要求高。

(2) 选择分销渠道的宽度。分销渠道的宽度划分依据通常有同一层级分销商数量、竞争程度及市场覆盖密度等，分为独家分销（exclusive distribution）、密集分销（intensive distribution）、选择性分销（selective distribution）。

表 10-2　独家分销、密集分销、选择性分销的比较

类型	含义及优点	缺　　点
独家分销	在既定的区域市场，每个渠道层次只有一家分销商。竞争程度低，企业与分销商关系密切，适用于专用品。	顾客满意度可能受影响； 分销商对企业反制能力强。
密集分销	凡符合企业要求的中间商都可以参与分销渠道系统。市场覆盖面大，适用于快速消费品。	中间商之间竞争激烈，可能串货； 渠道管理成本高； 分销控制力差，目标相对难以实现。
选择性分销	从符合企业要求的中间商中选择一部分加入分销渠道。优点介于以上两者之间。	缺点介于以上两者之间。

(3) 分配分销渠道成员职责。渠道成员的职责需要在企业和各层次分销渠道成员中严格界定，以免在分销过程中发生扯皮，降低顾客满意度，这些职责通常包括：

- 销售（铺货、促销、陈列、理货、补货、市场推广等）；
- 广告（广告策划、预算、媒体选择、广告发布、效果评价等）；
- 实体分销（订货、订单处理、送货、提货、运输、库存等）；
- 财务（融资、信用额度、保证金、市场推广费、折扣、预付款、应收款等）；
- 渠道支持（经销商选择、职责分配、培训、技术指导、店面指导、售后服务、市场调研、信息交流、协调渠道冲突、经验研讨、产品创新、紧急救助等）；

● 客户沟通（需求调研、客户接触、产品推介、消费咨询、客户回访、意见处理、产品维修、处理退货、客户档案建立与管理等）；

● 渠道规则（合同管理、信誉保证、经销商利益保障、谈判、实施、监控、执法、渠道关系调整、品牌维护等）；

● 奖惩（制定标准、额度、等级提升、优惠政策倾斜、特权授权、处罚、申诉等）。

2. 评估渠道备选方案

在确定几种备选渠道方案以后，下一步是从中选取一个最能达到企业长期目标的渠道方案。一般从经济性、可控性、适应性三个方面进行评估。

（1）经济性评估。企业对不同渠道方案评估的第一个目标是经济性目标，这与企业的经营目标——追求利润最大化是一致的。在进行经济性评价时，以渠道成本、销售量和利润额来衡量对比每个渠道方案的价值。

首先，考虑企业直接销售与利用渠道商销售哪个方案可以产生更多的销售量；其次，评估不同渠道方案在不同渠道销售量下的分销成本或投入；最后，比较不同渠道方案下的成本与销售量。企业可以首先预测产品的销售潜力，然后根据销售潜力的大小确定直销渠道和间接渠道的成本。在预期销售量确定的情况下，选择成本最小的渠道方案。

（2）可控性评估。企业为了达成分销渠道目标，需要对整体分销渠道的运行有一定的主导性和控制性，确保渠道中的物流、商流、促销流、信息流、付款流顺畅、有效地运行。从直接销售和间接销售来看，直接销售的成员都归属于企业，是企业建立的销售部门或销售机构，可控性最强；间接销售一旦采用的是中间商，就产生了更多的控制问题。中间商是独立的商业体，只对本企业的利润负责，因此，中间商更关注为自己的企业带来最大利润的合作伙伴，也会把资金、时间、人员投入在对其最有利的产品线上。在这种情况下，企业就需要运用各种渠道管理手段，增强渠道可控性，最终提升渠道协调性和运作效率。在渠道设计阶段，要对不同渠道方案中渠道的可控性进行评估，降低渠道风险。

（3）适应性评估。市场环境千变万化，企业能否适应，与其分销渠道的灵活性密切相关。但是，不管如何变化，不同的渠道方案都会因为企业与中间商签订一定时期内的合同而失去弹性。例如，一家企业与一个中间商签订3年的合作协议，通过该中间商完成某一区域的销售任务。在此期间，即便由于市场需求发生了变化，企业认为其他分销渠道更有效，也因为已经签订了具有法律效力的合同，而无法变更渠道成员，否则，就要支付一定的赔偿成本。同时，渠道又要有一定的稳定性，不能频繁变动，否则，会影响渠道成员的积极性，并为开拓新的渠道造成不好的影响。

企业在评估适应性时，要兼顾灵活性和稳定性标准。从市场趋势来看，如果产品市场变化迅速，企业就要设计适应性更强的渠道方案；如果产品市场变化相对缓慢，企业在选择渠道方案时就应偏于稳健。

3. 渠道方案决策

在对几种备选渠道方案进行评估以后，企业要根据自身的实际，选择"最适合"的分销渠道方案，作最终决策。"最适合"用了引号，是为了说明在实际操作中，由于面对各种不确定性,企业很难找到客观最优的渠道方案,只能找到主观最满意的渠道方案。进行渠道方案决策时,有两种方法可以使用:财务法和经验法。

(1) 财务法。此方法的重点是找出不同渠道方案对交易成本的影响,分析公司达到分销目标所必须的交易成本耗费,以及为了达成交易而必备的特定交易资产。根据不同渠道方案所需交易成本的大小,来选择成本最小的方案作为"最适合"的分销渠道方案。

(2) 经验法。此方法是依靠管理上的判断和经验来选择分销渠道方案。在进行渠道选择的实践中,这种定性的方法是最粗糙但同时也是最实用的方法。渠道管理人员通常根据他们的经验,判断哪些因素对实现渠道目标更为重要,如短期和长期的成本收益、渠道控制力、长期增长潜力、渠道灵活等类似因素。经验法将渠道控制力、渠道信誉度等非财务标准与渠道选择相结合,增加了渠道选择的灵活度,适合较有经验的渠道管理者。

影响分销渠道长度和宽度决策的因素主要有以下几种:

- 产品因素。产品特性不同,渠道要求也不同。产品的价值大小、体积与重量、是否易变异、标准化程度、技术含量高低等,都是进行渠道长度和宽度决策时需要考虑的产品因素。
- 市场因素。对渠道方案决策而言,渠道所服务的目标市场的特征是最重要的影响因素之一。市场因素包括市场类型、市场规模、顾客集中度、用户单次购买数量、竞争对手的分销渠道特点等。
- 企业自身因素。企业自身因素是分销渠道选择和设计决策的根本立足点。企业的规模、实力和声誉、产品组合宽窄度、企业的营销管理能力和经验、企业对分销渠道的控制能力等因素都属于企业自身因素。
- 环境因素。影响分销渠道决策的环境因素很复杂。例如,科技发展可能使一些新的渠道变得重要,也可能使一些新的包装、运输方式成为可能,这就使企业可能由长渠道转为短渠道,甚至加入网络营销这些新的分销方式。
- 中间商因素。不同类型的中间商在执行分销任务时各自有其优势和劣势,分销渠道决策时,要考虑不同类型分销商的特征。例如,技术性强的产品,要选择有相应技术能力和团队的中间商;产品需要特殊储备条件的,要选择具有相应储备能力的中间商。

10.3 分销渠道管理决策

 分销渠道管理决策最重要的部分是什么?

当企业确定了"最适合"的分销渠道方案以后,下一步需要对这个方案进行实施和管理。渠道管理需要在实际情况下选择真实的渠道成员,管理和激励这些渠道成员,定期评估它们的绩效。最重要的是管理好渠道冲突,建立渠道权力,增强渠道控制力,从而提升渠道系统的整体运营效率,最终达成分销目标。

10.3.1 分销渠道管理目标

分销渠道管理可以定义为:在完成企业分销目标的过程中,为确保渠道成员的合作,通过计划、决策、组织、协调、控制、激励等要素,对现有的渠道进行的管理行为。

理解这一定义,就理解了分销渠道管理的目标。企业进行分销渠道管理的目标,是为了完成企业的分销目标。在这个过程中所采用的所有管理手段和行为,包括计划、决策、组织、协调、控制、激励等,都是为了达成企业的分销目标。渠道管理希望达到的目标可以归纳为畅通、经济、高效和适应。

所谓畅通,就是分销渠道应在沟通生产和消费方面充分发挥作用,保证企业产品能够畅通无阻地到达最终顾客手中,保证商品能延展和分布到每一个需要该产品的区域和市场。

所谓经济,就是渠道在保证产品畅通的前提下,尽可能节约资源和成本,既提高企业经营效率,又降低产品价格,提高企业市场竞争力。

所谓高效,就是渠道的组织和运行应能尽量促使分销效率的提高,尽量花费较少的费用,产生较高的效率。

所谓适应,就是渠道的组织和运营既要和企业整个营销活动相匹配,又要和外部的市场环境相匹配,其规模、结构、方式都应该符合企业和市场的实际需要。

为了达成这一目标,还需要特别注意以下两点:

(1) 渠道管理是对现有渠道的管理。也就是说,渠道设计与渠道管理是两个不同的决策,前者与建立渠道有关,后者与管理渠道有关。两者是有先后的,先有设计,再有管理;两者又是相互影响的,当渠道管理措施和目标有出入的时候,会要求及时调整渠道设计决策。

(2) 渠道管理要注意确保渠道成员之间的合作。如前所述,渠道成员是独立经济体,与企业目标不可能一致,不会自动合作,需要通过管理行为来确保合作。如果一家企业希望不通过管理就可以和渠道成员进行大量合作,那就不是管理,而是一种侥幸心理。

10.3.2 分销渠道冲突与协调

1. 分销渠道中的冲突

在任何社会系统中,当一个组成部分认为另一个组成部分的行为妨碍了其目标的实现,或者妨碍了其行为模式产生高绩效时,一种受挫折的氛围就开始蔓延。因此,当分销渠道系统中两个或更多的成员目标相互抵触并成为对方的阻碍时,就产生了渠道冲突(channel conflict)。

渠道冲突与竞争不同。渠道间的竞争是一种以目标为中心的间接和非个人的行为，而冲突是一种直接的、个人的、以对抗为中心的行为。在竞争和冲突的过程中，都会产生各成员目标被认为不相称的情况，而且各成员都在努力实现各自的目标。在既定的不一致的目标下，如果一个成员的行为没有阻碍另一个成员去实现它的目标，这就是竞争。竞争和冲突的本质区别在于是否存在干涉和阻碍行为。

渠道冲突对渠道的伤害是显而易见的。本质上，渠道冲突的原因有以下几种：

（1）角色不协调。渠道成员对自身在分销过程中的作用和应采取的行为界定不协调；

（2）资源的稀缺性。渠道成员之间为达到各自的目标而在所需的有价值资源的分配上产生分歧；

（3）观念上的差异。渠道成员对相同外界事件的解释和认知观念不同；

（4）预期的差异。每个渠道成员对其他渠道成员的行为预期与其实际表现不同；

（5）决策领域的分歧。渠道成员往往明确或含糊地确定了他们认为应该属于自己决策的业务领域，并不希望其他渠道成员干预；

（6）目标上的不一致。渠道成员都有自己的目标，当两个或多个成员的目标不一致时，就可能产生冲突；

（7）沟通上的问题。沟通上的误解、紊乱和中断都会使良好的合作关系迅速转化为冲突；

2. 分销渠道冲突的协调

渠道冲突的协调处理对企业渠道效率而言至关重要。如果处理不好，轻则影响企业分销目标的实现，重则摧毁企业整个分销系统，为企业带来灭顶之灾。

（1）渠道冲突的前期防范。

- 做好分销渠道的战略设计和组织工作；
- 做好中间商的选择工作；
- 渠道成员间权利和义务的规范与平衡，包括价格政策、买卖条件、中间商地区权利、双方应提供的特定服务内容等；
- 建立渠道成员之间的交流沟通机制，包括正式和非正式的沟通机制；
- 预先设计解决渠道冲突的策略，加强危机管理；
- 合理使用渠道权力，防止权力滥用。

（2）渠道冲突的协调原则。企业对分销渠道冲突的处理要慎重，尽量不要改变原有的渠道模式，避免给企业原有的分销渠道系统带来大的混乱。企业可以采用先礼后兵的思路，先协商，再调节，再清除；先采用沟通、激励、合作、联盟等积极性的对策，不能达到预期效果时再采用仲裁、诉诸法律、退出该分销渠道或清除渠道成员等消极性的对策。同时，企业应该加强渠道控制力和渠道影响力，通过加强对渠道的管理、合作和协调，运用激励手段来解决渠道冲突问题。

案例小链接 10-2

好莱坞制片厂调整分销渠道

多年来，主要电影制片厂（如迪士尼、派拉蒙、索尼、20世纪福克斯、环球等）都采用电影产业中"窗口式"的分销渠道。在这种分销策略下，新电影必须先在电影院上映，一般四个月后通过DVD和有线电视的形式发行。通过推迟以DVD和有线电视发行的时间，电影院获得了四个月独家发行新电影的"窗口期"。这种分销策略能最大化电影院总收入，因为晚一些通过DVD和有线电视发行不会蚕食电影院的收入，四个月的窗口期过去后，新影片已经下线了。

然而，由于最近DVD的销量急剧下滑，电影制片厂正在考虑窗口分销的替代策略。新的策略称为优质电影点播。这一策略使消费者能够在新电影在电影院上映30天后即可在家中通过DVD或有线电视观看新电影，而不像原来那样必须等待四个月。电影制片厂认为消费者愿意为这项服务支付更高的价格——每部影片多20—30美元。电影制片厂也相信这一新的分销策略和消费者期望的改变是一致的，因为消费者已经开始习惯使用多种终端随时随地观看他们想看的电影。这一新的分销策略的唯一不足之处是电影院的所有者痛恨它。他们认为这种较早就提供给消费者在家观看电影的选择会减少电影票房收入，因为很多电影上映时间会超过30天。一些电影院所有者甚至考虑拒绝上映那些提供较早在DVD和有线电视观看选择的电影。

因此，这一新的分销渠道看上去为电影制片厂提供了机会，但对电影院所有者来说像是末日一般。

资料来源：［美］伯特·罗森布洛姆著，宋华译，《营销渠道：管理的视野（第八版）》，中国人民大学出版社，2014年。

 上述案例中造成渠道冲突的根本原因是什么？有何协调方法？

10.3.3 激励渠道成员

在渠道管理中，激励指的是为完成分销目标，企业所采取的促使渠道成员高度合作的行为。激励管理主要包括三个方面：

- 找出渠道成员的需求与问题；
- 针对渠道成员的需求和问题提供支持；
- 通过有效地使用权力进行领导。

1. 找出渠道成员的需求和问题

在进行有效激励渠道成员之前,渠道管理者首先要知道渠道成员想从渠道关系中获得什么。渠道成员通常有以下倾向:

- 不认为自己是企业渠道链中被雇佣的环节;
- 首先而且最重要的身份是顾客的购买代理,其次才是企业的销售代理;
- 把可以提供的产品系列(不只是单个企业的产品)看作销售给顾客的产品集合,以满足顾客需求为导向;
- 不会保留所卖品牌的单独销售记录,尽管这些信息对企业的产品开发、定价、包装等至关重要。

渠道管理者需要对渠道成员的需求非常敏感,并且通过各种手段去了解这些需求。除了现有的渠道沟通系统中的正式信息流程,渠道管理者还需要充分利用以下手段来了解渠道成员需求:

- 企业对渠道成员进行的专项调查研究;
- 外部人员对渠道成员的专项调查研究;
- 分销渠道审计;
- 分销商咨询理事会。

2. 针对渠道成员的需求和问题提供支持

对渠道成员的支持,指的是企业帮助渠道成员满足需求和解决问题。渠道系统是跨组织的,为获得一个高积极性的渠道成员合作团队,需要进行周密的计划和有针对性的激励。向渠道成员提供支持的方案通常可以分为三种类型:

(1) 合作。在批发、零售环节,企业和渠道成员之间的合作方案可以有非常多种类型,只要企业有创造力,就可以想出创新性的合作模式。这些合作方案用来刺激传统、松散地结合在一起的渠道成员是很常用和有效的。

(2) 伙伴关系或战略联盟。强调在企业和渠道成员之间建立一种持续的、相互支持的关系,并为提供一个更高积极性的团队、网络系统或渠道伙伴联盟而努力。

(3) 分销规划。把企业和渠道成员两者的需求结合在一起,开发一条有计划、专业化管理的渠道。如果做得好,就能提供给所有的渠道成员垂直一体化的好处,同时允许他们保持独立业务公司的地位。

3. 通过有效地使用权力进行领导

渠道权力是一个渠道成员对渠道中其他成员的行为和决策施加影响的能力。从渠道控制的角度看,渠道权力就是渠道控制力。通常由以下六种权力组成:

(1) 奖赏权。某一渠道成员因为改变其行为而得到的作为补偿的利益;

(2) 强制权。某一渠道成员在另一渠道成员不服从自己的影响时,对其进行制裁的能力。这种制裁包括消减利润、撤销原本承诺的奖励等;

(3) 专长权。某一渠道成员对其他渠道成员充当专家的职能,来源于该成员具有其他成员不具有的某种特殊知识和有用的专长;

(4)合法权。来自渠道的行为准则,这些规则规定一个渠道成员有权影响其他成员的行为,而后者有义务接受这种影响;

(5)认同权。来自一个渠道成员的形象对其他成员具有较大的吸引力,获得其他成员的尊重和认同;

(6)信息权。某一个渠道成员提供某一类信息的能力;

10.4 零售、批发与市场物流

> 零售商、批发商有哪些类型?

在10.1.2中,我们介绍了分销渠道的参与者。其中,零售商(retailer)和批发商(wholesaler)是其中重要的两种类型。

10.4.1 零售商

零售包括为满足最终消费者个人的、非商业用途的使用而直接向其提供产品或服务的所有活动。很多机构——制造商、批发商和零售商——都在进行零售,但大多数零售工作是由零售商执行的,其业务销售额主要来自零售。表10-3是主要的零售商类型。

表10-3 零售商的主要类型

类型	产品线	相对价格	服务数量	举例
专卖店	窄而深的产品线	高	全面	李宁、Apple
百货商店	范围很广的产品线	中到高	全面	上海第一百货
超级市场	范围很广的家用产品	低到中	自助服务	世纪联华
便利店	有限的、快速周转的便利商品	稍高	自助服务	可的便利
折扣店	较低利润、较高销售额的一般商品	低	自助服务	伍缘折扣店
廉价零售商	制造商剩余库存商品	极低	少或自助	Ross
购物中心	常规购买的食品或非食品商品	中到高	全面	万达广场

零售商必须首先决定自己的目标市场以及在这些市场中如何确立自己的定位。是集中于高端市场、中端市场还是低端市场?目标顾客的需求是更多的选择,还是深度的产品线,便利,低价格?零售商在确定目标市场及定位后,才能制定产品类别、服务、价格、广告、装修等支持其定位的决策。

案例小链接 10-3

丝芙兰，全渠道找到你

全渠道零售（omni-channel retailing）就是企业为了满足消费者任何时候、任何地点、任何方式购买的需求，采取实体渠道、电子商务渠道和移动电子商务渠道整合的方式销售商品或服务，提供给顾客无差别的购买体验。

日前，美国波士顿一家市场调研公司对71家时尚奢侈品牌和当地消费者做了一次市场调研，分析各品牌的全渠道营销效果，其中，丝芙兰脱颖而出。丝芙兰的精妙之处在于针对各渠道的特征进行改良，例如，在线下摆设更具互动性的数字产品，提升用户体验；在互联网传播渠道中，利用社交媒体属性加强内容传播的趣味性等。

一、实体店的新奇体验

对于丝芙兰的全渠道运营分析可以从实体店的数字化互动改造，线上传播的社交网站管理，以及销售渠道和会员体系的线上线下打通等几方面来阐述。

在丝芙兰美国曼哈顿的店铺内使用了一套基于数据分析的壁挂式智能设备。该设备设有 Color IQ（色彩分析），Skincare IQ（肤质分析）以及 Fragrance IQ（香味分析）三个维度的数据库。消费者根据界面指导，测试出自己的肤色、肤质以及适合的香水，进而推荐适合其使用的产品。

众所周知，丝芙兰的美妆产品以护肤品、彩妆、香氛为主，消费者在选购美妆产品时咨询最多的就是自己属于何种肤色、肤质，适合哪个品牌的那个系列，或者是需要出席某个场合或是贴合自己性格的香水。该套智能设备的推出相当于将所有美妆产品的导购信息全部集中在一起，消费者可以通过自助的方式来选购商品，而整个选购过程又是极其新鲜有趣的。

除此之外，丝芙兰还推出一款增强现实的试妆"魔镜"，可以实时展示化妆品在顾客脸上的3D效果。该技术可捕捉顾客的面部特征，顾客只需点击屏幕上的眼影颜色，摄像头就能通过"视频流"将眼影"涂抹"在顾客眼部的准确位置，顾客转动头部就能从不同角度观察上妆的效果，不仅完全省却了顾客试妆的麻烦，也帮助化妆品零售商节省了准备小样和化妆工具的费用。

这些新奇特的智能设备目前只在美国的几家新装修的门店内使用。当然，丝芙兰称如果用户反响强烈，将会逐步推广到全球市场。而且，还会扩充虚拟试妆的产品线，从眼影试用扩展到腮红、口红等。其实，这些智能设备的使用都是为了提升用户在店内的互动体验，一方面是节省了导购员对于一些常规咨询问题的解答，另一方面也是为用户提供一个充满趣味的购物过程。导购员可以将更多的精力放在一些私人的美妆课堂、护肤课堂的服务上。

二、社交传播包围用户

很多商家在面对互联网，运营电商的时候将其作为一个区隔化的销售渠道来对待，会针对网购的消费特性对商品进行一些调整。但丝芙兰并没有这么做,所有商品信息以及打折促销活动等都是线上线下同步,没有所谓的"渠道歧视",会员系统也是打通的。当然,这或许与国外消费者的消费习惯有关。另一方面,丝芙兰在面对互联网这一渠道特征的时候,更加注重其信息传播以及与消费者互动的效果。

丝芙兰在全球范围内有自己的论坛,用户可以在上面交流使用经验和心得,互相推荐产品。今年,丝芙兰依靠庞大的消费群体,更是推出了自己的社交平台 Beauty Board。用户可以在平台上上传自己的照片,并标记出自己使用的产品,产品会直接链接到品牌电商平台上,完成从社区平台到电商平台的对接。在图片上标记品牌的功能则是借鉴了当下热门的图片社交媒体 Nice。

除此之外,丝芙兰在全球各大社交网站的活跃度也非常高,并且达到了社交渠道全覆盖的能力,在全球范围内包括 Facebook、Pinterest、Twitter、Instagram、Youtube 和 Google+;在中国市场,丝芙兰的官方微博拥有 75 万粉丝,主要内容涉及产品介绍和促销介绍,在微信公众号中,有品牌活动、爱美攻略(主要是进行美妆教学)和丝芙兰电商平台以及 APP 下载的地址链接。因此,品牌非常注重推广和跨渠道消费的整合,尤其是电商平台和移动电子商务的结合。

三、多渠道的体验延伸

随着商业形态的演变,未来传统零售和电商的界限将越来越模糊,移动端作为连接两者之间的桥梁也在被广泛应用。就 APP 而言,丝芙兰更注重其在服务体验上的延伸。

对其 APP 的功能进行拆解,除简单的移动购物外,更多体现在如何完善用户在线下或线上的购物体验上,将服务进行延伸。例如,在线下购物,可以对货品的商品信息、库存量、相似推荐等进行查询。假设店内没有现货,也可以在 APP 上支付后,3 天后送上家门。假如用户许久未到店消费了,APP 也有一个类似商品推荐的功能"丝芙兰化妆包",根据用户信息,为其推荐产品组合,刺激其到线下购物或在线消费。

全渠道运营最重要的是做好各渠道之间功能的转化性和互动性。丝芙兰的全渠道涉及实体店、电商平台、社交网络(自有社区和网站平台)、移动 APP,这几个渠道在一些功能上是可以跨越的。例如,用户可以从社交网站跳转到电商平台,或者从 APP 上获取实体店内的商品信息。用户可以在论坛上获得美妆培训的信息,也可以到实体店享受。店内有促销信息,移动端、电商平台等也会同步。对于用户而言,其获取品牌信息的渠道越来越多样化,但很多用户不可能各个渠道都用,一般只是习惯性地选择一两个渠道获取信息,因此,品牌商必须保证全渠道的信息一致,才能实现全面覆盖的效果。这些信息的最终导向都是让用户在店内或是在线消费。

资料来源:"丝芙兰,全渠道找到你",http://www.haokoo.com/elect/1945236.html。

全渠道零售要求企业在运营中进行哪些调整?请选取一家中国企业具体分析。

10.4.2 批发商

批发商主要有三种类型,即商业批发商、代理和经纪商以及制造商的销售分支和办事处。

1. 商业批发商

商业批发商(merchant wholeseller)是指有自己独立的业务,并且拥有其所买卖商品的所有权的商业机构,包括全方位服务批发商和有限服务批发商。

全方位服务批发商提供全方位的服务:存储商品、维护销售队伍、提供信用、提供运输和管理帮助,包括主要向零售商销售的批发商和向制造商销售的工业经销商。

有限服务批发商只提供有限的服务类别,包括运输批发商、卡车批发商、运输商、货架批发商、农业合作社、邮寄订购批发商等。

2. 代理和经纪商

代理商不拥有商品所有权,主要功能是协助买卖过程的实现,并从中获取销售额某个比例佣金的机构。

经纪商的主要功能是把买卖双方召集在一起,并协助他们谈判,如房产中介商。

代理商比经纪商更长久地代表买方或者卖方的利益,包括制造商代理、销售代理、采购代理、委托商等类型。

3. 制造商的销售分支和办事处

由卖方或买方自己经营的,不通过独立批发商的批发机构,从事销售或采购工作,包括销售部门和办事处、采购办公室等。

10.4.3 市场物流

1. 市场物流的定义和重要性

市场物流(marketing logistics)也称实体分销(physical distribution),是指计划、执行及控制原材料、最终产品及其从生产到消费过程中的相关信息,以满足消费者的需求,获取利润。换句话说,就是将正确的产品在正确的时间和地点送达正确的消费者。

市场物流是"分销五流"中唯一涉及产品实体的,是分销任务的最终实现,具有不可替代的重要性,因此,现在的公司特别强调物流工作,包括电子商务公司,从当当网到京东商城到阿里巴巴,都不遗余力地建立自己的物流体系。原因在于,第一,通过给顾客提供更好的服务或更低的价格,能创造有力的竞争优势;第二,提高实体分销的效率,能为公司和顾客节省大量成本;第三,产品种类的激增,提出了物流改进的要求;第四,信息技术的发展为提高分销效率创造了巨大的机会。

2. 市场物流的目标和职能

市场物流的目标是以最低的成本提供既定水平的顾客服务。企业要在研究各种分销服务对顾客重要程度的基础上,为每个细分市场设定适当的服务水平,同时,慎重权衡提供较高水平服务的收益与成本。一些企业提供较少服务,但价格较低;另一些企业提供较高的服务水平,并通过提价来补偿成本。

设定了物流目标后,企业要着手设计物流系统,以最小的成本达到目标。主要的物流职能包括仓库管理、订货处理、运输和物流信息管理等。

物流系统的建立通常投入巨大,而且一旦建立,就会保持一定的稳定性。在信息技术高速发展的今天,物流系统的设计与实施已经更加大型化和专业化,往往超出了企业的能力,而由专门的物流公司来完成。更多的中小型企业愿意通过将整个物流服务外包,来实现企业的物流职能。

本章小结

分销渠道是企业为实现其分销目标而管理调控的外部关联组织群。分销渠道的参与者通常有四类:生产者和制造商、中间商、服务代理机构、最终用户。分销渠道的主要功能有实体分配、所有权转移、信息网络、促进销售、保护权益等。

分销渠道需要精心设计。设计时,首先,要考虑的是消费者的需求,根据目标消费者的期望服务水平来确定分销渠道的目标;然后,根据长、短渠道的不同特点设计备选方案,并根据经济性、可控性、适应性进行评估;最后,用财务法或经验法进行决策。

在完成企业分销目标的过程中,为确保渠道成员的合作,需要通过计划、决策、组织、协调、控制、激励等要素,对现有的渠道进行管理。企业应该加强渠道控制力和渠道影响力,通过加强对渠道的管理、合作和协调,运用激励手段来解决渠道冲突问题。

市场物流要将正确的产品在正确的时间和地点送达正确的消费者,它对企业实现分销任务而言非常重要。

关键术语(中英对照)

供应链(supply chain)
分销渠道设计(marketing channel design)
营销渠道(marketing channel)
分销渠道(distribution channel)
密集分销(intensive distribution)
独家分销(exclusive distribution)
选择性分销(selective distribution)

渠道冲突(channel conflict)
零售商(retailer)
批发商(wholesaler)
商业批发商(merchant wholesaler)
市场物流(marketing logistics)
实体分销(physical distribution)

思考题与应用

1. 什么是分销渠道？为什么分销渠道对企业非常重要？
2. 分销渠道有哪些职能？
3. 分销渠道的参与者有哪些？
4. 分销渠道设计的步骤和要点是什么？
5. 假设一家中国东北小型区域性啤酒公司向你咨询关于南方区域市场的渠道设计和管理问题。过去，这家啤酒公司只是在中国北方少数省份进行销售，现在想进入上海市场。请向他们讲解以下问题：① 上海市场的分销伙伴及顾客需求是否和北方省份一致；② 作为一家实力不强的啤酒公司，应该选择什么样的渠道方案，是短渠道还是长渠道；③ 如果发生渠道冲突，如何管理。
6. 作为一个网上花店的经营者，你想要开发大学生市场，请设计在大学建立分销渠道的方案并标明依据。

 营销实战案例

探路者渠道之殇

2010年12月10日，在成都最知名的旅游景点武侯祠旁边，一家240平方米的专售户外用品的形象店正式开业了。门店的大堂及外墙的形象代言人万科董事长王石的巨幅海报格外醒目。该店的拥有者便是首批登陆创业板的明星企业——探路者。

令外界甚为惊诧的是，探路者上市已经一年有余了，方才利用募集资金在西南地区投资设立了首家直营店。而当初上市募集的3.22亿资金的大部分还躺在探路者的账户里"睡大觉"，其直营店网络的建设远较预期缓慢。这从一个侧面反映了探路者的渠道变革——从代理模式逐步转型直营模式——举步维艰。

代理商的"野蛮成长"

起步时期，探路者的创始人盛发强与在四川省从事体育用品销售的胡师雄合作，由后者在四川省独家代理销售前者生产的户外用品。胡师雄利用自己丰富的销售网络，迅速将探路者的户外用品在四川省打开局面。此后，探路者在四川省的销售状况持续攀升，胡师雄在所有代理商中的业绩也是始终名列前茅。身为福建人的胡师雄后来又陆续介绍了一些福建老乡加入到探路者的代理商阵营中来，比如代理重庆市与山西省市场的修亿洪，"全国有7个省市都是我们福建老乡在代理"。

早期加入探路者的一批代理商，在拓展探路者销售网络的过程中，齐心协力"野蛮成长"，在自己所属代理区域内销售网点遍地开花。在齐心开拓市场时，各地代理商总是把一些好点子第一时间贡献给探路者。例如，重庆市场的修亿洪表示，一旦出现什么好销的产品,就买下来给公司寄回去;消费者有什么样的需求,也会在第一时间反馈给探路者。甚至于有些代理商自掏腰包,协助探路者在央视或者本地市场打广告。

逐渐地,探路者和代理商形成了比较默契的分工:探路者主要进行宏观层面的品牌营销,代理商则贴近地面推动产品销售。在这一番协同努力下,商业合作者也逐渐变成了"自家兄弟",当然他们也在共同享受着业绩高速成长带来的回报。

盛发强的渠道隐忧

然而,随着代理商的不断发展壮大,盛发强开始感觉不安稳。绝大部分产品都是通过代理商的网络销售出去的,一线的销售网点完全属于代理商所有,而自己对代理商又没有比较有效的约束手段,并没有所谓的加盟费、保证金作为硬性约束,万一哪天代理商们"另立山头"自己搞个品牌来运作,探路者就只能干瞪眼了。

为了缓解这种危机,盛发强开始筹划逐步设立自己能够全权控制的直营店。如果自己开设直营店的话,即使统一零售价,只要销售折扣稍低于代理商,无疑具有绝对的竞争优势。"比如给我们的价格是4.5折,给直营店的价格却是2折,打5折他还可以对半赚,如果我们也跟着打5折肯定亏死了!"重庆代理商修亿洪说道。

但是,探路者要扩张自己的直营店,则不是一件简单的事情。要扭转代理商占销售收入大头的局面,就必须要将直营店开设在商业核心地段,而此前"最肥沃的土地"已经被代理商控制的加盟店占据了。因而,探路者选择在核心地段开设直营店的计划,肯定要受到代理商们的抵制。

不得已,盛发强只能跟代理商表示,零星的直营店不会给代理商带来明显的影响;同时,给代理商更低的进货折扣以安抚他们。面对盛发强如此出招,代理商也只好妥协一步。毕竟,代理这个品牌还有着可观的利润,没必要跟探路者闹僵了。况且,探路者跟自己签署的也不是独家授权协议,无法阻止探路者在自己的地盘开直营店。

当然,自此以后,代理商对探路者就有所保留了,如店面陈设、货品摆放、灯光效果等富有技术含量的细节,他们皆守口如瓶。在这种状况下,探路者的直营店计划也是举步维艰,中途的关、撤店比例一度高达30%以上。直到探路者启动上市计划之时,其直营店也仅及总数的10%左右。

招股书曝光"秘密计划"

为了上市,扮靓财务业绩,盛发强要求各地代理商2009年的订货量要在2008年的基础上增长80%,并且要现款支付。这一举措无疑遭到了众代理商的强烈抵制,造成了代理商的大量库存积压及资金链危机。

探路者在接近上市的前夕正式发布了招股书,全面披露了自己的发展计划:将利用所募集资金的绝大部分,用于大规模扩张直营店以及自己能掌控的加盟店,直营店将开设于重点地区的核心商圈。这一投资计划无疑将严重挤压代理商们的生存空间,同时也彻底激怒了各地的元老级代理商们,因为这已经涉及代理商们的生死存亡问题。招股书在代理商们的不满声中发布了,探路者也于2009年10月30日如期上市。

渠道诸侯"抱团反目"

喜好户外徒步旅行的驴友都知道,四川省是全国户外运动的"门户",所以,四川省是探路者发展直营店的重中之重,而这块地盘恰恰也是探路者最大的代理商胡师雄的地盘,他在这里深耕了多年,持续贡献着探路者最大的销售份额。

因而,在探路者所有代理商中,首先发起反击的便是胡师雄,这位"带头大哥"一纸诉状将探路者告到了成都市中级人民法院,控告后者"不正当竞争"。之后,重庆、湖北、黑龙江等地的代理商集体声援四川的胡师雄。而探路者方面则干脆一不做二不休,一纸公文单方面将上述四家的代理商资格取消。于是,双方进入了持续的激烈过招。

经过这一番的抗议,被削藩的代理商们并未改善自己的境遇,之后,法院以证据不足驳回了四川代理商胡师雄的起诉,而重庆代理商修亿洪因代理资格被取消,他的销售团队也不得不解散,一个偌大的办公室就他一人独守。

直营店扩张"青黄不接"

探路者跟元老级代理商之间的角力,表面上是以探路者的胜利而告终,但自己的直营店进展却不容乐观。探路者登陆创业板时,宣布将所募资金中的2亿元用于在两年时间内建立79家连锁店铺。但近一年时间里,探路者实际只投入了计划资金的10%,进展严重滞缓,募集资金闲置。在西南重镇的四川,直到2010年12月,探路者才在成都开了第一家直营店。"直营店是重资产,没有多年的耕耘很难做好,而且探路者并不擅长一线操作。"修亿洪如是评价道。

从刚上市后几年探路者的业绩看,经营状况有恶化的趋势。虽然近几年来探路者的收入和利润都呈增长趋势,但其增长幅度整体呈下滑状态。特别值得注意的是,在上市之后的2010年,其净利润的增长幅度(21%)首度低于收入的增长幅度(48%),而且不及后者的一半。有分析师指出,销售费用及管理费用的大幅增长,最终暴露出了探路者的软肋——不擅长渠道经营,才会导致相关费用大幅增长。

根据最近几年的经营状况,可以清晰地看出探路者在渠道整合和利用最新互联网平台方面作出的成绩,也可以看到其经营业绩相应的变化。在公司2014年披露的年报中写道:报告期内,探路者有效启动基于互联网转型的"商品+服务"战略,实施事业部制的组织机构变革,贴近目标用户需求加强产品企划和设计,以用户为核心推动产品研发、品牌推广、营销及运营管理等系列工作的开展,并有效加强O2O线上线下资源的互动整合,在强化线上渠道商品企划和活动推广的同时,逐步推进线下渠道升级并融入更多的消费者体验和互动职能。上述经营管理措施的有效实施,使公司在2014年整体户外行业竞争更趋激烈的市场环境下,经营业绩继续保持稳定增长的态势。同时,由于市场竞争更趋激烈,报告期内的公司毛利率比上年同期下降约1.3个百分点,但公司通过对各类成本费用的有效管控,使得营业利润增幅仍然超出收入增幅,主营业务的盈利能力进一步提升。

资料来源:笔者根据中国人民大学商学院EMBA案例改写,http://www.renminemba.org/embaxx/3175.html。

讨论题：

1. 请结合渠道的相关知识点，分析探路者和渠道商冲突的原因。
2. 如何根据企业分销目标和渠道成员的需要设计好的渠道方案并加以实施和管理？请说说你的看法。

案例点评：

扫一扫如下二维码，获得老师对此案例的点评。

第十一章

促销策略

 本章知识结构图

- 促销与促销组合
  - 促销及其作用
  - 促销组合
- 人员推销策略
  - 人员推销的特点
  - 人员推销的程序
  - 销售队伍的管理
- 广告策略
  - 广告目标的制定
  - 广告主题的确定
  - 广告媒体的选择
  - 广告效果的测定
- 公共关系策略
  - 公共关系的对象
  - 公关营销的实施步骤
  - 危机公关管理
- 销售促进策略
  - 销售促进的特点
  - 销售促进的类型
  - 销售促进的方法

 课前预习

本章学习要点：

1. 了解并区分常见的促销方式；
2. 理解确定促销组合时需要考虑的因素；

3. 了解人员推销的特点及程序；
4. 掌握广告主题的确定以及媒体选择的方法；
5. 掌握公关营销的对象以及危机公关的处理方法；
6. 了解销售促进方式的特点及方法。

营销视频扫一扫

"双十二"电商频繁促销：如何另辟蹊径①

"双十一"刚过，"双十二"又袭来，各大电商为吸引顾客，促销活动可谓频频出击。对于如此频繁的促销活动，顾客的反应如何？有的比较期待，毕竟促销活动期间购物能得到实惠，虽说"双十一""双十二"距离太近，但"双十一"得到的红包在"双十二"就可以用；而有的顾客却不感兴趣，原因是促销活动实在太频繁，除了这两次大的活动，平日里经常会有各种优惠，因此，吸引力不大；还有的认为活动有水分，打折不真实，对网购持不信任态度。一部分专家学者认为，风生水起的促销活动有利于促进电商行业的整体发展。

扫一扫如下二维码，观看视频"'双十二'电商频繁促销：如何另辟蹊径"，与老师及小伙伴们讨论如下问题并开始本章的学习：你认为如此频繁的促销活动是否能收到预期的效果？如果说这种线上促销活动已经没有太大的发展空间，是否可以像阿里巴巴那样另辟蹊径，比如尝试O2O模式？

---

① 资料来源：若想观看完整视频，请登录 http://v.youku.com/v_show/id_XODQ2Nzg2NzIw.html。

企业要取得营销活动的成功,不仅要求开发适销对路的产品,制定出合理的具有竞争力的价格,选择适当的分销渠道,而且需要采取有效的促销策略促进产品的最终销售。促销策略是市场营销组合策略的构成要素之一,主要包括人员促销、广告促销、公共关系、销售促进等四个方面的内容。

11.1 促销与促销组合

 如何确定促销组合策略?

11.1.1 促销及其作用

1. 促销的概念

促销(promotion)即促进销售,是指营销者以满足消费者需要为前提,将企业及其产品(服务)的信息通过各种促销方式传递给消费者或用户,促进顾客了解、信赖本企业的产品,进而唤起需求,采取购买行为的营销活动。

促销的实质是营销者与购买者或潜在购买者之间的信息沟通,可以通过各种促销方式来完成。促销方式一般包括人员促销和非人员促销。非人员促销又分为广告、公共关系和销售促进三种方式。例如,可以派遣销售人员面对面地说服顾客购买产品;也可以通过广告、公共关系活动来传递有关企业及产品的信息,树立企业在公众心目中的良好形象;还可以通过各种促销活动来刺激顾客对产品的关注和兴趣,进而促使其购买产品。

这种买方与卖方的信息沟通,既要把企业及产品的信息传递给消费者,又要将消费者对企业及其产品的意见、要求、需求动向等信息反馈给企业,由此组成一个循环的、双向式的信息沟通系统。

2. 促销的作用

促销在企业经营中的重要性日益显现,具体来讲有以下几方面:

(1) 传递信息。一种产品在进入市场之前,甚至在进入市场以后,企业为了让更多的消费者了解这种产品,需要通过适当的促销手段,向消费者和中间商传递有关企业及产品的信息,以引起他们的广泛注意。同时,中间商也要向顾客介绍商品、传递信息,以吸引更多的消费者。

(2) 诱导消费。企业针对消费者和中间商的购买心理来从事促销活动,不但可以诱导需求,使无需求变成有需求,而且可以创造新的欲望和需求。当某种产品的销量下降时,还可以通过适当的促销活动,促使需求得到某种程度的恢复。

(3) 强化优势。在同类商品竞争比较激烈的市场上,由于商品繁多,彼此之间差异细微,消费者的辨认和选择就显得很困难。企业通过适当的促销活动,可以突出宣传本企业产品区别于同类竞争产品的特点,展示产品能给顾客提供的满足程度及物超所值;使消费者加深对本企业产品的了解和信任,感受到购买其产品在满足需求的同时能够带来特殊利益。

(4) 稳定市场。在激烈的市场竞争中,企业的形象和声誉是影响其产品销售稳定性的重要因素。通过促销活动,可以建立起企业和产品的良好形象,使消费者产生偏好,从而促进购买,起到扩大销售、提高企业市场占有率的作用。

11.1.2 促销组合

促销组合(promotion mix)是一种组织促销活动的策略思路,主张企业运用各种促销方式组合成一个策略系统,使企业的全部促销活动互相配合、协调一致,最大限度地发挥整体效果,从而顺利实现企业目标。

企业运用促销组合工具的目标是整体促销活动的高效率和低成本。营销人员在设计和管理一个全新的促销组合,或者要对一个低效率的促销组合进行大的调整时,就需要了解影响促销组合的主要因素。下面介绍几个确定促销组合时需要考虑的因素。

1. 促销目标

促销目标是影响促销组合决策的首要因素。每种促销方式都有各自独有的特性和成本。营销人员必须根据具体的促销目标选择合适的促销组合。

所谓促销目标,是指企业促销活动所要达到的目的。例如,A 和 B 是两家化妆品公司,A 公司新推出一款针对中老年的保湿护肤产品,其促销目标是在中老年市场激发消费者的需求,扩大企业的市场份额;B 公司的促销目的则是加深消费者对企业的印象,树立企业的形象,为其产品今后占领市场、提高市场竞争地位奠定基础。显然,这两家企业的促销目的不同,因此,促销组合决策就不应该一样。A 公司属于短期促销目标,为了近期利益,宜采用广告促销和销售促进相结合的方式;B 公司属于长期促销目标,其公关促销便具有决定性意义,辅之以必要的人员销售和广告促销。

2. 产品性质

产品性质主要是指产品是消费品还是工业用品。消费品与工业用品的促销组合是有区别的。经营消费品的企业一般会把大部分资金用于销售促进,接下来是广告、人员销售和公共关系等。工业用品企业则通常会把大部分资金用于人员销售,然后是销售促进、广告和公共关系等。

3. 产品生命周期阶段

在产品生命周期的不同阶段,企业营销的重点不同,因而要制定相应的促销组合策略。

当产品处于导入期时,需要提高知名度,采用广告和公关宣传方式可以获得最佳效果,销售促进也有一定的作用。进入成长期时,企业的促销重点从一般性的介绍转向着重宣传企业产品的特色,树立品牌形象,使消费者逐渐形成对本企业产品的偏好。因此,在这一阶段,社交渠道沟通方式开始产生明显的效果,口头传播越来越重要。到了成熟期时,竞争对手日益增多,为了与竞争对手相抗衡,保持已有的市场占有率,企业往往致力于开发产品的新用途，或推出改良产品，因此，增加销售促进活动能促使顾客了解产品，诱发购买兴趣。进入衰退期时，企业应把促销规模降到最低限度，以保证足够的利润。在这一阶段，广告仅仅起到提示作用，用少量广告活动来保持顾客的记忆即可。

4. 市场性质

不同的市场状况有不同的销售特点，应选择、运用不同的促销组合。例如，促销组合应随市场区域范围的不同而变化。对于规模小且相对集中的市场，应以人员推销为主；对于范围广而分散的市场，则应以广告宣传为主。

5. 促销预算

促销组合的方式与规模不同，促销的费用也不同。企业的促销预算额度决定了企业可以选择的促销组合。一般来说，人员推销费用最高，广告费用次之，营业推广和公共关系最低。企业应依据自身的人力、财力、物力来选择和运用促销组合，以尽可能低的促销费用取得尽可能高的促销效果。

11.2 人员推销策略

 怎样才能做好人员推销？

所谓人员推销（personal selling），是指营销人员直接与中间商或消费者沟通，提供有关产品信息，并设法诱导和说服，使其接受所推销的产品或服务。人员推销是一种最古老、最常用、最富有技巧的商品促销方式，其最大特点是直接与目标顾客接触。和非人员促销相比，人员推销多适用于产品单位价值高、技术复杂程度高、顾客数量少且分布较为集中的市场状况。

11.2.1 人员推销的特点

人员推销具有以下优点：

1. 针对性强

由于推销人员直接和顾客接触，推销之前有机会对目标顾客进行调查研究；在推销过程中，能够根据消费者对商品的不同欲望、要求、动机和行为，采取不同的解说和介绍方法，从而实施针对性较强的推销，促成消费者购买。

2. 操作灵活

推销人员在促销过程中可以直接展示商品，进行操作表演，帮助安装调试，并根据顾客反映的情况灵活地采取必要的协调措施，对顾客表现出来的疑虑和问题，也可及时反馈和给予解答。

3. 反馈信息

人员推销采用双向沟通的方式，使企业在向顾客介绍商品、提供信息的同时，及时得到消费者的信息反馈,使企业及时掌握市场动态,修正营销计划,并促使商品的更新换代。

4. 建立客户关系

推销人员在与顾客长期反复来往的过程中,容易建立起除了交易关系以外的、良好的人际关系。推销人员不仅可以帮助顾客选择称心如意的商品,还可以向顾客提供销售建议、帮助和咨询,使顾客对推销人员产生亲切感和信赖感,这有利于促使双方保持长期稳定的合作关系。

人员推销的主要缺点有两个:一是在市场广阔而顾客分散的情况下,建立庞大的推销队伍会导致推销成本上升;二是对推销人员的管理较难,合格的推销人才也很难获得。

11.2.2 人员推销的程序

图 11-1 人员推销的程序

1. 识别潜在客户

寻找、识别潜在客户是营销工作的第一个环节。首先,要通过一定的途径搜集潜在客户的信息,如查阅工商企业名录,广告,历史和现有客户的数据库等。列出潜在客户清单之后,应该加以核实,即评估这些潜在客户是否有购买意愿和购买力。

2. 前期准备

为了保证推销任务的顺利完成,客户拜访之前,销售人员需要做好事先研究准备工作,尽可能地了解销售对象的情况。准备工作的主要内容是进行客户分析,掌握客户基本情况。例如,分析潜在客户过去与现在使用的产品和对产品的评价,找到其真正急需解决的问题;销售人员还应该找出客户企业中的购买决策者和影响者,了解他们的偏好和经历,便于有针对性地进行客户访问。

3. 接近潜在客户

为了获得初次接触的机会,最好礼貌地进行预约。预约的方法主要有电子邮件、电话和上门拜访。最好对拜访对象的工作日程做一个了解,选择对方合适的时间和地点预约拜访。总之,在正式面谈之前,一定要建立良好的第一印象,让客户感到轻松,并试图建立与客户间的某种联系。

4. 实施推销

推销人员从事推销面谈时,应当意识到双方是合作共赢的关系,只有在双方的需求都得到满足的条件下,交易才能达成。谈判的过程大致可以归纳成以下四个步骤:

(1) 吸引注意力。在销售拜访中,准顾客看到的第一件事就是你的专业形象。接下来便是开场白给予他的印象。你的表达方式、真诚与创意则会影响整个约谈的气氛。销售专家戈德曼博士强调,顾客听第一句话要比听后面的话认真得多。听完第一句话,许多顾客就会不自觉地决定是打发销售员走还是继续谈下去。因此,打动人心的开场白是销售成功的关键。

(2) 诱导购买兴趣。让顾客对产品产生兴趣的最好办法是做示范。通过面对面的示范表演,让顾客耳闻目睹,或让顾客自己进行试验,直接体会产品的性能、特点。如果产品不便携带,可通过间接示范办法,如出示鉴定书等。

(3) 激发购买欲望。如果产品的宣传介绍能与顾客的利益和实际需要密切相关,就会激发购买欲望,形成购买动机。为此,要进行客户需求分析,将客户需求强化到最大限度,之后通过产品介绍让顾客了解产品的优势和能给其带来的价值。推荐产品的最重要因素是可信性,要抓住一切机会让对方相信你是在讲真话,你关注的是双方长期的合作关系。

(4) 促成购买行为。把顾客感兴趣的商品优点与从中可得到的利益汇集起来,在推销结束前,将其集中再现;或利用消费者追求实惠的心理,通过提供优惠条件促使其购买;或是通过售后服务保证,如包修、包换、定期检查等,让顾客感到安心,从而促成购买行为。

5. 后续服务

对于成功的推销人员来说,拿到订单仅仅是销售的开始。要想拥有长期合作的客户关系网络,需要通过售后跟踪服务来加深顾客对企业和产品的信赖,促进重复购买,同时,也可获得各种反馈信息,为企业决策提供依据。

案例小链接 11-1

引起注意的开场白

康宁玻璃公司的一位顶尖销售人员有这么一则有名的故事。他是全国安全玻璃销售量的总冠军。当他被问及如何去打开销售对话时,他说,他会一走进会议室就问:

"您有没有看过一种破了却不曾碎掉的玻璃?"当准客户表示不曾见过的时候,他拿一块完整的玻璃样本,把它放在客户的桌上,然后用一个榔头用力敲。

准客户会往后跳开以躲避玻璃碎片,但却发现根本没有任何碎片。这位销售人员就得到客户完全的注意力,从此活动就能迅速进行了。

他在全国会议中把这种销售安全玻璃的方法分享给所有的销售人员。从此以后,他们出动的时候,都会携带安全玻璃的样本和一把榔头去向客户做示范。到了第二年,他仍然是全国销售总冠军。有人问道,即使别人都使用了同样的技巧,他怎么依然能够卖出更多的产品。

他解释说他在第二年稍微改变了做法。现在,当他去见一位准客户的时候,他会问:"你想不到看一下你敲不碎的玻璃?"然后就把榔头交给准客户,请准客户自己敲碎玻璃。

资料来源:http://wenku.baidu.com/view/ca0aa7c60c22590102029d0a.html。

康宁玻璃公司的销售人员的做法为什么会很快吸引到准客户的注意力?

11.2.3 销售队伍的管理

1. 销售队伍的组织形式

销售队伍的组织形式取决于产品的性质、市场竞争结构以及细分市场中的购买行为模式等因素,主要有以下三种形式。

(1) 地区式组织形式。即按照事先确定的区域范围设置销售代表或销售小组,这种组织结构最为常见。其优点是推销人员分工明确,并能和当地的客户保持长期联系;此外,由于活动地域集中,节省了在客户间奔波的时间和距离,有利于节约成本。其缺点是每个销售人员都必须承担所有产品的销售工作,而且要面对所属区域内所有类型的客户,展开工作的难度较大。

(2) 产品式组织形式。即让销售人员专门从事某一种或几种产品的销售工作。其优点是销售人员能专注于某种产品的销售,更好地了解该产品性能以及购买行为模式,尤其是在产品技术日益复杂的情况下,这种形式利于更高效地展开营销工作。其缺点在于当客户对不同产品均有需求时,会出现同一公司多个销售人员与其联系的情况,会造成销售成本的增加。

(3) 顾客式组织形式。即按顾客的特点设置销售人员。例如,按照行业设置销售代表,可以使销售人员更了解该行业的需求特点;还可以按照客户规模大小设置销售代表,便于针对大小客户的不同需求进行推销。其缺点是当各类客户较为分散时,营销成本将增大。

2. 销售人员的招聘

(1) 招聘标准。包括以下三种:

第一,从素质来看,销售人员的职业特性决定了其应具有以下几种基本品质:从他人角度来理解和判断局势的能力;勇于克服困难,乐观、积极的心态;当被拒绝时能自我调节,走出失败阴影;诚实且正直,这是赢得信赖的前提。

第二,从职业技能来看,销售人员代表企业推销商品,开发客户并保持与客户的联系,需要具备沟通、分析、信息整理、时间安排等方面的技能。

第三,从知识结构来看,销售人员应掌握产品知识、客户知识、行业状况和有关本企业的相应知识。

(2) 招聘途径。从人员的招聘来源看,主要有内部招聘和外部招聘两种。

内部招聘就是从企业内部人员选聘具有销售人员特质的人来充实销售队伍。内部招聘不仅成本低、成功率高,而且应聘者大多对产品和企业非常熟悉,可以省去很多培训环节。

外部招聘就是面向社会，按照公平竞争的原则公开招聘销售人员。外部招聘的方法很多，有刊登广告、借助互联网、校园招聘、举行招聘会等，企业可以根据自己的实际情况作出灵活的选择。

3. 销售人员的培训

销售人员培训的内容包括销售技能、产品知识、顾客知识、竞争和行业知识以及企业知识等。要拥有一支得力的销售队伍，必须合理制定公司的培训计划。

首先，要进行需求分析，确定员工是否真的需要培训、哪些人员需要培训、需要提高的是能力还是素质、是哪方面的能力或素质等。其次，要制定培训计划和方案，主要解决谁来进行培训、何时培训、何地培训、培训什么内容、采用何种方式培训等问题。接下来进入实质性培训阶段，培训教师要制定教学计划，一般包括培训内容分析，选择、购买、编写教学大纲和教材以及受训人员分析，选择、确定培训形式和方案等。培训要在企业培训管理部门的组织下，由专门的教师在规定的时间和场所内对所确定的受训人实施，并由该培训项目的责任人组织考核和考评。

4. 销售人员的绩效管理

（1）监督和评估。销售人员的管理具有松散管理的特性，工作时间富于弹性，常常独立开展销售工作，管理人员无法全面监督销售人员的行为，销售人员的工作绩效在很大程度上取决于销售人员愿意怎样付出劳动和钻研销售。因此，只有用科学有效的绩效考核制度和薪酬福利制度来作为指导销售人员从事销售活动的指挥棒，才能真正规范销售人员的行为，使销售人员全身心地投入到销售工作中，提高工作效率。

绩效评估是指营销经理用制定的标准来测评员工的工作完成情况，并把结果反馈给员工本人的过程。绩效评估是营销经理与员工双向沟通的重要途径，能更好地督促和激励员工，提高工作效率。

在绩效评估体系的设计过程中，评估指标的设定是关键的一环。评估指标可分为定性指标和定量指标两类。定性指标强调对销售人员的行为进行评价，多是一些主观性指标，比较难以把握和界定，如工作态度、产品知识、团队精神、合作能力等；定量指标则相对客观，容易理解和应用，主要包括销售业绩与业绩目标达成率、访问成功率、平均订单数、市场占有率、利润贡献等。建立业绩标准，应当与企业的营销目标联系起来，还要考虑到销售区域之间的差异。

（2）激励和薪酬。公司支付给销售人员的薪酬分为外在薪酬和内在薪酬两大类。外在薪酬指可量化的货币形式薪酬，如基本工资、佣金、奖金、退休金、医疗保险等。内在薪酬则是不能以货币形式表现的各种奖励价值，如对工作的满意度、培训的机会、提高个人名望的机会、优秀的企业文化、相互配合的工作环境以及公司对个人的表彰等。外在薪酬与内在薪酬各具有不同的功能，它们相互补充，缺一不可。

薪酬管理要考虑的首要因素是公平性。薪酬制度要有明确一致的原则作指导，并有统一的、可以说明的规范作依据；要有透明性，员工能够了解和监督薪酬制度的制定和管理，并能对制度有一定的参与和发言权；销售经理要为员工创造机会均等、公平竞争的条件。此外，在企业内部，不同职务、不同级别、不同销售业绩的销售人员之间的薪酬水平应该有一定的差距，从而不断地激励员工提高工作绩效。

11.3 广告策略

 广告策略的制定包括哪些步骤？

广告(advertising)是广告主通过各种媒体将商品或服务的信息传递给受众的一种有偿活动。作为一种常用的促销方式，广告通过将产品和服务的个性信息，以有效的媒介与步骤，传达给目标受众，从而达到促进销售的目的。

11.3.1 广告目标的制定

制定广告策略首先要明确广告目标(advertising objective)。广告目标是广告活动要达到的预期目的，是广告传播活动整体计划的指引，也是测量广告效果的标准。

广告的目标有很多种，例如，以提高市场占有率为目的的广告，通过介绍产品的质量、性能、用途和好处，促使新产品进入目标市场；以扩大经营、延长产品生命周期为目的的广告，侧重介绍产品或改进品的新用途和好处；以保持目前的销售水平为目的的广告，侧重提高老客户购买频次，吸引潜在客户。还有的广告是为了树立品牌形象，提高企业知名度；增进与经销商的关系；排除购买顾虑和障碍等。

一般来讲，广告目标的制定受到以下几方面因素的影响：

1. **企业营销战略**

广告的最终目的是为了销售产品，因此，广告是为企业营销服务的。广告目标的制定，应当以营销的战略目标为指导。当企业采取长期渗透式营销战略时，就要制定以树立企业和品牌形象为主的广告目标，而且还要制定各个相关阶段的短期目标来确保长期目标的实现；当企业采取集中式战略时，广告的目标则变成在短时间内运用各种广告传播手段和方法，以达到预期的销售效果。

2. **产品的市场生命周期**

在产品的导入期，因为此前市场上从未出现过同类产品，所以，广告内容必须是说明性的。告诉目标受众新产品的用途、性能、使用方法等，从而在受众的头脑中注入新产品的信息，制造新的需求；进入成长期后，产品开始被受众接受和认识，其他竞争品牌也开始出现，此时的广告目标在于配合促销、公关等活动以扩大市场份额，建立起品牌形象和说服受众购买自己的产品；成熟期的市场竞争激烈但局面已相对稳定，广告的目的侧重于强化品牌的良好形象，在保持原有顾客的同时深入开发潜在顾客，使品牌推迟进入衰退期；产品到衰退期后，原有顾客或转向其他品类或继续使用本类产品，留下来的顾客忠诚度往往相对较高。此时的广告以提醒为主要目的。

3. 目标受众

广告只有把产品的个性信息准确地传达给目标受众,并引导或改变广告受众的消费行为,才能起到促进销售的作用。从目标受众的角度出发,通常把产品的认知度、广告的回响率、品牌知名度和消费者行为态度的转变等作为广告活动的目标。消费者的购买行为一般要经历认知、了解、信任、行动等过程,可以针对不同阶段的消费者行为特征制定广告目标。

11.3.2 广告主题的确定

明确了广告目标后,要根据广告目标提炼广告主题。广告主题是广告的中心思想,是对目标受众最有吸引力的承诺,确定广告主题就是为产品寻找最有可能促成购买的理由。

寻找广告主题可以从以下几个方面考虑:

1. 从产品实体因素中寻找广告主题

(1) 产品原料。当产品的原料产地久负盛名时,可以加以突出,例如,新西兰的奇异果、来自内蒙古大草原的伊利奶制品;当原料的成分与众不同时,可以加以突出,例如,滋源洗发系列强调其"无硅油,不刺激",鲁花花生油是"不含胆固醇"。

(2) 产品制造工艺、生产历史等。例如,乐百氏纯净水经过"27 层净化";张裕葡萄酒"百年张裕,品质保证"。

2. 从产品使用情况方面寻找广告主题

(1) 产品用途和用法。例如,白加黑感冒药"白天吃白片不瞌睡,晚上吃黑片睡得香"。

(2) 使用产品的价值和效果。例如,汰渍洗衣粉"有汰渍,没污渍"。

(3) 消费者对产品使用的反应。例如,使用了蓝天六必治牙膏后,感觉"牙好,胃口就好,身体倍儿棒,吃嘛嘛香"。

3. 从产品价格、档次方面寻找广告主题

例如,沃尔玛声称自己"天天平价";派克笔则是"总统用的笔"。

4. 从目标消费者的关心点和期望出发寻找广告主题

要分析消费者进行购买决策时的心理因素,他们最关心的是什么,进而找到能够打动消费者的诉求点。例如,医药卫生用品、营养食品多以为消费者带来健康为主题;化妆品、服装、家具等多利用消费者追赶潮流、追求时尚的心理,强调产品设计新颖,领导潮流。

11.3.3 广告媒体的选择

广告媒体是传播广告信息的物质载体和工具。随着经济的发展和科技的进步,广告媒体日趋复杂。目前,广告媒体大致可分为三大类:第一类是传统大众传播媒体,主要

有报纸、杂志、电视和广播;第二类是小众传播媒体,包括户外广告、销售点广告、直邮广告和交通广告;第三类是以电子信息技术与网络为代表的新兴大众媒体。各种媒体客观上具有不同特色和作用,各有优缺点。表 11-1 比较了几种传统和新兴大众传媒的不同特点。

表 11-1 大众传媒的特点比较

媒体种类	传播范围	使用寿命	可选择性	信息内容	制作费用
报纸	广泛	短	差	详尽	低廉
杂志	较窄	长	强	详尽	较低
广播	广泛	很短	差	简短	低廉
电视	广泛	很短	差	简短	较高
网络	广泛	长	强	详尽	低廉

根据广告媒体的不同特点,要注意从产品特点和促销目标出发,选择覆盖面广、传播速度快、直接接触目标市场、广告成本较低、能获得最佳促销效益的广告媒体。媒体选择(media selection)时要着重考虑以下几个因素:

1. 目标市场

选择广告媒体要考虑目标市场上的受众是否易于接触,并乐于接受,而且要根据目标市场的范围选择覆盖面与之适应的媒体。例如,开拓区域市场,可选择地方报纸、电台、电视台;如果要在全国推广,则宜选择全国性广告媒体。

2. 产品的性质

由于产品的性质、性能、用途不同,宜选择不同的广告媒体。例如,面向大众的生活用品,多采用电视、广播等大众传媒;而工业品或高技术性能产品,宜利用专业性报刊或直邮广告形式。

3. 媒体性质

主要是考虑媒体本身的发行量、收视率、覆盖面和表现力等。

4. 媒体的成本

不同媒体的费用不同,同一媒体不同时间、不同位置的费用也会不同。企业在选择时要根据自身的财力和对广告效果的预期选择适宜的媒体。

5. 目标受众的媒体习惯

要了解目标受众对媒体的态度和接触媒体的习惯,要清楚他们是通过阅读报纸杂志、收听广播、收看电视或者网上浏览获取信息。

11.3.4 广告效果的测定

广告效果评估是广告策略的最后一个环节,制定合理有效的广告评估方案,对企业正确认识广告的作用和效果，开发成功的广告，提高广告支出的效率，提升产品、品牌形象，拉动销售等具有十分重要的意义。

广告的经济效果包含广告的传播效果和销售效果两大类：广告的传播效果主要考察广告对消费者心理的刺激和反应；广告的销售效果更主要从结果上反映广告效果。

1. 广告的传播效果评估

广告的传播效果也被称为广告的接触效果或心理效果，考察广告刊播后对消费者所产生的各种心理效应。广告活动作用于消费者而引起的一系列心理反应可以概括为感知、记忆、理解、评价和行动的过程，各阶段对应的评估指标如下所示：

（1）感知。通过注目率、阅读率、精读率来评价报纸、杂志等印刷媒体以及广告牌、海报等平面媒体上的广告吸引消费者眼球的能力。视听率、认知率是评价广告在电视、广播等电波媒体上的传播效果的指标。

（2）记忆。包括瞬间记忆广度、事后回忆率等指标，这两个指标针对广告的记忆度，即消费者对广告印象的深刻程度而设置的。

（3）理解。通过对广告诉求点的理解程度的分析，考察广告诉求设计与用户实际关心的信息点是否最大限度地契合。

（4）评价。即对产品的好感度，包括产品喜好率、广告/产品信任度、产品尝试率、产品偏好率等。

（5）行动。主要包括购买决定、购买行动等。购买决定是测定广告对消费者购买行为的影响，即了解消费者购买商品的行为是随意的还是受广告的影响，考察对象为广告期间发生了购买行为的消费者。

2. 广告的销售效果评估

广告的销售效果是指由于广告活动而引发的产品销售以及利润的变化，以及由此引发的同类产品的销售、竞争情况的变化。销售效果评估主要是考察广告活动对销售量的增长和市场占有率提高所作的贡献。主要有以下三种评估方法：

（1）店头调查法。以零售商店为调查对象，对特定期间的广告商品的销售量、商品陈列状况、价格、销售现场广告以及推销的实际情况进行调查。

（2）销售地域测定法。选择两个类似条件的地区来测定广告的效果。一个地区进行有关的广告活动，称为测验区；另一个则不进行广告活动，称为比较区。测验结束后，将两个地区的销售变化情况进行比较，从中检验出广告的销售效果。

（3）统计法。运用有关统计原理与运算方法，推算广告费与商品销售的比率，测定广告的销售效果。计算广告效益比率时，应当注意广告与销售增长并不是直接的因果关系。见过或听到广告并购买的人中，有的是受到广告的刺激而购买，有的不受广告刺激而购买。要精确衡量广告对销售增长所作的贡献，就要剔除见过或听过广告的消费者中非因广告的刺激而购买者。

案例小链接 11-2

根据房地产的类型定位广告媒体的选择

商品房(两室户,三室户):

房产类别应锁定的是工薪族和年轻人群,根据人群特点,此类人群活动的场所多为工作区、上班路上、人群集中的购物和休闲场所,应在此区域做针对性的广告。一般采用户外大牌,电视广告,公交地铁车身和站台广告为此类楼盘的首选广告形式,广告位置都是和人们的生活息息相关的。

公寓类(小户型,酒店公寓):

城市流行的 SHOU 社区、酒店公寓等建筑面积小的房产开发项目,主要是针对年轻一族,其广告应设置在年轻人常出现的地方,如写字楼,休闲和购物场所附近。此类广告户外大牌的制作应考虑年轻人喜欢的形式,如异性广告、网络媒体、时尚杂志、新锐公关广告活动等。

高档物业(别墅,高档小区):

高档物业的购买群体多为在其行业领域内的成功人士,也是懂得品味和享受生活的人群。广告的宣传核心一定要选定高端人群的信息接收范围。广告一般选择机场、机身、候机室广告、机场户外大牌、公关活动。

商用(写字楼,商铺):

商铺和写字楼买者一般都有投资和增值意图,最大化宣传其地产的优势,才能促销售成功,媒体宣传要选择商务和有经济能力的人群经常活动的范围之类。广告选择机场户外大牌、高速公路大牌、写字楼及娱乐场所广告,再结合传统广告。

资料来源:http://wenku.baidu.com/link?url=eO2O3_h4TJTCUxrkqFkryfl4AJ-kOON。

如何根据目标受众接触媒体的习惯选择广告媒介?

11.4 公共关系策略

有哪些主要的公共关系活动方式?

公共关系(public relations)是指企业利用各种传播手段,与其相关的各方面的社会公众等沟通思想感情、建立良好的社会形象和营销环境,从而达到促进销售的目的。公共关系和广告都是促销方式,但营销目标不同。广告是具体地推销某个产品,而公共关系是为了树立整个企业或组织的形象,增强企业内外部公众对企业及产品的了解。因此,广告的传播效果是直接的、可测的,并具有阶段性;公共关系则具有战略性和全局性,是一项立足于长期的促销方式。

11.4.1 公共关系的对象

企业要做好公关促销,首先要处理好与各种社会公众的关系。公众是指与企业因利益关系而相互联系、相互作用的各种群体和个人的总和。组织所面对的公众是复杂多样、不断变化的,按照组织的内外对象分类,可以分成内部公众和外部公众两大类。内部公众是企业内部成员构成的公众群体,如员工公众、股东公众、部门公众等;外部公众是企业外部那些对企业的生存与发展有现实或潜在影响力的公众群体,如消费者公众、社区公众、媒介公众、政府公众、竞争者公众等。

1. 员工公关

员工公关是处理企业与其内部员工之间的关系,是内部公共关系中最重要的一种。员工代表着企业的形象,处理好员工关系可以增强企业的内部凝聚力和向心力,充分发挥员工的积极性、创造性,有利于经营目标的实现。

处理员工关系的原则是:以人为本,开发人力资源;以文为根,培育企业文化;以信息为纽带,完善内部沟通网络;以联谊为手段,创造大家庭氛围,培养员工归属感。实际操作中,除了要处理好组织与员工间的物质利益关系,还要通过开展企业文化教育等活动,培养员工对企业的认同感和归属感;加强与员工的沟通联络,经常询问员工的想法和观点,让员工积极参与各项公司事务,从而创造和谐融洽的人事环境。

2. 消费者公关

消费者公关是企业外部公共关系中最重要的一种,其最主要目的是为了争取更多的消费者。消费者是企业必须要努力争取和依赖的公众,处理好与消费者的关系,必须做到以下几点:(1)分析和掌握消费者的消费心理,找到其真正的需求。(2)与消费者进行双向的信息交流。可以建立顾客信息资料库,加强双向沟通。(3)树立正确的顾客观,增强服务意识。要向顾客提供最优质的产品和服务,提供最完善的售后服务,妥善处理好顾客投诉。

3. 政府公关

政府公关是指企业同政府各级行政机构及其官员和工作人员之间的关系协调。任何社会组织都必须接受政府机构的管理和制约,因此,企业需要同政府有关职能机构和管理部门协调好各种关系。搞好政府关系,就可以通过政府的肯定获取政府的认可、支持,从而推动企业的发展。

处理好政府关系,需要做好以下工作:(1)培养和提高政治素质;(2)加强与政府的双向沟通;(3)加强与政府官员的交流和感情沟通;(4)积极参加政府组织的各种公益活动;(5)邀请政府官员参加企业的重大活动;(6)利用国事活动,扩大宣传效应。

4. 媒介公关

媒介公关是指企业与其相互关联、相互作用的新闻传播机构（报社、杂志社、电台、电视台等）和新闻界人士之间的关系协调。新闻媒介是任何企业都要努力争取的重要公众，企业希望与新闻媒介建立良好的关系，通过新闻传播的特殊效果为组织的形象和声誉带来巨大的影响。

对企业来说，新闻媒介是企业与外界沟通的中介。处理好与媒介的关系，需要做到以下几点：(1) 真诚相待。与新闻界建立良好关系，首先必须遵循真实、可信的原则。这是一种建立在相互了解、信任的基础上的一种合作关系。(2) 主动联系，保持长期接触。双方要保持经常的往来，维持思想、情感、信息的频繁交流，必然会为良好的工作关系和融洽的人际关系的建立创造条件。(3) 理解、尊重新闻界的职业特点，虚心接受批评。企业公关人员应该充分理解和尊重新闻记者的职业特点和独立性，不应拒绝记者正常采访和报道不利于企业的新闻。

5. 社区公关

社区公关是指企业与所在区域的个人和群体间的关系。例如，企业与所在的城镇、街区、相邻组织或居民的关系。企业的存在离不开具体的社区，社区是企业生存和发展的基地，企业和社区之间有着千丝万缕的联系。社区既可以使企业得到最有价值、最有影响的称誉，也可以使组织遭到具有危害性的指责；既可以使企业获得各种优惠和权利，也可能使组织受到种种限制而无所作为，其关键在于企业是否重视社区关系的维护和处理。

搞好社区公关，要重视以下几方面的工作：(1) 搞好社区环境保护。企业要努力把经济效益与环境效益结合起来，尽量保持人与环境的和谐，不断改善社区的生存环境，顺应可持续发展的时代潮流。(2) 承担社会责任。企业是社会的一员，承担着不可推卸的社会责任，这和企业社会营销的理念是一致的。(3) 加强社区交流。建立和发展融洽的社区关系，要求企业主动发展与社区公众的关系，在相互帮助中加深社区公众对企业的认识和了解。

11.4.2 公关营销的实施步骤

公共关系活动的实施包括公关调查、公关策划、公关实施和公关评估四个步骤。

1. 公关调查

公关调查是运用科学的方法，有步骤地去考察企业的公共关系状态，搜集必要的资料，进而分析各种因素及其相互关系，以期掌握实际情况、解决面临问题的公关活动。调查的内容有企业社会形象、相关公众情况、传播媒体情况等。调查的方法有文献研究、公共关系预测、民意测验等。

2. 公关策划

公关策划是公共关系人员根据组织形象的现状和目标要求，分析现有条件，设计公关战略以及公关活动最佳行动方案的过程。公关策划的程序主要有以下几个步骤：(1) 分析公共关系现状；(2) 确定公关目标；(3) 选择和分析目标公众；(4) 制定公关行动方案;(5) 编制公关预算。

3. 公关实施

公关实施是在公关调查、公关策划的基础上,将公共关系策划书的内容变为现实的过程,是为实现公共关系活动目标创造性地开展公共关系工作的过程。公共关系策划的实施必须有条不紊地进行:第一步,做好各项准备工作,例如,设置实施机构,确定参与实施的人员,准备好活动经费和必要的物资;第二步,对参与实施的所有人员进行培训,对各职能部门和工作人员做合理的分工;第三步,做好对实施过程中的监控和动态调整。

4. 公关评估

公关评估就是根据特定的标准,对公共关系策划、实施及效果进行对照、检查、评价和估计,以判断其优劣的过程。在公共关系工作程序中,效果评估是最后一个环节,也是一个很重要的环节,它对整个公共关系工作起到承上启下的作用。常用的评估方法有公共关系工作总结法、公众意见测验法、新闻媒介测定法等。

11.4.3 危机公关管理

所谓危机,是指由内部和外部种种原因引起的,对组织的生存、发展构成威胁,从而使组织形象遭受损失的突发事件。危机公关则是指企业为避免或者减轻危机所带来的严重损害和威胁,从而有组织、有计划地学习、制定和实施一系列管理措施和应对策略,包括危机的规避、控制、解决以及危机解决后的复兴等。下面以双汇瘦肉精事件的处理为例,谈一谈企业该如何应对危机事件。

1. 危机公关的原则

(1) 时效原则。这包含两方面内容:一方面要"早",在危机发生之前就做好充分的预测;另一方面要"快",当危机发生时要做出最快捷的反应。2011年3月15日,中央电视台新闻频道对带有瘦肉精的生猪流入济源双汇食品有限公司的事件进行了报道。很快,因瘦肉精事件的影响,部分地区经销双汇产品的商场、超市、特约店出现了产品下架的情况。该事件暴露出双汇集团危机管理意识松懈,生产管理不到位。好在危机发生后,双汇集团反应迅速,第二天便承认使用瘦肉精猪肉,并发声明致歉。

(2) 真诚原则。即以公众利益为重,勇于承担责任、真诚与公众沟通。事实上,90%以上的危机恶化都与当事人采取了冷漠、傲慢、敷衍或拖延等不当态度有关。从双汇应对危机的一系列举措来看,企业及时向公众公布事件真相,履行企业本身所承担的社会责任,重塑企业负责任、关注消费者权益和健康的正面形象等,基本做到了通过彰显企业责任的实际行动去重新获得消费者的支持和信任。

(3) 反弹原则。危机管理的目的不但要求化解危机、降低损失、维护企业形象,而且还要借势反弹,将坏事变好事,提升或重建企业形象。当危机事件基本稳定之后,双汇开始积极地投入善后工作。为了重塑企业形象,制定了一系列措施,如加强源头控制;生产过程透明化;消费者可以无条件检验双汇产品;成立基金会;设立食品安全责任日;严控质量,打造7条安全保障线等。

2. 处理危机的步骤

一般危机事件发生后，企业要通过以下步骤来处理危机：

（1）迅速掌握危机的全面情况。要搞清是什么人，在什么时间、地点，发生了什么事，事故的原因是什么。

（2）主动采取紧急行动，成立临时专门机构，制定危机处理计划。

（3）做好危机发生后的基本公众对策。对内部公众，要统一口径，争取使员工同心协力，共渡难关；对事故受害者，明确表示歉意，倾听他们提出的赔偿要求，即使受害者本身负有一定责任，也不应马上予以追究；对新闻传播媒介，迅速解答记者提问，告诉已证实的事实真相；对上级领导部门，应及时向直属上级领导汇报情况，请上级领导予以支持；对有业务往来的单位，尽快如实地通告发生事故的消息及原因以及正在采取的对策。

（4）做好善后工作。危机处理过后，为消除危机事件的不良影响，恢复企业的声誉和形象，需要做好善后工作。一方面，要继续关注、关心、安慰危机受害人及其亲属；另一方面，重新开始广告宣传，重建市场。另外，要加强员工教育，强化危机管理意识。

案例小链接 11-3

从聚美优品造假门说起

聚美优品 CEO 陈欧因为一句"我为自己代言"而为人所知。聚美优品虽然在 2013 年就推出"真品联盟"化妆品防伪码体系，但仅仅一年之后，2014 年 8 月，聚美优品却再度陷入售假风波。在短短三个月的时间里，市值缩水将近 35 亿元，一直声称"100%正品，100%信赖"的聚美优品陷入了"假货门"，用户的信任在这次假货风波中被消耗殆尽。

这场售假风波的导火索，是聚美优品平台上一家名为祎鹏恒业的商铺曝光。据媒体报道称，作为聚美优品的供应商之一，祎鹏恒业商贸有限公司（以下简称祎鹏恒业）坐落于河北省三河市燕郊镇的一所普通民宅里。

公开资料显示，祎鹏恒业是一家销售服装、箱包皮具、珠宝、眼镜、化妆品、香水、红酒等的多元化经营公司，主营品牌包括 Armani（阿玛尼）、Burberry（博柏利）、Dior（迪奥）、Hermes（爱马仕）等世界知名奢侈品品牌，并为聚美优品等国内多家电商平台供货。

据媒体报道称，祎鹏恒业的营业执照和税务登记证显示，其经营项目包含园林绿化服务和化工产品在内多达 31 项，唯独没有售卖奢侈品的货物进出口及代理进出口的经营项目，但其却号称"从海外供应商采购正品且通过正规渠道进入中国市场"。不过，该公司纸箱上的快递单说明货品来自湖北、浙江、福建或广东等地。有祎鹏恒业的员工透露，假货链条普遍存在，电商平台并非不知情，但由于奢侈品"低价"促销，能给电商平台带来大量人气，又因不是电商平台自营，就算被发现也能撇开关系，属于互相利用。

业内人士指出,祎鹏恒业只是国内电商市场庞大假货产业链中的小角色,有数以万计的类似公司通过制作假的品牌授权书以及报关单据等文件,通过各个电商平台,以原单或代购的名义,不断地向国内消费者供应各种廉价的奢侈品假货。

2014年7月28日,新闻惊爆聚美优品的供货商之一的祎鹏恒业向数家网商平台提供假货,证据确凿。面对这一局面,聚美优品才不得不采取了措施,发布声明称已启动紧急调查,关闭祥鹏恒业的店铺,并将所有商品已从第三方平台紧急下架停止发售。对于已购买祥鹏恒业店铺商品的消费者,聚美优品表示绝不推脱自己的责任,将提供无条件退货服务。此外,聚美优品还称在对祥鹏恒业的资质、货源进行彻底重新调查。

当下,网络舆论呈现非理性和碎片化传播,危机公关是'危'是'机'完全取决于企业管理者的理念中是否有应对。当企业出现危机后,除了常见的"5s"原则:承担责任原则(shoulder the matter)、真诚沟通原则(sincerity)、速度第一原则(speed)、系统原则(system)、权威证实原则(standard)之外,以良好的态度去应对也是不二法宝。

从管理学方面讲,任何企业都可能要经历来自企业内部或外部的危机,所以,危机管理重在预防和建立危机预警机制上,一个企业是否能在危机发生后拟定危机应对计划、快速反应、协调沟通,是验证一个企业是否把危机管理当成重要课题。

资料来源:1."聚美优品由聚美到聚'伪'陈欧对造假岂能不知情?",http://finance.ce.cn/rolling/201408/01/t20140801_3268295.shtml;2."危机公关案例分析:从聚美优品造假门说起",http://mt.sohu.com/20151010/n422905635.shtml。

 聚美优品是怎样处理危机事件的?你觉得这样处理合适吗?

11.5 销售促进策略

 销售促进的方法有哪些?

销售促进(sales promotion)又称营业推广,是指除人员推销、广告和公共关系宣传以外,为了刺激消费需求而采取的能够迅速产生激励作用的促销措施。

11.5.1 销售促进的特点

1. 促销效果明显

在开展销售促进活动中,可选用的方式多种多样。一般说来,只要能选择合理的方式,就会很快地收到明显的增销效果,而不像广告和公共关系那样,需要一个较长的时期才能见效。因此,销售促进适合于在一定时期、有一定任务目标的短期性促销活动中使用。

2. 辅助性促销方式

人员推销、广告和公关都是常规性的促销方式,多数销售促进方式则是非正规性和非经常性的,只能是它们的补充方式。也就是说,销售促进方式一般不能单独使用,常常配合其他促销方式使用。

3. 有贬低产品之意

虽然采用销售促进方式可以较强烈地吸引消费者,也常使其感到企业有急于出售产品的意图,若频繁使用或使用不当,往往会使顾客对产品质量、价格产生怀疑。因此,企业在开展销售促进活动时,要注意选择恰当的方式和时机。

11.5.2 销售促进的类型

销售促进按对象常分为以下三类:

1. 针对消费者的销售促进

这类销售促进的目的是配合广告活动,促进消费者增加购买数量和重复购买。

2. 针对中间商的销售促进

这类销售促进的目的是为了取得中间商的支持与合作,鼓励中间商大批进货或代销,如批量优惠、广告津贴、人员培训。

3. 针对推销人员的销售促进

这类销售促进的目的是为了调动推销人员的积极性,鼓励他们大力推销新产品,开拓新市场,如按推销绩效发给红利、奖金等。

11.5.3 销售促进的方法

针对消费者进行短期利益诱导的销售促进方法可以归纳为以下几种:

1. 无偿赠送

无偿赠送是指针对目标消费者不收取任何费用的一种促销手段,它包括无偿附赠和无偿试用。无偿附赠主要是在包装上给予优惠,或增加包装分量,或将赠品放入包装内或捆绑在包装上。无偿试用是以免费样品的形式将产品提供给目标消费者试用。

2. 折扣优惠

折扣优惠是指在消费者购买产品时,给予其不同形式的价格折扣的一种促销手段。如发放折价优惠券,优惠券上一般印有产品的原价、折价比例、购买数量及有效时间;还有折价优惠卡,分会员卡和消费卡两种形式,可以使发卡企业与目标顾客保持一种比较长久的消费关系。此外,还可以在一定时间内对产品降低价格销售,即减价特卖。

3. 促销竞赛

促销竞赛是利用人们的好胜、竞争、侥幸和追求刺激等心理,通过举办竞赛、抽奖等富有趣味和游戏色彩的促销活动,吸引消费者的参与兴趣,推动和增加销售。例如,通过举办某种比赛吸引爱好者参与,同时宣传产品,如选美比赛、选秀大赛、形象代言人选拔赛等。

4. 服务促销

服务促销是从顾客的需要出发,从产品结构、产品质量、销售方式、服务项目、服务水平等方面为顾客进行全方位的服务,以此来吸引购买。可能提供的服务包括:

(1) 销售服务,即销售前的咨询与销售后的服务。

(2) 承诺销售,即对顾客给予一种承诺,使顾客增加信任感,顾客就可以放心购买。例如,承诺无效退款、承诺销售三包,就可以降低顾客的风险意识,以达到促销目的。

(3) 订购订做,即专一地为顾客订购产品或订做产品。这种专项服务可以使顾客产生上帝感和优越感。

(4) 送货上门,即将客户所购产品无偿地运送到指定地点,或者代办托运。

(5) 分期付款,即顾客对所购产品可以按规定时间分批、分次地交付款项。运用分期付款促销,一般只在高价款产品销售时使用,如银行按揭,在楼宇销售中就有很大的促销作用。

5. 联合促销

联合促销是指两个以上的厂商(这些厂商可以分处不同的行业),基于相互利益,共同进行广告及共同推广产品和服务。例如,航空业与旅游业、旅馆、购物超级市场联合促销,顾客只要走进一家,便可在各个环节都享受优惠。

案例小链接 11-4

康师傅联合腾讯开创多样化创新营销

腾讯体育希望年轻人能够在社区玩得痛快,这与康师傅冰红茶的品牌理念"冰力十足够痛快"不谋而合,2015年9月25日,双方决定联合共建"我师主场"社区正式上线,双方将建立长期策略合作关系。

"我师主场"这一概念主要提出年轻人在哪里,哪里就是主场,而今天互联网正是年轻人的大本营,康师傅选择跟腾讯合作,看重腾讯多年来的社交基因,共同打造一个专门给年轻人参与的虚拟社区。"我师主场"的"师"就是希望这个主场由年轻人自己主导。今天的年轻人时尚、动感、活力,最重要的是,他们积极,有自己的主见,可能他们不一定马上敲定自己未来的方向,但他们都有强大的信心去面对世界。康师傅控股 CMO 李自强现在介绍说:"'我师主场'的'师'也代表了康师傅跟年轻人亦师亦友,支持及协助年轻人去主导他们的主场。"

"我师主场"的亮点在于首次共同开发名为"K币"的全社区流通代币系统,康师傅冰红茶将利用这一机会和平台,摆脱过去单一的赞助模式,开创更加多样化的创新营销。尤其是通过新的虚拟货币KB,把以往从线上推广到线下拿到优惠的OTO1.0模式升级成OTO2.0:就是通过KB把线上的生活行为融入线下的消费行为上的。在社区里提供更多关于消费者生活行为的资讯,其中包括体育、音乐、娱乐、竞猜、互动等。每一个年轻人都可以根据自己的兴趣来设计自己的主场。所以,"K币"是一个虚拟货币,也是沟通年轻人的货币,也是一种互联网社区的互动新体验。

对腾讯体育来说,康师傅冰红茶也是腾讯NBA的商业价值又一体现。腾讯方面希望借助此次深度共建合作,不仅运营赛事内容,更要借助康师傅冰红茶品牌影响力,将NBA所代表的年轻体育文化原汁原味地带到中国来,进而影响并服务于中国年轻人体育文化的发展。

资料来源:"康师傅联合腾讯开创多样化创新营销",http://news.tangjiu.com/html/xingyedongtai/yinliao/20150928/213870.html。

 你觉得康师傅与腾讯的这次联合促销活动有吸引力吗?

 本章小结

促销是营销者与购买者或潜在购买者之间的信息沟通。促销方式一般包括人员促销和非人员促销。非人员促销又分为广告、公共关系和销售促进三种方式。

企业在组织促销活动时,应当运用各种促销方式组合成一个策略系统,使企业的全部促销活动互相配合、协调一致,最大限度地发挥整体效果。确定促销组合时,需要考虑的因素有促销目标、产品性质、产品生命周期阶段、市场状况以及预算。

人员推销的最大特点是直接与目标顾客接触,因而针对性强,操作灵活,利于及时反馈信息和建立长期客户关系。其不足之处是成本较高,并且销售人员管理较难。

广告是通过将产品和服务的个性信息,以有效的媒介与步骤,传达给目标受众,从而达到促进销售的目的。制定广告策略首先要明确广告目标。广告目标的制定应当以营销的战略目标为指导,要考虑产品所处的市场生命周期阶段,还要针对不同阶段的消费者行为特征。制定了广告目标后,要根据广告目标提炼广告主题。广告主题是广告的中心思想,是对目标受众最有吸引力的承诺。寻找广告主题可以考虑产品实体因素、使用情况、价格、目标消费者的关心点和期望等因素。选择广告媒体时,应根据不同媒体的特点、产品特点和促销目标,选择覆盖面广、传播速度快,直接接触目标市场,广告成本较低,能获得最佳促销效益的广告媒体。

公共关系是指企业利用各种传播手段,与其相关的各方面的社会公众等沟通思想感情、建立良好的社会形象和营销环境,从而达到促进销售的目的。企业要处理好与各种社会公众的关系,包括企业内部成员、消费者、社区、媒介、政府和竞争者等。为避免企业因危机事件受到严重损害和威胁,要有组织、有计划地学习、制定和实施一系列管理措施和应对策略,包括危机的规避、控制、解决以及危机解决后的复兴等。

销售促进是为了刺激消费需求而采取的能够迅速产生激励作用的促销措施。它包括无偿赠送、折扣优惠、促销竞赛、服务促销、联合促销等方式。

关键术语(中英对照)

促销(promotion)　　　　　　　　广告目标(advertising objective)
促销组合(promotion mix)　　　　媒体选择(media selection)
人员推销(personal selling)　　　公共关系(public relations)
广告(advertisement)　　　　　　销售促进(sales promotion)

思考题与应用

1. 什么是促销组合?如何确定促销组合策略?

2. 人员推销的优点是什么?你认为一个成功的推销员应当具备哪些素质?

3. 某外国品牌的冰箱在进入中国市场时,选择的广告主题是"超静音设计",突出该产品噪声低。而实际上国产冰箱广告中,诉求低噪声的不在少数。像海尔的"噪声一半,省电一半",科龙的"噪声更低、制冷更强"。所以,低噪声对中国消费者来说算不上"新境界",况且国产冰箱的声音并没有引起消费者的不满。现在请你帮助找一下该品牌冰箱广告主题的突破口在哪里?

4. 假设你是学校复印店的老板。请你分析你面临的公众有哪些?你又将如何处理这些关系?

5. 请比较公关促销、广告促销和销售促进三种促销方式的区别。

6. 相对于佳能、爱普生等打印机品牌来说,利盟并没有那么高的知名度。因此,利盟另辟蹊径,推出"利盟特快"(Lex Express)服务计划。这项服务通过其热线中心委派专职速递公司,对在限定服务区域及符合保修条件的最终用户提供"门对门"取和送的硬件供应、维修服务。请你分析利盟公司采取的是什么销售促进方式。

营销实战案例

"双十一"电商网络营销大战,谁主沉浮?

2010年11月11日前后,发生了中国互联网史上最大规模的商业活动:在淘宝商城上,众多商家推出五折促销活动,曾创下单日10亿元的销售记录。2011年的"双十一"淘宝商城全网突破50亿的销售大关,2012年"双十一"更是以191亿的惊天销售额取得收官大戏的胜利。没想到淘宝"双十一"的一次偶然性的成功,造就了全网疯狂打折的开始。在电商连年的促销推动下,"11月11日"这个一度被戏称为"光棍节"的日子,已经演变成名副其实的"购物狂欢节"。

为了抢占先机,一些电商大佬们纷纷提前出手,将"双十一"的战线从一天拉长至一个月,以极其浩大的声势打响年终促销大战的第一枪,迫切希望能毕其"利"于一役,在接下来这一波的购物高潮中分得一杯羹。在"双十一"销售业绩的满怀期待下,商家们使出浑身解数,在网络营销上做足了功夫,各种形式的促销活动和优惠也是层出不穷。

1. 淘宝开启电商微博整合营销新时代

淘宝作为"双十一"促销活动的开拓者,不得不提到它全面而广泛的营销手段,尤其是近几年开始利用微博营销加大促销的力度。2012年是淘宝的又一个"丰收年",淘宝几乎把微博营销的手段都用上了,可以说淘宝的广告无孔不入。淘宝是电商中第一次尝试通过在手机客户端购买广告位,进行效果直观而显著的微博硬性推广。在"双十一"活动当天,采用微博转发的方式,利用官微以及CEO微博大量粉丝的优势,通过爆料销售数据的形式为其造势,同时,邀请媒体和知名微博博主对活动进行微直播,铺天盖地的信息无处不在。

淘宝在微博营销的尝试标志着微博营销进入新的时代。在微博的营销过程中,传统简单的大号转发已经过时,要想实现微博营销效果的最大化,必须整合传统的官微运营、大号转发、事件炒作多种营销手段,多管齐下方能见效。

2. 苏宁线上线下联动推出"零元购"

2012年"双十一",苏宁正式宣布线上易购联合线下门店推出代号为"逆天"的超级"零元购"活动,率先把"双十一"的营销战线引到线下。相比参战"双十一"的其他商家,苏宁具备了大采购和大物流的双重特色,所以,发挥线上线下联动的优势十分明显。苏宁通过线上线下互动的方式进一步激活会员潜力,为自身在"双十一"的混战中赢得了更多的机会,它的"双线"协同作战的营销模式也成为这场战役中的新亮点。

随着互联网的进一步发展,线上线下的整合营销将成为电商营销的绝密武器,在"双十一"这个大舞台上大放异彩。双线整合营销的优势互补,是对电商品牌的最有力宣传,使电商的网络营销起到事半功倍的效果。

3. 京东刮起龙卷风级别"沙漠风暴"

一向低调的京东商城在"光棍节"刮起了"沙漠风暴":整体让利10亿元,送5 000万礼券,作为一年一度的倾情回馈,足以燃烧消费者一整月的消费激情。活动贯穿了"双十一"等电商传统节日,涉及京东全品类商品,促销力度及影响范围堪称"龙卷风"级别。京东提前刮起的这场"沙漠风暴"开启了"光棍节"网购狂潮的大门,在再次沸腾市场的同时,也为电商行业的发展大幅提速。

纵观近几年各大电商在"双十一"斩获的成果,天猫凭借着前所未有的影响力稳坐"头把金交椅"。但在天猫的强力带动下,其他电商已经从被动的附和转换成主动地进攻。由此可见,众电商云集的"光棍节"已不再是天猫的独角戏,包括国美、易迅、亚马逊在内的电商大佬们也开始摩拳擦掌,提前做好充分的准备,欲抢占"双十一"先机,电商之间浓烈的火药味也格外引人关注。

"节日未至,促销先行"依旧是今年"双十一"电商的行动口号。近日,多家电商已向外公布自己的促销策略,来阻击即将来临的"购物狂欢节"。天猫宣布将会在"双十一"打破线上线下的界限,向O2O营销模式看齐,消费者可以在线下扫描二维码再到线上买,形成线上线下的双线互动,成为电商之间热议的话题。

各大电商大力开展促销的背后是五花八门的网络营销手段的运用。临近"双十一",短信营销开始上演好戏,成为电商开展促销活动的先声,同时为电商营销大战预热。微博营销也将助力"双十一",把各大电商的促销活动推向高潮。至于新浪微博将在今年的"双十一"为天猫带来多少真金白银,还不得而知,但毋庸置疑的是,作为社会化电商营销的重要互动平台,包括天猫在内的诸位电商将在微博、微信营销这条路上走得更远。在各种营销手段的狂轰滥炸下,众电商营销之战也将愈演愈烈,至于谁是最终的胜利者,我们拭目以待。

资料来源:http://www.emkt.com.cn/article/601/60137-2.html。

讨论题:

1. 淘宝、苏宁、京东等各大电商纷纷在"双十一"上演促销大战,它们分别采取了哪些促销手段?

2. 请结合自身的购物体验,评价一下各大电商的促销策略效果。

案例点评:

扫一扫如下二维码,获得老师对此案例的点评。

营销扩展：
新市场与新领域

第 V 篇

第十二章

开发全球市场

本章知识结构图

- 全球营销概述
  - 全球营销的概念
  - 全球营销与国内营销
  - 全球营销的动因分析

- 考察全球营销环境
  - 政治法律环境
  - 经济环境
  - 社会文化环境
  - 技术环境

- 全球目标市场的选择与进入
  - 决定是否进入国际市场
  - 决定进入哪些国际市场
  - 评估准备进入的国际市场

- 具体如何进入全球市场
  - 确定进入全球市场的方式
  - 确定全球营销组合
  - 国际营销的组织决策

课前预习

本章学习要点：

1. 了解企业开拓全球市场的动因；

2. 掌握国际市场营销环境的主要因素；
3. 理解企业如何评价和选择某个特定的国外市场；
4. 掌握企业进入国外市场的主要方式。

> **营销视频扫一扫**
>
> ### 董明珠：中国企业的全球化征程[①]
>
> 伴随着经济全球化及国内市场经济的发展，越来越多的企业渴望突破国家间的界限与壁垒，开展国际贸易和国际经济合作。但是，海外的发展过程并不是一帆风顺的，目前，世界对"中国制造"存在着低质廉价的印象，中国企业走向国际市场还有哪些功课要做？
>
> 经过25年的发展，格力电器从最初的一个作坊小厂成为目前中国乃至全球最大的专业化空调企业。格力的出海之路从国内贴牌生产开始，到巴西、巴基斯坦、越南建设国际化生产基地，主打"低碳环保"路线的家用空调、商用空调和新能源空调等产品，在海外开设了多家销售公司以及500多家专卖店，遍及全球100多个国家和地区，家用空调产销量连续5年位居世界第一，全球用户达到2亿，2014年的净利润为141亿元，比上年增长29.84%。格力董事长董明珠曾经说过，格力要做世界的格力。
>
> 扫一扫如下二维码，观看视频"董明珠：中国企业的全球化征程"，与老师及小伙伴们讨论如下问题并开始本章的学习：格力是如何经营其海外市场的？
>
>
>
>

[①] 资料来源：若想观看完整视频，请登录 http://www.yicai.com/videos/2015/01/4547544.html。

通过前面章节的学习,我们已经掌握了很多企业如何通过制定有独特竞争力的营销战略和营销组合策略来创造并传递卓越的客户价值,从而建立持久客户关系的基本原理。本章中将根据这些基本原理,扩展到国际市场营销环境。虽然之前我们一直涉及全球问题——其实很难找到一个完全不涉及国际问题的市场领域,但在本章中,我们将更集中在全球营销,将探讨在全球化进程中营销者会面临怎样的挑战。

随着沟通越来越便利,交通越来越发达,资金流动越来越顺畅,整个世界正在迅速地变小。一个国家的产品——古驰皮具、麦当劳汉堡、格力电器、德国宝马以及三星电子——都在其他国家大受欢迎。当我们听说一个中国商人可能身穿意大利的定制西装,和英国朋友坐在中国餐馆里用餐,然后回到家里,边喝着法国的红酒,边在韩国产的电视机前看西甲联赛直播时,我们大可不必感到惊讶。

企业从未像现在这样超越国界地寻找着成功机会,与国外公司合作,或者独自进入新市场。过去,国际化是那些拥有进入和发展新市场所必要资源的大公司的选择。如今,中小型企业也能够进入国际市场,并且也能够从新地点和新市场销售产品中受益。

但这也直接导致全球竞争日益激烈,几乎没有什么行业可以免于来自国外的竞争。如果一些企业在国际化过程中落后一步,就有可能被排除在中国、太平洋沿岸地区、俄罗斯和其他国家的市场大门之外。企业为了降低经营风险而固守本国市场,不仅会丢掉进入其他国家市场的合适机会,而且还有可能失去国内市场的份额,那些从未考虑国际竞争的本土企业将会突然发现国外的竞争者正在对它们虎视眈眈。

尽管相比过去而言公司走向国际化的呼声越来越高,但国际化的风险也越来越大。走向国际化的公司会面临很多问题:当地政局不稳定和频繁变动的汇率、严格的政府政策管制、高度的贸易壁垒,腐败也是一个日渐重要的问题——一些国家的政府官员经常会将生意交给那些行贿最多的公司,而不是投标价格最优的公司。如何在机会与风险并存的国际市场赢得竞争优势,值得每个企业认真思考。

12.1 全球营销概述

 企业开展全球营销的动因是什么?

一个在至少两个国家运营管理的全球公司会得到那些单纯的国内竞争者所不能得到的市场、产品、研发和金融支持。全球公司将世界看成一个市场,国家边界和品牌语言差异对它们来说并不重要。哪里可以将融资、原材料、部件采购、制造以及营销工作完成得最好,它们就在哪里运营。例如,创立于1853年的美国公司奥的斯电梯(Otis)从法国引进电梯门系统,采用西班牙的一些小的传动零件,使用德国产的电子设备以及日本产的马达,只有系统集成是在美国完成。全球公司利用这些资源在最低的成本预算下进行生产和服务,以满足本地质量标准的需求和提高在国际市场的竞争力。

当然,这并不意味着中小规模的公司必须与多个国家的企业合作才能取得成功,它们可以选择全球市场的补缺战略。当世界变得越来越小时,每个企业无论大小,都需要找到进入全球市场的途径,并建立自己的市场。积极迈向全球化的趋势也意味着身处其中的每一个企业都必须回答以下几个基本问题:公司希望在国内、整个经济区域和全球市场建立什么样的营销地位?公司的全球竞争者是谁?其战略和资源情况如何?公司在哪里进行生产?在何处进行采购?公司应该同世界上的哪些公司建立战略联盟?如图12-1所示,在全球营销中,公司面临着六个主要决策。

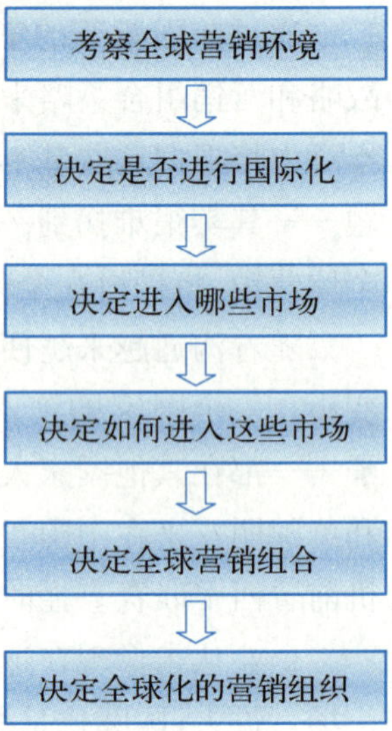

考察全球营销环境
⇩
决定是否进行国际化
⇩
决定进入哪些市场
⇩
决定如何进入这些市场
⇩
决定全球营销组合
⇩
决定全球化的营销组织

图 12-1　国际市场营销中的主要决策

12.1.1　全球营销的概念

全球营销(global marketing)是指企业进行的跨越国界的市场营销活动,即企业运用市场营销原理,以国外消费者需求为中心,有计划地组织一系列国际经营与销售活动,向一个以上国家的消费者或用户提供适销对路的产品和劳务,以获取更大经济利益的企业行为。

全球营销活动必须是跨国界的,但商品实体未必一定跨越国界。例如,生产耐克牌运动鞋的制造商在多个国家分别设有生产厂,生产出来的产品有些直接用于东道国消费者的需要,即所谓的当地生产、当地销售。另外值得注意的是,不但外贸企业从事国际营销,金融、交通、邮电、旅游、餐饮和教育等服务业也在发展国际市场营销。

12.1.2　全球营销与国内营销

根据是否跨越国界可把营销活动分为全球营销和国内营销,两者在本质上并无根本不同,营销的基本原理对两者都是适用的。企业都要分析营销环境,寻求营销机会,选择目标市场;都要进行营销手段和营销组合的决策,使潜在的交换转化为现实的交换,实现产品从生产者到消费者的转移。但是全球营销与国内营销相比,毕竟具有跨国界、异国性和多国性的特点,在具体的营销管理过程中,有着不同于国内营销的操作要求,如表12-1所示。

表 12-1　全球营销与国内营销比较

比较内容	国内营销	全球营销
市场	本国	他国、本国
环境	本国	他国、本国、国际
市场选择	经济因素	经济、政治、文化等多种因素

续 表

比较内容	国内营销	全球营销
渠道	商业经销渠道	商业经销渠道、他国市场进入渠道
产品	国内市场生命周期	国内、国际市场生命周期
价格	供求因素	供求因素、汇率因素
促销重点	广告、人员推销、营业推广	展览、公共关系
管理	一国范围内的计划、控制	多国甚至全球范围的营销管理
经验	纵向比较、历史经验	横向比较、比较营销

具体来看，全球营销有以下基本特点：

1. 营销环境更为复杂

由于国际市场分布在不同的国家和地区，而每个国家和地区在自然资源、经济结构、政治状况、社会文化、法律法规等方面都存在较大的差异，使得企业所面对的营销环境远远比国内营销环境复杂。由于环境差异，各国的消费需求存在显著差异，从而使国际营销人员无法确切地把握国外市场的需求水平、需求构成、需求心理等，难以为之提供合适的产品、制定合理的价格、构建通畅的分销网络，也难以取得理想的促销效果。

2. 交易双方利益与各自国家利益密切相关

随着经济全球化趋势的日益增强，科学技术、生产力的飞速发展以及买方市场的特征日趋强化，国际市场的竞争也越来越激烈。从大家熟悉的可口可乐与百事可乐、麦当劳与肯德基、耐克与阿迪达斯在国际市场上的角逐，就可以看出国际市场营销高手如云。

由于国际交易双方的利益与各自国家利益密切相关，各国纷纷实行贸易保护主义，通过关税壁垒和非关税壁垒来限制外国商品的进入。我国出口贸易屡屡遭受的反倾销指控，绝大多数情况下是他国借反倾销之名进行贸易保护，由于被征的反倾销税极高，迫使中国产品不得不退出一部分国际市场。

3. 国际市场行情变幻莫测

在国际市场，企业将承受比国内营销更大的风险，例如，国际营销价格策略中不仅要考虑供求因素，还要考虑汇率因素，即由于国际结算中计价货币汇率发生波动而带来的汇兑风险。另外，全球营销还要承担由于对对方资信不了解而带来的信用风险，以及由于目标市场的政局或政策变化而带来的政治风险等。

4. 营销管理更加困难

全球营销管理的任务不仅在于把每一个国家的市场营销活动做好，还需要对其在各国的营销业务做精心的统一规划、控制与协调，使母公司和分散在世界各地的子公司的营销活动形成一个整体，实现总体利益最大化。而且在这当中，全球营销还面临着不可控制的环境差异，从而进一步增加了营销的管理难度。

5. 对从业人员的要求更高

正是由于上述全球营销的复杂性和风险性，使得企业往往要求国际市场营销人员必须具备广泛的知识,除了掌握系统的营销学理论,还必须熟悉外贸专业知识、国际贸易惯例和不同国家的法律法规,同时达到一定的外语水平。

案例小链接 12-1

小米国际化遇阻:国内经验在国外复制不易

受印度尼西亚、巴西和墨西哥等国家设备认证流程的影响,小米开拓以上国家市场遭遇阻力,按照小米全球运营高级副总裁雨果·巴拉(Hugo Barra)的说法,在印度尼西亚和巴西的产品发布延期是由于"漫长而痛苦的设备认证流程",完成设备认证的流程可能需要6个月时间。

在小米年销量即将突破6 000万大关的时刻,国际化是其必然的选择。小米在国内的巨大成功,可以作为其国际化的坚实基础,产品设计、供应链、人才等方面的积累可以说已经具备了,但是其在国内获得成功的最主要几个因素能否在国外复制还有待验证:

一是粉丝经济。雷军在国内的声誉以及对移动互联网领域的影响力,对小米打响第一炮至关重要,而且对国内用户的熟悉,使粉丝运营做得风生水起。但在国外陌生环境下,雷军的影响力几乎为0,而且对当地年轻群体的心理诉求的把握也远远难于国内,其粉丝影响力有多大还是未知数。

二是产品设计。小米引以为豪的模式是与用户互动,互动之后不断优化产品,从这个角度可以说小米是最了解中国用户的公司,其设计出来的产品极为贴合其在中国的目标客户群体的需要。但在海外,要建立起与海外用户群体互动并不容易,这需要强大的本地化人才支持,过去的产品积累未必适用于海外,需要针对不同国家进行优化,这对小米的挑战相当大,模式复制意味着大量本地化人力资源的投入。

三是销售模式。如果缺乏粉丝影响力,小米独立的电商渠道和饥饿营销都难以转动,其必须借助当地的渠道资源,树立起用户信心。甚至,小米也不排除会和当地的运营商合作,进行定制手机推广,建立起第一批的核心用户,通过他们再进行口碑营销。

四是快。在国内,基于雷军本身在互联网以及投资界的人脉,帮其的人多,很多事情能够搞定,能够"快"。但在海外,在不同的法律法规下,加上各种利益纠结,以及当地竞争对手的打压,后续的经营中必然还会遇上类似"漫长而痛苦的设备认证流程"。

小米此次海外的选择包括印度、印度尼西亚、巴西、墨西哥,都是属于人口众多、发展迅速的新兴国家,和中国有类似之处,其年轻一代都渴望改变、追求新酷、但收入又未必能买苹果和三星,人性都是相通的,相信小米在海外也将主打这个群体,以惊人的性价比打动年轻人,因此,雷军的"专注、极致、口碑、快"的七字诀仍然有效,"诚意"仍然有效,只是看小米愿意花多大的代价去适应一个新的环境,这也许是从国内巨头走向国际巨头的阵痛。

资料来源:http://www.investide.cn/news/122181.html。

国内企业的海外之路实属不易,思考企业在开展国际市场营销活动时?该如何对目标市场国进行调研?如何加强国际营销人才的培养?如何按照目标市场国的文化进行产品设计和企业管理?

12.1.3 全球营销的动因分析

由于经济发展水平不同,发展中国家和发达国家进行国际营销的动因不尽相同。一般而言,企业从事全球营销的根本动因可以归结于经济利益,即利益最大化的动机引致了企业的全球营销。政府的某些政策会鼓励企业迈向国际市场,而政府对国家竞争力及国家安全的考虑也会限制某些企业的国际市场营销行为。具体来看,全球营销动因主要有以下几个方面。

1. 企业扩张动因

企业在国内市场充分发展的基础上,往往具有向外扩张的冲动,这是资本的本性所决定的。企业扩张表现为产品、服务、技术、资本的扩张。企业国际营销的动因起初可能是通过向国外出口产品和服务来扩大其市场份额,从而获取更多的利润;进一步地,可能是通过技术乃至资本输出,在更深层面上实现生产要素的全球营销,从而实现企业向国际市场的扩张。

2. 规避风险动因

积极开展国际市场营销可以在本国经济不景气时寻求有利的国际市场机会,在一定程度上避开国内市场饱和与竞争过度给企业带来的损失。同时,对于跨国公司来说,开展多国的市场营销,可以在全球范围内选择有利的市场机会,保持企业的健康发展。

3. 利用资源动因

世界各国经济技术发展不平衡,任何一个国家都不可能拥有发展本国经济所需要的一切资源,更不可能拥有发展所需要的所有先进管理经验。企业开展国际市场营销的动因还来自有效运用国际资源方面。既可能是获得国外廉价劳动力的原因,也可能是获得国外先进技术、雄厚资本的原因,还可能是获得国外先进的管理经验的原因,从而最终促进企业所需资源在较大范围乃至全球的有效配置。

4. 政府政策动因

政府通过政策鼓励企业开展全球营销,是因为可以加速企业成长壮大、平衡进口贸易、参与国际分工,从而促进本国经济发展。

12.2 考察全球营销环境

 全球营销环境因素具体包括哪些?

企业在决定是否进行国际化经营之前,必须透彻了解全球营销环境。全球营销环境经历了巨大的变化,既带来了新的机遇,也带来了新的问题。

12.2.1 政治法律环境

各国在政治法律环境方面的差异非常大,在决定是否在一个特定的国家经营时,公司要考虑一些因素,如政治体制和行政体制、政治与政局的稳定性、国际关系状况、政治干预以及涉外法规等。

1. 政治体制和行政体制

开展国际营销,首先有必要考察东道国或地区的政治体制,如一党制还是多党制、君主制还是共和制等。政治体制的差异,会决定一个国家的政治主张和经济政策的差异。同时,还要考虑东道国或地区的行政结构和效率、政府对经济的干预程度、政府对外国企业经营的态度等。这些都会对企业进入该国市场和在该国市场开展营销产生一定的影响。

2. 政治与政局的稳定性

一个国家的稳定,必然伴随着持续稳定的经济政策,有利于企业开展国际营销;反之,一个国家政局不稳,政府频繁更迭、人事频繁变动,甚至发生政变、战争等动荡,就会影响经济发展,同样会给从事国际营销的企业带来严重损失。

3. 国际关系状况

企业在东道国经营,必然与其他国家发生业务往来,特别是与企业所在母国有着千丝万缕的关系。因此,东道国和母国之间、东道国与其他国家之间的国际关系状况也会影响国际营销活动。

4. 政治干预

出于保护民族工业和企图垄断国际贸易利益等目的,有些国家会对外国企业的营销活动采取干预措施。常用的干预措施有进口限制、关税政策、外汇管制、价格控制等。

5. 涉外法规

首先,国际营销企业要了解目标市场国家的法律法规,如反倾销法、外商投资法、环境保护法、竞争法、广告法、商品检验法、商标法等,还有进口商品的卫生检疫条例和技术标准等。不同国家的法规条例在内容有所差别,直接影响到企业的营销决策。例如,向美国出口汽车必须装上防污染装置,否则,难以满足美国防污染法对汽车排气控制的严格要求。其次,还应了解一些具有法律效力的国际公约、条约、具有准法律效应的国际惯例以及国际性组织的规章制度。一旦商务纠纷无法通过协商来解决,就只有求助于国际法律组织,所以,也应熟悉一些为各国所承认的国际仲裁机构。

12.2.2 经济环境

研究一国的经济环境时,主要研究其市场规模和经济特性两大类因素。前者与人口和收入有着密切的联系;后者包括自然条件、发展阶段、基础设施、城市化程度、通货膨胀及外来投资状况等。现只分析以下三个主要因素。

1. 经济发展阶段

经济学家罗斯托将各国经济发展过程分为五个阶段,即传统社会、起飞前的准备、起飞、趋于成熟、大众高消费时代。处于不同发展阶段的国家,具有不同的经济特性,其顾客的需求模式也有所不同。企业应根据目标国家所处的发展阶段,采取相应的营销对策。一般来说,处于前三个阶段的是发展中国家,它们对产品的需求较为侧重实用、功能和价格;达到后两个阶段的国家多发生于发达国家,它们更注重品牌和特色。

2. 人均收入

一般来说,一国人均收入越高,该国居民的生活水平就越高,该国消费品的市场规模就越大。但人均收入只有在该国大多数人的收入接近这一水平时才是一个有价值的参考指标。如果该国内部的收入分配悬殊,两极分化明显,如科威特、印度等国,处于两个端点的消费者就代表着截然不同的市场需求水平。

3. 基础设施

一个国家的交通运输、能源供应、通信条件、商业设施等条件是否完善,将直接影响企业在该国开展国际营销的效率。在交通运输比较发达的国家,可以缩短商品流通的时间,减少商品损耗,节约流通费用,提高效率。

12.2.3 社会文化环境

国际营销与国内营销的主要区别之一就是企业在其他国家面临着不同的社会文化环境。了解这种文化差异,自觉采取与目标市场国社会文化环境协调一致的营销策略,是实现营销目标的重要环节。

1. 语言文字

语言的多样与复杂往往成为国际市场交易双方沟通的障碍。在广告、产品说明书、品牌等方面的翻译中,经常会发现由于语言障碍而带来的麻烦。一个经典的例子是,美国通用汽车公司曾将其"NOVA型雪佛兰"汽车销往讲西班牙语的拉美国家,结果很少有人问津,原来"NOVA"在英语中意为"神枪手",在西班牙语中却成了"跑不动"的意思。

2. 教育水平

首先,一国的教育水平会影响国际调研的效率,如果一国的识字率较低,企业搜集统计资料的难度会增大;其次,教育水平高低与消费结构、购买行为存在密切关系,一般来说,受教育程度高的消费者对新产品的接受能力较强,对产品质量和品牌比较挑剔;最后,不同国家的教育水平还会影响产品设计和促销方式的选择,在教育水平比较低的国家,广告往往不如营业推广具有直观效果。

3. 社会组织

每个国家的社会组织(如家庭、社会群体等)都有其独特性。发达国家比较普遍的核心家庭模式不仅使购买单位增多,而且市场潜力也随之增大;不发达国家比较常见的几代同堂的扩展家庭模式则会形成较大的集合购买力。

4. 价值观念

不同国家、民族和宗教信仰的人，在价值观上有明显的差异。美国偏好革新，亚洲国家重视传统；西方国家珍惜时间、讲求效率，使快餐和方便食品盛行，而在许多发展中国家，享用快餐只是变换花样的一种方式。汉堡王在制作其位于西班牙的室内广告时就犯了一个类似的错误。汉堡王让印度教女神拉克希米头顶着一个火腿汉堡包，旁边写着："快餐是神圣的"。结果，这则广告遭到全世界范围内的文化和宗教组织的强烈抵制，因为拉克希米是素食主义者，汉堡王为此道歉并撤掉了该广告。

5. 宗教信仰

宗教属于文化中深层次的东西，对人的信仰、价值观和生活方式的形成有深刻影响。宗教上的禁忌制约着人们的消费选择，如穆斯林和犹太人禁饮烈性酒，但这却帮助可口可乐成为阿拉伯国家的畅销饮品。宗教节日有时是最好的消费旺季，但有时却是消费低谷，如伊斯兰教在斋月不做生意。另外，宗教组织及其势力也是影响营销的重要因素。

6. 风俗习惯

各个国家都有自己不同的饮食习惯、节日习惯、商业习惯等，企业开展国际营销活动必须"入乡随俗"。例如，中国人认为"礼多人不怪"，但在阿拉伯国家，商人初次交往时赠送礼物会被当作贿赂。在与美国人做生意时，快节奏而又强硬的讨价还价可能会奏效，但是日本和其他一些亚洲国家则认为这些行为是不合适的，他们常常以礼貌的谈话开始，并且在面对面沟通的时候，日本的经理人员很少会直接说"不"。

12.2.4 技术环境

1. 知识经济

国际技术环境的显著变化是信息技术革命带来的全球范围内的知识经济。知识经济是直接依据知识和信息进行生产、分配和使用的经济。知识已成为生产的支柱和主要产品，高新技术产业飞速发展，由信息革命带来的技术革新也将以更为迅猛的速度发展。换言之，国际竞争已不仅仅是产品和品牌的竞争，更是制定技术标准的竞争。

2. 知识产权保护

知识经济的发展也使复制或抄袭其他技术和产品变得易如反掌。与此相联系，国际营销对知识产权的保护至关重要。一般而言，企业违背知识产权而生产的产品在国际市场寸步难行，并将受到严厉惩处。

3. 东道国技术水平

企业在开展国际市场营销时，要正确认识和分析东道国的科技发展水平，以增强市场营销决策的针对性和适应性。科技水平高的发达国家，其产业结构正在进行重大调整，一般是集中发展技术密集型产业，而技术性不强的产品往往需要大量进口，这就为发展中国家提供了市场机会。相对而言，发展中国家往往由于科技水平不高，迫切需要进口先进的技术和设备。充分认识东道国的技术发展状况,有利于根据本国企业的技术优势有效开展国际营销。

案例小链接 12-2

华为是一个成功的国际化品牌吗?

单从营收上来看,答案是肯定的。历数近十年来优秀品牌的国际化进程,很难找到第二家像华为这样受到争议的国际品牌。不过,针对中国品牌在国际主要发达市场,如美国、英国等,政治因素一直成为其发展的桎梏,这也是华为难以完全彻底国际化的因素之一。

华为在自我反思后发现,当地政府、竞争对手、客户和民众对华为品牌和文化的不理解也是不可忽视的因素。这反映了华为在品牌国际化过程中与当地媒体、政府和公众沟通不畅,引发了所谓的国家安全忧虑。

在品牌国际化进程中,一旦当区域性品牌成长为国际品牌后,品牌的管理、文化必须保持透明、公开和开放的姿态,处理好与当地媒体、政府和公众的关系,让利益相关方了解并支持品牌,管理好品牌利益相关方的预期,才能赢得宽松的国际化环境。华为由于忽视了这一点,在美国市场上的开拓和发展上栽了大跟头。

"以客户为中心,聚焦用户关注的挑战和压力,提供有竞争力的通信解决方案和服务,持续为客户创造最大价值"是华为长期秉承的核心价值观。然而,品牌国际化是全方位的,包括品牌、公关、管理、人才等多方面。华为注重和客户打交道,却很少跟媒体打交道,把媒体看成宣传的工具,而不是一个沟通和管理品牌利益相关方的系统。

华为有自己独特的风格,推崇"狼性文化"和军事化管理,把市场竞争看成你死我活的较量。由于长时间强调"狼性文化",这种"狼性"被深深地印在华为品牌的所有利益相关方的心智中,包括员工、客户、竞争对手和政府等。

当一个具有"狼性"的新兴品牌进入发达国家市场时,常常会在当地市场面临不理解、猜疑甚至攻击等多种心理,这是华为品牌国际化的一大障碍。作为品牌国际化必经的一步,华为国际化要融入当地社会,要以开放、透明的姿态,让品牌被了解和接受。

让美国国会议员、社会民众甚至竞争对手相信你、欢迎你,共同做大市场,提升生产效率,推动科技创新,为美国民众、市场提供更便捷的电子通信服务和解决方案;而不是让美国人担忧一条狼闯入美国后院,要把他们的羊全部吃掉。

只有懂得真正地、全面地"展示"自己,营销自己,或许华为才会迎来"另一片"更精彩的天空。

资料来源: http://www.investide.cn/news/122115.html。

你认为华为是一个成功的国际化品牌吗？在国际化进程中，企业经常面临着陌生的国外市场环境，企业该如何去适应环境？如何采取积极步骤去影响国际营销环境中的利益相关方，妥善协调平衡与当地政府、公众、客户、合作伙伴、投资者、甚至是竞争对手的关系？

12.3 全球目标市场的选择与进入

 如何选择该进入哪些全球目标市场？

无论公司的大小或业务类型如何，走向全球市场的企业都要作出一系列决策，下面就来探讨这些决策是如何作出的。

12.3.1 决定是否进入国际市场

企业并非必须冒着进军国际市场的风险才能获得成功，如果国内市场足够大，大部分的企业宁愿留在国内，毕竟，国内运营风险更低，也更容易。这样，经理们就不用学习新的语言和法规，不用处理波动的汇率，不用面对政治和立法的不确定性，也不用针对不同顾客的需求和期待来重新设计产品，但是以下因素会将公司吸引到国际市场上：

- 国际市场的盈利机会更大；
- 国内市场容量已饱和，公司需要更大的客户群；
- 国内市场需求的波动性较大，公司希望削弱对于单一市场的依赖性；
- 国际竞争对手进入国内，公司希望在竞争对手的本土市场对其进行打击；
- 顾客正在走向国外，要求公司提供国际化的服务。

在决定走向国际市场之前，公司必须认识并评估以下风险：

- 公司可能不理解国外消费者的偏好，因而无法提供有竞争力的产品；
- 公司可能不理解国外的商业文化，不能融入当地；
- 公司可能不理解国外的法规，法律风险与成本增大；
- 公司可能缺乏具有国际化管理经验的人才，并增加了人力资源成本；
- 公司增加了更多的不可控运营风险，面对改变的商业法规、汇率贬值，甚至政变和财产被没收的情况。

由于进入国际市场存在风险和困难，大多数公司都是直到某些情况下或者被迫走向国际竞争的舞台的时候才会考虑采取行动。企业可以依据以下方面考虑是否一定进入国际市场：

1. 进入国际市场是否可以发现潜在需求，扩大国外消费者市场

由于经济全球化进程加快，许多企业都把目光转向国际市场，使国际市场竞争更为激烈。选择国际市场，意味着企业要在激烈的竞争中发掘国际市场的需求，要在激烈的竞争中分析对手的弱项，从而选择适合企业生存和发展的国际市场空间，支持企业持续、稳定地生产经营。

2. 进入国际市场是否可以充分利用资源，发挥企业的优势

世界各国的资源分布各不相同，开展国际营销可以针对目标市场，充分运用本国资源，扬长避短，集中力量生产和销售自己的优势产品，有效组合人、财、物等诸多要素，从而使管理更有效率并获取较好的经济效益。

12.3.2　决定进入哪些国际市场

在公司决定进入国外市场之前，必须确定国际营销的目标和政策，决定公司将向国外销售多少产品。多数公司的国际业务在初期规模都很小，有些公司计划只将国际销售作为整个公司很小的一部分，其他公司则可能有更大的计划，将国际市场看得同本国业务一样重要，甚至更为重要一些。

国际市场是一个庞大的、多变的市场，公司必须选择目标市场国家或地区。必须根据各国顾客的不同需要和购买行为进行市场细分。国际市场可以依据多种不同标准进行细分。按经济发展水平，可把国际市场细分为原始农业型、原料出口型、工业发展型、工业发达型；依据国别和地区，可以分为北美、南美、欧洲、东南亚等市场；按商品性质，可分为工业品、消费品和服务市场；按人均国民收入，可以分为高、中、低收入市场。此外，还可以按家庭规模、性别、年龄、文化程度、种族、气候等标准进行进一步细分。

公司还要决定需要在多少个国家开展业务。公司要仔细考虑，不能在太少的国家开展业务，但也不能过快地在太多的国家进行运营从而超出自己的能力。在选择目标市场时，对特定的企业来说，各国市场并不是每一个都值得进入和能够进入，选择目标市场的主要依据有：

（1）市场规模。选择目标市场首先应考察市场的规模，一个国家或地区的市场规模取决于人口总量和人均收入水平。

（2）市场增长速度。有的市场尽管规模不大，但潜力很大，未来市场增长快，因某些条件的变化会产生一个巨大的市场。选择其为目标市场，未来收益十分可观。

（3）交易成本。市场交易所发生的费用多少直接关系着产品成本和利润高低。在不同市场，每项交易所发生的运费、调查费、保险费、税收、劳动力成本以及广告费用是不同的，企业应当选择交易成本较低的目标市场。

（4）竞争优势。国际市场竞争十分激烈，选择目标市场要同对手相比较，选择在产品质量和花色品种、企业规模、经营组织等方面竞争对手较弱的市场作为目标市场。

（5）风险程度。全球营销是跨国界的营销活动，市场风险是突出的问题。由于自然灾害、意外事故、战争、政局不稳、两国关系恶化以及原料供求变化、货币贬值等原因，都会

导致合同废除、货物丢失、交货延误、贸易歧视,甚至没收财产等风险的产生,因而原则上应选择风险较小的作为目标市场。当然,高收益往往伴随高风险,企业要视具体情况而定,具体问题,具体分析。

12.3.3 评估准备进入的国际市场

一个国家的吸引力取决于产品、地理因素、收入与人口状况、政治气氛以及其他一些因素,企业可能会对某类特定的国家或者地区有特殊的偏好。在列出所有可能的国际市场之后,公司必须对每一个市场仔细考察,对市场潜力、市场占有率、投资收益及风险认真估测,最终确定并为进入市场打下坚实基础。

1. 估测市场潜力

通过已有资料或组织调查,要对目标市场目前的需求规模进行研究。只有对现状充分了解,进入目标市场才能有的放矢,后续的营销活动才可以顺利展开。另外,还要预测未来的市场潜力,判断随着该国经济发展、政局变动等环境的变化,目标市场需求的走向与趋势,这对制定营销战略至关重要。

高露洁起初进入中国市场时,曾质疑是否可以大量投资进入该市场?仅有巨大的市场规模是不是足够了呢?高露洁还需要考虑以下问题:能否克服中国市场的文化障碍?中国是否可以提供所需的产品生产和分销技术?能否与几十个本地竞争者有效竞争(例如,由联合利华管理的本土品牌以及宝洁的佳洁士等竞争者)?高露洁今天的成功证明了它对所有以上问题的回答是肯定的。该企业通过不断地扩展生产线,积极发动推广和教育项目,从大规模的宣传活动到拜访当地学校并赞助口腔护理研究,高露洁已成为中国市场的领导者。

由于从事的是跨国界的营销活动,其调研远比国内市场困难,访问调查的合作率不高,花费的时间和费用却多。因此,调查人员一定要熟悉外国政治、经济、文化的状况以及政策走向,这样做的目的在于确定每个市场的潜力,一些评价指标详见表12-2。

表12-2 市场潜力的评价指标

评价指标	具体因素
人口统计特征	教育状况、人口规模和增长率、年龄结构
地理特征	气候条件、国土面积、人口分布(城市和农村)、交通设施和市场可达性
经济因素	GDP规模和增长率、收入分配、工业结构、自然资源、金融和人力资源
社会文化因素	消费者生活方式、价值观和信仰、商业规范和运营方式、文化与社会规范、语言
政策和法律因素	政治稳定性、政府对国际贸易的态度、政府的官僚制度、汇率管制及贸易规则

2. 预测市场占有率

分析目标市场的竞争状况,有关方面可能设置的种种限制,须判断企业在目标市场可能的市场份额。

3. 预测成本和利润

成本高低与进入市场的战略或方式有关。如果以出口商品方式进入，商业责任与销售成本由合同标明；如果以投资设厂方式进入，成本还要涉及折旧、利息、员工工资、税款、原材料及能源价值等因素。从预计销售额中减除成本，即可测算利润。

4. 估计投资收益率与风险

将某一产品在国外市场的预测利润流量与投资流量比较，估计投资收益率。估计的投资收益率必须高于正常的投资收益率，并能抵消国外营销可能遇到的政治风险、商业风险、货币风险以及其他各种风险。

12.4　进入全球市场

 进入全球目标市场的方式有哪些？

12.4.1　确定进入全球市场的方式

一旦公司决定了将一个国家作为目标市场，它就必须决定进入市场的最佳模式，可选择的方式包括间接出口（indirect exporting）、直接出口（direct exporting）、颁发许可证（licensing）、合资（joint ventures）以及直接投资（direct investment），如图12－2所示。

1. 出口进入方式（间接或直接出口）

出口商品是商品国际化的代表形式，也是全球营销最普遍的方式，分为间接出口和直接出口两种具体形式。

（1）间接出口。间接出口是指企业通过中间商将商品销往国外市场的贸易活动，多被未在国际市场上建立起自己销售网络的中小企业所用，是一种初级形式的国际营销活动。间接出口的优点是投资较少，企业承担的风险较小，是最简便、最灵活的进入国际市场的方式。但它对出口中间商的依附性较强，会给企业的国际营销带来较大的限制，难以及时、全面、准确地获取消费者信息，甚至失去对国际市场的控制权，因此，间接出口是一种被动出口。

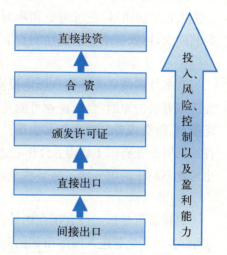

图12－2　进入全球目标市场的方式

（2）直接出口。直接出口是指企业不通过中间商而直接将产品销往国外市场的一种出口方式。与间接出口方式相比，直接出口的优点在于企业可以摆脱对出口中间商的依赖而独立自主地选择国际目标市场，可以利用直接出口渠道了解和掌握国际市场的一手信息,更快地提高在国际市场上的知名度,更好地保护自己的国际品牌和国际声誉。但直接出口对企业的国际营销能力要求较高,投资大、风险多、费用高,只有具备了一定实力的企业才可以选用此方式,当然,直接出口的先决条件是企业必须拥有自营出口权。直接出口有以下几种做法:

① 建立出口部。这个部门承担国际市场信息搜集、广告推销、商务谈判等具体的出口业务工作,从整体上负责企业的国际市场拓展。

② 设立国外销售分公司或子公司。这些公司直接在国外市场开展推销活动,可以使企业更直接地面向当地顾客,有利于提高企业的国际知名度。

③ 派遣出口销售代表。出口企业在目标市场国家设有销售机构或代理商的情况下,可以定期向这些市场选派销售代表,直接到国外了解市场行情,开展推销活动,以争取更多的出口订单。

④ 寻求国外经销商或代理商。国外经销商是通过向出口企业购买产品并拥有所有权,然后通过自己的分销渠道将产品销售出去的一种中间商。国外代理商虽然代表企业在当地市场上争取订单或代销产品,但对产品并没有获得所有权,不承担销售风险。所以,利用前者达到直接出口的目的,对企业来说通常风险会较小一些。

2. 颁发许可证

颁发许可证是融入国际市场的一种较为简单的方法,是指发证企业向国外公司授权使用某种生产流程、商标、专利、商业秘密等,以收取费用或者版税。

颁发许可证的优势在于:能避开进口国的限制;无须大量投资即可进入目标市场;便于不直接从事有形产品生产的服务性行业进入国际市场;由于只是许可人的技术而非资金进入东道国市场,还可避免和降低国际营销风险。颁发许可证最大的缺点是企业获得的利润少,再就是培养了潜在的竞争对手。

3. 合资公司

许多外国投资者常常与当地投资者共同建立合作公司,共享所有权和控制权。出于经济或者政治原因,合资企业可能是可取或者必要的选择,原因在于国外公司可能由于缺乏资金、物资或者管理力量无法独自经营,国外政府也可能将合资企业作为市场的准入条件。合资企业有以下弱点:合作者之间可能因为投资、营销或其他策略产生分歧;另外,也可能不利于跨国公司实施某些全球性的生产和营销策略。

4. 直接投资

直接投资是指通过直接在国外投资建厂进入目标市场。这是资本及生产国际化的代表形式,也是企业进入国际市场的高级形式。直接投资的好处主要体现在以下几个方面:

(1) 避开了贸易壁垒,使产品顺利进入国外市场。当日本彩色电视机出口美国受到美国政府干预时,由于索尼公司在美国圣迭哥建立了一家相当规模的工厂,在日本其他电视机生产厂家在美国市场处于困境的情形下,索尼公司却逃脱了进口定额和附加税的限制,维持了原有的市场规模。

(2) 对在运输困难或运输成本高的遥远异国开辟市场独具优势。例如,委内瑞拉所用搪瓷器皿全部进口自中国,但距离我国路途遥远,出口十分困难。天津某企业在当地投资设厂后,成功地开辟了我国搪瓷制品的拉丁美洲市场。

(3) 有利于企业在东道国市场更全面地发挥自己的竞争优势,对东道国市场形成更大的影响力或控制力。由于出口方式受限于产销地分离,而合同方式又只是企业局部进入,对东道国市场产生的影响力与直接投资方式相比总是显得小一些。只有资本要素的进入,即只有企业整体的进入,才能达到更大的营销规模,提高产品竞争力,并逐步实现对国外市场的某种控制甚至垄断。

直接投资的缺点在于:进入国际市场需要大量资金,启动成本很高,对资金或其他资源紧缺的中小企业来说,这种方式缺乏可行性。如果东道国的货币贬值或市场恶化,投资方会受到很大损失。而且通过直接投资方式进入市场容易,退出却比较困难,即灵活性较差。

12.4.2 确定全球营销组合

进入国际市场的企业,必须决定如何使其营销组合适应当地的营销环境。传统的做法之一是极端的标准化,即在全球市场采取标准化营销组合(standardized marketing mix),全世界基本使用同样的营销方式来销售同样的产品,以求降低生产、营销和管理成本,例如,一些著名的汽车厂商在世界各地同时推出一款车型。另外一个极端是适应性营销组合(adapted marketing mix),针对各个目标市场调整营销组合,尽管要承担更高的成本,但也有望获得更大的市场份额和利润,例如,雀巢在各国推出不同的产品、广告。

近年来,对营销组合进行标准化还是适应化的争论莫衷一是。一方面,一些国际营销人员认为科学技术正在使世界越来越小,并且全世界消费者也希望彼此更加熟悉。这些都为品牌国际化和标准化的全球营销提供了优越的条件和基础。反过来,全球化的品牌和标准化也会产生更大的品牌效应,并且会从规模经济中降低很多成本。另一方面,如果针对每个目标客户群体的独特需要进行调整,将会使营销活动更加有效。各个国家的消费者在需求和欲望、购买力、产品偏好以及购买模式上大相径庭,由于这些差异需要营销者对其产品、价格、渠道以及促销作出调整。

大多数的国际营销人员认为,公司应该"全球化思考,本地化行动",即公司要在标准化和适应化之间寻求一个平衡。公司层面给出全球的策略指导,区域性或地方性公司将精力主要集中在该区域市场消费者的个人差异上。例如,肯德基近年来在中国市场上不仅经营它们在世界各地同样口味的产品,还专门开发和推出了具有中国特点的饮料、食品和促销活动,以应对更强的竞争压力[①]。

---

① 2016 年中国猴年春节前夕,肯德基就适时地推出了"齐天大圣孙悟空"主题系列套餐,并在社交媒体上大加推广,受到大批消费者追捧,一时间洛阳纸贵。

12.4.3 国际营销的组织决策

公司可以通过三种方式来组织全球化活动,即出口部(export department)、国际分部(international division)、全球组织(global organization)。多数公司一开始组建个出口部门,然后设立国际分部,最后成为一个全球组织。

1. 出口部

一个公司往往仅通过运出货物来进入国际市场,随着国际市场的扩张,公司可以组建由销售经理和几位助理构成的出口部。随着销售额的增加,出口部也逐渐包含各种营销服务以帮助公司更加积极地开展业务。如果公司进一步组织合资公司或者进行直接投资,出口部就不足以管理国际化运作。

2. 国际分部

许多公司在不同国家拥有不同的投资项目。他们或迟或早地都需要组建国际分部来管理国际业务。国际分部由部门总裁领导,部门总裁负责设置业务目标,制定业务预算并对公司的国际增长负责。

国际分部的雇员包括服务于各个业务单元的专家。业务单元可以有多种组织形式。首先,业务单元可以根据地域来划分,如分为北美、南美、欧洲、非洲、中东和远东等区域,每个区域由一位全球副总裁负责。业务单元也可以根据全球化产品来划分,每种产品的全球销售由一位全球副总裁负责。副总裁可以从公司内部不同地域的区域专家中进行选拔。最后一种组织方式是全球化的子公司,每个子公司由一位总裁负责,这些子公司的总裁统一向国际分部总裁报告。

3. 全球组织

此时,许多公司已经成为真正意义上的国际化组织了,公司的领导层对全球范围内的生产能力、营销政策、财务流向和物流系统进行计划。国际化的业务单元直接向首席执行官或者执行委员会报告,公司训练其管理人员管理全球化的运作,从各个国家招聘经理,以最低价格采购部件和供应品,在预期回报最大的地方进行投资。

本章小结

全球营销是指企业进行的跨越国界的市场营销活动,即企业运用市场营销原理,以国外消费者需求为中心,有计划地组织一系列国际经营与销售活动,向一个以上国家的消费者或用户提供适销对路的产品和劳务,以获取更大经济利益的企业行为。

踏步迈向全球化也意味着所有的公司都必须回答几个基本问题:在国内、整个经济区域和全球市场,公司希望建立什么样的营销地位?公司的全球竞争者是谁?其战略和资源情况如何?公司在哪里进行生产?在何处进行采购?公司应该同世界上的哪些公司建立战略联盟?

第十二章 开发全球市场

关键术语(中英对照)

全球营销(global marketing)
全球公司(global firm)
间接出口(indirect exporting)
直接出口(direct exporting)
颁发许可证(licensing)
合资(joint ventures)
直接投资(direct investment)

标准化营销组合(standardized marketing mix)
适应性营销组合(adapted marketing mix)
出口部(export department)
国际分部(international division)
全球组织(global organization)

思考题与应用

1. 什么是全球营销?全球营销主要决策有哪些?
2. 在决定是否进入国际市场时,公司考虑的因素有哪些?
3. 讨论五种进入全球市场方式的优缺点。
4. 请举实例解释"全球化思考,本地化行动"的含义。
5. 许多社会评论家认为,随着时间的推移,各国的青少年变得越来越相似了,另一些人则指出,即便是在青年人中,文化间的差异性还是远远大于相似性。你的观点呢?请考虑这两种情况对企业在全球市场开展营销活动的影响。
6. 想想哪些是你最喜欢的品牌?你知道它们是哪个国家的吗?它们是在哪里生产的?又是如何送到你手上的?你觉得了解这些会影响你对产品质量或满意程度的印象吗?

营销实战案例

格力的国际化经营

一、格力的国际化历程

1991年,海利空调厂和冠雄塑胶厂合并,组成格力电器。由于当时空调市场供不应求的历史机遇,格力很快打开了市场。自1993年开始,格力充分利用质量好、制造成本低的竞争优势,获得了松下、大金等众多国际知名品牌的代工订单,出口量迅速飙升,并出口到家电产品强国——日本,开始打入国际主流市场;1994年年底,格力拿到国内第一张欧盟CE认证证书,从此打开了通往欧洲市场的大门;自1995年起,格力连续13年产销量、销售额、市场占有率稳居行业前列;自1997年起,格力实现银行贷款为零,也在这一年,格力创造性地建立了以资产为纽带、以品牌为旗帜的区域性销售公司模式,打破了传统的家电企业依靠国美、苏宁等大卖场销售的渠道模式；1998年，格力的领导通过出国考察，经过深思熟虑之后，决定走出去，向国际化企业迈进。自1998年10月起，格力空调产品就敲开巴西市场，以"格力"品牌在巴西的各大超市设立专柜进行销售，并凭借其技术含量高、品质优良渐渐地被广大巴西消费者接受与认可。1999年3月，格力就专门成立筹备小组，负责进行在巴西建厂的可行性研究。

2001年6月6日，格力在巴西玛瑙斯自由区投资3 000万美元，年产20万台空调的格力电器（巴西）有限公司生产基地正式投产。目前，格力在巴西的销售网点遍布24个州，拥有200多家代理商，近1 000家经销商。2006年，格力电器在巴基斯坦建立了第二个海外生产基地，年产量规模达10万台（套）。与巴西基地不同的是，该生产线由当地经销商投资，格力只是提供技术支持，但其生产销售的全是格力牌空调。这是格力对巴基斯坦市场还不是很了解的基础上作出的策略安排，可见，格力在走进国际市场时是慎之又慎。2007年，格力电器在巴西和巴基斯坦建厂之后，在越南胡志明市著名的新加坡工业园区内投资建厂，建立了格力在海外的第三个空调生产基地并于2008年4月正式投产。目前，格力电器从最初的年产50万台到现在的1 500万台，格力的产能以几何倍数急剧增加，并成为目前全球最大的专业空调生产基地，其产品已远销欧洲、亚洲、非洲、南美洲及北美洲等150多个国家和地区，产品质量、品牌已经能和世界著名品牌同台竞争。

二、格力国际化过程中的重点战略分析

1. 进入战略：先有市场，后有工厂

自2001年开始进入国际市场的过程中，格力奉行的是先有市场、后有工厂的经营思路。因为格力认为，一个企业"走出去"，一定要有抵抗风险的能力，在有市场需求的情况下再考虑投资建厂，是稳健而明智的做法。格力的进入战略基本都符合Johanson & Valhne提出的两种可被识别的国际化模式的其中一种，即在进入模式上，由资源投入较低逐渐向资源投入较高的方式过渡，往往经过无规则出口到出口代理再到海外建立销售子公司，最后在海外设立生产子公司这个发展链条。只是在对目标国家市场进行筛选的时候更侧重以需求为导向，以低风险为基础，充分利用其比较优势来综合考虑。

进入目标国家市场后，格力采取的是直接出口的扩张模式，格力在海外建立了生产子公司，但并没有建立自己独立的分销渠道，而是与当地的大型超市和高档电器公司等进行强强联合，"借船出海"。这也是考虑到自建渠道的资金投入大，且相应的沉淀成本和风险较高的缘故。

2. 竞争战略：技术、质量、价格

实施国际化战，必须培育适应国际市场的核心竞争力。格力高层认为，企业的国际化其实是技术和品质的国际领先。首先，格力坚持以"技术创新抢占制高点"的开发战略，科研投入不是按"销售收入的百分比"来预算，而是按企业未来的发展"按需分配"，是中国家电业科研投入最高的企业。同时，格力严格把控产品的质量关，1999年，格力投入百万巨资推行"缺陷"工程，在全员中灌输"零缺陷"的质量观念，大大降低了格力空调的返修率。在生产的各个环节上，制定出高于国家和国际标准的企业标准。最后，格力通过在成本上找突破口来降低产品价格,其秘诀之一就是充分利用发展中国家的劳动力、原材料比较优势,使其公司资源在国际间优化配置。

在格力国际化的前期摸索阶段(1993年至1997年),主要是采取OEM方式进行出口。在摸透了"水性"后,逐步由OEM方式向自主品牌发展。所以,在格力国际化经营的发展壮大阶段(1998年至今),格力逐步在出口中力推自主品牌。在目标国市场上设立专柜或专卖店,树立中国家电精品名牌的形象。

三、格力国际化经营的成功经验与启示

格力经过20多年的发展,运用高技术、高质量、低价格三张王牌敲响了国际大市场,成为中国企业国际化的佼佼者之一,它的成功经验为我国企业国际化经营提供了以下启示:

1. 要以需求为导向,注重可行性研究

"需求"是海外目标市场选择不变的主题,一个可选的海外目标市场应基本具备下列条件:① 具备没有满足的需要;② 本企业有能力满足这一需求;③ 在满足需求的同时获得一定的经济效益,不能图虚名、冲动而作出无利可图的决策。在海外目标市场的选择上,应做好充分的可行性研究工作,可以聘请当地知名咨询机构协助调研,以取得第一手的、详细真实的资料,特别是在境外建厂的选择上,一般都选择那些政局稳定、劳动力丰富、产品有出口配额的地区。

2. 要注重科技创新与自主品牌的建设

格力实现了成为中国世界名牌的大跨越:从以廉价要素为基础的比较优势到以自主创新为核心的品牌优势。对技术的大投入使格力品牌不仅提高了企业本身的国际竞争力,带来了可观的利润,同时也是一个民族整体素质的体现,是一个国家综合经济实力的象征,是一个企业寻求长远发展的根本路径。

3. 要注重与当地环境的融合,充分利用其比较优势

企业一旦走出国门,就进入一个全新的环境,当地的政治、经济环境,乃至工商注册、盖房用地、原料选购、置车雇工等一系列具体问题,都必须有熟悉当地情况的诚心诚意的合作伙伴。格力与巴西经销商的紧密合作,为格力在巴西市场获得的巨大成功提供了重要条件。同时,格力员工中还吸纳了很多当地人,聘请巴西的经济师、会计师、律师顾问等,提供企业实际运作过程中的各种政策和法规援助,最大限度地减少失误,避免造成各种各样的经济损失。

4. 要注重对风险的控制

企业无论是在国内还是在国外经营都会有风险,只是国际市场的环境更加复杂多变,风险更大,企业无法完全逃脱,但是要尽量规避,严格控制风险,在输不起的时候,还是以求稳为原则。

资料来源:http://wenku.baidu.com/link? url=mUVRW5ZKKBMcOlZIjJGJYkmhyO3NRVDKzR6WAQor2VfcFda9kAg2kKNu9HLM6FNkMTAwvfhiZfokAmUNCksuQde5HAVDT5aWziQl0SRdLaW。

讨论题：

1. 请结合国际市场营销的相关知识点，分析企业在不同发展阶段该如何选择进入海外市场的方式。

2. 结合格力案例，讨论面对目前国际市场对"中国制造"存在的低质廉价印象，"出海"的中国传统制造业该如何开发全球市场。

3. 根据案例中所提到的格力在国际化进程中的经验和启示，讨论企业如何做好国际营销战略计划和风险管理。

案例点评：

扫一扫如下二维码，获得老师对此案例的点评。

第十三章
新媒体营销

 本章知识结构图

```
新媒体新规则 ── · 认识新媒体
              · 新媒体营销
              · 营销新规则

新媒体营销平    · 门户网站营销
台Ⅰ——网络   · SEM营销
新媒体        · Email营销
              · 微博营销

新媒体营销平    · 手机短信营销
台Ⅱ：手机新  · APP营销
媒体          · 二维码营销
              · 微信营销

新媒体营销效    · 新媒体营销内容衡量指标
果的衡量      · 新媒体营销服务衡量指标
```

 课前预习

本章学习要点：

1. 了解新媒体的内涵及特征；

2. 掌握网络新媒体营销的内涵、功能及营销技巧；
3. 掌握手机新媒体营销的内涵、功能及营销技巧；
4. 理解衡量新媒体营销效果的方法。

营销视频扫一扫

营销创新：微信营销赚钱的秘密[①]

处于"互联网+"时代，随着数字新媒体的飞速发展和消费者行为的不断变化，企业要想在信息化高速发展的时代胜出，必须以先进技术为依托，利用互联网平台，对企业传统营销的组织形式、管理模式、经营方式和营销观念等方面不断地革新。

新媒体营销是建立在互联网基础之上、借助互联网特性实现营销目标的一种营销手段，其实质是把互联网作为销售工具及销售手段而进行的一种营销活动，是企业整体营销战略的重要组成部分。扫一扫如下二维码，观看视频"营销创新：微信营销赚钱的秘密"，与老师及小伙伴们讨论如下问题并开始本章的学习：在新媒体营销技术日新月异的今天，企业该如何变革与创新，有效开展营销活动？

通过前面章节的学习，我们已经掌握了很多企业如何通过制定有独特竞争力的营销战略和营销组合策略，来创造并传递卓越的客户价值，从而建立持久客户关系的基本原理。在本章中，我们将学习在网络信息时代，随着社会化新媒体的飞速发展、消费者行为和企业营销理念的不断变革，企业该如何运用新媒体开展营销，从而营造一个良好的生存和发展空间。

截至 2015 年 6 月，中国互联网普及率为 48.8%，网民规模达 6.68 亿，手机网民达

[①] 资料来源：若想观看完整视频，请登录 http://www.yicai.com/videos/2013/11/3084084.html。

5.94亿,微博月活跃用户超过2亿人,微信月活跃用户超过5亿人,移动商务类应用发展迅速。以微信、微博为代表的社会化新媒体,覆盖90%以上的智能手机,它们已不单单只是充满创新功能的手机应用,它们已渗透到社会的方方面面,从根本上改变了人们的生产和生活方式。因此,认识现代新媒体的发展,树立新媒体营销意识,懂得掌握新媒体营销知识和技能是营销从业人员适应时代发展、有效开展新媒体营销活动的前提。

13.1 新媒体与营销新规则

 数字化时代市场营销的新挑战表现在哪些方面?

13.1.1 认识新媒体

新媒体(new media)是一个相对的概念,是在报刊、广播、电视等传统媒体以后发展起来的新的媒体形态,主要包括四大块:互联网新媒体(门户、搜索引擎、E-mail、论坛、微博、SNS、IM等)、手机新媒体(短信、APP、二维码、微信、微博、手机报等)、电视新媒体(数字电视、交互式网络电视等)、户外新媒体(户外电子显示屏、楼宇电视、车载移动电视等)。

新媒体也是一个宽泛的概念,利用数字、网络技术,通过互联网、宽带局域网、无线通信网、卫星等渠道,以及电脑、手机、数字电视机等终端,向用户提供信息和服务的传播形态。现阶段的新媒体无不以数字技术为基础,因此,也有人称新媒体为数字媒体。随着新技术和新思维的层出不穷,新的传播渠道也日新月异、不断涌现。

与传统媒体相比,新媒体具有超媒体性、交互性、及时性和共享性,能够提供个性化服务。所谓超媒体性,是指在多媒体中非线性地组织和呈现信息,在信息文本中含有指向其他文本的链接,受众不需要顺序阅读,而是根据自己的兴趣和需求通过点击链接选择性地阅读文本信息内容,受众完全掌握了信息的选择权和控制权。

交互性是指在新媒体传播中,没有绝对的权威和中心,信息发送者和接受者之间的信息交流是双向的,参与个体在信息交流过程中都拥有控制权。传统媒体具有出版周期,而且版面、时长都有严格的规定,其传播受到时间和空间限制。相比之下,新媒体在传播的及时性和共享性上具有明显优势,能够彻底打破时空界限。从总体上说,传统媒体属于大众传播,通过传播实现信息的大众化覆盖。而新媒体能够为用户提供从主页装饰、页面排版、好友管理到图片、视频分享等个性化服务,受众也可以随时随地接收信息,甚至可以通过收藏、下载等方式反复浏览。

13.1.2 新媒体营销

新媒体营销(new media marketing)是指利用新媒体工具进行营销活动。在营销过程中，首先必须审视目标消费群体的消费行为特征，然后才是有效地选择和利用新媒体工具。新媒体营销往往不是单一地通过一种渠道进行营销，需要多种渠道整合营销，甚至在营销资金充裕的情况下，可以与传统媒体营销相结合，形成全方位、立体式营销。

新媒体营销使营销人员与消费者沟通的互动性增强，有利于取得更有效的传播效果。企业要做的就是让目标用户参与，让品牌融于消费者的互动活动当中，融于口碑当中，形成另一种传播源，不断扩散，使营销将事半功倍。反之，如果让消费者置身事外，他们将永远无法体验其中滋味，更无法成为营销的"病毒载体"。新媒体让消费者占据了主导地位，在这个崇尚体验、参与和个性化的时代，消费者的个性化需求更容易得到满足。

新媒体的发展使病毒营销、社区营销、数据库营销、反向沟通、互动体验、口碑传播、精准营销、焦点渗透、事件营销等各种新的营销形式和方法不断出现，提升了营销的创意空间。新媒体将更多创造性的元素融入整合营销传播当中，对企业战略转型和整合营销传播的完善和发展都具有关键意义。

在新媒体营销中，不管是门户网站的按钮广告、搜索引擎的关键词广告，还是SNS推广等，相对于传统媒体来说，都有更精准化的定位。如果你在微博谈论购买篮球的事情，系统会判断你有购买篮球的需求，进而会为你定制耐克、阿迪达斯或李宁等品牌宣传。在这个营销过程中，一切都基于人、账户以及关系网，一切需求和潜在消费欲望都可以被记录、被计算和被推理。

未来的消费越来越强调个性，消费者会主动选择自己喜欢的方式，在喜欢的时间和地点获得自己喜欢的商品和服务，移动互联网时代的各种工具能让企业清楚地知道顾客的需求。例如，一个4G高额的用户会是一个经常出差的高端商务人士；一个经常在微信上晒今天又买了什么衣服的人，一定是一个追求时尚的潮人，把握这些信息的企业就能更好地满足客户个性化的需求。

新媒体的另一个优势，就是能从中轻而易举地得到大量的用户信息，构建大数据库营销潜力。在我们看来，自己的信息只不过是交往时必要的谈资，但在网站眼中，用户就是精准的潜在消费者。目前的技术完全有能力根据你的基础信息和实时交流内容，通过语境和语义分析，算出你在哪方面有需求或消费潜力。这些免费而主动提供的信息，才是各企业争夺的资源和财富，因为这些信息是数据库营销的基础。有了庞大的数据库，如何赚钱不是难点，问题在于如何才能既有较高的经济收益又不能太影响用户的使用体验。

新媒体的精准使得它可以大胆地宣布"按效果"收取广告费用，这在传统媒体的品牌传播中几乎不可能。越来越多的企业开始选择新媒体，也是因为传统媒体的广告效果实在难以评估。依据效果付费是大部分互联网广告形式的核心卖点。在社交网络营销时代，这一点依然会沿用，无论商品点击次数、商品展现次数、粉丝数、电话咨询次数，甚至销售量，一切都可以被记录，一切也都可以被验证。

在Web2.0带来巨大革新的年代，营销思维也带来巨大改变，体验性（experience）、沟通性（communication）、差异性（variation）、创造性（creativity）、关联性（relation），互联网已经进入新媒体传播2.0时代。新媒体营销借助新媒体中的广泛受众和深入的信息发布,让他们卷入具体的营销活动中。例如,博客作者们就某一个话题展开讨论,从而扩大商业公司想要推广的主题或品牌的影响范围。

新媒体营销是基于特定产品的概念诉求与问题分析,对消费者进行有针对性心理引导的一种营销模式。从本质上来说,它是企业软性渗透的商业策略在新媒体形式上的实现,通常借助媒体表达与舆论传播使消费者认同某种概念、观点和分析思路,从而达到企业品牌宣传、产品销售的目的。

13.1.3 营销新规则

在互联网出现以前,企业吸引人们注意力的方法是自己花大价钱做广告,或者借助第三方在媒体上做宣传。营销传播的主要内容是把信息传播出去,并使潜在客户信服,让他们采取行动。一项主要的技术就是"打断式"广告,广告公司的创意人员构思能够打断人们并吸引他们注意广告的方法。但是,网络的出现改变了这条规则。借助社交媒体的强大功能和影响力,现在的营销传播是与潜在客户进行对话,直接与客户建立联系,并引导和说服他们采取行动,不再是一味地采用单向式推销,而是当购买者恰好需要某些内容的时候为他们提供这些内容。

当消费者需要作出购买决定时,通常会基于独立调查,通过百度等搜索引擎或网络社区来查找信息,通过微信、QQ等社交软件向朋友或同事咨询感兴趣的产品和服务,人们越来越倾向于利用网络来解决问题。如果企业不在网络上露面,消费者上网搜索的时候就看不到企业的存在,企业就会丢失潜在的业务。但如果企业把那些用于传统媒体的广告和公关计划搬到网上来,也很难成功。

因此,新媒体时代的市场营销面临新的挑战。首先,营销渠道激增并呈现出多样化的态势。营销活动从传单、广告牌的初始方式,延伸到互联网网络、智能手机、网络社区,用户接收信息的渠道越来越多。其次,互联网上的交流从网页浏览发展到人与人交互。互联网改变了传统媒体的交流模式,引入了网上交流的新模式,并且这些模式也在不断变化,从门户网站到即时通信工具,再到社交媒体,诸如此类。客户与企业进行交流的渠道更加丰富,更注重互动的过程。第三,社交媒体使得客户的声音被扩大。通过社交媒体的传播效应,适应客户喜好的信息被更加广泛地传播。第四,全行业360度全方位接触。以前,企业单向地向客户传播一些信息;现在,这种传播是双向的。客户不愿意简单地相信厂商说,更愿意相信朋友或是第三方说的。

新媒体时代有新的规则。一旦营销人员把网络当作一个服务于客户的工具,为上亿微型市场用户快速提供他们所需的信息,就会极大地改变创建Web内容的方式。营销人员必须转变思想,从面对大众的主流营销转变为通过网络服务于那些数量众多、不同需求的客户群。面向大众市场的"一刀切式"的站点内容已经无法满足这些用户的需求;相反,营销人员需要创建面向不同用户的精准内容,每种内容只针对很窄范围内的目标客户群。最有效的Web策略是预测人们的需求(甚至人们自己还没有想到这些需求),并提供能够满足这些需求的内容。

在互联网世界中,内容驱动行动。新媒体营销并不是使用一些司空见惯的广告条,通过高亮的颜色和花哨的动画来吸引人们,而是理解消费者使用的关键词和短语,然后创建他们所需的内容。企业需要为客户创建有用的内容,真正理解内容营销、搜索引擎优化和直接面向消费者消息发布的强大功能,并利用这些手段直接吸引消费者和推动业务的增长。企业发布的内容展示了自己的形象,企业需要通过精彩的在线内容把人们吸引到产品的购买流程当中,人们想要参与,而不只是被当作宣传对象。

在新规则下,公关不再是每月花费不菲来执行媒体关系计划,试图让一些选中的杂志、报纸和电视台的记者做报道。相反,应把目标对准那些有影响力的博客、在线新闻站点、微信平台,因为他们已经与目标客户建立了联系。公关不再需要等待媒体来为企业写报道,而应该自己撰写一些能够凸显专家思想和成功案例的文章,把它分发到网上,以便消费者能够在新闻搜索引擎和垂直内容网站中找到这些内容。借助于社交媒体,企业可以直接与用户对话,而完全绕过媒体这个过滤器,问题的关键是让人们能够在网上找到企业。

案例小链接 13-1

松下电器的新媒体营销策略

作为其"生活在高清视界"活动的一部分,松下电器希望能在拉斯维加斯的消费性电子展上为其品牌制造关注度。但是,这次并不是依靠邀请普通的科技记者参加会展,而是聘请了5个有影响力的博主前来参加展会。松下公司为他们负担了全部的费用,还为他们提供拍摄设备。作为回报,这五位博主将会在自己的博客上分享这次展会的盛况。当然,还要包括对松下产品的特别介绍,这些都可以在博客、Twitter以及YouTube上看到。这样做的代价是,松下对博主们发布的内容没有控制权。为了保证可信度,松下公司没有任何干预,博主们也完全公开了背后的赞助品牌。尽管松下没有指定发布的内容,但"赞助话题"还是让松下在互联网上掀起了巨大波浪。一位松下发言人人提到:"当你为博主们提供设备时,他们是非常欣喜的,就如其他顾客一样,他们会广泛地传播品牌的良好形象。"松下只是希望通过这种方式成为引发自我品牌话题讨论的催化剂。

资料来源:菲利普·科特勒、加里·阿姆斯特朗,《市场营销学原理》(亚洲版·第3版),机械工业出版社,2013年。

在新媒体环境下,企业的营销行为、习惯和观念发生了哪些变化?

13.2 新媒体营销平台Ⅰ：网络新媒体

 网络新媒体具体包括哪些？

随着社交网络时代的进一步发展和移动网络时代的到来，"触网"已然成为人们重要的生活方式。无论是传统商家还是网络用户，都把各种网络新媒体作为重要的营销手段，门户网站、搜索引擎、博客、微博、E-mail 等被广泛应用。企业借助网络新媒体传播某种概念或观点，引导消费者认同，从而宣传企业品牌形象和使产品热销，最终使企业在行业中立于不败之地，实现营销目标。

13.2.1 门户网站营销

1. 门户网站简述

门户网站(portal site)通常被理解为用户进入互联网的起点或首页，是集内容服务、信息服务、网上交易、虚拟社区于一体的综合性网站。网站内容既可以针对大众，也可以面向特定类型的小众。伴随门户网站自身的发展，企业利用门户网站进行网络营销，可以实现信息发布、品牌传播、网站推广、销售促进等基本功能。

2. 门户网站的类型

从网站的内容宽度来看，门户网站分为综合门户网站和垂直门户网站。综合门户网站整合各方面的服务资源，主要提供新闻资讯、搜索引擎、网络邮箱、在线游戏、移动增值、电子商务、解决方案等服务，具有较高的人气和整合优势，如新浪、网易、搜狐等。垂直门户网站是针对某一特定领域(或地域)、某一特定人群或需求而提供的有一定深度的信息和相关服务的网站，如从事房地产服务的搜房网和以学生课外辅导为主的学而思网等。

从网站构建主题来看，门户网站分为企业门户网站、商务门户网站和政府门户网站等。企业门户网站是一个链接企业内部和外部的网站，它可以为企业提供一个单一的访问企业各种信息资源的入口，企业的员工、客户、合作伙伴和供应商等都可以通过这个门户获得个性化的信息和服务。商务门户网站面向普通网络用户，为其提供有价值的资讯、信息以及服务的门户网站，如新浪、网易等。有的商务门户网站除提供产品信息外，主要目的是促成双方交易，其主要利润来源于用户的交易，如阿里巴巴、淘宝、京东、当当等。政府门户网站是在各政府部门的信息化建设的基础上，建立起跨部门的综合业务应用系统，使适的人能够在恰当的时间获得恰当的服务。

3. 门户网站营销技巧

一方面，企业通过加强自身官网建设，充分展示企业形象、业务范围、产品信息等，扩大企业的知名度，增加商业机会，实现营销价值。企业利用自身门户网站进行营销时应注意:第一,企业网站建设要简单、实用、有效;第二,企业网站可以增加查询工具、统计工具等必要的网络营销工具,以提升网络营销的实施效果,更可以为顾客提供各种在线服务和帮助信息,用高质量的客户服务提升业务量;第三,选择合适的方式进行网站推广,例如,利用百度、谷歌等搜索引擎进行关键词广告推广,利用行业网站投放广告,利用企业博客、行业专家的博客、知名论坛进行网站推广。

另一方面,企业还可以利用其他门户网站进行营销传播。企业一般利用综合门户网站投放品牌展示广告,以提升品牌认知,利用垂直门户网站投放与受众匹配度更高的促销类广告,以直接促进销售。**病毒式营销(viral marketing)** 是一种常用的网络营销方法,它利用用户的口碑相传,实现高效的信息传播,由于这种传播是用户自发进行的,几乎不需要费用。现在的综合门户网站大都开发了 E-mail、论坛、微博、微信等利于开展病毒式营销的应用工具,企业可以充分利用这些平台,制造有利于企业的"病毒",实现"病毒"在用户间的传播,达到推广网站和品牌等目的。

13.2.2 SEM 营销

1. SEM 简述

SEM 是 search engine marketing 的缩写,中文意思是**搜索引擎营销**,即根据用户使用搜索引擎的方式,利用用户检索信息的机会尽可能地将营销信息传递给目标客户。用户检索所使用的关键词反映出用户对该问题(产品)的关注,这种关注是搜索引擎被应用于网络营销的根本原因。

2. SEM 的基本职能

搜索引擎在网络营销中的作用主要体现在网站推广、产品促销、网络品牌、网上市场调研等方面。

网站推广就是为用户发现网站信息并来到网站创造机会。在用户获取信息的所有方式中,搜索引擎是最重要的信息获取渠道,也就是说,搜索引擎是网站推广的最有效工具。

在不同企业、针对不同产品,除了在企业网站上充分体现出产品推广意识之外,合理利用搜索引擎可以更好地实现产品推广的目的。用户在购买产品之前,尤其是如汽车、住房、电气、数码产品等这类高价值产品之前,通过互联网获取初步的产品信息已经成为普遍现象。在这个过程中,搜索引擎发挥了至关重要的作用,搜索引擎已经成为有效的产品促销工具。

网络品牌是企业网络营销活动的综合体现,企业的网站信息应该被主要搜索引擎收录,即增强网站的搜索引擎的可见度,从而获得被用户发现的机会,否则,再精美的网站也体现不了企业的品牌形象。

无论是获取行业资讯、了解国内外市场动态,还是进行竞争者分析,搜索引擎都是常用的工具。通过搜索引擎获得的初步信息,加之专业的网站分析和跟踪,还可以对行业竞争状况作出理性判断。

3. SEM 营销技巧——SEO

SEO 全称为 search engine optimization，中文译为搜索引擎优化，它的主要原理是通过提高目标网站在搜索引擎中的排名来达到推广的目的。例如，某企业做一个手机类的网站，当用户搜索与手机相关的关键词时，企业通过技术手段使网站出现在结果页的前几名中。通过对网站栏目结构、网站内容等基本要素的优化设计，可以提高网站对搜索引擎的友好性，使网站中尽可能多的网页被搜索引擎收录，并且在搜索引擎结果中获得好的排名效果，从而通过搜索引擎的自然检索获得尽可能多的潜在客户。

利用登录目录索引，这是最传统的网站推广手段。目前，多数重要的搜索引擎都已开始收费，企业可以通过竞价排名的方式抢占好位置。竞价排名的基本特点是按效果付费，只有用户点击了链接，才支付相应费用。而且网站可以自己控制点击价格和推广费用，精准统计用户点击情况，还可以根据时间、地区等显示结果，增加精准度。

以"百度底层营销"即百度相关热门搜索为例，当某一关键词被搜索的次数多了，就会被记录在相关性中，当用户输入词搜索时，下拉框就会自动提示。企业可以通过人工或软件的方式增加该关键词的搜索量，也可以通过在网站挂广告的形式引导用户帮助点击或用论坛、软文等网络推广方法，但要注意在推广的过程中，将宣传的地址设为要"刷"的关键词地址。

13.2.3 E-mail 营销

1. E-mail 简述

E-mail(electronic mail)即大家熟知的电子邮件，它从普通通信工具发展为营销工具需要具备一定的环境条件，如一定数量的用户电子邮件地址，有专业的电子邮件营销服务商，或者企业内部拥有开展电子邮件营销的能力，用户对于接收到的信息有一定的兴趣和反应。电子邮件营销(E-mail marketing)是通过电子邮件的方式向目标用户传递有价值信息的一种网络营销方法。

2. E-mail 营销步骤

第一，寻找邮件地址。搜集邮件地址的方法很多，可以利用第三方提供的邮件列表服务，也可以用专业软件自己搜集。利用第三方提供的邮件列表服务，费用较高，很难了解潜在客户的资料。由于用户资料是重要的营销资源，因此，许多公司都希望拥有自己的用户资料并建立起自己的邮件列表，作为一项重要的网络营销策略。

第二，选用优秀的邮件发送工具。目前，市场上群发软件很多，但有些只能发送，缺乏综合的验证邮件地址有效性、提高邮件列表质量，同时具有邮件退订功能的软件，从而造成营销者无法及时地取出不相关的邮件地址，因此，开展 E-mail 营销的企业最好选用具有邮件地址退订的群发软件，及时去除退订和无效的邮件地址。

第三，制定发送方案。首先，应尽可能地与专业人员一起确定目标市场，找出潜在的顾客；其次，结合顾客的预期和需要，确定发送 E-mail 联系的频率；最后，要设计好邮件的主题和内容，不要让自己的邮件被接收者认为是垃圾邮件而删除。

第四，发送 E-mail，搜集反馈信息，及时回复。E-mail 营销要取得好的效果，当然要能够及时地收到客户的回复，否则，前面做得再好，也会前功尽弃。当接到业务咨询时，企业应及时进行回复，并在对潜在顾客作出及时回复之后再作跟踪询问，确认对方确实收到了回复，这样既能给对方受重视的感觉，还可表达出希望赢得这笔业务的诚意。

第五，不断更新邮件列表，提供 E-mail 营销服务。根据得到的信息进行整理，更新邮件列表，创建一个与企业的产品和服务相关的客户数据库。接到订单及时跟进，对优质顾客提供更多的优惠服务。

3. E-mail 营销的注意事项

企业要成功地进行 E-mail 营销，并充分发挥其应有的作用，还应注意以下几个事项：第一，企业要想长久开展 E-mail 营销，所获取的 E-mail 地址须获得用户许可，或给出用户退订选择；第二，对常问问题有统一的答复，可创建 FAQ 文件，设立一个自动回复器；第三，当接到客户投诉时，应及时回应，恰当处理顾客意见；第四，不要对主动来信的顾客抬高价格。顾客通常会同时向多个商家发出同样的询盘信件，很方便就能对比各家产品的性能和价格。通过 E-mail 报价比较被动，一旦发出，便无法改变，同时又无法像当面报价那样探听到竞争对手的价格状况，这对 E-mail 营销人员提出了更高的要求。

13.2.4 微博营销

1. 微博简述

微博(micro blog)是一个基于用户关系的信息分享、传播以及获取平台，用户可以通过电脑、手机以及各种客户端组建个人社区，以 140 字左右的文字更新信息，并实现即时分享。微博营销是指组织和个人借助微博这种社会化媒体影响其受众，通过在微博上进行信息的快速传播、分享、反馈、互动，从而实现市场调研、品牌传播、产品推广、客户管理和公共关系等功能的营销行为。

2. 微博营销的主要形式

借助微博平台投放硬性广告，如网站横幅广告、推荐类广告、热门话题榜、基于搜索引擎的关联类广告等；或相对隐蔽的植入传播，如模板植入、APP 植入、微博链接植入等。这种方式主要是利用微博平台庞大的用户群体和强大的精准掌握能力，实现其良好的营销传播效果。

开通官方微博，在微博上展示自己的产品、品牌，这是最为简单、基础、直接的营销方式，同时又具营销传播的系统性和深入性。

借力微博圈中的意见领袖(opinion leader)，实现微博营销。微博圈中不乏拥有庞大粉丝团的草根微博红人、明星、名人或行业专家等，他们在特定领域掌握着强大的话语权，时刻在潜意识中影响着数以万计的围观群众，通过他们的一条微博就可能产生巨大的效应。

3. 微博营销策略

品牌、活动信息传播多管齐下。当企业和顾客之间不再是简单的买卖关系，而被赋予更丰富的人性化色彩后，买卖自然会向更温和、更顺畅的方向演变。

与用户互动是微博营销制胜的重要法宝。微博这个开放的平台,参与的人越多,传播的范围就越广;互动越多,企业和顾客的关系就越密切,切忌把微博办成像官方发布消息窗口的那种冷冰冰的模式。

企业微博和个人微博相结合。个人品牌往往比企业品牌更容易获得关注,因为官方对言论的发布十分谨慎,声音单一,而个人微博发布言论相对随意、多元化些。所以,企业除开设并经营好官方微博外,最好再开设一个企业主的个人微博。因为企业微博往往以推广品牌、产品、服务为目标,个人微博多以表现自己思想、增加影响力为目标。

13.3　新媒体营销平台Ⅱ：手机新媒体

 手机新媒体的兴起对营销的影响有哪些?

手机又名移动电话,是可以在较广范围内使用的便携式电话终端。伴随着手机网民的快速增长,移动商务类应用发展迅速,成为网络营销发展的新引擎。2015年上半年,手机网购、手机支付用户规模分别达到2.70亿元和1.68亿元,半年度增长率分别为14.5%和26.9%。

手机新媒体营销有以下三个特点:

(1) 移动性。近几年,众多传统媒体积极介入手机媒体,最根本的原因是手机媒体解决了网络时代信息接收终端与用户的同步问题。手机媒体实现了真正的跨越时空的信息即时传输,这一特性也决定了手机是当今最快捷方便的新媒体。

(2) 广域性。手机网络几乎覆盖了人们生活的任何地方,无论是在家里、办公室,还是正在路上,都能实现信息的覆盖,相对于受电脑终端限制的网络媒体,其信息的传输面大大超越了网络媒体。

(3) 强制性。手机用户对手机的依赖性决定了手机媒体具有一定的强制性,用户需要随时随地地通话,所以,必须时时刻刻携带手机。在当前的手机媒体信息传送中,受众处于被动地位,这就使发送者可以通过定位系统来确定不同用户的身份和所处的位置,根据手机上的相关信息向用户传送不同的信息。

手机新媒体营销的发展趋势是:

(1) 随着社会经济的不断发展和人们生活水平的不断提高,人们生活方式及心态的变化使大众愈发崇尚娱乐化。为了满足用户的需求,手机新媒体必须向内容娱乐化、形式多媒体化方向发展。例如,支付宝推出的"淘宝电影""滴滴出行""机票火车票"等业务,极大地方便了人们日常生活的需要。

(2) 社会环境的智能化、信息化程度越高,手机新媒体在社会中的应用范围会越来越广,商业化程度会越来越高,涉及的领域及盈利点也会越来越多。

13.3.1 手机短信营销

1. 手机短信营销简述

手机短信营销是凭借自身功能强大的短信平台和多年以来对短信广告、短信客服等短信应用技术和市场经验的积累,设计出的一套以手机短信为沟通手段的短信整合营销方案。短信营销方案的实施,将建立从短信广告宣传、与客户进行互动短信交流、客户资料手机整理、短信促销到短信客服等一整套合理高效的营销体系,将为营销效率的提高起到革命性的促进作用。

2. 手机短信营销的优势

手机短信营销具备的优势有:

(1) 方便性。发送的短信不会影响对方的正常活动。短信营销人员根本不用去电信公司申请一个特殊服务号,短信群发软件非常容易使用,只要输入要发送的短信内容和要发送的手机号码区段(如1300632××××)就行了,而不需要输入上万个真实的手机号码。

(2) 强制性。这里是指强制用户阅读,不是强制用户购买。

(3) 准确性。可以根据手机号码判断手机用户的所在地。

(4) 经济性。相对于传统媒体,手机短信营销成本可以忽略不计。

3. 手机短信营销的技巧

手机短信是电话营销的侦察兵。当拿到准客户的资料时,要加以区分,能掌握客户详细资料的情况,可以直接开展电话销售。对于情况不详,甚至都不知道其是否还做这一行的准客户,最好的选择是先发手机短信和对方沟通。

手机短信能架起一座和客户沟通的桥梁。有些准客户一时不准备采购你的产品,手机短信就成了通向客户的桥梁,常沟通为后来拿下订单打下关系基础。手机短信也是培养老客户忠诚度的有力工具,经常用手机短信问候客户,让客户感觉你始终记得他。

手机短信还是宣传产品卖点的有效手段。有的客户虽然想买你的产品,却又对你的产品抱有犹豫的态度,这时可以通过手机短信来宣传产品,促使客户下决心购买。

13.3.2 APP 营销

1. APP 营销简述

APP 种类繁多,不同的应用类别需要不同的模式,主要的营销模式有植入广告、用户参与和购物网站等。手机的移动性、随身性、交互性和以其为代表的移动终端营销形式、技术、载体的多元性,决定了 APP 拥有其他媒体无法比拟的交互和创意价值,为跨媒体无缝整合赋予了更多的内容,而配合了先进技术的创新营销形式也更容易吸引时尚人群的参与和关注。

2. APP 营销的特点

APP 营销的成本低,一旦用户将应用下载到手机客户端,持续性也会相对长久些。

APP能够全面地展示产品的信息,让用户在购买产品之前就已经感受到产品的魅力,甚至用户可以及时地在移动应用上下单,这种竞争优势无疑增加了产品和业务的营销能力。APP还有利于企业和顾客之间的交流,这种互动性是很多媒体所不能替代的。顾客的好恶、喜爱的样式、格调和品位,也容易被品牌一一掌握,这对产品大小、样式设计、定价、推广方式、服务安排等均有重要意义。

3. APP营销步骤

首先,开发一个符合企业定位的品牌化应用,然后将应用程序传递到用户手机上。如今这个年代,应用商店里最不缺的就是应用程序。应用最好要有足够的品牌关联度,还要有一些消费者现在想要的、以后也一直想要的实用功能。更重要的是,一边开发,一边还要有意识地思考如何把这个应用程序当作一个产品营销出去。不是每个应用软件都会下载到用户终端,没有装到用户终端的应用软件就没有媒介价值了。随后,提供良好的后续服务,增加用户对品牌的信心。

13.3.3 二维码营销

1. 二维码营销简述

二维码即QR,来自英文quick response的缩写,即快速反应的意思,源自发明者希望QR码可让其内容快速被解码。QR码比普通条码可储存更多资料,也无需像普通条码般在扫描时直线对准扫描器。二维码是用某种特定的几何图形按一定规律在平面(二维方向上)分布的黑白相间的图形,记录数据符号信息的新一代条码。

手机二维码将手机需要访问、使用的信息编码到二维码中,利用手机的摄像头识读。手机二维码可以印刷在户外媒介、报纸、杂志、广告、图书、包装以及个人名片等多种载体上,用户通过手机摄像头扫描二维码即可实现快速便捷地手机上网、浏览网页、下载图文、音乐和视频、获取优惠券、参与抽奖、了解企业产品信息等基本功能。企业通过手机二维码即可实现在线促销、产品展示、移动商务。

2. 手机二维码营销的特点

利用手机二维码开展营销活动,轻松实现线上线下的有机结合。通过手机二维码将客户从线下引导到线上,引导用户访问企业网站,从而提升关注度,提升品牌形象,带动客流量和销售量。

利用手机二维码开展营销活动,大大降低了营销成本。只需要一个简单的二维码平台,即可将企业所要传递的信息直达有需求的消费者手机中,使用户的每一次点击都会是一次精准的营销,大大节省了宣传成本,实现深度营销。

通过二维码进行营销的效果是可监控的,能够利用手机的唯一性,精确地跟踪和分析每一个媒体、每一个访问者的记录。手机二维码可以在不同区域设置不同的二维码,企业和商家可以由此判断不同地区的市场状况。

与以往所有的营销手段相比,移动营销最大的特点就是便捷,就像一间"移动商铺",手机二维码也一样具有易传播的特点。只要消费者扫描了二维码,就可以在任何时间和任何地点对产品进行了解，这种了解是全方位的，不是一个户外或平面媒体的广告内容可以相比的。而且，户外广告有面积的限制，平面媒体有版面的约束，电视广告有时间的考虑，二维码不用考虑这些。

手机二维码营销充分利用了条码扫描技术，不仅给人们的生活带来极大的方便，更加有利于商家提高服务水平和市场竞争力。

3. 手机二维码营销的发展趋势

二维码使信息以更为简单有效的方式从线下流向线上，促使营销生态改变。二维码能有效传递信息，但因具有更多的手机个性化特征，使精准营销成为可以实现的重要营销手段。企业通过二维码渠道，在带给消费者更便捷和快速的消费体验，实现在线订单、在线支付、媒体投票、视频点播等复杂功能，更好地与品牌互动的同时，将会更加强化营销创新意识。不同的顾客群体也有所不同，随着手机二维码营销的深入推广，企业将根据自己的产品或服务提炼更多的用户需求。移动互联网对二维码的深度应用，也将刺激更多行业快速扩大 O2O 的规模。

13.3.4　微信营销

1. 微信营销简述

微信是腾讯公司推出的提供免费即时通信服务的聊天软件。用户可以通过手机、平板电脑、网页快速发送文字、语音、图片和视频。微信提供公众平台、朋友圈、消息推送等功能，用户可以通过摇一摇、搜索号码、附近的人、扫描二维码等方式添加好友和关注公众平台，同时，微信可帮助用户将内容分享给好友以及将用户看到的精彩内容分享到微信朋友圈。

2. 微信营销的特点

微博的天然特性更适合品牌传播，作为一个自媒体平台，微博的传播广度和速度惊人，但其传播深度及互动深度不及微信。

微信借助移动终端、天然的社交和位置定位等优势，每个信息都是可以推送的，能够让每个个体都有机会接收到这个信息，继而帮助商家实现点对点地精准化营销。

通过位置签名、二维码、开放平台等形式灵活多样的"漂流瓶"，用户可以发布语音或文字，然后投入"大海"中，如果有其他用户"捞"到，则可以展开对话，招商银行的"爱心漂流瓶"互动活动就是个典型案例。

微信点对点的产品形态注定了其能够通过互动的形式将普通关系发展成强关系，从而产生更大的价值。通过互动的形式与用户建立联系，让企业与消费者形成朋友的关系，人往往不会相信陌生人，但是会信任"朋友"。

3. 微信营销的步骤

微信营销的第一步就是建立微信公众账号，并取得认证，之后才能通过公众账号吸引人群关注，建立关系。

第二步，基于微信公众平台进行开发，如定制化接口开发、微网站等，使企业不会因只有一个公众号而看上去过于单薄。

第三步,有条不紊地维护老客户或开拓新客户。

第四步,企业公众号要提供鲜活、接地气的内容才更有亲和力。

第五步,学会造势,引起粉丝的关注。

第六步,注意客户分组管理和关键词的搜索管理,通过微信逐步开展的专业信息培养引导,把潜在客户过滤到交易平台,通过企业门户网站或实体店促成客户交易,并使其成为忠实客户。

第七步,在微信营销过程中,要不断地发现问题,解决问题,不断地总结分析,然后改进。

总之,企业微信营销要合理地建立客户数据库,同时进行数据分析,进行持续的营销和口碑营销。另外,还要通过互动沟通和精细化管理粉丝,不断更新和丰富客户数据库,使目标客户群不断清晰和目标化,使营销推广能够科学和有针对性地投放,形成良性循环。

案例小链接 13-2

好屋中国发百万红包引万人微信"快闪"

从 2015 年 9 月 7 日开始,很多人的朋友圈就开始被好屋中国"粗大事了,明天见!"刷屏,甚至面对好友的疑问,回复也都是清一色的"明天见",不禁引起地产圈的各种猜测。

到了 9 月 8 日,随着"好屋中国 9.8 全天撒钱"图片在微信朋友圈如病毒式地连续传播,转发、晒红包进入白热化。而经过记者的调查发现,原来这场突袭微信端的"快闪"是好屋中国策划的一起营销活动,其真实目的是为即将推出全新的好屋中国 APP 造势。

相较于其他品牌与微信官方合作推出朋友圈广告不同的是,在活动前一天,好屋中国创建了十多个活动微信群,除了好屋中国内部员工外,还邀请了大量的房地产业内人士、粉丝好友入群。通过内部员工、合作伙伴、粉丝好友逐步扩散形成传播效应,通过在朋友圈集中大规模曝光、互动发红包等高参与度的形式,实现社会化营销传播,引起众多用户的关注。据悉,不少人仅仅觉得好玩,也纷纷加入了这场刷屏大战中,变身好屋中国的传播助力者。

作为国内首家基于移动互联网的房产 O2O 平台,好屋中国始终致力于成为房产创新的领跑者,其业务模式也一直备受地产圈的关注。据了解,此次好屋中国将推出的这一全新 APP 产品,整合了大量优质真实的房源信息,不仅协助开发商把营销搬到了移动互联网上,进一步实现客户平台的导流。还可以配合开发商对客户的优惠,帮助用户快速找到目标房源,以最具性价比的方式成功购房。若同时分享推荐给朋友,便能实现从自购用户得优惠到销售代表成为好屋经纪人,真正做到"买房上好屋,朋友买房推荐到好屋"的用户购房习惯的培养,实现"人民购房,人民服务"的全民参与。据好屋中国相关负责人透露,截至 9 月 8 日 21 时活动结束,好屋中国微信"快闪"

推送的消息累计浏览量、转发量、点赞数已经超过 10 万人次,造成了较强的轰动效应。业内人士推测,这一次营销事件的推广效应恐怕还将持续显现。

资料来源:http://www.yicai.com/news/2015/09/4683135.html。

微信 5.0 增加了哪些新功能?企业该如何通过运用微信进行产品和服务推广的创新,以提高用户的积极性和参与度?

13.4 新媒体营销效果的衡量

衡量新媒体营销效果的 KPI 有哪些?

关键绩效指标(key performance indicator,KPI)一直是衡量和检验营销的标准。对于新媒体营销来说,应该包括哪些 KPI 呢?

13.4.1 新媒体营销内容衡量指标

1. 页面浏览量

页面浏览量(page view)是最典型的衡量指标,能够明确表示出在特定时间内有多少用户浏览了内容,这个 KPI 指标可以用来对比不同类型的内容及其发展趋势。

2. 地域分布

可以按地域对阅读的用户进行分析,从而制定更好的营销策略。

3. 图文浏览量

这能够表明读者的参与度,浏览量高通常意味着他们会经常定期访问你的内容。此外,能够帮助了解内容所获得的传播效果。例如:读者是否在阅读了 1 页后便放弃了阅读?这个问题的答案可以帮忙企业明确该根据读者的喜好优化今后发布的内容。

4. 读者评论

在这个社交媒体的时代,你发布的几乎所有内容都将成为双向沟通的话题。评论越多,就表示话题的针对性越强。企业可以针对评论进行话题策划。

5. 社交分享

想让自己的内容吸引到更多人的眼球,最有效的方式就是让人们在社交网络中进行分享,即便是得到为数不多的社交分享,内容的传播范围就能够以不可思议的速度迅速传播开来。

13.4.2 新媒体营销服务衡量指标

新媒体服务可以通过如何留住你的粉丝、提高粉丝的满意度来衡量。例如,服务号是否提供了 400 或 800 全国免费电话、在线留言与产品评论、网站帮助、配送范围与物流费用、支付方式多样化、退换货标准等服务,客户遇到的问题能否及时得到解决。总之,客户满意度是衡量营销服务的主要 KPI 指标,其他还包括以下几个方面。

1. 信息到达率指标

到达率是指你发出去企业信息之后有多少人点开看了。信息到达率是指企业发布的信息内容对接收对象的信息需求的有用程度和影响能力。信息到达率应该从粉丝需求、关注度、受众满意度和有效转发等参考指标和要素出发。

2. 活动粉丝参与率衡量指标

促销的方式有折扣促销、有奖促销、免费促销、积分返现促销等,这个指标可以衡量促销活动是否有助于消费者增加对产品的认识和记忆,增强购买信心。

3. 转化率衡量指标

转化率是指粉丝当中有多少比例的人发生过对企业新媒体有利的动作行为。有利的动作行为包括购买交易行为、收藏企业新媒体平台、对新媒体进行二次访问、咨询和宣传企业新媒体。

4. 其他指标

从品牌影响力的角度看,可参照一段时期内品牌及产品在社会化媒体中的真实讨论数、品牌提及度(通过线上线下调查获取)、百度指数的增长情况等。

从消费者影响力的角度看,可参照忠实粉丝的获取数、忠实粉丝的自发传播效率等。

从行业关注的角度看,可参照一场社会化营销战役中获取多少线下媒体的报道、获取多少线上媒体账号的关注等。

从销售的角度看,可参照一段时期内实际销售增长率(去除各种权重后)。总之,需要更合理、更科学的考核标准。

很多营销机构在服务客户的过程中,也在不断尝试与客户达成这样的 KPI 考核。需要注意的是,不是所有品牌和产品都适合社会化营销,也不是所有品牌和产品都能通过社会化营销获取销量的增长。

本章小结

数字技术和网络技术的快速发展催生了新媒体,在这种背景下,以互联网、手机为代表的新媒体孕育并承载着新的营销方式,我们已进入新媒体营销时代。

企业借助门户网站、搜索引擎、E-mail、微博等网络新媒体传播某种概念或观点,引导消费者认同,从而实现宣传企业品牌形象和产品热销。

智能手机使手机成为信息的承载体,手机的普遍性和便携性使企业开展基于手机的营销活动有机可寻,手机使用的简便性使基于手机的新媒体营销活动变得分众化,企业充分利用短信、APP、二维码、微信等手机新媒体平台开展各种营销活动。

关键术语(中英对照)

新媒体(new media)
新媒体营销(new media marketing)
体验性(experience)
沟通性(communication)
差异性(variation)
创造性(creativity)
关联性(relation)
门户网站(portal site)
病毒式营销(viral marketing)
搜索引擎营销(search engine marketing, SEM)
搜索引擎优化(search engine optimization, SEO)
电子邮件营销(E-mail marketing)
微博(micro blog)
意见领袖(opinion leader)
二维码(quick response,QR)
页面浏览量(page view)
关键绩效指标(key performance indicator,KPI)

思考题与应用

1. 新媒体的内涵及特征是什么?
2. 网络新媒体营销的内涵、功能及营销技巧有哪些?
3. 手机营销的内涵、功能及营销技巧有哪些?
4. 如何衡量新媒体营销效果?
5. 结合企业实际和各种网络新媒体特点,谈谈企业如何选择合适的网络新媒体进行营销策划?
6. 你最喜欢的手机APP是什么?你知道它是哪个企业开发的吗?如果让你帮助企业做这个APP推广,你会怎么做?

营销实战案例

霸王集团布局微商和直销

2015年年初,曾因网络热词"duang"一度重回公众视野当中的霸王集团,在被传谋划直销业务后,于8月21日又宣布进军微商渠道。

作为第一家在港上市的内地日化企业,自2010年以来,霸王集团已经连续五年半净利润出现亏损。其7月发布的业绩预告显示,今年上半年霸王集团整体销售同比下降约22%。刚经历过"断崖式"下跌的微商渠道是否真能如霸王集团所愿来扭转业绩颓势?

据了解,霸王集团通过"亲友团微商城"平台切入微商领域。负责该微商渠道运营的公司为广州亲友团科技信息有限公司,霸王集团则作为该公司的战略合作伙伴和产品供应商。作为平台型微商,"亲友团"今后将陆续引进其他品牌。

该微商团队目前在招募三个级别的合伙人,分为省级代理、市级代理和县级代理,代理门槛分别为10万元、2万元和1万元,缴纳预订金3 000元、2 000元、1 000元。

霸王集团进军微商的产品包括霸王男士和虞姬女士洗护系列共11单品。霸王方面表示,护肤品微商几乎饱和,洗护发产品有望成为新的增长点,同时,微商产品可以满足消费者的个性化需求。据了解,霸王此次推出的微商渠道洗护发产品,以历史悠久的中国国粹京剧作为其产品包装的主要元素,精细的脸谱,斑斓的色彩,传统中国风和艺术学相结合的产品造就了霸王品牌价值延伸的砝码,在包装、价格方面与传统渠道产品有着明显的差异。

不止微商,自去年开始,霸王集团便已经开始低调布局直销业务。今年5月,有媒体报道称,霸王集团直销业务已于今年3月15日开始试运营,为了促进直销,霸王集团还推出了"加盟直销赠送股票"计划,销售产品范围除了霸王集团洗发水产品外,还有净水壶和净水机等家用电器。

但目前,霸王集团并未公开承认其涉足直销一事,仅对媒体表示已经向商务部提交了直销申请资料,并提交了2 000万元保证金。对于直销业务,霸王集团公关总监汪亮告诉记者,目前筹备工作正在进行中。

事实上,自2010年"二恶烷事件"后,霸王集团的业绩便渐露颓势。2009年,霸王集团尚有3.64亿元盈利,2010年,便直接亏损1.18亿元。虽然,2014年霸王集团净亏损由2013年的1.37亿元收窄至1.16亿元,但在2010年—2014年5年中,霸王集团仍连年亏损。

"二恶烷事件"对霸王的影响比较大,而且它的产品创新力还需要提高。霸王中药防脱洗发水当时做到行业老大地位,但随着外资和本土新品牌开始进入这个领域,霸王集团的产品、营销等没有及时更新升级。同时,凉茶等副业也分散了霸王集团的资金和资源的投入。对于霸王集团业绩的下滑,中国百货商业协会化妆洗涤用品分会副秘书长谷俊如是分析。

霸王集团在上半年业绩预告中解释,亏损主要是由于生产和销售家庭个人护理产品持续经营业务销售收入下跌,其称将推出新产品和发展新销售渠道来改善业绩表现。

对于霸王集团颇为重视的微商新渠道来说,初期红利时代或许已经过去。今年第二季度以来,不少微商从业者从各个渠道表达了自己微商销售业绩呈现急剧下滑的担忧。今年8月,思埠集团董事长吴召国在接受媒体采访时坦言,在今年5月,国内微商企业几乎都经历了销售额的断崖式下降,思埠在那一时期的销售额也下降了30%左右,堪称"黑色五月"。

随着媒体对微商夸大宣传、假冒伪劣产品泛滥等现象的曝光,公众对微商的整体态度也较为负面。由于微商处在发展初期,渠道不规范现象较多。但微商并不是狭义上的朋友圈代理商卖货,它的定义是移动社交电商,主要形式最终将会由目前的C2C向B2C转变。

据不完全统计,目前,我国微商从业者已达到数千万人。韩束的微商渠道于2014年9月建立,其公开数据显示,目前的月均销售额已突破1亿元人民币,全国加盟代理商突破2万名。

微商的发展并非良性的生长轨迹,而是在野蛮生长。日化行业专家谷俊认为,由于微商不需要广告营销等费用,成本低,而且运营快,可以迅速到顾客手中,相比传统商超渠道更有优势。但早期进入微商渠道的都是并不知名的新型企业,并非传统的日化大牌。和传统日化品牌相比,资源和人力、物力、财力都处于行业的中下游水平,三无产品也充斥微商渠道。

微商确实是一个机会增长点,但微商如何跟传统相结合,线上线下如何能更好地相互借力,才是霸王集团思考的问题。

资料来源:http://www.yicai.com/news/2015/08/4675529.html。

讨论题:
1. 霸王集团进军微商渠道的原因与具体策略是怎样的?
2. 微商目前的发展存在哪些问题?将会对霸王集团带来哪些影响?

案例点评:
扫一扫如下二维码,获得老师对此案例的点评。

参考文献

1. 戴维·乔布尔、约翰·费伊著,徐瑾、杜丽、李莹等译,《市场营销学》(第3版),东北财经大学出版社,2013年。
2. J.保罗·彼得、杰里·C.奥尔森著,王欣双译,《消费者行为与营销战略》,东北财经大学出版社,2010年。
3. 伯特·罗森布洛姆著,宋华等译,《营销渠道:管理的视野》,中国人民大学出版社,2014年。
4. 查尔斯·拉姆等著,徐岚、崔庆安译,《市场营销学》(第3版),机械工业出版社,2010年。
5. 晁钢令主编,《市场营销学》,上海财经大学出版社,2014年。
6. 陈学艺著,《当代中国社会阶层研究报告》,社会科学文献出版社,2002年。
7. 董大海主编,《营销管理》,清华大学出版社,2010年。
8. 范小军著,《通道制胜大趋势》,经济管理出版社,2014年。
9. 菲利普·科特勒、加里·阿姆斯特朗著,楼尊译,《市场营销》(第16版·全新版),中国人民大学出版社,2015年。
10. 菲利普·科特勒、加里·阿姆斯特朗著,李季、赵占波译,《市场营销学原理》(亚洲版·第3版),机械工业出版社,2013年。
11. 菲利普·科特勒、凯文·莱恩·凯勒著,卢泰宏译,《营销管理》(第14版),上海人民出版社,2012年。
12. 格雷格·W.马歇尔、马克·W.约翰斯顿著,符国群译,《营销管理精要》,北京大学出版社,2014年。
13. 郭国庆主编,《市场营销学》,中国人民大学出版社,2014年。
14. 郭毅、侯丽敏编著,《组织间营销》,电子工业出版社,2011年。
15. 赫特、斯潘著,侯丽敏、朱凌、甘毓琴译,《组织间营销管理》,中国人民大学出版社,

2011年。

16. 黄沛编著,《新编营销实务教程:真实的人,真实的选择》,清华大学出版社,2005年。
17. 黄玉娟、刘陪标主编,《市场营销学》(第2版),北京大学出版社,2014年。
18. 霍太林主编,《市场营销理论与实务》(第2版),东北大学出版社,2008年。
19. 加里·阿姆斯特朗、科特勒著,何志毅、赵占波译,《市场营销学》(第7版),中国人民大学出版社,2008年。
20. 加里·阿姆斯特朗、科特勒著,俞利军译,《科特勒市场营销教程》(第6版),华夏出版社,2004年。
21. 卡尔·麦克丹尼尔、查尔斯·W.兰姆、小约瑟夫·F.海尔著,时启亮、朱洪兴、王慧译,《市场营销学》,格致出版社、上海人民出版社,2013年。
22. 科特勒著,梅汝和等译,《营销管理》(第10版),中国人民大学出版社,2001年。
23. 李桂华主编,《组织间营销》,清华大学出版社,2013年。
24. 梁晓萍、胡穗华主编,《市场营销》,中山大学出版社,2015年。
25. 琳达·哥乔斯、爱德华·马里恩、查克·韦斯特著,徐礼德、侯金刚等译,《渠道管理的第一本书》,机械工业出版社,2013年。
26. 卢泰宏、周懿瑾著,《消费者行为学——中国消费者透视》,中国人民大学出版社,2015年。
27. 迈克尔·R.所罗门、格雷格·W.马歇尔、埃尔诺·W.斯图尔特著,罗立彬、姚想想译,《市场营销学:真实的人,真实的选择》(第7版),电子工业出版社,2013年。
28. 迈克尔·斯卡平克,《企业社会责任与营销》,FT中文网,http://www.ftchinese.com/story/001045108,2012年6月19日。
29. 诺埃尔·凯普、柏唯良、郑毓煌著,《写给中国经理人的市场营销学》,中国青年出版社,2012年。
30. 秦陇一,《市场营销学》,清华大学出版社,2014年。
31. 苏亚民主编,《现代营销学》,中国商务出版社,2009年。
32. 唐·亚科布奇著,王永贵译,《营销管理》,机械工业出版社,2011年。
33. 特蕾西·塔腾、迈克尔·所罗门著,李季等译,《社会化媒体营销》,中国人民大学出版社,2014年。
34. 汪涛主编,《组织市场营销》,清华大学出版社,2004年。
35. 威廉·M.普莱德等著,王学生等译,《市场营销学》(第15版),清华大学出版社,2012年。
36. 魏文静、曾瑾主编,《市场营销学》,上海财经大学出版社,2012年。
37. 吴昊天、陈静宇,《互联网时代的营销观念变革》,凤凰网,http://news.ifeng.com/gundong/detail_2013_06/28/26910675_0.shtml,2013年6月28日。
38. 吴健安主编,《市场营销学》(第五版),高等教育出版社,2013年。
39. 吴宪和主编,《分销渠道管理》(第2版),上海财经大学出版社,2011年。

40. 吴晓云主编,《市场营销管理》,高等教育出版社,2009年。
41. 吴垠,"关于中国消费者分群范式China-VALS的研究",《南开管理评论》,2005年。
42. 小威廉·D.佩罗、约瑟夫·P.坎农、E.杰罗姆·麦卡锡著,孙谨译,《市场营销学基础》(第18版),中国人民大学出版社,2012年。
43. 小威廉·D.佩罗特等编著,梅清豪译,《基础营销学》,上海人民出版社,2001年。
44. 严学军、王韬编著,《广告策划与管理》,高等教育出版社,2001年。
45. 杨顺勇、于洁、魏拴成主编,《市场营销学》,化学工业出版社,2009年。
46. 朱姝主编,《消费者行为学》,华东理工大学出版社,2009年。
47. 纪宝成主编,《市场营销学教程》(第五版),中国人民大学出版社,2012年。
48. 吕一林主编,《市场营销学》(第五版),中国人民大学出版社,2014年。
49. 杨楠主编,《市场营销学》,北京大学出版社,2012年。

图书在版编目(CIP)数据

市场营销学:原理与实践/于洁主编. —上海:复旦大学出版社,2016.8(2019.8重印)
高等院校应用型、立体化规划教材·经管类核心课
ISBN 978-7-309-12333-3

Ⅰ.市… Ⅱ.于… Ⅲ.市场营销学-高等学校-教材 Ⅳ.F713.50

中国版本图书馆 CIP 数据核字(2016)第 122595 号

市场营销学:原理与实践
于 洁 主编
责任编辑/宋朝阳

复旦大学出版社有限公司出版发行
上海市国权路 579 号　邮编:200433
网址:fupnet@fudanpress.com　http://www.fudanpress.com
门市零售:86-21-65642857　团体订购:86-21-65118853
外埠邮购:86-21-65109143　出版部电话:86-21-65642845
上海华业装潢印刷厂有限公司

开本 787×1092　1/16　印张 21　字数 437 千
2019 年 8 月第 1 版第 2 次印刷

ISBN 978-7-309-12333-3/F·2273
定价:45.00 元

如有印装质量问题,请向复旦大学出版社有限公司出版部调换。
版权所有　侵权必究